Landkarte Indien mit eingezeichneten Städten

1	New Delhi	8	Madras (*Chennai*)
2	Shimla	9	Shantivanam
3	Kathmandu (Nepal)	10	Kurisumala Ashram
4	Kalimpong	11	Bombay (*Mumbai*)
5	Kalkutta	12	Dhaka (Bangladesch)
6	Santiniketan	13	Kailash (Tibet)
7	Puri		

Martin Kämpchen
Mein Leben in Indien

Martin Kämpchen

Mein Leben in Indien

Zwischen den Kulturen zu Hause

Mit einem Geleitwort von
Karl-Josef Kuschel

Patmos Verlag

*Gefördert von der Udo Keller Stiftung Forum Humanum,
Neversdorf/Hamburg
Ausgezeichnet mit dem Projektpreis der Interreligiösen
Arbeitsstelle INTR°A, Schwerte 2021*

Umschlaggestaltung: Finken und Bumiller, Stuttgart
Umschlagabbildung: Foto Martin Kämpchen © Holger Bartels
Fotografien der Bildtafeln: Archiv Martin Kämpchen
Landkarte Indiens: Finken und Bumiller, Stuttgart
Gestaltung, Satz und Repro: Schwabenverlag AG, Ostfildern
Druck: GGP Media GmbH, Pößneck
Hergestellt in Deutschland
ISBN 978-3-8436-1368-3

Inhalt

Vorbemerkung
Wie schreibe ich ein Buch über Indien? 7

»Nicht Aussteiger, Einsteiger«!
Geleitwort von Karl-Josef Kuschel 10

Ausführliches Inhaltsverzeichnis 28

1 **Warum ausgerechnet nach Indien?**
Kinder- und Jugendzeit 33

2 **»Der Junge kommt nicht wieder!«**
Wanderjahre 70

3 **Zusammenleben mit Hindu-Mönchen**
Meine Ashram-Jahre 116

4 **Das indische Christentum begegnet
dem Hinduismus**
Als Student in Madras 169

5 **Santiniketan – Tagores »Ort des Friedens«**
Die Entscheidung, auf dem Land zu leben 210

6 **Der Dichter und Denker Rabindranāth Tagore**
Das Ende einer Suche 262

7 **Arbeit unter Stammesbewohnern**
Der Wunsch, mein Leben zu teilen 314

8 Der Blick weitet sich
Die Erfahrungen und Themen werden reicher 374

9 Indien von Mensch zu Mensch
Eine Überschau 404

10 Brücken zur fremden Heimat Europa
Zwischen den Kulturen zu Hause 427

Mein Dank 456

Zu den Abbildungen 464

Anmerkungen 467

Zu den Autoren 479

INHALT

Vorbemerkung

Wie schreibe ich ein Buch über Indien?

Seit Jahren will ich ein »Indien-Buch« schreiben, ein Buch, das meine inzwischen fünfzigjährigen Indien-Erfahrungen zusammenfasst. Ich habe dafür gesammelt, gelesen und Notizen gemacht, sogar mehrmals angesetzt. Die klassischen Indien-Bücher von Ausländern oder Indern fand ich häufig materialreich, einsichtig, klug, sympathisch. Gelernt habe ich zum Beispiel von Hermann Keyserlings »Reisetagebuch eines Philosophen«[1], den Büchern von Heinrich Zimmer, von Jean Gebsers »Asienfibel«[2], Octavio Paz' »Im Lichte Indiens«[3]. Doch sie beschreiben nicht mehr das moderne und zur Weltmacht aufstrebende Indien, das ich erlebt habe. Bücher jüngeren Datums, die das gegenwärtige Indien spiegeln, scheinen nicht das Gleichgewicht zwischen einsichtsvoller Sympathie und differenzierter Kritik zu wahren.

Die Mehrzahl der Indien-Fahrer reagiert auf Indien reflexartig entweder enthusiastisch oder ablehnend, manchmal sogar mit Angst oder Abscheu. Manche reisen ab, kaum dass sie angekommen sind, und kehren niemals zurück, während andere bleiben, jedoch ihre Klischees und verherrlichenden Vorurteile hüten. Warum diese gegensätzlichen Beurteilungen? Viel hat es zu tun mit dem eigenen Vorverständnis. Was erwarte ich von Indien? Wovor fürchte ich mich in Indien? Was kann ich am indischen Alltag nicht verstehen und ertragen? Weshalb und wie »brauche« ich Indien für meinen seelischen Haushalt? – Das sind einige der Fragen, deren Antworten entscheiden, ob man zum Dafür oder Dagegen tendiert. Mit Indien selbst hat es objektiv weniger zu tun: Das Land bietet ebenso viele Argumente für Zuneigung wie für Abwehr. Wir blicken auf seine Armut, ja, seine Überbevölkerung, seine Korruption und seine fast undurchdringliche gesellschaftliche Vielfalt, aber ebenso auf seine unterschiedliche Denk- und Lebensart, seinen Idealismus und seine hochgemute Spiritualität.

Indien ist offensichtlich ein Land, das uns Europäer in allen Schichten unseres Wesens herausfordert. Diese Herausforderung hat mein Leben bestimmt. Das alles zu erleben und davon so viel wie möglich zu verstehen und einiges zu integrieren war ein großer Teil meines Lebensinhalts. Mir wurde früh bewusst, dass Indien und Europa unterschiedliche Werte und Vorstellungen verkörpern, die sich jedoch ergänzen oder gegenseitig korrigieren können. Meine Lebensbeschreibung stellt sich durchgehend die Frage, wie dieser Ausgleich möglich ist – wie ich ihn selbst ausgewogen leben will.

Mein Wunsch ist von Anfang gewesen, eine Haltung zu entwickeln, die beide Extreme der Zuneigung und Abwehr meidet und ein begründetes Gleichgewicht findet, und dieses auch in meinem Werk als Schriftsteller und Übersetzer auf unterschiedliche Weise darzustellen. Gewiss, ich bin emotional und subjektiv mit Indien beschäftigt, doch wollte ich – so verlangte ich es von mir – erst über das Land schreiben, wenn ich auch eine objektive und analytische Einsicht besitze. Dabei wurde mir allerdings deutlich, dass Indien zu groß, zu vielfältig, zu unübersichtlich und widersprüchlich ist, als dass ich – auch, oder gerade, nach fünfzig Jahren – darüber objektiv, in der Sicherheit meiner Einsichten und Urteile zusammenhängend schreiben könnte. Eine persönliche Perspektive schien mir unerlässlich. Sich zu den Grenzen der eigenen Einsichten und Beschreibungen zu bekennen ist der einzige Weg.

Nur im Rahmen einer Autobiographie kann ich Indien beschreiben und darüber reflektieren. Auf diese Weise werden meine Grenzen von Erfahrung und Erkenntnis deutlich, das bewahrt mich vor Generalurteilen, und es beantwortet auch die Frage, was mich persönlich an diesem Land innerlich so beansprucht, dass ich – ohne Notwendigkeit – ein halbes Jahrhundert dort geblieben bin.

Im September 2019 begann ich in meinem Wohnort Santiniketan mit der Niederschrift und setzte sie auch fort, als ich Ende März 2020 wegen der Pandemie nach Deutschland evakuiert wurde. Das Jahr des Lockdowns verbrachte ich in meiner Geburtsstadt Boppard am Mittelrhein und schrieb täglich weiter. Die Zeit stand still, und ich konnte zurückblicken und rekapitulieren. Fangen wir von vorn an.

Martin Kämpchen

Diakritische Zeichen (ā) habe ich nur gesetzt, wo die Aussprache ohne sie missverstanden werden könnte. Zum Beispiel »Rāma« hat ein langes ā wie in V*a*se. Ein bengalisches kurzes a wird wie o in *offen* ausgesprochen.

Die Mottos der Kapitel 5 bis 10 stammen von Rabindranāth Tagore.

»Nicht Aussteiger, Einsteiger«!

Geleitwort von Karl-Josef Kuschel

Sie, die Leserinnen und Leser dieses Buches, werden auf den folgenden Seiten einen Mann deutscher Herkunft erstmals oder noch näher kennenlernen, der sich 2013 nach vierzig Jahren in Indien öffentlich so vorgestellt hat: »Angekommen in Indien 1973. Und seitdem nicht zurückgekehrt? – Aha! Das war zur hohen Zeit der Hippie-Invasion. Muss das damals herrlich gewesen sein. Dann nicht mehr von Indien weggekommen, wie? Du krallst dich in einer der Hippie-Enklaven fest und bist damit beschäftigt, dass dein Haar lang bleibt und nicht ausfällt? – Weit gefehlt. Von Anfang an war ich nicht Aussteiger, sondern Einsteiger in das indische Leben. Mich bewegen spirituelle Fragen, ich habe die indischen Religionen studiert, drei Jahre in einem Hindu-Ashram gelebt und danach mit indischen Jesuiten. Ich habe die bengalische Sprache gelernt, habe nicht nur in Madras (dem heutigen Chennai) und Kalkutta gewohnt, also in Großstädten, sondern betreibe seit fast dreißig Jahren Entwicklungsprogramme in zwei Stammesdörfern in West-Bengalen. Ich wollte dieses Leben in seiner Tiefe und Breite erfahren und mit den Menschen zweckvoll zusammenleben, also: einsteigen, nicht am Strand meinen Blütenträumen nachhängen« (F.A.Z. vom 11. August 2013).

Nicht Aussteiger, sondern Einsteiger will er sein und ist es ein Leben lang geblieben. Immer aufs Neue »Einsteiger« in die unermessliche Welt des »Kontinents« Indien. Hier legt ein Mann Rechenschaft über sein Leben ab, der über Indien schreibt, weil er in und mit Indien gelebt hat und lebt, ein einheimisch Fremder und ein fremder Einheimischer. Nie ist er mit Indien »fertig«. Das macht seinen Lebensbericht als indischer Deutscher und deutscher Inder glaubwürdig und lesenswert. Martin Kämpchen aus Boppard am Rhein bekommt Chancen im Leben wie nur wenige Zeitgenossen seiner Herkunft und Generation, und er hat sie genutzt. Wie? Nachzulesen auf den folgenden Seiten. Leserinnen und Leser erwartet der spannende Lebensbericht eines Zeitzeugen: Indien im Spiegel eines Leben und ein Leben geprägt durch Erfahrungen in Indien.

Aber das entscheidende Jahr ist nicht 1973, sondern 1967. »Eigentlich« hatte der Student, nach dem Abitur für ein Semester in Saarbrücken eingeschrieben, für einen Arbeits- und Studienaufenthalt nach Afrika gehen wollen. Ein entsprechender Antrag bei einer von der deutschen Regierung unterstützten Organisation läuft bereits. Man hatte ihn »für die Nigeria-Gruppe« ausgewählt. Da kommt übers Telefon die Auskunft, Krieg sei in Nigeria ausgebrochen. Reisen dorthin unmöglich. Wohin er sonst gerne reisen würde, wird er gefragt. Überrumpelt von dieser Frage stößt der 18-Jährige mehr spontan als überlegt das Wort »Indien« heraus. Es ist der Moment, der darüber entscheidet, dass Indien das Schicksalsland des Martin Kämpchen werden sollte: »Dieser Augenblick hat mein Leben bestimmt.« »Eigentlich« aber hatte er nach Nigeria gehen wollen. Welch ein anderes Leben wäre das geworden. So entscheiden sich »Schicksale«, unverfügbar, unberechenbar wie sie sind, und von solchen Momenten lebensentscheidender Weichenstellungen in einem jetzt bald 50-jährigen Indienleben ist dieses Buch prall gefüllt.

Über drei Jahre später dann, im Sommer 1971 – er ist mittlerweile Student an der Universität in Wien –, der erste »Aufbruch nach Indien« mit einem Stipendium für drei Monate. Erstaunlich, wie früh sich Grundlinien seines Interesses für Indien abzeichnen. Denn entscheidend für die Zukunft werden nicht die ersten Reisen nach Bombay (heute: Mumbai) sein, nach Kalkutta oder Madras (heute: Chennai); ungezählte werden in den nächsten fünf Jahrzehnten folgen, sondern der Einstieg in die Welt der indischen Ashrams, und zwar über die Organisation der Ramakrishna Mission, eines »modernen Hindu-Mönchsordens«, gegründet Ende des 19. Jahrhunderts in Kalkutta von dem charismatischen, sozial engagierten Hindu-Reformer Swami Vivekananda (1863–1902) zur Erinnerung an dessen großen spirituellen Lehrer Sri Ramakrishna (1836–1886). Die deutsche Organisation verlangt von ihren Stipendiaten die Bearbeitung eines Themas, und Martin Kämpchen wählt eine Untersuchung, »inwiefern sich die Schulen der Ramakrishna Mission von den staatlichen Schulen unterscheiden«.

Dazu aber müssen »die verschiedenen Ramakrishna Mission Ashrams im ganzen Land« besucht werden. Und so lernt der Mann vom Rhein noch als Wiener Student die Welt Indiens »von unten« kennen, in der Ramakrishna Mission in Khar, einem Stadtviertel von Mumbai, dann im Kulturinstitut der Ramakrishna Mission in Kalkutta (dem Stammsitz der Mission) oder im Ashram von Narendrapur südlich von Kalkutta und schließlich in dem Künstlerdorf Cholamandal südlich von Madras. »Einüben in ein Indien ›zum Anfassen‹« nennt er das.

Aber es ist mehr als das, was man auf langen, entbehrungsreichen Zugfahrten damals vom real existierenden Indien erlebt. Es sind die ersten Begegnungen mit dem spirituellen Indien aus den Quellen des Hinduismus.

Ob Swami Nityaswarupananda in Kalkutta oder Swami Lokeswarananda, Gründer von Narendrapur, oder Swami Mumukshananda, damaliger Leiter des College in Narendrapur – sie alle vermitteln dem 21-Jährigen schon früh eine doppelte Faszination, die von hier ab tief in seiner Seele verankert sein wird: den Unterschied zwischen einem Leben in Armut und einem Leben in Einfachheit und den Glauben an die »Einheit der Menschheit«, gegründet in der »Idee der kosmischen Einheit« alles Belebten und Leblosen, wie sie in den Heiligen Schriften des Hinduismus angelegt ist, grundgelegt in den Veden und den Upanishaden. Er begreift schon früh: »Die großen modernen Vertreter des Hinduismus – angefangen von Sri Ramakrishna bis Swami Vivekananda, Ramana Maharishi und Sri Aurobindo – haben in dieser kosmischen Einheit gelebt und Zeugnis gegeben. Swami Nityaswarupananda war der Überzeugung, dass diese Lehre, bei der er sich vor allem auf den Ordensgründer Swami Vivekananda berief, weder unter den Ordensmitgliedern noch in der Bevölkerung genügend bewusst sei und darum eingeübt werden müsse. Vor allem sah er die Notwendigkeit, die Lehre modern zu interpretieren, das heißt die geistige Einheit der heutigen Pluralität der Religionen und Kulturen zu betonen und sie als ein Instrument des Friedens aktiv einzusetzen.«

Alles ist auf Anfang gestellt in diesen Sommermonaten 1971. »Come back« locken ihn die Lehrer von der Ramakrishna Mission. Und zwei Jahre später ist Martin Kämpchen zurück und ergreift die Erforschung dieses unfassbar großen und reichen Landes in all seiner Komplexität und Widersprüchlichkeit als eine Lebensaufgabe. Zuvor aber muss noch ein Doktorat mit einer literaturwissenschaftlichen Arbeit an der Universität Wien abgeschlossen werden: »Darstellung der Unmenschlichkeit und Grausamkeit in der Literatur des Ersten und Zweiten Weltkriegs«.

1973: Was zieht einen Deutschen in dieser Zeit nach Indien? Doch Schwärmerei nach der Mode der damaligen Zeit? Nein. Zu tief war er zwei Jahre zuvor bereits in die indische Kultur eingetaucht, um einer solchen Versuchung zu erliegen. Er weiß: Viele seiner Generation aus Europa oder den USA sind jetzt in Indien unterwegs:»Hippies, Beatnicks, Flower Children! Junge Menschen mit langen Haaren und weiten fließenden Gewändern, die wenig Geld, aber viel unverplante Zeit hatten. Gurus, die mit der westlichen Klientel gute Geschäfte machten, schossen aus dem Boden. Haschisch und Ganja waren offen zu kaufen, leichter noch als Alkohol.« Doch als »Hippie« geht Dr. Kämpchen jetzt nicht nach Indien zurück, »als gäbe es keine ernsthaften Gründe, Indien kennenzulernen«. Während andere sich mit einem »spirituellen Trip« begnügen und das real existierende Indien wegspiritualisieren, sucht er sich in diesem Land zu verwurzeln. Schon früh verabscheut er nichts mehr als Oberflächlichkeit, Konsumgehabe, flüchtiges Mitnehmen im Vorübergehen. Er ist von Anfang an ein Suchender, ein Reisender in Indien, kein Tourist, und wird es bleiben.

Denn er hatte begriffen, dass »Trips« von Europäern oder Amerikanern nach Indien einer Verachtung Indiens gleichkommen. Man sucht sich selbst, nicht Indien mit seiner 3000-jährigen Kultur, seiner religiösen Vielfalt als Ursprungsraum zweier Weltreligionen, Hinduismus und Buddhismus, mit seiner Präsenz auch einer dritten Weltreligion, des Islams – von der gewaltigen Zahl seiner Menschen und damit der ethnischen, sprachlichen und sozialen Komplexität nicht zu reden. Kämpchen kommt in ein Indien mit damals »nur« 570 Millionen Einwohnern. Heute sind es doppelt so viele, nahezu 1,4 Milliarden. An der Spitze der damaligen Regierung: Indira Gandhi, die das Land mit Hilfe der *Congress-Partei* mit eiserner Hand regiert. Einzelheiten nachzulesen im Abschnitt »Das Indien, dem ich 1973 begegnete«.

Immer wieder im Verlauf des Buches spiegelt dieser Indien-Beobachter seine Einzelerlebnisse an Zeit- und Gesellschaftserfahrungen. Sensibel und empirisch genau nimmt er die politischen, wirtschaftlichen, kulturellen und sozialen Veränderungen wahr, die dieses Land in den letzten fünf Jahrzehnten durchgemacht hat. Beispiellose technologische Schübe im Digitalzeitalter haben neuen Wohlstand nicht nur in höheren, sondern auch den Mittelschichten entstehen lassen. Ein Bau-Boom in den Großstädten gibt sichtbares Zeugnis davon. Aber die sozialen Abgründe zu denen »da unten« sind nicht kleiner geworden. Nach wie vor ist Indien ein sozial tief gespaltenes Land, nach wie vor auch entlang den Kastengrenzen, die offiziell abgeschafft, aber im gesellschaftlichen Leben immer noch stark präsent sind. Martin Kämpchen beobachtet und beschreibt auch dieses Indien empirisch genau, fragt nach den Ursachen, schont in seiner Kritik niemanden und wird daraus seine persönlichen Konsequenzen ziehen. Die Suche nach spiritueller Vertiefung geht Hand in Hand mit dem Wissen um die sozialen Verwerfungen in diesem Land. Der *homo spiritualis* in diesem Mann spaltet den *homo politicus* und *homo socialis* nie ab.

Ein neues Leben beginnt. Und Kämpchen weiß, worauf er sich einlässt. Schon die klimatischen Lebensbedingungen sind auszuhalten, die mentalen und sozialen auch. Wer sich für ein Leben in Indien entscheidet, nimmt Indien *ganz*. Und Martin Kämpchen ist der Mann, der dieses Indien als Ganzes bejaht. Er sucht nicht Privilegien, sondern Integration in den Alltag der Menschen und macht dort weiter, wo er im Sommer 1971 aufgehört hatte: im Ashram von Narendrapur. Jetzt aber lebt er hier nicht mehr wie ein Praktikant, sondern wie einer der Mönche, der ihre Gemeinschaft von innen her kennenlernen und ihren Tagesablauf mit ihnen teilen will. Gottesdienste, Meditationsübungen inklusive. Jetzt kann er sich dem Studium der Schriften von Ramakrishna und Vivekananda hingeben und wird im universalen Geist dieser großen neohindustischen Denker als Christ toleriert, immer freilich auch misstrauisch auf mögliche Missionsversuche hin beobachtet. Seinen Unterhalt bestreitet er mit Deutschunterricht an der Sprachenschule der Ramakrishna Mission in Kalkutta.

Auf Dauer aber ist das keine Perspektive, auch nicht der Eintritt in den Orden, den einige Mönche in Narendrapur wohl gerne gesehen hätten. Doch diese Versuchung kennt Martin Kämpchen nicht: »Ich habe mich stets als Christ empfunden, der den Hinduismus als Inspirationsquelle und Befruchtung seines Glaubens annimmt«, schreibt er. Und statt mit einer »Konversion« sein Christentum preiszugeben, sucht er künftig nach einer glaubwürdig lebbaren Verbindung von christlicher und hinduistischer Spiritualität. Drei Ashram-Jahre lebt er noch mit Hindu-Mönchen, dann wechselt er 1976 nach Madras in ein Dialogzentrum der Jesuiten: »Aikiya Alayam«, »Ort der Einheit«. Noch einmal ein weichenstellender Moment, der das ganze weitere Leben beeinflussen sollte. Und zwar in doppelter Hinsicht.

Zum einen schlägt man ihm ein zweijähriges Magisterstudium an der Universität von Madras vor. Kämpchen greift zu und macht seinen Magister am gut ausgestatteten Radhakrishnan-Institut für Philosophie. Die Ausbildung ist gründlich. In 16 Fächern erhält der Europäer einen »Rundblick über die sechs philosophischen Systeme des Hinduismus, mit Schwerpunkt auf die drei Vedanta-Schulen, sodann auf indischen Buddhismus, Jainismus, indische Logik und die Lehren Gandhis«. Das ist das eine. Das andere sind kühne Versuche, das Christentum, gerade auch in Gestalt des Katholischen, mit Hindu-Traditionen zu verbinden. Hier, bei den Jesuiten in Madras, ist er am richtigen Ort. Das Dialog-Konzept des Zweiten Vatikanischen Konzils hatte sich gerade in diesen Kreisen ausgewirkt: durch die Feier einer neuen »indischen Liturgie«, durch wechselseitigen Austausch christlicher und hinduistischer Mönche, durch gegenseitige

Teilnahme an Festen, durch Gründung einer christlichen Ashram-Bewegung.

Deren Pioniere, den Benediktinerpater Bede Griffiths und den Trappisten Francis Acharya, lernt Kämpchen in dieser Zeit kennen. Bis heute Leuchttürme eines indischen Christentums mit je eigenen Ashrams, Pater Francis in Kerala (Südwestindien), Pater Bede in Shantivanam auf der Ostseite von Südindien unweit der Großstadt Tiruchirappalli. Um nur die wichtigsten zu nennen. Martin Kämpchen reist dorthin, ist zur rechten Zeit am rechten Ort und beobachtet mit wachen Sinnen und offenem Herzen epochale Umbrüche und Transformationen von christlicher und hinduistischer Spiritualität, die eine Generation vorher noch undenkbar gewesen wären. Das Zauberwort der Stunde heißt: »Inkulturation« des Christentums, das auch in Indien traditionell noch in einem europäischen Gewand dahergekommen und entsprechend als westlicher »Fremdkörper« wahrgenommen worden war. Nachzulesen im Kapitel 4: »Das indische Christentum begegnet dem Hinduismus«.

Und nachzulesen in Texteditionen zu christlich-hinduistischer Spiritualität, die Kämpchen ab Ende der 1970er-Jahre jetzt in Deutschland erscheinen lässt. Den Wissenstransfer, dem er sich selbst ausgesetzt hat, gibt er nach Deutschland weiter. »Endlos ist die Zeit in deinen Händen. Mit den Hindus beten« (1978) und »Die heiligen Wasser. Psalmenmeditationen aus Indien« (1980) heißen erste Publikationen oder auch: »Christliche Exerzitien im Dialog mit dem Hinduismus« (1980) und schließlich als eine erste Lebensbilanz: »Dialog der Kulturen. Eine interreligiöse Perspektive aus Indien« (2. Auflage 2008). Kämpchen also nutzt seine frisch erworbenen Kenntnisse vor Ort für einen interkulturellen und interreligiösen Brückenschlag zurück in ein Deutschland, das für eine Rezeption von Religionen indischen Ursprungs völlig unvorbereitet ist. Judentum und Islam sind jetzt, seit den 1980er-Jahren, neue Herausforderungen für die Kirchen in Deutschland. Hinduismus und Buddhismus scheinen weit weg. Martin Kämpchen wird jetzt zu einem stillen, unaufdringlichen, aber beharrlichen Anwalt dieser großen religiösen und spirituellen Überlieferungen aus dem fernen Asien. So viele seiner Art mit erworbener Doppelkompetenz und authentischen Erfahrungen vor Ort gibt es damals nicht. Noch heute nicht.

Doch so wenig Kämpchen in einen Hindu-Orden eintreten will, so wenig in einen christlichen Ashram. Er will unabhängig bleiben, vom Schreiben leben, erkennt aber selbstkritisch: Um nach sechs Jahren in Indien weiter leben zu können, muss er mehr als nur die englische Sprache beherrschen. Soll er zum Beispiel Tamil und Malayalam lernen? Sie überstiegen seine »Zungenfertigkeit«, schreibt er. Bengalisch dagegen erscheint in der Aussprache sowie im Erkennen der Laute leichter. Also zurück nach Bengalen, zunächst wieder nach Kalkutta, um dann, vermittelt durch Freunde und Bekannte, endlich dort zu landen, wo künftig sein Lebensmittelpunkt sein wird: in Santiniketan, etwa 180 Kilometer nordöstlich von Kalkutta. Der Ort ist für das jetzt erworbene intellektuelle und zugleich spirituelle Profil des Martin Kämpchen ein wahrer Glückstreffer. Denn Santiniketan ist ein unvergleichliches Biotop in Indien voll von intellektuellen, künstlerischen und spirituellen Energien, seit hier einer der größten Dichter Indiens gelebt und gewirkt hat, der größte in bengalischer Sprache: Rabindranath Tagore (1861–1941). 1901 hatte er hier eine Schule gegründet, heute eine Universität. Hier ist sein gesamtes literarisches, lyrisches, musikalisches und pädagogisches Werk entstanden, für das er 1913 den Nobelpreis für Literatur erhalten sollte.

Martin Kämpchen entscheidet sich Anfang 1980 für diesen Ort und damit auch für ein persönlich einfaches Leben abseits der Metropolen auf dem Land, das ihn zugleich aber sensibel macht, die Lebensbedingungen einfacher Menschen draußen auf dem Land ebenfalls ernst zu nehmen. Während er Bengalisch zu beherrschen lernt und an der hiesigen Visva-Bharati Universität ein zweites Doktorat vorbereitet (einen Vergleich von Ramakrishna und Franz von Assisi), lernt er die Dörfer Ghosaldanga und Bishnubati unweit von Santiniketan kennen, in denen Angehörige der unteren, gesamtgesellschaftlich marginalisierten und verachteten Volksstämme leben. Der *homo spiritualis* und *intellectualis* in ihm verbindet sich jetzt tatkräftig mit dem *homo socialis*, verpflichtet dem sozialen Gewissen seines immer tiefer verstandenen christlichen Lebemeisters: Franz von Assisi. Jetzt hat Martin Kämpchen einen Lebensmittelpunkt gefunden und zugleich eine spirituelle Begründung für ein selbstgewähltes Leben in Einfachheit. Nicht arm, aber »im Lebenskreis der Armen« will er leben, so der Titel einer Publikation schon von 1981 mit dem Untertitel »Indisch-christliche Spiegelungen der Hoffnung«, gefolgt von: »Franziskus lebt überall. Seine Spuren in den Weltreligionen« (1987, Neuausgabe 2002). Und wer die Arbeit des *Entwicklungshelfers und Sozialarbeiters* Martin Kämpchen kennenlernen möchte, der Entwicklungshilfe als »Hilfe zur Selbsthilfe« begreift, engagiere sich für den 2007 gegründeten »Freundeskreis Ghosaldanga und Bishnubati e. V.« mit Sitz in Frankfurt am Main. Mehr dazu in Kapitel 7.

Aus dieser Mitte heraus entsteht in den nächsten vierzig Jahren ein unverwechselbares Werk, das im deutschsprachigen Raum seinesgleichen sucht. Dabei ist er kein Mann der lauten Töne, der großen Plakate, der Selbstinszenierungen. Er ist nicht »populär«, will es nicht sein. Aber seine stille Art, seine Zurückhaltung paart sich mit dem Selbstbewusstsein des erfahrenen Kenners, der aus profundem Wissen schöpft, von langen Lebenserfahrungen zehrt und aus einer spirituellen Mitte heraus lebt. Wer ihn noch nicht kennengelernt hat, wird spätestens nach Lektüre des hier vorgelegten Lebensberichtes erkennen: Martin Kämpchen verbindet Dimensionen, die anderswo streng getrennt sind oder als widersprüchlich empfunden werden. Sein Werk hat eine religiöse, eine religionsgeschichtliche, eine literarische, eine spirituelle, eine zeitkritische, eine übersetzerische und eine soziale Dimension. Dieser Mann ist in einer Person Literat, Übersetzer, Herausgeber, Literaturforscher, Publizist, Reiseschriftsteller, Lebensberater, Entwicklungshelfer und so auf seine ganz persönliche Art ein einzigartiger »Botschafter« indischer Kultur für das deutsche Publikum, stets in Auseinandersetzung mit den »schrecklichen Vereinfachern«, die oft mit Schwarzweiß-Schablonen meinen, Indien verstanden zu haben.

Seit vierzig Jahren schreibt er über Indien als unabhängiger Publizist mit kritischem Blick auch auf die innenpolitischen Verwerfungen und auf die dunklen Seiten der indischen Gesellschaft, aber immer mit dem erfahrenen Kennerblick eines »Fremden«, der *mit* Indien lebt. Er beschönigt nichts und berichtet auch von Krisen und Enttäuschungen, von Widerständen und Widrigkeiten des Alltagslebens, aber immer mit Empathie für die Lebenswelt der Menschen, mit Respekt vor einer jahrtausendealten Kultur. Über Indien schreibt er kritisch, nicht verächtlich, verstehend, nicht rechtfertigend, kenntnisgesättigt, nicht entschuldigend, oft wütend über die indische Bürokratie etwa in Visumsangelegenheiten, doch nie verurteilend, wenn nötig sozialanklägerisch, aber nicht rebellisch, oft zornig über die Missstände und das Versagen der Eliten, aber immer im Glauben daran, dass in Indien der universale Geist des Mahatma und das soziale Ethos eines Vivekananda noch nicht ausgelöscht sind. Wer Indien und seine Menschen so liebt wie er, kann manches ertragen und vieles durchstehen.

Das Profil dieses Werkes? Ich mache für Nichtkenner in wenigen Strichen dessen Struktur transparent:

Als *Übersetzer aus dem Bengalischen und Englischen* hat Martin Kämpchen das Schlüsselwerk von Sri Ramakrishna und Swami Vivekananda für den Verlag der Weltreligionen ins Deutsche übersetzt: Die »Gespräche mit seinen Schülern« von Ramakrishna (2008) sowie Reden und Aufsätze von Vivekananda unter dem Titel »Wege des Yoga« (2009).

Als *Herausgeber* hat Martin Kämpchen »religiöse Liebeslyrik aus Indien« publiziert (Neuausgabe 2002), eine kleine Gandhi-Ausgabe »für Gestresste« veranstaltet, 2019 neu erschienen unter dem Titel »Die Große Seele. Die Weisheit des Mahatma Gandhi« und zwischen 1986 und 1992 die neunteilige Buchreihe »Klassiker der östlichen Meditationen / Spiritualität Indiens« betreut. Dazu gehören auch seinerzeit völlig neuartige Publikationen zum interreligiösen Dialog wie »Die Heiligen in den Weltreligionen« (1985) oder »Liebe auch den Gott deines Nächsten. Lebenserfahrungen beim Dialog der Religionen« (1989).

Als *Schriftsteller* hat Martin Kämpchen in schöner Regelmäßigkeit Geschichten aus Indien für ein deutsches Publikum erzählt. Er hat den Roman »Das Geheimnis des Flötenspielers« (2. Aufl. 2000) vorgelegt, desgleichen »Erzählungen aus dem indischen Stammesdorf Ghosaldanga« (1998) und »Ghosaldanga. Geschichten aus dem indischen Alltag« (2006), zuletzt noch: »Pfefferkörnchen. Ein Erzählzyklus aus Indien« (2015).

Sind diese Prosastücke dem Alltag indischer Menschen unter sozial prekären Lebensverhältnissen entnommen, so drehen Schriften des *Lebenshelfers und Ratgebers* Martin Kämpchen die Perspektiven um. Einer konsumorientierten und zugleich seelisch verarmten westlichen Überflussgesellschaft gibt er auf der Basis seiner indischen Erfahrungen Ratschläge und Anweisungen. »Schritte« zu einer neuen »Lebenskunst« nennt er das. Die »indisch« imprägnierten Stichworte seiner oft schmalen Bände lauten: »Innehalten«, »Achtsamkeit«, »Wahrhaftig sein«, »Lebens-Reisen«. In dem *homo spiritualis* mit eigenen tagtäglichen Übungen in Seelendisziplin steckt immer auch ein Seelenführer für andere, ein verborgener, unaufdringlicher Exerzitienmeister, der Ashram-Erfahrungen hinter sich hat.

Dieser nach innen gekehrten Seite entspricht komplementär die politische des *Publizisten* Martin Kämpchen. Seit 1995 schreibt er regelmäßig für das Feuilleton der »Frankfurter Allgemeinen Zeitung«, später auch für die »Neue Zürcher Zeitung«. In Indien ist er bei der Zeitung »The Statesman«, der ältesten englischsprachigen Zeitung in Kalkutta, ein gefragter Kolumnist. So kann er, ohne in einer der Metropolen zu leben, von Santiniketan aus regelmäßig das politisch-kulturelle Zeitgeschehen kommentieren. Tägliche Konsultation indischer Medien und Zugang zum Internet machen das möglich.

Und dann ist da der *Literaturforscher* Martin Kämpchen. Sein Leben in Indien weiß er je länger desto intensiver zu kontextualisieren. Will sagen zu sensibilisieren für das Indienbild deutschsprachiger Schriftsteller im 20. Jahrhundert überhaupt. Er ist nur einer in einer langen Kette, aber einer der wenigen, der mit und in Indien hat leben wollen. Hier hat Kämpchen wie niemand vor ihm gründlich recherchiert. Und von dieser seiner profunden Quellenkenntnis zeugen zwei Bände: »Von der Freiheit der Phantasie … Indien in der deutschsprachigen Literatur 1900–1999«, als Sondernummer der Zeitschrift »Die Horen« 1999 erschienen. Ergänzt 2002 durch den Band »Neue Reisen deutscher Schriftsteller nach Indien«. Beide Publikationen sind Dokumente stupenden Wissens und Fundgruben für indiensensible Reisende.

Vor allem zwei großen Indienfahrern der deutschsprachigen Literatur des 20. Jahrhunderts gilt Kämpchens Aufmerksamkeit: *Hermann Hesse* und *Günter Grass*. Blieb die Beschäftigung mit Hesse auf Essays zu dessen Werk beschränkt (vor allem zu dessen »indischer Dichtung« »Siddhartha«) oder auf die überraschende Edition eines Briefwechsels Hesses mit dem indischen Historiker Kalidas Nag (1994), der ihn in der »Siddhartha«-Zeit 1922 im Tessin besucht hatte, hatte Kämpchen Gelegenheit, Günter Grass bei seinen Indien-Besuchen zu begleiten. Immerhin hatte dieser Schriftsteller sich wie nur wenige deutschsprachige Intellektuelle auf das real existierende Indien eingelassen, hatte in Kalkutta einige Monate eine Wohnung bezogen. Doch seine zwiespältigen Alltagserfahrungen hatten ihren Niederschlag in einem äußerst kritischen Indien-Buch gefunden: »Zunge zeigen« (1988). Die zuerst in englischer, dann aktualisiert in deutscher Sprache erschienene Dokumentation von Kämpchen zum Thema »Grass und Indien« ist ein »Muss« für alle, die sich mit der Problematik von Indien-Reisen westlich sozialisierter Zeitgenossen selbstkritisch auseinander wollen: »›Ich will in das Herz Kalkuttas eindringen‹. Günter Grass in Indien und Bangladesch« (2005). Wie schnell können aus Begegnungen mit Indien Vergegnungen werden.

Niemand kennt besser als Martin Kämpchen die Einstellungsschwankungen westlicher Indien-Besucher zwischen Faszination und Abscheu, zwischen Bewunderung und Verwerfung, zwischen Angezogensein und Abgestoßensein. Wen er nach Indien einlädt, konfrontiert er unnachsichtig mit dem »real existierenden« Indien und macht ihn/sie zugleich fähig, Hintergründe und Zusammenhänge zu erkennen, Vorurteile durch Sachurteile zu ersetzen. Und Martin Kämpchen wäre nicht der, der er in Indien geworden ist, hätte er nicht zugleich immer auch die Perspektive gewechselt: von der deutschsprachigen auf die indische Gegenwartsliteratur. Als Indien-Anfänger habe ich mit größtem Gewinn seinen 2006 erschienenen Band »Indische Literatur der Gegenwart« studiert.

Nicht zu vergessen den *Reiseschriftsteller* Martin Kämpchen. Dazu gehört die Dokumentation klassischer Texte aus der Geschichte von Indien-Reisen und eigene Aufzeichnungen von Wanderungen durch indische Landschafen. Wer nach Indien reist, sollte Kämpchens gut illustriertes und nach Regionen strukturiertes Insel-Taschenbuch im Gepäck haben: »Indien. Ein Reisebegleiter« (2006). Wer den Wanderer Martin Kämpchen kennenlernen möchte, seine Reisen nach Kalimpong im Himalaja beispielsweise, zum Kailash, dem heiligen Berg Tibets, oder durch Nepal und Sri Lanka, lese seine »Versuche, der Ferne näher zu kommen« von 2017 und wird dabei zugleich mit einer »kleinen Philosophie des nachdenklichen Reisens« vertraut gemacht. Mehr dazu jetzt in den Reise-Abschnitten in diesem Buch, vor allem in den Kapiteln 3 und 8.

Und das alles, was ich soeben skizziert habe, wird noch einmal in den Schatten gestellt durch sein profundes Werk zu dem großen *Rabindranath Tagore*, ausführlich beschrieben in Kapitel 6. Niemand unter den deutschsprachigen Literaturkennern hat sich wie Martin Kämpchen seit Anfang der 1990er-Jahre in dieser Tiefe und Breite mit Werk und Wirkung von Tagore befasst. Seine neu erworbenen Kenntnisse des Bengalischen erlauben ihm Neuübersetzungen ausgewählter Tagore-Texten ins Deutsche, die vorher oft nur aus englischen Übersetzungen übertragen worden waren: Aphorismen, Gedichte, Lieder. Dazu gehört auch die Herausgabe eines größeren Textbandes: »Rabindranath Tagore: Das goldene Boot. Lyrik, Prosa, Dramen« (2005), die ein neues Interesse für die Dichtungen zu erwecken vermochten.

Man mache sich klar: Nahezu vergessen in Deutschland ist die Präsenz dieser überragenden Dichter-Persönlichkeit nach dem Zweiten Weltkrieg. Aber sein Leben im »Hauptquartier« des Tagore-Vermächtnisses fordert Martin Kämpchen heraus, nicht nur durch eine neue Biographie dem deutschen Publikum den Dichter wieder näherzubringen, als Bildmonographie bei Rowohlt erstmals 1992 erschienen (4. Aufl. 2011), sondern auch die Wirkungsgeschichte Tagores in Deutschland zu erforschen und zu dokumentieren. Sie hatte nach dem Erhalt des Nobelpreises 1913 beträchtliche Ausmaße angenommen. Frühe Übersetzungen seiner Werke ins Deutsche, Deutschlandreisen des Dichters und seine prophetische Erscheinung hatten ihn für das deutsche Publikum nach dem Ersten Weltkrieg zu *der* Inkarnation »östlicher Weisheit« gemacht. Tagore war eine Zeitlang ausgesprochen »in Mode«. Kämpchen ist diesen Wirkungen sowohl in Deutschland wie weltweit mit gründlichen Studien nachgegangen: »Rabindranath Tagore und Deutschland« (2011) sowie »Rabindranath Tagore: One Hundred Years of Gobal Reception« (2017), abgerundet jüngst durch eine Studie zu Tagores Beziehung zu dem Reformpädagogik-Ehepaar Paul und Edith Geheeb (2020), den Gründern der Odenwaldschule, die 1933 aus Deutschland hatten emigrieren müssen. Das alles hat ihn zu einem sowohl in Indien als auch weltweit anerkannten großen Tagore-Forscher gemacht.

»Nimm und lies« – möchte ich den potentiellen Leserinnen und Lesern dieses Buches zurufen. Dieser Mann ist unter den deutschsprachigen Publizisten eine singuläre Erscheinung: Vor gut fünfzig Jahren hat er die einzigartige Chance ergriffen, als Deutscher nach Indien zu reisen und sich dann entschlossen, in Indien für Indien zu leben. Von Anfang bis heute nicht Aussteiger, sondern immer aufs Neue Einsteiger. Jetzt hat er Rückschau gehalten und seine Erfahrungen weitergegeben, und zwar im Geist desjenigen großen Lehrmeisters, in dessen Zentrum ihn das Leben versetzt hatte. »Ich bin ein Dichter der Erde«, schrieb Rabindranath Tagore. »Wo immer ihr Laut sich erhebt, soll die Melodie meiner Flöte Antwort blasen. Doch trotz dieser heiligen Übung habe ich so viele Appelle versäumt – es bleibt eine Kluft. In vielen stummen Augenblicken hat jedoch eine große Harmonie – erahnt und erraten – mein Leben erfüllt.«

Inhaltsverzeichnis

Vorbemerkung
Wie schreibe ich ein Buch über Indien? 7

»Nicht Aussteiger, Einsteiger«!
Geleitwort von Karl-Josef Kuschel 10

1 Warum ausgerechnet nach Indien?
Kinder- und Jugendzeit 33
Frühe Stationen: Boppard, Nisterbrück und Wissen   33
Preia – Ein Leben in Einfachheit   39
Boppard   46
England   47
Goethe-Institut – Von der Sympathie für
die »Anderen«   50
Elisabeth Klein 52 Robert Jordan 53 Änne Jöres 54
Amerika – »Have fun!«   55
*Lourdes High School 58 Meine Gastfamilie 60 Erkundungen
im amerikanischen Alltag 61 Litka de Barcza 64*
Über New York nach Boppard zurück – Nachdenken
über die Gewaltlosigkeit   67

2 »Der Junge kommt nicht wieder!« *Wanderjahre*   70
Saarbrücken   71
Wien   74
Paris   81
Aufbruch nach Indien   82
*Einübung in ein Indien »zum Anfassen« 88 Im Zug nach
Kalkutta 89 Erste Begegnung mit dem Einheitsgedanken im
Hinduismus 91 Armut oder Einfachheit? Lebensunmittelbarkeit 95
Wie lebt die Mittelklasse? Erster Besuch in Narendrapur 97
Im Künstlerdorf Cholamandal in Südindien 100 Was ein Mensch
erreichen kann! 101*
Wien – Wiederbegegnung mit dem Holocaust   103
*Die ukrainisch-katholische Kirche St. Barbara in Wien 107
Abschied von Wien 112*

3 Zusammenleben mit Hindu-Mönchen
Meine Ashram-Jahre 116
Warum Indien? – Meditation *116*
Das Indien, dem ich 1973 begegnete 119
Das Leben im Ashram von Narendrapur 123
Was ist ein »Ashram«? 125 Die Rāmakrishna Mission: Geschichte und Problematik 126 Ganzheitliche Weltsicht und Gespür für das Symbolhafte 132 Der Tagesablauf im Rāmakrishna-Ashram 136 Bemerkenswert oder merkwürdig? Zwei Nachbarn 139 Als Lehrer in der Sprachenschule der Rāmakrishna Mission 140 Dienst im Rāmakrishna-Tempel 143 Der Argwohn trifft mich 146
Die Gottesdienste im Ashram 152
Swami Vivekānanda – »Face the Monkey!« 153
Die Mystiker 156
Vegetarismus 158
Reisen und Begegnungen 159
Im Himalaja und am Meer 159 Madhupur 160
Khejurtola 162
Ich wandere weiter 165

4 Das indische Christentum begegnet dem Hinduismus
Als Student in Madras 169
Umzug zu den Jesuiten 170
Lalitha 172
Aikiya Alayam und der Dialog im Alltag 174
Pater Francis Acharya im Kurisumala Ashram 177
Geschichte der christlichen Ashram-Bewegung 177 Der Alltag im Kurisumala Ashram 181
Inkulturation 185
Pater Bede Griffiths in Shantivanam 187
Die Dalits 191
Kunst als Dialog – Jyoti Sahi 192
Die ersten Beiträge zur Hindu-Spiritualität in deutscher Sprache 195
Nach Madras: wohin? 196
Lanza del Vasto in Sevapur 197
Wie hast du's mit der Religion? – Ein Versuch 201

5 Santiniketan – Tagores »Ort des Friedens«
Die Entscheidung, auf dem Land zu leben 210
Die Lebenswelt Santiniketan damals und heute 210
Entscheidung für Santiniketan 211 Zimmersuche 214

Rabindranāth Tagores Universität Visva-Bhārati   217
Bengalisch lernen   221
Frühe Bekanntschaften   226
Raju 227 Bablu Razak 230 Bishu Roy 234 Gopal Baul 237
Das Erlebnis des Volkshinduismus   238
Wie den Armen helfen?   240
Mein Haushalt wächst   246
Rāmakrishna und Franziskus   248
Heiligkeit als Instrument des Dialogs?   251
Die Rāmakrishna Kathāmrita-Übersetzung   254
Was heißt NOLI und NORI? – Von den Feinheiten der
Bürokratie   256
Indischer Staatsbürger werden?   259

6   **Der Dichter und Denker Rabindranāth Tagore**
Das Ende einer Suche 262
Die Entdeckung von Rabindranāth Tagores Lyrik   262
Die Kunst des Aphorismus   269
Gottesliebe und Weltliebe in Einem   271
Tagore war in aller Munde   273
Rabindranāth Tagore in Deutschland – Begegnungen und
Freundschaften   276
Helene Meyer-Franck und Heinrich Meyer-Benfey 276
*Herta Haas 278 Heinz Mode 278 William Radice 279 Alex
Aronson 281 Debajyoti Ganguly 283 Prasanta Kumar Paul 285*
Ramchandra Gandhi   287
Rabindranāth Tagore in Deutschland – Begegnungen mit der
Vergangenheit   288
*Shimla 288 Tagores engster Kreis in Deutschland 290 Deutsches
Literaturarchiv in Marbach 292*
Tagores ganzheitliche Pädagogik   292
Ein verhinderter Rauswurf   295
Die Vielfalt Indiens und die Vielfalt, das Land zu
beschreiben   296
*Bedingungsloses Vertrauen 298 Übersetzer und Herausgeber 300
Frankfurter Allgemeine Zeitung 301 Die Udo Keller Stiftung
Forum Humanum 304*
Die Mutter im Hintergrund   305
Mutter Teresa und ihre Orden   307

7   Arbeit unter Stammesbewohnern
Der Wunsch, mein Leben zu teilen   314
So lebten die Santals früher, so leben sie heute   315
Ein Leben in der Natur   320
Sona Murmu   322
Bäume pflanzen   325
Wo ist der Arzt?   327
Shib Shankar Chakraborty   329
Boro Baski   330
Sanyasi Lohar   333
Gokul Hansda   335
Mandaresh und Roswitha Mitra in Aachen   338
Reflexionen über die Zusammenarbeit   339
Snehadri Sekhar Chakraborty   343
Die Dorfarbeit nimmt Strukturen an   347
Hierarchie – ja oder nein?   349
Von der Not, die Dorfarbeit zukunftsfähig zu machen   351
Rolf Schoembs Vidyashram   354
Sorgen und Enttäuschungen   360
Lernprozesse – zum Beispiel Gesundheit   362
Elektrizität – Vor- und Nachteile   364
Der Freundeskreis Ghosaldanga und Bishnubati   366
Ein Museum in einem Dorf?   368
Noch einmal: Freud und Leid der Dorfarbeit   369
*Dorfpolitik 370 Fische fangen oder Diebe? 371 Frühzeitig den
Abschied vorbereiten 372*

8   Der Blick weitet sich
Die Erfahrungen und Themen werden reicher   374
Mein seltsamer Haushalt in Santiniketan   375
Kamal 376 Rajen 377 Monotosh 379
Rabindranāth Tagore – und noch kein Ende   381
*Drei Tagore-Momente 383 Der ungarische Hindi-Professor in
England 383 Kurt Wolff und der Familienkonzern Merck 384
Wieder in Shimla 385*
Indische Literatur in Deutschland. Indien in der deutschen
Literatur   387
Mit Günter Grass in Kalkutta   389
Indien narrativ erfahren   394
Reisen und Aufenthalte   395
*Berg Kailash 396 Kalimpong 397 Wanderungen in Nepal 400
Welche Überraschung! Ein Kinderbuch entsteht 402 Dhaka 402*

9 Indien von Mensch zu Mensch. *Eine Überschau* 404
Die Politik beherrscht den Alltag 405
Die nationale Politik 405 Die lokale Politik 410 Nur diese eine Versuchung! 410
Feiern und Jahrmärkte in Santiniketan und im Umkreis 411
Menschliche Beziehungen – Wie leben die Familien miteinander? 415 Familiengefühl und Geborgenheit 416 Zeitgefühl 419 Individualität und Privatsphäre 419
Wie Indien verstehen? 420
Unity in Diversity 421 Perspektivismus 422 Religion als Spiel 424 The too-muchness of India 425

10 Brücken zur fremden Heimat Europa
Zwischen den Kulturen zu Hause 427
»Ein indisches Dorf stellt sich vor« – Reisen junger Dorfbewohner in Deutschland und Österreich 428
Zwei Bauls reisen durch Deutschland 428 Boro Baski bei den Quakern in England 429 Santal-Gruppenreisen 430
Vorträge und Seminare 434
Magische Reiseziele in Europa 436
Wien, eine lange Erinnerung 436 Schottland als Seelenkur 439
Habe ich zwei »Heimaten«? 440
Ist mein Leben anachronistisch? 441 Wozu sind Literatur und Kunst berechtigt? 442
Das Hermann Hesse-Netz 443
Freundschaft und Dankbarkeit 448
Der Paukenschlag der Pandemie 449

Mein Dank 456

Zu den Abbildungen 464
Ausführlichere Beschreibungen 464
Copyrights der Fotografien 466

Anmerkungen 467

Zu den Autoren 479

1

Warum ausgerechnet nach Indien?

Kinder- und Jugendzeit

Frühe Stationen: Boppard, Nisterbrück und Wissen

Nichts in meiner Familie weist darauf hin, dass ich die längste Zeit meines Lebens nicht im Land meiner Geburt, sondern in Indien verbringen würde. »Der Apfel fällt nicht weit vom Baum«? Mein Apfel fiel nicht zur Erde, sondern flog, bevor er sie berührte, in größter Eile weit weg um die halbe Erdkugel und landete erschöpft in der weiten indischen Ebene.

Man stelle sich vor: Meine Mutter wurde in Köln geboren, mein Vater in Essen. Die Generation meiner Mutter wohnte im Raum Köln, die meines Vaters am Niederrhein, der auch das Lebenszentrum bis heute bleibt. Mein Bruder Thomas wohnte und arbeitete immer schon in Marburg. Also eine insgesamt bodenständige Familie, in der die Äpfel nicht weit vom Stamm fallen? Aber auch, worauf ich stolz bin, eine europäische. Meine Großmutter mütterlicherseits wanderte von ihrem italienischen Alpendorf Preia im Stronatal nach St. Wendel im Saarland, um sich zur Näherin ausbilden zu lassen. Preia war Anfang des Jahrhunderts elend arm und ist es lange geblieben. Sie heiratete in der Nähe von Köln. Ihr Sohn schloss nach dem Zweiten Weltkrieg die Ehe mit einer Elsässerin. Zwei Generationen später heiratete einer der beiden

Söhne meines Bruders eine Schottin; sie wohnen mit ihren drei Kindern bei München.

So war mein Fernweh und die frühe Ausweitung meiner Phantasie über die Enge der Heimat hinaus doch vorbereitet. Überlege ich genau, merke ich, wie viele Erfahrungen mich auf ein Leben in Indien hingeführt haben könnten. In Boppard am Mittelrhein wurde ich geboren. Dort war mein Vater Lehrer am Gymnasium, später Direktor. Meine Mutter hatte er in Köln kennengelernt und 1936 vermählten sie sich. Ihre rege Korrespondenz während der Kriegsjahre bewahrte meine Mutter in einem Karton bis zu ihrem Tod mit fast 94 Jahren auf. Mein Bruder Thomas und ich wussten, dass im Karton Briefe verwahrt waren, doch von Andeutungen abgesehen, wurden wir nicht eingeweiht und blieben eher mit dem Gegenwärtigen beschäftigt, als einem Karton mit alten Briefen Bedeutung zu schenken. Erst als meine Mutter 2007 starb, öffnete ich dieses Briefebündel, und jetzt begann ich zu lesen und war bald so berührt, dass ich kaum weiterlesen konnte. Was hinderte mich? Mein Vater war als Funker an der Ostfront, seine junge, noch kinderlose Frau blieb ohne Verwandte in Boppard zurück. Die gegenseitige Zugewandtheit der Eheleute, die keinen anderen Gedanken als den ihrer Liebe, die diesen Krieg überdauern würde, aussprachen, diese Reinheit der Gefühle, besonders jene der Mutter, die viel mehr Seiten schrieb, bewunderte ich. Denn ich habe diese Reinheit ein Leben lang als Ideal gesucht.[4]

Mein Vater kam mit einer Schusswunde an der Schulter und einem schweren Gehörschaden aus dem Krieg zurück, der ihn sein restliches Leben daran hinderte, voll am gesellschaftlichen Leben teilzunehmen. Er war Lehrer für Französisch und Deutsch gewesen; mit seiner Sprachkenntnis konnte er in der französisch besetzten Zone, in der wir linksrheinisch wohnten, als Dolmetscher wirken.

Vier Jahre war ich alt, als mein Vater 1952 die erste Direktorenstelle am Gymnasium in Wissen im Westerwald antrat. Ein populäres Lied erzählt vom »Westerwald, / da pfeift der Wind so kalt« – und so war es auch. Im Vergleich zur lieblichen Landschaft des Mittelrheins war der Westerwald rau und unwirtlich. Das Gymnasium stand »auf dem Löh«, einem Hügel, dessen Name schon abschreckend klingt. Ich aber machte die erste wichtige Erfahrung meines Lebens: Ich lernte das Leben der Bauern kennen. Die ersten Jahre wohnten wir in einem Dorf in der Nähe von Wissen, in Nisterbrück, neben dem Bauernhof der Familie Trapp. Der alte Herr Trapp, den ich »Onkel« nannte, betrieb eine kleine Landwirtschaft und lebte ansonsten von einer Rente. Er hielt Kühe, Schweine, Hühner und bestellte einige Felder. Bei der Familie ging ich ein und aus. Oft aß ich spontan mit ihnen zu Abend, ich begleitete die Kühe zur Weide und fühlte mich wie ein Prinz, wenn auch ich einmal eine Kuh an der Leine zur Wiese führen durfte, während Onkel Trapp oder sein Sohn Raimund wachsam neben mir schritt.

Es waren die Fünfzigerjahre. Für einen Traktor war der Bauernhof zu klein und die Zeiten noch zu früh. Onkel Trapp schnitt die Wiese mit einer Sense, häufte Heu und den geschnittenen Weizen auf einen Karren, den ein Joch Kühe zur Scheune zog. Er buddelte die reifen Kartoffeln eigenhändig aus dem Ackerboden. Wurde ein Schwein geschlachtet, mussten wir Kinder zu Hause warten, bis das Tier auf einer Leiter an der Scheunenwand aufgehängt und von oben bis unten aufgeschlitzt war, beim Ausweiden durften wir zuschauen. An den Anblick erinnere ich mich genau. Das aufgefangene Blut wurde sofort zu Blutwurst verarbeitet, die wir Kinder mit Genuss aßen. Hmm! Frische Blutwurst! Wenn meine Mutter mir eine besondere Freude machen wollte, bereitete sie mir ein »Tatarbrötchen« zu – eine Art Brötchen, genannt »Schößchen«, belegt mit rohem, gehacktem Rindfleisch, in das ein rohes Ei, Zwiebeln, Gewürze und Kapern hineingemischt wurden. Welch ein Kontrast zum überzeugten Vegetarier, der ich später wurde!

Jede Art von Mechanisierung fehlte im Bauernhof. Wie war doch diese Landwirtschaft jener ähnlich, die ich Jahrzehnte später in Indien kennen- und lieben lernen sollte! Ich erlebte Tiere auf der Wiese, roch die Jauche, die auf den Weiden versprengt wurde, war anwesend beim Füttern und Melken. Das Quieken der Schweine, das Muhen der Kälber, die lauten Rufe des Bauern klingen noch im Ohr. Es war ein langsames, mit der Natur schwingendes Leben.

War ich nicht bei Onkel Trapp, dann zog ich mit meinem Bruder und dem Sohn unseres Vermieters durch die angrenzenden Wälder, über die Weiden und am Ufer der Nister entlang, die ich zum Erschrecken meiner Mutter auch mehrmals, war's noch so kalt, hüfttief durchquerte. Das Mietshaus lag nahe einer großen Straßenkehre, in deren Beuge sich manchmal von Pferden gezogene Wagen fahrender Gesellen aufstellten. Wir Kinder wurden natürlich vor dem »Gesindel« gewarnt, aber umso neugieriger war ich. Ich erinnere mich an einen Naturburschen, nicht viele Jahre älter, den ich bewunderte, weil er Vogelstimmen täuschend nachahmen konnte. Er kannte Tricks, er zauberte und sah mit seiner Kappe und seinen bunten Klamotten so recht wie ein Zauberlehrling aus.

Um die Volksschule zu erreichen, ging ich zwei oder drei Kilometer zu Fuß; manchmal begleitete mich Mutter ein Stück. Die Volksschule war ein Spiel; von der hintersten Bank beschäftigte ich mich mit Tuscheln und Träumereien und war doch der Klassenbeste. Das änderte sich, sobald ich ins Gymnasium eintrat, denn dort wehte ein schärferer Wind. Jetzt musste tatsächlich gelernt – gepaukt – werden.

Wir wurden katholisch erzogen, besuchten darum jeden Sonntag die heilige Messe im nächsten Ort, Öttershagen, wo ich Ministrant wurde. Damals mussten diese rot-weiß-bekittelten Jungen noch das »Confiteor« in Latein auswendig herunterbeten und dem Zelebranten lateinisch antworten. Mein Vater trainierte mit mir die lateinischen Sätze, von denen ich natürlich kein Wort verstand. Hauptsache wir haspelten sie herunter, ließen nichts aus und waren dennoch rasch zu Ende. Wir hatten eine Aufgabe und waren stolz darauf. Einige Jahre später zogen wir von Nisterbrück auf den Hämmerberg, der in der Nähe des Gymnasiums lag. Der Umzug fand mit einem Pferdewagen statt, auf dem Thomas und ich selbst hockten. In Wissen wurden wir beide Mitglieder des »Knabenchors«, der jeden Sonntag, angefangen vom »Asperges me«, dem feierlichen Rundgang durch die Kirche, das Hochamt liturgisch mitgestaltete. Wöchentlich probten wir zweimal nachmittags unter dem strengen Regiment des Organisten, Herrn Koll. Für Festtage übten wir besondere gregorianische Messen ein. Ich liebte diese verschnörkelten und doch so asketisch klingenden Melodien. Obwohl ich kein sicherer Sänger war, mich nur in Gemeinschaft mit anderen wohlfühlte, war jedes Hochamt für mich ein besonderes Ereignis, dessen Feierlichkeit ich nicht müde wurde.

Freitags kein Fleisch, samstags ein Bad in der Wanne (Duschen gab es noch nicht), sonntags ein Festtagsbraten – das war die eingeführte Routine. Rehrücken war für mich ein besonderer Schmaus. Ich war ein wildes Kind und verletzte mich häufig. Einmal wollte ich mit dem Roller zwischen den großen Rädern eines Lastwagens hindurchfahren; blutend rannte ich zur Mutter. Narben an Kopf und Beinen zeugen von meiner unbedachten Kühnheit.

In Nisterbrück machte meine Mutter eine Entdeckung. Zufällig erfuhr sie, dass der Jesuitenpater Josef Spieker, als junges Mädchen ihr Beichtvater und Mentor, jeden Monat an Nisterbrück vorbei zu Vorträgen reiste. Pater Spieker hatte das Konzentrationslager überlebt, was ich als Kind nicht wissen und einordnen konnte. Bekannt geworden als Männerseelsorger im Raum Köln, veranstaltete er Vorträge, Exerzitien, Bußwallfahrten und organisierte die katholische Laienarbeit, die damals am Anfang war. Unerschrocken klärte er über den Nationalsozialismus auf. Von der Kanzel predigte er gegen die neuen Machthaber, was dem Pater schon 1935 die Haft im Konzentrationslager »Börger Moor« einbrachte. Der Priester wurde grausamen Schikanen ausgesetzt, doch auf Betreiben von Freunden konnte er das KZ mit dem Gefängnis vertauschen, aus dem ihm 1937 die Flucht gelang. Über Holland wich er nach Südamerika aus und blieb dort bis nach dem Krieg. In Düsseldorf arbeitete er noch zwanzig Jahre mit spanischen Gastarbeitern.

Pater Spieker unterbrach nun seine Autofahrt in Nisterbrück und blieb jedes Mal einige Stunden, die meine Mutter festlich gestaltete. Das allerbeste Besteck, die feinsten Teller und Schüsseln kamen zum Vorschein. Wir Kinder waren brav am Tisch und zogen uns nach der Mahlzeit zurück. Die Männer schmauchten eine dicke Zigarre, bevor der Pater weiterfuhr. Ich erinnere mich an ihn als gedrungen und untersetzt, mit wuchtigem Kopf und buschigem Haar, besonders die Augenbrauen waren wild.

Oft erzählte die Mutter uns, dass Pater Spieker ihre Ehe zusammengefügt habe. Sie wollte Nonne werden und der Pater bereitete sie darauf vor, als sie noch Gymnasiastin war. Dann verliebte sie sich in Paul Kämpchen, einen jungen Lehrer in ihrem Gymnasium, der mit ihr ein Krippenspiel einübte. Meine Mutter war die Maria! Im Beichtstuhl fragte sie ihren Seelenführer, ob sie sich diesem Mann anvertrauen dürfe. Pater Spieker holte Erkundigungen ein und signalisierte bald darauf sein Einverständnis. In gewisser Weise verdanke ich dem Pater mein Leben ...

Als die Familie 1960 nach Boppard umsiedelte, wohin sich mein Vater beworben hatte, nachdem die Stelle des Direktors frei geworden war, blieb die Verbindung bestehen. Pater Spieker schrieb auch mir Briefe, er ermutigte mich, auch weil meine Mutter in mir einen recht störrischen, dem eigenen Willen folgenden Sohn sah. Sie beklagte sich immer mal wieder. Pater Spiecker schien jedoch gerade wegen meiner schweren Lenkbarkeit etwas Besonderes und positiv Eigenes in mir zu sehen. Pater Spieker, dessen gütige Augen mich immer noch anschauen, war ein frühes Vorbild. Mit moralischer Stärke hatte er einer brutalen Gegenwart getrotzt. Wie mächtig mir wenige Jahre später das Schicksal der Juden und der Widerstand gegen den Holocaust auf das Gewissen drückte, werde ich erzählen. Und wie wirkmächtig frühe Ermutigungen sein können, wird mir im Nachhinein bewusst.

Pater Spieker starb 1968. Über seine Zeit im KZ hatte er auf Wunsch der Ordensoberen geschrieben, ein Lebenszeugnis, das nach seinem Tod als Taschenbuch erschien.[5] Meine Mutter hat ihn bis zu ihrem Lebensende verehrt. Noch im Seniorenheim in Boppard, wo sie die letzten Jahre verbrachte, stand ein Foto von Pater Spieker auf ihrem Tisch, neben dem Foto meines Vaters. »Sie passen auf uns auf«, bemerkte sie häufig.

Erstaunlich, wie viele Leitgedanken eines Lebens tief in der eigenen Vergangenheit verankert sind. Erst zurückblickend wird es deutlich. Mag sein, dass der sich erinnernde Verstand Verbindungslinien zieht, die nicht bestanden haben. Aber wer kann das entscheiden?

Preia – Ein Leben in Einfachheit

Meine Großmutter in Köln sehnte sich ihr gesamtes langes Leben nach ihrem italienischen Alpendorf Preia im Stronatal, obwohl sie es schon als Mädchen verlassen hatte. Sie war eine der frühen »Wirtschaftsflüchtlinge«, die es innerhalb von Europa und auch interkontinental immer gegeben hat. Sie war ein Vorfahre der Afrikaner und Asiaten, welche ein besseres Leben in Europa suchen. Heute noch erzählt man sich im

Stronatal von Vorfahren, Männern wie Frauen, die in Deutschland Arbeit suchten und oft zu Fuß auf gefährlichen Wegen die Alpen überquerten und nur für einige Monate des Jahres zurückkehrten, um bei ihren Familien zu leben.

Krieg und Nachkriegszeit hinderten die Oma, Preia regelmäßig zu besuchen. Aber schon als Kinder im Vorschulalter fuhren mein Bruder Thomas und ich mit meinen Eltern im Auto nach Preia, um dort die Sommerferien zu verbringen.[6] Dann nahmen wir die Oma meist mit. Vater machte, damals schon im mittleren Lebensalter, den Führerschein und kaufte einen Volkswagen-Käfer, es war das frühste Modell mit winzigem Rückfenster, mit dem wir gemächlich gen Süden zuckelten. Als spätberufener Autofahrer war Vater besonders vorsichtig und nicht immer allen Situationen gewachsen. Um nach Preia zu gelangen, überquerten wir die Schweizer Alpen, fuhren nach Omegna, der größten Stadt am Lago d'Orta (Ortasee), und von dort das Stronatal aufwärts. Die Strona hat bis heute nichts von ihrer ursprünglichen Wildheit eingebüßt. Durch Schluchten, über Felsbrocken, zwischen Felsen zischend, sprudelnd, schäumend, strömt die Strona durch ihr enges Tal. Ihr Donnern ist im ganzen Tal wie ein ewiger Ostinato zu hören. Es gräbt sich in den Schlaf hinein, ins Unterbewusstsein und wummert noch, nachdem die Ebene längst erreicht ist.

So eng ist das Stronatal, dass nur wenige Dörfer in Flussnähe entstehen konnten. Die steilen Hänge sind dicht mit Nadelhölzern bewachsen. Nur in höheren Regionen, von unten selten sichtbar, liegen Wiesen, dazu Almen, auf denen die Bauern Kühe und Ziegen hielten. Heute sind die Almen verödet; zu hart ist dort oben das Leben. In 900 Meter Höhe, schon nahe dem Quellgebiet, öffnet sich das Tal, so dass zwei Dörfer Platz finden, das kleine, enge Preia, wie ein Vogelnest in den Hang gebaut, und Forno, das größte Dorf im oberen Tal, das sich auf leichter Hanglage großzügiger ausbreitet. In

Forno steht die Kirche und, direkt am Dorfeingang, die Pension, der Albergo del Leone, der seit meiner Kindheit von den beiden Schwestern Anna und Caterina bewirtschaftet wird. Anna lebt noch und wankt fast erblindet durch ihr weitläufig-verwinkeltes Haus, das nun ihr Sohn Gianni Chiolini leitet. Als Kinder führten uns die Eltern manchmal dorthin zum Mittagessen. Sonntags nach dem Hochamt speiste dort der Pfarrer – für ihn wurde groß aufgetischt.

Damals war die Straße im Stronatal noch ungeteert und einspurig und ohne Mauer oder Planke zum Schutz gegen einen Absturz. Ein Auto besaß niemand; um einzukaufen, fuhren alle mit dem Bus nach Omegna. Mein Vater fürchtete bei jeder Auffahrt, der *corriera* zu begegnen. Denn dann gab's nur eins: zurückfahren, bis zu einer Ausbuchtung, an der Auto und Bus einander passieren konnten. Lebhaft erinnere ich mich an eine solche Auffahrt. Nach einem langen Reisetag war es schon fast dunkel, als wir in Omegna starteten. Wir Kinder waren müde und gelangweilt und wollten einfach nur ankommen. Unser Wagen kroch, Vater mit angestrengtem Gesicht weit vorgebeugt am Steuer, aufwärts – bis passierte, was passieren musste: aus der Dunkelheit kamen uns zwei Lichter entgegen, und in der nächsten Minute stand der Bus wie ein Monster vor uns. Ich weiß nicht mehr, wie mein Vater den Käfer im Dunkeln rückwärts steuerte; ließ er einen Passagier vom Bus ans Steuer? Aber Thomas und ich zappelten vor freudiger Erregung, und ich rief: »Endlich mal ein Abenteuer!«

Der Weg hinauf war gefährlich bis zu einer bestimmten Kurve, an der ein der heiligen Margarita geweihter Bildstock stand. Wenn meine Großmutter, die Rita hieß, mitfuhr, packte sie in Omegna ihren Rosenkranz aus und betete ihn wispernd bis zu ihrer Namenspatronin. Dann war alle Gefahr gebannt, man durfte aufhören zu beten. Leider konnte die Oma in vor-gerücktem Alter nie lang in Preia wohnen bleiben, weil die

Höhe ihr zu schaffen machte. Durchfall plagte sie, und schon nach einer Woche kehrte sie mit tränennassem Gesicht in die Ebene zurück.

Als Kind habe ich die rustikale Einfachheit des Lebens in Preia erlebt und mich tief mit ihr verbunden gefühlt. Ich sehe heute eine deutliche Verbindung zu meiner Liebe zum indischen Leben, vor allem zum Leben in den Dörfern, dessen natürliche Lebensweise mich inspiriert und in Indien festgehalten hat. In Preia erlebte ich zum ersten Mal die Hochherzigkeit und auch die Bürde des einfachen Lebens.

Früher ernährte sich ein Großteil der Familien in Preia von der Produktion einiger Holzutensilien. Holzlöffel in allen Größen und Formen, die anfangs noch mit Schnitzmessern hergestellt wurden. In meiner Erinnerung lebt der alte Antonio mit zerfurchtem Gesicht, eine Pfeife im Mundwinkel, wie er in seiner dunklen Werkstatt an Holzlöffeln schabt. Oder die faltige Ida, klein, mit den starken Hüften der Bergfrauen, die ich stets in der Tracht des Stronatals erlebt habe. Sie trat gerade uns Kindern mit dem feinen, geradezu engelhaften Gesicht von Menschen entgegen, die das Glück hatten, in innerer Klarheit alt zu werden. Oder die alte Katharina, die mit ihren drei sanften, unbeholfen-schweigsamen Söhnen zusammenwohnte. Auch sie lebten von der Holzarbeit, später stellten sie sogar Stühle und Tische und Kästchen her. Carletto und seine Frau Wilma haben jahrzehntelang für das Haus meiner Großmutter, die »Casa Perini«, gesorgt, als es schon leer stand.

Tante Nini, die Schwester meiner Großmutter, war die letzte, die im Haus wohnte. Unverheiratet, hatte sie jahrzehntelang den Haushalt des Pfarrers im Nachbartal geführt und war dann zurückgekehrt. Sie saß am Fenster mit der Spindel in der Hand und spann dicke Wollfäden. Das Fenster stand bei guter Witterung auf, und wer vorbeikam, nahm sich Zeit für einen Schwatz. Gleichzeitig bewegten sich Tante Ninis lange, feine Finger weiter, ohne dass der Faden abriss. Ihr schwerer, alter gusseiserner Ofen beherrschte die Küche, die gleichzeitig Wohn- und Schlafzimmer war. Auf ihm kochte sie und von ihm strahlte die Wärme aus, die sie in der kalten Jahreszeit brauchte. Die Winter im Stronatal sind kalt, verschneit, dunkel – eine Last für die Talbewohner. Nicht von ungefähr wurden wir, bei der Rückkehr nach Deutschland, immer mit dem Wunsch »Buon inverno«, Guten Winter!, verabschiedet.

Strom für das Tal stellte ein kleines Elektrizitätswerk mit der Wasserkraft der Strona her. Doch was gab es sonst an Luxus oder Vergnügen? Fernsehen erreichte das Tal erst später. Ich erinnere mich an einen kleinen Schwarzweiß-Fernseher im Pfarrhaus neben der Kirche: Einige Pfarrkinder sahen eine Sendung mit Papst Pius XII. Als er seinen Segen austeilte, standen alle auf, um ihn, sich bekreuzigend, entgegenzunehmen.

Wenn Menschen arm leben, sind die Familien enger miteinander verbunden. Besuchten wir etwa abends Carletto, saßen auch seine erwachsenen Kinder und andere Verwandte in der gut geheizten Stube, oder die Nachbarn Ronaldo und Maria schauten hinein. Das Dorf war eine große Wohnstube, in der sich besonders abends nach der Arbeit alle trafen. War's später in Ghosaldanga nicht ähnlich? Der Dorfplatz, an dem auch die Casa Perini liegt, war noch steinig und holprig, aber er war frei. Die Frauen trafen sich am Brunnen, der ewig Wasser spendete. Es war ein Bild, das an biblische Erzählungen erinnert.

Mit den Eltern sind wir zu den Nachbardörfern gewandert, aufwärts nach Piana und Campello Monti, wo das Tal endgültig in einem großen, ausladenden Halbrund abschließt; gekrönt von den Gipfeln der Region, am sichtbarsten vom Cappezone. Wir wanderten auf die Almen, die damals im Sommer noch bewohnt waren. Auch abwärts nach Massiola,

Luzzogno und Inuggio, herrliche, stille Dörfer, die von Weiden und Hainen umgeben auf halber Talhöhe liegen.

In Erinnerung blieben besonders zwei Gipfelaufstiege. Als Zwölfjähriger begleitete ich Vater auf den Cappezone. Nachmittags wanderten wir bis Campello Monti und übernachteten im einzigen Hotelchen. Frühmorgens ging's hinauf über ausgeschilderte Wege bis zum Gipfel, von dem wir bis zum Monte Rosa blickten. Mein Vater blieb an dem kleinen See unterhalb des Gipfels zurück. Er war erschöpft. Auf dem Rückweg gab es bange Augenblicke, weil Vater den Weg verloren hatte und wir uns in hartem Gras und Gestrüpp zurechtfinden mussten. Der zweite Anstieg war auf den Campo, niedriger und bescheidener, der hinter Forno aufragt. Die Gemeinde von Forno unternahm eine Pilgerreise auf den Gipfel, um dort ein großes Eisenkreuz aufzurichten. Das Kreuz hatte man schon hinaufgeschleppt. Jetzt sollte es in ein Loch eingelassen, verkeilt und eingesegnet werden. Die Dorfjugend hüpfte wie Ziegen über die steinigen Wege aufwärts, auch die Erwachsenen, davon in Überzahl Frauen, wanderten lachend und schwatzend hinauf, während ich, doch ebenso jung wie die Burschen und Mädchen, die an uns vorbeigerannt waren, nur pustend und schwitzend und mit Ruhepausen den Weg bis zum Gipfel schaffte. Auch Don Giovanni, der Pfarrer von Forno, war hinaufgestürmt. Im schneidenden Wind feierten wir am Kreuz eine Messe. Don Giovanni hatte Mühe, seine Messgewänder unter Kontrolle zu halten, und die Kinder trieben ein Spiel damit, die Kerzen immer wieder anzuzünden.

Mit den Jahren wurde die Straße durchs Tal geteert und verbreitert und mit Seitenplanken geschützt. Sie ist noch kurvig und schmal und mag einen Fahrer vom flachen Land verunsichern, doch gefährlich ist sie längst nicht mehr. Preia und andere Dörfer erlebten einen Aufschwung mit der Mechanisierung der Holzverfertigung. In vielen Häusern entstanden Holzlöffelfabriken. Autos waren für Anfuhr und Abtransport der Hölzer unerlässlich. Der Weg von der Straße zum Dorfplatz wurde verbreitert und beides geteert. Inzwischen stehen immer vier, fünf Autos dort. Und der Brunnen fließt nicht mehr; ein Verschluss ist montiert. Der freie Raum in der Dorfmitte ist für die Menschen verloren.

Jeder Ort im Stronatal birgt Erinnerungen, die sich mit den Jahrzehnten verwandeln, doch nicht blasser werden. An so viele kleine Dinge klammert sich verzückt die Erinnerung. Die Ortsnamen zu nennen evoziert schon Erlebnisse. Im Leben gibt es einerseits Traumata, schmerzliche und sich tief in die Seele hineinwühlende Erlebnisse, andererseits Glückserlebnisse, deren Hochgefühl ebenso lange wirkt. Wollten wir uns auf diese Glückserlebnisse öfter besinnen!

Inzwischen besuche ich die Valle Strona Jahr für Jahr allein, miete mich im Albergo del Leone ein, schreibe vormittags und schwärme nachmittags aus, Gianni reicht mir die Mahlzeiten, die wie schon immer deftig und bescheiden sind. Ich besuche die Birkenwäldchen am Fluss auf dem Weg nach Piana. Ich höre das Bimmeln der Ziegenglöckchen, die von den niederen Wiesen durchs Tal perlen. Einige Dächer in Forno sind noch mit roh behauenen Felsplatten belegt und halten offensichtlich Regen und Schnee und Wind vom Hausinnern fern. Die schmale Fußgänger-Steinbrücke, die sich hinter Preia über die Strona wölbt, steht noch. Wie häufig haben wir Kinder von diesem Geländer ins schäumende Wasser und auf die tiefen Felsbecken mit dem klaren Wasser verwundert geschaut und geschaut. Viel von früher ist unangetastet und wird bleiben. Tante Nini hatte zuerst ein Grab im Friedhof unterhalb der Kirche, dort besuchte ich sie. Dann war der Grabstein verschwunden, und ich entdeckte sie wieder im Beinhaus, das an den Friedhof grenzt. Ihr Foto, ihr Name, aber nur ein schuhschachtelgroßes Viereck. Das Tal hat ein langes Gedächtnis. Was war, bleibt hartnäckiger als in der Ebene. Die Seelen sind zäh, sie passen sich an. Das ist ein Trost.

Die wirtschaftliche Situation von Preia und Forno hat sich wieder geändert. Die Holzlöffelfabriken sind eine nach der anderen verschwunden. Inzwischen hat China das Geschäft an sich gerissen; das Holz ist dort billiger, die Arbeitskräfte sind es ebenso. Die meisten Familien haben aber Arbeit in Omegna und anderen Orten am Ortasee gefunden; ihre kleinen Autos spritzen in einer knappen halben Stunde hinunter ins Tal und hinauf ins Dorf. Sie haben inzwischen das Beste beider Welten.

Boppard

Als die Familie vom Westerwald nach Boppard zurückkehrte, war ich zwölf und trat in die Quinta ein. Ich besuchte das Gymnasium, das mein Vater leitete. Dieses Zusammentreffen hat meine Jugendjahre bis zum Abitur überschattet. Ich wollte meinen Vater nicht blamieren, ebenso seinen persönlichen Erwartungen entsprechen. Die Lehrer wollten nicht den Anschein erwecken, mich bevorzugt zu behandeln. Zwischen diesen Mühlsteinen war ich eingeklemmt. Ich war interessiert am Deutschunterricht, begabt für Fächer wie Geschichte, Erdkunde und Religion, für Englisch und Französisch, doch Mathematik und Latein quälten mich bis zum Abitur. Ich war fleißig, aber verzweifelt fleißig, ohne Schwung und Hingabe. Mein Vater half mir mit Latein, ein hochbegabter Klassenkamerad mit Mathematik. Mein Bruder lernte viel leichter; er war – im Gegensatz zu mir – in den Naturwissenschaften begabt und hat auf diesem Feld seinen Beruf gewählt. Seine spielend leichten Erfolge am Gymnasium machten meine Situation nicht angenehmer. Mein Selbstbewusstsein war angeschlagen, bevor es sich entwickeln konnte, und ich suchte Erfüllung eher außerhalb der Schule.

Einen Steinwurf vom Rhein entfernt zu wohnen faszinierte

mich zu Anfang. Als Kind lief ich zum Ufer, um »Schiffe zu zählen«. Wie viele pro Stunde? Die Flagge welchen Landes flatterte am Heck? Was hatten sie geladen? Die Schlepper zogen drei, vier, fünf Lastkähne; Schubschiffe waren noch unbekannt.

Unsere Gymnasialklasse hatte begabte Mitschüler. Fünf von uns, die sich für moderne Literatur begeisterten, gründeten die »Gruppe 63«, einen Namen, den wir stolz der Gruppe 47 entlehnt hatten. Wir trafen uns einmal in der Woche auf dem Speicher der Dienstwohnung meines Vaters, im Anbau des Gymnasiums. Es ging um moderne deutsche Literatur von Borchert, Böll und Lenz, die wir uns vorlasen und über die wir uns die Köpfe heiß redeten. Zwei aus der Gruppe wurden nach dem Abitur Studenten an der Freien Universität Berlin, einer Hochburg der Studentenunruhen, die gerade eingesetzt hatten. Später brachten es beide – Werner Hamacher und Helmut Spitzley – bis zum Professor. Leider haben sie ihre Emeritierung nicht lang überlebt, beide sind an Krebs gestorben.

England

Meinem Vater ist zu verdanken, dass ich außerhalb der Schule, nämlich durch Reisen und Aufenthalte im Ausland, Erfüllung fand. Von Italien habe ich erzählt. Selbständige Reisen nach England folgten. Es war noch heftige Nachkriegszeit; man sagte noch »die Deutschen« mit Verachtung und Bedauern. Obwohl nach dem Krieg geboren, gehörte ich in diese Rubrik und bekam es zu spüren. Erst das Wirtschaftswunder, das noch im Werden war, trug diesem Land wieder allgemeine Achtung ein.

Schon mit vierzehn Jahren wurde ich mit Ulla, einer Klassenkameradin, nach England geschickt. Ihre Familie unterhielt Beziehungen nach Colchester, also reisten wir im Zug bis Dover, setzten mit der Fähre über den Ärmelkanal und weiter ging's nach London und an die Ostküste. Niemand kam auf die Idee, am wenigsten wir selbst, dass es gefährlich sein könnte, uns Teenager allein loszuschicken. Die britische Familie hatte einen kleinen Fischkutter, mit dem wir aufs Meer fuhren, um Krabben und anderes Getier zu fangen. Noch heute kann ich die Freude nacherleben, ins offene Meer zu tuckern und den steifen Wind zu spüren. Dass wir Lebendiges fingen und töteten, griff mich innerlich nicht an, noch nicht.

Einen Sommer später reiste ich nach Norwich zum Austausch mit einem gleichaltrigen Schüler, der danach zur Familie nach Boppard kam. Ich radelte durch Wiesen und Felder. Doch konnte ich mit dem britischen Gegenpart nicht recht warm werden. Als er nach Boppard kam, wohnte gleichzeitig auch ein Schüler aus Paris bei uns. Pierre war lebhaft, blitzgescheit, ein charmanter Filou, dessen Kommunikationsfähigkeit der des Engländers haushoch überlegen war. Der Junge fühlte sich zurückgesetzt, und in der Tat haben wir ihm Unrecht getan, weil wir uns nicht intensiver bemühten, ihn einzubinden. Er muss sich bei seinen Eltern beklagt haben, die ihn vorzeitig zurückriefen. Meine erste – bittere – Lektion in Sachen Verständigung zwischen Menschen unterschiedlicher Länder!

Wieder einen Sommer später fuhr ich allein nach London und verbrachte dort einen Monat in einem internationalen Studentenheim, das seine Plätze an Gäste wie mich vermietete, während die ausländischen Studenten ihre Heimat besuchten. Nur Studenten aus Übersee, für die eine Heimreise zu teuer war, blieben den Sommer zurück, vor allem Afrikaner. Natürlich freundete ich mich im Handumdrehen mit ihnen an. Freundlich und offen und temperamentvoll, wie sie waren, nahmen sie mich auf ihre Feste und Treffen mit. Ich sah sie in ihren weiten, farbigen Gewändern tanzen. Ich lernte ihre gutmütige, lebenslustige, sinnenhaft-expansive Lebens-weise lieben, ja, fühlte mich in ihr spontan beheimatet. Da möchte ich hin!, dachte ich. Da möchte ich eine Zeitlang woh-nen! Und meinte Schwarzafrika.

Wie immer, wenn ich etwas wirklich wollte, trieb mich hundertprozentiger Einsatz an. Diese Sehnsucht, ein Ziel zu erreichen, diese Zähigkeit und Beharrlichkeit bestimmen seit-dem mein Leben. Nicht dass ich alle Ziele erreichen konnte, nicht dass mir dadurch immer Erfüllung auf beruflicher, emo-tionaler oder intellektueller Ebene zuteilwurde. Enttäuschun-gen waren häufiger als Erfolgserlebnisse. Nicht dass totaler Einsatz glücklicher macht. Oft ist er eher eine Bürde, nämlich eine Verhaftung, von der man sich schwerer als von anderen, minderen, lösen kann. Aber der Vorteil ist, ich blieb unbeirr-bar auf dem Weg, auf den ich meinen Lebenspfeil abgeschos-sen hatte – ich konnte nicht anders.

In London begann sich meine Zuneigung zu »anderen« Menschen zu festigen, eine Zuneigung, die bis heute besteht. Viele, vielleicht die meisten, schreckt das Fremde zunächst ab, weil es uns auf uns selbst zurückwirft und die zur Selbstverständlichkeit gewordene Lebensroutine verunsi-chert. Mich aber stachelte es an, schon immer, aus mir heraus-zugehen, mich diesem Fremden, zumindest versuchsweise, anzuvertrauen und mich in ihm neu zu erleben. Das Fremde schien mir von vornherein anziehend, »schön«. Was erscheint »fremder« als ein Mensch mit anderer Hautfarbe, anderen Gesichtszügen, anderer Sprache, anderen Verhaltensweisen. Die dunkle Hautfarbe schien mir anziehend, weil sie mich unbekannte, geheimnisvolle emotionale Werte ahnen ließ. In den Gesichtern drückten sich Freude und Leid auf andere, mir schien ursprünglichere Weise aus. Diese Empfindungen vereinten sich mit meinem Wissen über Sklaverei, Grausam-keit, Unrecht, das leidvolle Schicksal der afrikanischen Völker und der Afroamerikaner. Gerade diese Sympathie für Menschen, die aufgrund von Geburt und Aussehen geringere Glücksaussichten haben als andere, brachte mich zu einer Art Afrophilie oder Xenophilie.

Schon damals las ich Gedichte von Léopold Sédar Senghor und anderen Lyrikern der *Négritude*, die sich bald nachdem die afrikanischen Länder ihre politische Unabhängigkeit errungen hatten, zu entfalten begann. In Norwich fiel mir die Autobiographie des afroamerikanischen Spiritual- und Opernsängers *Paul Robeson* in die Hände. Ich las darin, hörte einige seiner Lieder auf Schallplatten und war wie elektrisiert. Seine tiefe, schwermütige Bassstimme ließ abgründiges Leid ahnen. Seine Autobiographie bestätigte es. Kurz entschlossen begann ich, sie zu übersetzen. Gerade vierzehn, kämpfte ich mich durch den Text. Ich schloss in Boppard, mit Vaters Hilfe, die Übersetzung ab, die allerdings nie erschienen ist. Jahrelang hörte ich Paul Robeson und erinnerte mich an ihn wieder, als meine Mutter starb. Bewegt lauschte ich wieder dem Spiritual »Sometimes I feel like a motherless child« und verband meinen Schmerz mit dem eines ganzen Volkes.

Goethe-Institut – Von der Sympathie für die »Anderen«

Im Jahr 1964 wurde in Boppard ein Goethe-Institut eröffnet. Aus zwei Gründen ist es für meinen Lebensweg wichtig geworden. Das Institut nahm Männer und Frauen vom Ausland auf, um ihnen Deutschunterricht zu erteilen. Sie wohnten in deutschen Familien, was ihnen die Möglichkeit geben sollte, Deutsch zu sprechen und sich zu integrieren. Man stelle sich vor, junge Männer und Frauen aus Afrika kamen vom Flughafen Frankfurt nach Boppard und mussten sich vom ersten Tag an zurechtfinden. Ihnen wurden Zimmer in Familien zugewiesen, ihnen wurde ihr Klassenzimmer gezeigt, basta! Wo ist das Postamt, wo die Bank, wo das Arbeitsamt, wo ein Arzt, wo ein preiswertes Restaurant …? Wer schreibt ihnen einen deutschen Brief an die Universität, an der sie sich immatrikulieren wollten, wer füllt das Formular für die Aufenthaltserlaubnis aus? …

Ich kam mit ihnen in Kontakt und fast jeden Nachmittag war ich mit Männern aus Nigeria, aus Sierra Leone, Ghana oder Kenia unterwegs, versuchte, ihre Nöte zu verstehen und zu beheben – und war gleichzeitig Schüler am Gymnasium. Zu meiner Bewunderung ließen meine Eltern zu, dass mich die hochgewachsenen schwarzen Männer besuchten, wenn sie mich brauchten, manchmal schon zur Mittagessenszeit. Im bürgerlich-mittelrheinischen Lebenskreis mussten sie nicht nur fremd, sondern im Stadtbild beinahe bedrohlich wirken. Und ihr störrischer, schwer lenkbarer Sohn brachte sie bis ins Wohnzimmer! Nein, insbesondere meine Mutter verhielt sich vorurteilsfrei und freundlich. Sie lud einige zum Kaffee ein oder unterstützte mich in meinen unterschiedlichen Hilfeleistungen. Jahrelang blieb ich mit einigen Freunden in Kontakt, als manche schon wieder nach Afrika zurückgekehrt waren. Ich fühlte mich ihnen näher als meinen Klassenkameraden.

Bald wurde mir bewusst, dass ich mit meinen Bemühungen allein war. Fühlte sich das kleinstädtische Boppard damit überfordert, eine fremdenfreundliche und hilfsbereite Haltung an den Tag zu legen? Meine Frustration schrieb ich mir in einem anonymen Brief an das Lokalblatt »Rund um Boppard« aus der Feder. Hatte man nicht einen »Verein der Freunde des Goethe-Instituts« versprochen? Er war bisher nicht zustande gekommen. Plante man nicht von Zeit zu Zeit »gesellige Abende«, an denen sich Studenten mit interessierten Bürgern treffen würden? Hatte man die Studenten nicht in Familien unterbringen wollen, damit sie Deutsch lernen und deutsches Familienleben kennenlernen? Wie war es also möglich, dass einige Familien »bis zu sechs, sieben Studenten« aufnahmen? »Verständlich«, schrieb ich, »dass hier nicht mehr von Familienanschluss gesprochen werden kann.« Ich listete die berechtigten Erwartungen der Studenten auf, die nicht erfüllt wurden, und machte Vorschläge, was geschehen müsse.[7]

Der Direktor des Goethe-Instituts fand rasch heraus, wer der Briefschreiber war, bestellte mich zu sich und monierte, dass ich ihm meine Beschwerden persönlich hätte vortragen können, anstatt sie öffentlich zu machen. Ein siebzehnjähriger Gymnasiast hatte ihm diese Blamage beschert. Immerhin ist der Verein bald gegründet worden, und organisierte Begegnungen zwischen den Ausländern und der Bevölkerung kamen tatsächlich zustande. Das Goethe-Institut hat längst mangels Studenten schließen müssen. Aber ein aufmerksamer Rundgang durch Boppard macht deutlich, dass die Anwesenheit der Studenten Spuren hinterlassen hat. Manche blieben, einige heirateten, inzwischen wachsen deren Kinder auf und sprechen ein gepflegtes mittelrheinisches Deutsch. Papst Franziskus lernte als junger Priester in Boppard Deutsch; der »Papst-Franziskus-Weg« erinnert daran.

Elisabeth Klein. – Doch eine Lehrerin, Frau Dr. Elisabeth Klein, zeigte Interesse an mir Unruhestifter. Sie war Nonne gewesen und aus dem Kloster ausgetreten. Zu unabhängig war ihr Geist. Sie unterrichtete Religion in der Berufsschule und übersetzte Bücher aus dem Französischen. In ihr traf ich als Erstes eine Person, die sich von traditioneller Kirchenfrömmigkeit gelöst hatte und eine eigene christozentrische Spiritualität lebte. Sie traf ich bald jedes Wochenende mit einigen afrikanischen Studenten im Schlepp, die sie bald »Auntie« nannten und gern ein kräftiges Abendessen bei ihr verzehrten und danach noch mächtige Diskussionen entfachten. Frau Klein liebte diese lebhafte, lustige Geselligkeit nicht weniger als ich. Als ich Boppard zum Studium verließ, schrieben wir uns jahrelang bis zu ihrem Tod lange Briefe, die die Freiheit des Denkens und des Glaubens feierten und in die intellektuellen Diskurse der Zeit einschwangen. Welche Gnade, in so frühen Jahren eine solche Lehrmeisterin zu bekommen, eine Frau, die mich Teenager ernst nahm.

Robert Jordan. – Der zweite Grund meiner Dankbarkeit gegenüber dem Goethe-Institut war meine lebenslange Freundschaft mit Robert Jordan, einem hochbegabten afroamerikanischen klassischen Pianisten. Aus ärmlichen Verhältnissen stammend, katapultierte ihn seine musikalische Begabung in eine der besten Musikhochschulen, zur New Yorker Juilliard School of Music, und danach zu einem Stipendium an die Musikhochschule Freiburg. Zuvor sollte er in Boppard Deutsch lernen, wollte aber währenddessen weiter Klavier üben. Ihm wurde gesagt, dass in der Aula des Gymnasiums ein Flügel stehe. Mein Vater gab ihm die Erlaubnis zu üben. Die Aula lag unmittelbar neben der Dienstwohnung meines Vaters, so dass ich vom Bühneneingang zuhören konnte. Nicht lang dauerte es, da saß ich in seiner Nähe und beobachtete Robert beim Klavierspiel. Wir kamen ins Gespräch, ich begleitete ihn zu seiner Gastfamilie, um das Gespräch auszudehnen, denn ich war berührt von der sprühenden, nervigen Jugendlichkeit des Mittzwanzigers. Von seiner extrovertierten Fröhlichkeit, seiner optimistischen, funkelnden Energie. Der ich begann, an mangelndem Selbstbewusstsein und existentieller Ratlosigkeit zu leiden, fühlte mich in eine unbekannte Sphäre gerissen. Wieder spürte ich, geradezu elementar mich anverwandelnd: Ich möchte sein wie er! – Ein Künstler, ein schöpferischer Mensch!

Robert war der erste Kreative, den ich näher kennenlernte. Schon mit sechzehn wurde mir klar, dass ich schreiben wollte – schreiben musste! Kreativ tätig sein wollte! Früh schon führte ich Tagebuch und machte Notizen. Unserem

Deutschlehrer, Herrn Biermann, verdanke ich meine Sensibilisierung für einen präzisen und anspruchsvollen Stil und eine beharrliche Förderung meiner Fähigkeit, Aufsätze zu schreiben. Ich sehe ihn vor mir, wie er Daumen und Zeigefinger zusammenreibt und sagt: »Spüren, ihr sollt spüren, was guter Stil ist, hinhören und spüren – Stilgefühl entwickeln!«

Änne Jöres. – In meiner Jugendzeit inspirierte mich außer Robert meine Geigenlehrerin Fräulein Änne Jöres. Ja! »Fräulein« – so sagte man dazumal noch. Schon in Wissen nahm ich Geigenunterricht, und sobald sich die Familie in Boppard niederließ, wurde ich zu Fräulein Jöres geschickt, einer drahtigen, weißhaarigen unverheirateten Frau, feinnervig, sich leidenschaftlich für die Musik abmühend. Dietrich Fischer-Dieskau, Herbert von Karajan und andere große Musiker verehrte sie, und jeden Sommer reiste sie nach Salzburg, um sie auf den Festspielen zu erleben. Sie bekam wohl nie eine volle Anstellung als Musiklehrerin – vielleicht wollte sie keine? Sie unterrichtete tagaus-tagein Klavier und Geige, plagte sich mit zahllosen Anfängern und Bequemen, die nur Unterricht nahmen, weil es die Eltern verlangten. Fräulein Jöres war oft der Verzweiflung nahe, schimpfte auf Französisch über die Flauen und Lauen und über das große Desinteresse der Welt an Musik. Ein unerfülltes Leben, weil so viel Mittelmaß sie umgab.

Sie machte aus mir keinen hervorragenden Geigenspieler, obwohl ich bis zum Abitur Unterricht nahm und im Stadtorchester unter Fräulein Jöres in der Zweiten Geige mitspielte. Doch inspirierte mich ihr Künstlertum, auch ihr Leiden am künstlerischen Leben. Sie war eine der Hundertprozentigen. Wir liebten uns heiß und blieben in Kontakt, nachdem ich zum Studium nach Wien gezogen war. Bei jedem Besuch in der Heimat kam ich selbstverständlich bei ihr vorbei; dann saßen wir gelöst in ihrer Küche beisammen und tauschten Nachrichten aus der großen Welt der Musik und hatten mächtig Spaß, zu dem ihre Haushälterin und Gefährtin, Frau Schneider, mit ihrem breiten »Bubbarder Platt« fleißig beitrug. Hans Jöres, ihr Vater, war ein regionaler Maler von Bedeutung, dessen Werk seine Tochter, bevor sie 1974 starb, der Stadt Boppard vermachte und meinen Vater und mich sowie zwei weitere als Testamentsvollstrecker einsetzte. Heute sind Hans Jöres' Gemälde im Bopparder Museum ausgestellt.

Die proteische Sehnsucht, zu werden wie ein Anderer oder eine Andere, ist mir lebenslang geblieben. Daraus zog ich meine Energie, meine Begeisterung. Dass eine solche Veranlagung, mag sie zunächst zu Fleiß und Ausdauer und vor allem zum Wandel, sogar zu Kühnheit anstacheln, letztlich doch Leid und Enttäuschung erzeugt, ist mir langsam, und zunächst schmerzlich, bewusst geworden. Jetzt weiß ich mich dagegen zu wehren. Jetzt weiß ich, dass ich nur immer mehr »ich selbst werden« kann – und nach meinen ureigenen Talenten und Fähigkeiten und Neigungen forschen und ihnen folgen soll. Sich nicht mit anderen zu vergleichen – nicht den Versuchungen von Eifersucht oder Schadenfreude nachzugeben, sondern die schöpferischen Leistungen anderer neidlos anzuerkennen – nein, zu feiern, ist eine der schwierigen Übungen im Leben der Künste und des Intellekts.

Amerika – »Have fun!«

Wenige Monate nachdem ich Robert Jordan traf, begann, im Sommer 1965, mein Auslandsjahr in den USA. Das Land stand noch unter dem Eindruck der Ermordung John F. Kennedys (November 1963); ich erinnere mich, wie ich gebannt am Radio gesessen und den Direktübertragungen gelauscht habe. Ein Komet, der die Ost-West-Blöcke überstrahlte, an der Berliner Mauer gestanden und mit amerikanischem Elan »Ich bin ein Berliner!« ausgerufen hatte, war mit langem Schweif erloschen. Der Vietnam-Krieg war noch kein Zankapfel der Weltpolitik geworden. Der Kampf gegen die Rassendiskriminierung errang gerade durch eine andere Lichtgestalt, Martin Luther King, gesellschaftliche Erfolge, die Präsident Lyndon B. Johnson politisch umsetzte. Eine Zeit, die einen hätte mitreißen können. Doch ich landete in einer mittelgroßen Stadt nördlich von Chicago, in Oshkosh im Staat Wisconsin, wo von den Höhenflügen und Stürzen der Zeit wenig zu spüren war.

Damals war es undenkbar, dass eine Familie ihre Tochter oder ihren Sohn aus eigenen finanziellen Mitteln nach Übersee schicken konnte. Organisationen wählten Schülerinnen und Schüler aus und platzierten sie in einer amerikanischen Familie. Ich erfuhr von einer Organisation, die deutsche Schüler an katholische High Schools in den USA vermittelte. Die »National Catholic Welfare Conference« in den USA war Geldgeber und Organisator. Das deutschlandweite Auswahlverfahren war streng, denn nur zwanzig Schüler konnten pro Jahr über den Atlantik geschickt werden. Wieder kam das Hundertprozentige in mir zur Wirkung. Ich wollte es versuchen. Ein halbes Jahr lang bereitete ich mich auf die schriftlichen und mündlichen Auswahlverfahren vor. Meine Eltern wollten mich abhalten. Schon so früh so weit ein ganzes Jahr die Heimat verlassen? Später – du hast doch Zeit, sagten sie. Nach dem Abitur kannst du ein Semester im Ausland studieren ... Doch sahen sie meine Entschlossenheit und gaben bald nach. Onkel Hans und Tante Béatrice in Köln – der Bruder meiner Mutter und seine Frau – unterstützten mich schließlich, sie haben mir die deutsche Partnerorganisation genannt und meine Schritte bis zur Auswahl begleitet.

Der Abschied von Eltern und Bruder, von Schule und Heimatstadt fiel mir nicht schwer. War's mir überhaupt bewusst geworden, dass elf Monate Abwesenheit von der Familie, den Bekannten und dem Umfeld eine verflixt lange Zeit ist? Die

Eltern brachten mich zum Flughafen nach Luxemburg, wo sich das deutsche Team versammelte. Genau erinnere ich mich an den Flug von Luxemburg nach New York mit Icelandic Airline über Reykjavik. Der Flug am Nordwestrand Europas entlang bis Island und weiter von Neufundland am Ostufer Nordamerikas nach Süden dauerte glorreiche zwanzig Stunden. Die Propellermaschine brummte gemächlich ein paar Tausend Meter über der Erde, stets unter den Wolken, so dass viel, viel zu beobachten war. Ich hatte mir einen Fensterplatz ergattert, schaute unentwegt hinaus und notierte unentwegt, was mir auffiel. Über Island blitzte das Nordlicht, es wurde nie richtig dunkel. Neufundland war eine leere Landschaft, ohne Siedlungen, ohne Wald, endlos traurig – nur manchmal ein schweigendes Funkeln; das Licht eines Fischerdorfs vielleicht? Ich entsinne mich nicht, dass ich auch nur eine halbe Stunde die Augen geschlossen habe.

Wir kamen auf dem John F. Kennedy Airport an, wurden in Busse gepackt und über eine breite, blanke Autobahn summend nach Washington gefahren. In einem Hotel versammelten sich die Schülergruppen aus Europa und Lateinamerika, die alle eine High School besuchen würden, und nahmen an einem einwöchigen Orientierungskurs über den »American Way of Life«, einem Kurz-Knigge zum amerikanischen Gesellschaftsleben, teil. Tagsüber Vorträge, nachmittags frei. Selbstverständlich wagte ich mich, mit einem anderen deutschen Teilnehmer, hinaus. Wir beide besuchten eben nicht nur das Washington Memorial, das Capitol und Lincoln Memorial, sondern wir wanderten nichtsahnend auch in die Viertel der schwarzen Bevölkerung, bis wir von einem Polizisten angehalten und gewarnt wurden umzukehren. Die Weiträumigkeit des Regierungsviertels erstaunte mich. Aber Monumentalität hat mich nie hingerissen, nicht einmal in der Natur. Die Sterne haben mir nie Fragen gestellt und mich nicht erschauern lassen.

Schließlich wurde ich mit einigen anderen Schülern in einen Pullman-Zug gesetzt, der Richtung Chicago aufbrach. Ein zweistöckiger Zug, ein Zug »mit allen Schikanen«, in dem man sogar Trinkwasser zapfen konnte. Die Ebene des »Midwest« flog am Fensterglas vorbei, als sei sie eine irreale Welt, die ich niemals betreten würde. Schon bevor ich mein Ziel erreichte, sprach mich eine Frau an, ob ich der Foreign Exchange Student von Oshkosh sei. Sie setzte sich zu mir und innerhalb von Minuten kam die Frage, die ich noch hunderte Male beantworten würde: »How do you like America?« Ich sei gerade erst angekommen, gab ich zu bedenken. Sie hörte nicht hin und gab die Antwort selbst: »Wonderful, nicht wahr?«

Eine Gruppe von zukünftigen Mitschülern stand, Transparente in der Hand, am Bahnhof. »Hi Marty«, »Welcome, Marty«! Ich weiß nicht, wie es mir gelang, einige weltmännische Gesten zu vollführen, die meine Begeisterung für das große Willkommen glaubhaft machten. Große Gesten sind mir fremd. Im amerikanischen Leben musste ich als Erstes lernen, extrovertierter zu sein, als es in Deutschland zur Kommunikation notwendig ist und als ich es von Natur bin. Die ersten paar Wochen wurde ich von einer Familie zur anderen gereicht, von einer Einladung zur nächsten. Ein Gewitter von geselligem Kennenlernen!

Lourdes High School. – Ein Jahr besuchte ich die von Christlichen Schulbrüdern geleitete Lourdes High School. Im Parterre lagen Klassenräume für Schüler, im ersten Stock für Schülerinnen. Ich besuchte als »Senior« die Abschlussklasse der High School. Die allgemeine Stimmung war lässig. Die Meinung von Lehrern wie Schülern war, wir sollten dieses Abschlussjahr so recht genießen, bevor dann mit dem College der Ernst des Erwachsenenseins beginnt. »Have fun!« Die amerikanische Spaßgesellschaft begann mich zu überrollen.

Es gab Partys und nochmal Partys. Wie viel Kreativität darauf verwandt wurde, immer neue Variationen von Partys zu organisieren! War uns Schülern in Deutschland jemals der Begriff einer *poolside party* begegnet? Haben wir gekegelt, dazu noch die Mannschaften von Basketball- und *football*-Spielen angefeuert? Die gesellschaftliche Norm war, dass wir bei jedem Spiel unser College-Team stimmgewaltig unterstützten. Teamgeist zeigen! Sich für die Gruppe, die Gemeinschaft einsetzen! Dieser Imperativ wurde in der christlichen High School auch als ein Weg gewiesen, Nächstenliebe und Barmherzigkeit zu üben.

Eben weil ich in der Schule als erster Foreign Exchange Student gefeiert wurde, hatte ich keine andere Wahl, als bei den zahlreichen Tanzveranstaltungen mitzutanzen – total ungewohnt – und die *bands*, die Popmusik gernzuhaben. Sich individuell zu betätigen war nicht möglich, ohne Mitschüler und Lehrer vor den Kopf zu stoßen. Amerikaner haben ein tiefes Bedürfnis nach Sympathie, eine Sucht geradezu. Sie wollen für alles, was sie tun, geschätzt, gelobt, ausgezeichnet, geliebt werden. Ebenso wortreich sind sie im Austeilen ihrer *appreciation* – Wertschätzung. Sie wird mit erstaunlichen Anstrengungen in eine größtmögliche Öffentlichkeit getragen. Amerikaner verleihen Zertifikate, Ehrennadeln, Urkunden, Trophäen für alles und auch für Aktivitäten, die so alltäglich sind, dass sie keiner Rede wert wären. Das Ergebnis ist ein Gesellschaftsleben, das stets sich selbst sichtbar im Mittelpunkt sehen möchte.

Die Kehrseite ist, dass man das Alleinsein fürchtet und diese Möglichkeit durch ständige Fernsehen- und Musik-Berieselung unterdrückt. Ich erlebte bei Übernachtungsbesuchen, dass Jungen in meinem Alter nicht ohne laufenden Fernsehapparat einschlafen konnten. Magst du keine Musik?, fragten sie erstaunt, als ich irritiert reagierte. Doch – aber nachts!? Tagsüber wohnen die Familien in den meist großen

Zimmern zusammen, sie brauchen emotionale Tuchfühlung, die Vergewisserung durch Gespräche, Sympathie und Gemeinschaft, seien sie inhaltlich noch so bedeutungslos.

Meine Gastfamilie. – Die Zanowskis waren der erste Testfall, ob ich mich anpassen konnte. Ich stamme aus einer Familie, in der die meisten Mitglieder einen Studienabschluss besitzen. Es gibt ein stillschweigendes Einverständnis, dass Bildung, Konzentration, individuelles Streben wichtig sind und man ihnen zuliebe auf Umtriebigkeit und gesellschaftliche Experimente verzichtet. Mich verpflichtete zudem eine kaum zu zügelnde Wissbegier, die mir verbot, der »Have fun!«-Devise nachzulaufen. Mein Gastvater war ein Versicherungskaufmann. Er fuhr durch die Region und überzeugte Familien von seinen Policen. Breit und schwer war er, laut und herzlich in Sprache und Gestus. Das Fernsehen lief den ganzen Tag. Zwischen Küche, Wohnzimmer und seinem Arbeitszimmer waren keine Türen eingebaut. Nur die Schlafzimmer im oberen Stock konnte man schließen. Fernsehgeräusche und Gespräche schallten durchs Haus, besonders Herrn Zanowskis laute Verkaufstelefonate. Nach einigen Wochen kam seine Frau fast weinend zu mir ins Zimmer und beklagte sich, dass ich meine Zimmertür geschlossen halte. Hatte ich etwas zu verheimlichen? Mochte ich sie nicht? Was hatte ich gegen die Familie? – Ich war schockiert.[8]

Besonders in der Literaturklasse von Brother Anthony spürte ich, dass mein Englisch nicht ausreichte, um die Bücher zu lesen, die wir im Unterricht besprachen. Also setzte ich mich nachmittags, ins Haus zurückgekehrt, sofort hin, um die Romane mit dem Wörterbuch zu lesen. Ich schrieb jedes unbekannte Wort in eine Kladde und die deutsche Übersetzung daneben. Anstatt mit der Familie am Abend gemeinsam die Johnny Carson Show zu sehen, hockte ich im Zimmer und büffelte, meist bis Mitternacht. Die Familie schaltete die

Schule ein, Brother Denis rief mich und warnte, ich würde krank. Ich hörte ihn an, aber ich glaube nicht, dass er mich beeindruckte. Krank war ich nie gewesen. Wer es nicht erlebt hat, wie plötzlich die Energie den Körper verlässt und der Schmerz alle Gedanken aufsaugt, wird von der Aussicht, »krank zu werden«, nicht erschreckt. Ich wollte doch alles verstehen, was in den Schulbüchern stand, alles verstehen, was die Lehrer sagten! War es falsch, diese Herausforderung anzunehmen? Innerhalb von drei oder vier Monaten unnachgiebiger Anstrengung war ich so weit: Ich konnte das Wörterbuch zuschlagen. Geschafft!

Mein Fokus auf Wissen und Erfahrung, meine Sparsamkeit, meine Liebe zu Büchern und das Desinteresse an Mädchenbekanntschaften, mein Widerstreben, an sämtlichen Partys teilzunehmen, kamen bei der Familie nicht gut an. Ich war zu stark von dem Willen befangen, das zu erreichen, was ich als Ziel vor mir sah. Erst später in Indien habe ich die »Schönheit von Kompromissen« zu schätzen gelernt. Fast wäre es zum Eklat gekommen. Der amerikanische Vater warnte mich in seiner barschen Art, dass er mich zurückschicken wolle. Stumm hörte ich zu. Ich war sechzehn Jahre; ich war verletzlich, noch unsicher und total suchend. Mich überwältigte ein Weinkrampf. Laut heulte ich los, mich gleichzeitig abgrundtief schämend. Dieser Ausbruch aus meinem Gefängnis des »Tun-Müssens« hat mich vielleicht gerettet. Der Grobian entdeckte seine Großherzigkeit. Vermutlich entkam auch er jetzt seinem Gefängnis. Wohl konnte mich die Familie bis zum Ende des Schuljahres nicht wirklich wertschätzen, doch gab sie auf, mich zum *regular American guy* erziehen zu wollen. Emotional hatte die Familie mich losgelassen. Wir lebten seitdem eher nebeneinander.

Erkundungen im amerikanischen Alltag. – Ich begann, auch bei anderen Familien zu wohnen, meist bei Familien meiner Mitschüler. Ich lernte viel und begann, mich vor Klischee-Vorstellungen zu hüten. Ich entdeckte die Stadt Oshkosh. Als Foreign Exchange Student standen mir viele Türen offen. Also besuchte ich die Radiostation, die zu meiner Überraschung aus einem Mann und zwei Zimmern bestand. Es gab sofort ein Interview, bei dem ich wieder die Frage beantwortete, wie mir Amerika gefalle. Später beschwerte sich meine Gastmutter darüber, dass ich nicht den Namen ihrer Familie genannt hatte. Ein Verstoß gegen die Vorschrift unermüdlicher Sympathiebekundungen! Zur Redaktion der Regionalzeitung ging ich, zum Elektrizitätswerk, sogar zum Gefängnis. Überall freundlicher Empfang und die Bereitschaft, meine Fragen zu beantworten. Ein Rechtsanwalt nahm mich zum Gericht mit, als ein Scheidungsfall verhandelt wurde. Schaudernd erinnere ich mich an das tränenüberströmte Gesicht der Ehefrau, als sie sagte: »Er will mich nicht mehr.« Ihre Worte begriff ich noch nicht, aber bewusst wurde mir, wie existentiell sie waren. Tagelang wohnte ich bei einer deutschstämmigen Bauernfamilie in der Nähe einer Golfanlage und beobachtete die Reste deutscher Eigenheiten. Monatelang arbeitete ich zweimal in der Woche spätnachmittags in dem Supermarket von Sears als *carry-out boy*. Ich packte die gekauften Gegenstände ein und brachte sie den Kunden ans Auto. Die Besitzerin des Kinos in Oshkosh lud mich ein, jederzeit kostenlos Filme anzuschauen. Melde dich bei mir, sagte sie; und schon bekam ich einen Sitzplatz zugewiesen. Sie vermutete, ich hätte Heimweh und wollte mich angenehm zerstreuen. Dadurch kam ich zu dem Vergnügen, die ersten James Bond-Filme zu sehen und einige der frühen Beatles-Filme. Vielen Dank, liebe Kinobesitzerin!

Die verschiedenen Luncheon-Clubs – Rotary Club, Lions Club, Kiwanis Club – luden mich ein, den Mitgliedern eine Rede zu halten. Das Thema drehte sich stets um »How do you like America?« Meine Schulung im öffentlichen Sprechen begann, von der ich bis heute profitiere. Die wichtigen Regeln erfuhr ich im Fach »Speech«, das für mich eines der zwei wesentlichen Fächer wurde. Was ich bei Vorträgen zu befolgen und zu vermeiden habe, bleibt mir bis heute im Ohr. Wie häufig solche Regeln in Europa wie in Indien, selbst an Universitäten und Akademien, ahnungslos missachtet werden!

Brother Denis nahm die erste Klasse; sie hieß »Religion«, war aber im Grunde eine Einübung in klares Denken und genaues Formulieren. Er strich über sein Pult und sagte: »Ich streichele einen Tiger. Wer kann meine Behauptung widerlegen?« Ich genoss seinen Unterricht, verehrte ihn, legte alles daran, ihm antworten zu können. Er war einer jener Lehrer, die nicht nur Wissen vermitteln, sondern inspirieren konnten, indem sie eine Denk- und Verhaltensweise vorlebten. Später fand ich denselben Anspruch an das Lehrersein bei Tagore wieder. Lang noch korrespondierten Bruder Denis und ich; Jahre später trafen wir uns sogar einmal in Paris.

Obwohl ich mich auch in den USA nicht mit dem Schulbetrieb anfreunden konnte, weil der Unterricht so viel Formalismus, so viel Leistungskontrolle enthielt, nahm ich doch lebenswichtige Impulse auf. Ich war zum Beispiel voll des Staunens, dass die Lehrer bei einem Klassentest das Zimmer verlassen konnten, ohne dass auch nur ein Schüler auf den Gedanken kam, abzuschreiben. Dank dem amerikanischen Sinn für Fairness! Ich war erschrocken, dass sich alle Schüler nach dem Sportunterricht gemeinsam nackt duschten – zu meiner Schulzeit in Deutschland unmöglich. Ich beobachtete den unverklemmten Patriotismus der Amerikaner, die morgens den Unterricht mit der *Pledge of Allegiance* anfangen. Alle Schüler und Schülerinnen stehen auf, drehen sich zur amerikanischen Fahne, die in jedem Klassenraum auf der Stirnseite steht, und sprechen, die rechte Hand auf der Brust, die Gelöbnisworte. Ebenso hört man bei jeder Feierlichkeit die Nationalhymne, sogar im Kino.

Mit nostalgischer Zuneigung erinnere ich mich an einige meiner amerikanischen Klassenkameraden. Die Zuwendung der amerikanischen Freunde und Freundinnen war fröhlich-unsentimental. Einige, die ich achtete, einige, bei denen ich wohnte, sind früh und tragisch gestorben. Der brillante John Zimmerman, der in Washington im Büro eines Senators arbeitete, starb an Aids; Greg Smith wurde Priester, er starb an Krebs. Der rau-herzliche Raufbold Charles Rayner wurde ermordet; seine Mutter hat mir viele Jahre Weihnachtsgrüße geschickt. Mark Thompson, mit dem ich schon als Schüler viel Austausch hatte, ist der einzige, mit dem ich durchgehend bis heute in Verbindung stehe. Jahrzehntelang war es sein Vater Lee, der die Verbindung hielt, bis er neunzigjährig starb und sein Sohn die Korrespondenz übernahm. Als Mark mir 2016 eine Einladung zum 50. Jahrestag unseres High School Diplomas schickte, lag eine Liste der Schüler und Schülerinnen unseres Jahrgangs bei. Beinahe ein Drittel lebte nicht mehr. Das hat mich getroffen, gewiss. Aber zurück bleibt eher die dankbare Erinnerung an Menschen, mit denen ich eine wichtige Phase meines frühen Lebens verbringen durfte, sowie die Dankbarkeit, dass ich lebe. Übrigens fuhr ich nicht zum Jubiläum. Wusste ich nicht, wie man es feiern würde! Mit einem Tanz zu lauter Musik, einem großen gemeinsamen Essen …

Litka de Barcza. – Von *einer* Person habe ich bisher nicht erzählt. Ihr verdanke ich meine wichtigsten und nachhaltigsten Eindrücke in diesem amerikanischen Jahr. Ich meine Alicja de Barcza, genannt Litka, Mitte fünfzig, als ich sie kennenlernte, unterrichtete sie Deutsch und Französisch an der Universität von Oshkosh. Sie war eine leidenschaftliche Polin, obwohl ihre Vorfahren aus mehreren europäischen Ländern stammten; sie heiratete in die Aristokratie ihres Landes. Zwischen den Weltkriegen war sie, neben anderen Künstlern und

Schriftstellern, mit Witold Gombrowicz befreundet, den sie später aus dem amerikanischen Exil unterstützte.[9] Litkas Leidensjahre begannen mit dem Krieg. Mit ihrem kranken Ehemann floh sie vor der Gestapo nach Budapest, wo er bald starb. Später musste sie in einem kleinen Zimmer zusammen mit sieben anderen den Vormarsch der Roten Armee abwarten. Noch im Krieg heiratete sie ein zweites Mal, einen Ungarn, wohnte mit ihm zunächst auf dem Land, dann flohen sie nach Italien und weiter in die Vereinigten Staaten. Als auch der zweite Ehemann starb, musste sie mit Sprachenunterricht ihren Unterhalt verdienen. Litka beschrieb ihre teils schrecklichen Erfahrungen während der Kriegsjahre in mehreren Büchern unter dem Pseudonym Alexandra Orme. Darunter war »Comes the Comrade« (1949), das den Einmarsch der Roten Armee in Budapest und deren Schreckensherrschaft schildert. Sie schrieb in mehreren Sprachen und übersetzte ihre Bücher selbst. Eines ihrer Bücher, in französischer Sprache, schenkte sie mir.

Als ich Litka traf, war ihr Ehemann seit zwei Jahren tot. Sie war eine anmutige, stattliche Frau, geprägt von Würde und natürlicher Vornehmheit. Nichts war gewöhnlich an ihr; doch keine Spur von Arroganz oder einem gekünstelten Wesen war ihr eigen. Sie hatte von dem deutschen Foreign Exchange Student gehört und lud mich ein. Es blieb nicht bei diesem einen Mal. Es war, wage ich zu sagen, bei beiden Liebe auf den ersten Blick. Der Sechzehn-Siebzehnjährige erlebte eine Mutterfigur, in der das Schicksal des gesamten Europa komprimiert war – seine leidvolle Geschichte ebenso wie seine grandiose Vielfalt und kulturelle Tiefe. Wieder erlebte ich einen Menschen mit Kreativität und einer geprägten Persönlichkeit. Bald besuchte ich Litka jedes Wochenende in ihrem Haus am Rand der Stadt. Ich arbeitete zwei Stunden in ihrem großen Garten, aber das war eher ein Vorwand. Danach bekam ich ein großartiges europäisches Mittagessen, und wir blieben noch lang in Gesprächen sitzen. Auch ein Student der Universität aus Westafrika half im Garten; und ich erinnere mich an ein schwules Paar, das sie zur Untermiete aufgenommen hatte. Litka war frei von Vorurteilen und Vorbehalten. Aber wer in Oshkosh wusste von ihren Qualitäten? In dieser mittelgroßen Stadt des Midwest, die einzig bekannt ist durch ihre große Textilfabrik, scherte sich niemand um sie.

Gegen Ende des Schuljahres nahm Litka mich nach Chicago mit, wo wir bei ihrer polnischen Freundin wohnten, auch einer Emigrantin, einer Architekturprofessorin. Ich bin im Dezember 1948 geboren, also über drei Jahre nach Kriegsende. Litka machte mich noch zwei Jahre jünger, als sie mich bei der polnischen Dame einführte. Eine blaue Nummer war am Unterarm eintätowiert: Auschwitz. Sie war entkommen. Doch zeigten die beiden nicht einmal unterschwellig Argwohn gegen mich oder pauschale Verurteilung.

Jahre später, als Student in Wien, bereiste ich einen Monat die USA und Kanada in einem Greyhound-Bus und blieb eine Woche in Oshkosh, um Klassenkameraden und ihre Familien und meine Lehrer wiederzusehen. Tag für Tag gab es Einladungen, kleine Feste; ich versuchte alle mir Nahestehenden zu treffen. Litka war mir am nächsten, darum wohnte ich bei ihr. Bis zu ihrem viel zu frühen Tod im September 1973 unterhielten wir eine lebhafte Korrespondenz. Sie war ruhelos, leidend an ihrem bedeutungslosen Job, ständig reisend oder Reisen planend, sommers auch jedes Jahr nach Warschau, immerzu in Geldnot, immerzu Gast bei Freunden aus aller Welt und in aller Welt. Ein emotionales Karussell – so empfand ich's, als ich kürzlich ihre Karten und Briefe wieder las. Ach, sie war eine furiose Liebende, spontan und leidenschaftlich.

Sie sehnte sich, nach Polen zurückzukehren. In Polen würde ihre magere amerikanische Rente zum Lebensunterhalt genügen, aber sie musste drei Jahre darum kämpfen und allerlei Situationen – groteske, demütigende – durchstehen, bevor sie endlich die USA verlassen konnte. Sie übersiedelte nach Warschau und war überglücklich, wieder unter ihren Freunden zu leben.

»Ich hab' nie geahnt, dass ich noch so glücklich sein werde. Glück ist wie Lächeln, es dauert kurz; man sieht auf alten Photos, wo die Leute gezwungen waren, lange zu lächeln; es wird eine ›grimace‹ daraus, wenn's zu lange dauert […]. Bei mir dauert's und ich lach' auch sehr viel; ich hab's nicht verlernt. […] Ich lebe jetzt wie ein Kind, alles freut mich u. ich liebe (fast!) alle Menschen. So hab' ich eine Art himmlischer Ruhe erreicht […]. So genieß ich jetzt den höchsten Augenblick.«

Das schrieb sie am 20. August auf ihrer letzten Karte, fünf Wochen darauf brach Litka plötzlich auf einer Straße in Warschau zusammen. Nur ein halbes Jahr war ihr dieses Glück gegönnt. Ihre Persönlichkeit strahlt bis heute in das Leben ihres »Marcinek« – »Martinchen« hinein.

Über New York nach Boppard zurück – Nachdenken über die Gewaltlosigkeit

In Oshkosh mit Partys und vielfachen Zeichen der Zuneigung und Trauer verabschiedet, traf ich wieder mit allen Foreign Exchange Students in Washington zusammen, wo wir unsere Erfahrungen auswerteten und in unsere Heimatländer entlassen wurden. Doch vor Washington blieb ich über zwei Wochen allein in New York City. Meine Mutter hatte Priester des Salesianerordens angeschrieben, die mich einluden. Sie waren amerikanische Priester italienischer Abstammung in einer Pfarrei am südlichen Zipfel von Manhattan, in dem sich italienische Migranten und deren Nachkommen drängten.

Die Atmosphäre war so italienisch, dass man meinen konnte, in einen Vorort von Rom geraten zu sein. Der Koch versprühte das helle, fröhlich-geschäftige Temperament eines Italieners. Er tischte Pasta auf, Spaghetti, südliche Früchte, Chianti und Tiramisu und Espresso. »We Italians …« begann er häufig einen Satz, obgleich er Italien nie besucht hatte. Sein Italien war New York City. Von dort aus erkundete ich Manhattan, ging wie immer zu Fuß straßauf und straßab, fuhr mit Metro und Bus und kannte Manhattan bald besser als die »Italiener« in der Pfarrei. Mit der Haushälterin ratterte ich in einer Barkasse zur Freiheitsstatue, die sie, obwohl in New York geboren, nie aus der Nähe gesehen hatte.

Das vielleicht schwierigste Jahr meines jungen Lebens begann. Ich hatte eine Schulklasse des Gymnasiums versäumt. Vorbei mit »Have fun!«, ich stand vor dem Abitur.

Zukunftsweisend war meine Entscheidung, Kriegsdienstverweigerer zu werden. Ich wurde gemustert, und bald darauf stellte ich den Antrag auf Verweigerung des »Kriegsdiensts mit der Waffe«. Statt Kriegsdienst gewaltloser Widerstand, statt Einübung in Gewalt Friedensdienst, das war meine Entscheidung. Wie kam ich darauf? Der Vietnamkrieg war noch kein politisch flammendes Thema. Gewiss war meine zunehmend bittere Wahrnehmung der Judenvernichtung in den Konzentrationslagern ein Grund. Zwischen 1963 und 1968 erschien in der »Frankfurter Allgemeinen« über jeden Tag des Frankfurter Auschwitz-Prozesses ein ausführlicher Bericht, ich las jeden.

Dazu meine innere Disposition. Aggressives Verhalten, Gewalt, zum Beispiel in Filmen, war mir ein Horror. Tiere mochte ich nicht töten. Prügeleien in der Schule habe ich niemals mitgemacht, sogar die nach Regeln ablaufende Aggression bei Fußballspielen war mir oft zu heftig. Statt mir Wettkampf und Konkurrenzdenken zu verinnerlichen, habe ich lieber den Afrikanern in Boppard Anträge ausgefüllt. Ist es wirklich wichtig, der Beste zu sein? Der andere möchte es doch auch sein. Mir taten bei Fußballspielen die Verlierer leid, und ich schaute auf ihre Tränen. Wenn andere jubelten, war mir mit den Verlierern miserabel zumute. Mein Wesen sträubte sich sogar dagegen, eine Spielzeugpistole in die Hand zu nehmen. Nur in allerfrühsten Jahren verschoss ich mal Knallplättchen. Den Status des Wehrdienstverweigerers zu beantragen war weniger ein kalkulierter Akt des politischen Idealismus: Ich konnte nicht anders.

Hinzu kam allerdings, dass ich mit dem Wehrdienst, der Ende der 1960er achtzehn Monate dauerte, keine Zeit vergeuden wollte. Jetzt nicht! Ersatzdienst ja, aber später. Ich blieb total gesammelt auf dieses eine Ziel: mehr zu wissen, mehr zu erfahren, nicht um einer Karriere willen, sondern um meine Persönlichkeit zu bilden, um am Ende zu wissen, »was die Welt / im Innersten zusammenhält«. Was musste ich tun, um diesem Ziel näher zu kommen? Ich war allein mit dieser Frage.

Es gab schon Bücher, die auf die mündliche Prüfung vor einem Tribunal des Verteidigungsministeriums vorbereiteten. Sie las ich, aber vor allem las ich Mahatma Gandhi. Im Grund begann mit ihm zu dieser Zeit meine Beziehung zu Indien. Seitdem hat der Begriff *Ahimsā* – Nicht-Gewalt – einen enigmatisch auffordernden Klang. Mein Vater wurde aufgefordert, zu meinem Antrag Stellung zu nehmen. Den Durchschlag seines Briefes fand ich später in einer Mappe. Er beteuerte der Behörde, dass er seinen Sohn nicht zu diesem Schritt angeleitet habe; sein Ziel sei, ihn zu einem verantwortlichen Staatsbürger zu erziehen. Immerhin versuchte mein Vater nicht, mich abzuhalten. Wieder einmal konnte ich den Weg gehen, den ich vor mir sah. In Koblenz trat ich vor das Tribunal, das genau nachfragte, vor dem ich Mahatma Gandhi zitierte und das mich vom Militärdienst befreite.

2
»Der Junge kommt nicht wieder!«

Wanderjahre

Acht Jahre Gymnasium vorbei – welche Befreiung! Gewiss, das Ideal der Universalbildung war mir teuer; ich wollte »alles« wissen und verstehen – jedoch in Zusammenhängen. Vielleicht wäre mir die Mathematik und Physik schmackhaft geworden, wenn sie mir in Verbindung mit Naturphänomenen, mit Philosophie und Geschichte nahegebracht worden wären. Ist es denn unmöglich, geisteswissenschaftlich orientierte Menschen an abstraktes Denken heranzuführen, ohne dass sie zurückschrecken?

Meine Freiheit nutzte ich weidlich für einen einmonatigen Besuch in Paris aus. Ein deutscher Lehrer an einem französischen Collège in der Pariser Banlieue, ein Freund meines Vaters, stellte mir sein winziges Apartment im sechsten Stock nahe des Bahnhofs Saint Lazare zur Verfügung. Ich war allein; wie ich das genoss! Diese animiert-lockere Atmosphäre in den Bistros der Arbeiter und kleinen Angestellten, der Studenten und Pensionäre! Dort ein kleines, billiges Mittagessen verspeisen passte mir. Immerhin hatte es drei Gänge und man bekam so viele geschnittene Stücke einer Baguette dazu, wie man verdrücken konnte. Unentwegt wanderte ich zu Fuß durch die Straßen. Zum Montmartre bis hinauf zur Sacré-Cœur, durch sämtliche Kopfsteinpflaster-Gässchen des Quartier Latin rauf und runter. Ich nahm die Düfte und Farben wahr, die Bewegungen und Worte der Menschen und wanderte darum langsam. Ein Flaneur wurde ich! Ich entdeckte den billigen algerischen Wein, der leicht und süffig schmeckt und den ich gern schon tagsüber Schluck für Schluck kippte. Betrunken wurde ich nicht davon, aber ich holte mir eine Mageninfektion und musste einen Arzt aufsuchen, dem ich mühsam erklärte, was mich krank gemacht hatte. Lachend meinte er: *Naturellement* – algerischer Wein!

Saarbrücken

Meine Eltern wünschten, dass ich mich an einer Universität in der Nähe inskribiere. Nicht schon wieder weit weg! Saarbrücken bot sich an. Für das Lehrfach wollte ich nicht studieren. Es gab schon viele Lehrer in der Familie; außerdem waren die Erfahrungen am Gymnasium frisch. Ich wählte Philosophie und Germanistik und bekam an der kleinen Universität einige beeindruckende Professoren zu hören. Fasziniert war ich von dem deutsch-ungarischen Aristokraten *Bela von Brandenstein*, der seine Vorlesungen frei, ohne »Ahem« und Stocken, vortrug. Es war Bolzano, dessen Erkenntnisse mich nicht berührten. Lieb wäre mir zuerst eine Einführung in die Philosophie gewesen. Damals verstand man ohne weitere Rechtfertigung die *abendländische* Philosophie darunter.

Josef Müller-Blattau war der zweite, der mich fesselte. Er hielt Seminare zur Theaterwissenschaft, die aber eigentlich die Musikgeschichte, sein ursprüngliches Fach, behandelten. Beglückend, den schon emeritierten kleinen Herrn zu beobachten und ihm zu lauschen, wenn er von seiner lebenslangen Erfahrung mit der Musikgeschichte erzählte. Seine Seminare waren wie Märchenstunden mit Musikbegleitung, denn er intonierte gern am Klavier. Er begann einen Satz oft mit

»mein Buch«, hielt es hoch und las daraus vor. Ein Buch aus seiner Bibliothek, dachte ich. Aber nein: Jedes Mal war es ein von ihm verfasstes Buch. Ich sah einen leibhaftigen Autor vor mir! Erst bei der Vorbereitung für diese Autobiographie erfuhr ich im Internet, dass Professor Müller-Blattau ein eingeschworener Nazi gewesen ist. Es kränkt mich, diesen älteren Herrn, dem die heitere Gelassenheit ins Gesicht geschrieben war, mit faschistischen Ideen verbinden zu müssen. Ebenso überraschte mich zu lesen, dass ihm Theodor W. Adorno, mit dem er in Austausch stand, diese Gesinnung verziehen hatte.

In Paris war's mir willkommen gewesen, allein zu sein, da gab's was zu sehen, zu beobachten, aufzusaugen. Aber in Saarbrücken? Dort fühlte ich mich einsam, ohne Anleitung und Gesprächspartner. Es war Winter, die Stadt war grau und unwirtlich. Das erste Zimmer, das ich bewohnte, lag unmittelbar an einer Straße. Passanten stapften redend am Fenster vorbei. Autos preschten über das Kopfsteinpflaster. Länger als einen Monat hielt ich es nicht aus. Früh schon begann mein lebenslanger Kampf gegen Lärm. Warum nur musste ich später in ein Land ziehen, dessen Menschen gesellig und laut und – aus meiner eigennützigen Sicht – rücksichtslos gegenüber mir Leiserem, Empfindlichem und Introvertiertem sind?!

Ich fand ein zweites Zimmer, das zwar ruhig, aber so klein war, dass ich mich gerade darin umdrehen konnte. Zum Beheizen war das praktisch, aber es hob keineswegs meine Stimmung. Eingezwängt las ich, von der Uni zurückgekehrt, bis spätnachts, um die Kälte und Enge zu vergessen. Was las ich? Zur Philosophie und Literatur nur, was ich für die Lehrveranstaltungen brauchte. Dann afroamerikanische Autoren, die mir Robert Jordan, mit dem ich weiter im Austausch stand, empfahl.

Ihn besuchte ich mehrmals in Freiburg, und sein Einfluss auf mich wurde wichtiger. Der ältere und schon als Person stärker geformte und selbstbewusstere Freund wurde durch seine Zuwendung und sein Interesse an meiner persönlichen Entwicklung mein Mentor. Ich bewunderte seine harte Arbeit, um sich als Konzertpianist auszubilden und Karriere zu machen. Ein Ausgleich wurde Roberts sinnenfreudige und entspannte Persönlichkeit, war ich doch von Jugend auf eher der Melancholie zugeneigt. Er liebte, gut zu essen, mochte Geselligkeit, war ein glänzender Kommunikator und wollte die ärmlichen Verhältnisse, in die er hineingeboren worden war, vergessen. Ich glaube, einmal nannte er sich, ironisch, einen »fröhlichen Heiden«. Mir waren solche Werte in meinem katholischen Milieu fremd geblieben.

Nach und nach öffnete sich mir Robert auch in seiner Identität als Afroamerikaner. Seine Eltern hatten sich früh getrennt, er wuchs bei seiner Mutter auf und schaffte es mit Fleiß und Durchsetzungswillen, eine gute Musikausbildung zu bekommen. Seine afrikanischen Wurzeln wurden ihm wahrscheinlich erst in Europa immer wichtiger. Denn in Europa konnte er objektiver als in den USA sein Schicksal betrachten. Ihm wurde vielleicht zum ersten Mal das Kollektivleid seiner Gemeinschaft bewusst. Er las viel zu diesem Thema und nannte mir die Autoren, deren Bücher ich mir nun vornahm. Dazu gehörten die Erzählungen von Langston Hughes; die Autobiographie von Richard Wright »Black Boy«, die passionierten Essays von James Baldwin über Rassendiskriminierung und schwarze Identität, die damals begannen auf Deutsch zu erscheinen. Ich las dessen Romane »Go tell it on the Mountain« und »Giovanni's Room«. Aber auch die zarten Geschichten und Romane von Carson McCullers und Truman Capote, die Robert mir vorschlug, wirkten lange nach und bildeten mein ästhetisches Gespür aus.

Während ich mich in ein radikal »Anderes« hineinzudenken versuchte, in eine Situation, die nichts mit meinem Leben in Boppard oder Saarbrücken zu tun hatte, trat ein zweites

»Anderes« in den Vordergrund: mein dringlicher Wunsch, Afrika zu besuchen. Kaum in Saarbrücken immatrikuliert, stellte ich einen Antrag an ASA (Arbeits- und Studienaufenthalte), eine von der deutschen Regierung unterstützte Organisation, die dreimonatige Studienaufenthalte in Länder der »Dritten Welt« vermittelte und sie finanzierte. Ich wurde für die Nigeria-Gruppe ausgewählt. Einige Wochen später bekam ich einen Telefonanruf von *Dr. Richard Harbs,* dem Leiter von ASA in Hamburg. Da stand ich in einer Telefonzelle in Bahnhofsnähe, frierend, und hörte die Worte: »In Nigeria ist ein Krieg zwischen zwei Volksstämmen ausgebrochen. Es ist zu gefährlich, eine Gruppe nach Nigeria zu schicken, wir müssen sie auf andere Länder verteilen. Wohin möchten Sie reisen?«

Darauf war ich nicht gefasst. In meinen Kopf fiel plumps! das Wort »Indien«. Dr. Harbs antwortete: »Gut, also nach Indien.« Dieser Augenblick hat mein Leben bestimmt. Ich hatte Mahatma Gandhi gelesen, aber sonst keine indischen Schriftsteller und Philosophen. In Boppard hatte ich bisher keine Studenten des Goethe-Instituts aus Indien kennengelernt. Ich warf mich auf die Vorbereitung. Allerdings konnte ich im folgenden Sommer nicht nach Indien reisen. ASA entdeckte, dass ich noch nicht volljährig, damals 21, war. Ich musste warten, drei volle Jahre warten, bis ich reisen durfte. Mir damals gewiss unerträglich in meiner Eile, aber meiner Vorbereitung kam es zugute. Ich fing Feuer, las über Indien, suchte Bekanntschaften, begann Yoga … und setzte mein Studium fort.

Wien

Allerdings mochte ich nach diesem harschen Winter nicht länger in Saarbrücken bleiben. In Boppard sprach ich mit einer promovierten Theaterwissenschaftlerin, die in Wien studiert hatte, und mich überredete, dorthin zu ziehen. Die

Theaterwissenschaft sei bestens etabliert, und überhaupt – Wien! Damals gab es noch die Einrichtung des »Kultursemesters«. Studenten sollten einmal während ihres Studiums ein Semester in einer Kulturmetropole verbringen, in Berlin, Wien, Paris, Rom, London, um Musik und Museen, Theater und berühmte Professoren zu erleben und Sprachen zu lernen. Im Allgemeinen wurde dieses Privileg in den höheren Semestern genutzt. Ich entschloss mich, schon im zweiten in die große Stadt zu fahren. Ich danke der guten Eingebung! Aus dem Kultursemester wurde ein Kulturstudium. Ich blieb bis zu meiner Promotion in Wien.

Warum eigentlich Theaterwissenschaften? Zum Schauspieler war ich überhaupt nicht talentiert. Ich bin nur extrovertiert, wenn ich es sein muss, etwa bei Vorträgen oder in Gesprächen – und nur, solange man mir zuhört. Auch zum Beruf eines Regisseurs oder Dramaturgen zog es mich nicht. Aber mein Wunsch, »alles« zu erleben, schien im Theater der Erfüllung am nächsten. Dort verbinden sich Literatur, Kunst, Musik, Pädagogik, Psychologie zu einem Gesamtkunstwerk. Zudem gab es prägende Theatererlebnisse. Als Schüler in Boppard erlebte ich die Aufführungen der Landesbühne Rheinland-Pfalz. Mal für Mal fieberte ich diesen Aufführungen entgegen, denen ich unentgeltlich beiwohnen durfte, weil sie in der Aula des Gymnasiums neben unserer Wohnung stattfanden. Unvergesslich auch die Aufführung auf der Freilichtbühne des Loreleyfelsens von Shakespeares »Sommernachtstraum«. Immer noch sehe ich Oberon mit wehendem weißem Umhang geisterhaft über die abendliche Bühne eilen. Heute finden dort Rockkonzerte statt … Man sollte Kinder früh ans Theater heranführen – wir schenken ihnen nachhaltige Eindrücke.

Zurück zu Wien: Wieder half mir meine Mutter, eine Unterkunft zu finden, wieder über die Salesianer, die im dritten Bezirk von Wien ein Studentenheim unterhielten, in dem ich ein Zimmer mit einem Südtiroler teilte. Wien! Welch ein Sprung vom Saarland in die Weltstadt. Damals pflegte Wien noch nicht die Internationalität, die es später durch die UNO und andere Organisationen erhielt. Wien war jedoch die Metropole der Musik und der Oper, außerdem das Tor zu Osteuropa und dem Orient. Ich brauchte ein paar Monate, um in dieses jahrhundertelang gewachsene Kulturgewebe hineinzuwachsen. Doch einmal Puls und Atem Wiens gespürt, begann ich, die Stadt heiß zu lieben, sie als »meine Stadt« zu empfinden und mich ihr restlos auszuliefern. Ich mochte das Altmodisch-Wunderliche der »Küss die Hand«- und »Grüß Gott, Herr Geheimrat«-Kultur. All die skurrilen Eigenheiten – der Wiener »Schmäh«, die kratzfüßige Unterwürfigkeit angesichts Höhergestellten (gegen die ich später in Indien rebellieren würde, die ich hier aber lustig-reizvoll fand), überhaupt, die Galanterie, das Süffisant-Spöttische, die Musikvernarrtheit, aber auch das manchmal verbiestert Provinzielle und Rückwärtsgewandte – konnte ich mit lebhaftem Interesse registrieren, weil ich nur als Beobachter und Sympathisant, als *Outsider-Insider* dazugehörte.

Wäre ich in Wien aufgewachsen, hätten mich wahrscheinlich viele Eigenheiten irritiert. Ich konnte nachvollziehen, warum nicht wenige Künstler und Schriftsteller, die im Dunstkreis von Wien aufgewachsen sind, schließlich Reißaus nahmen. Ich aber fand eine musische Heimat. Die Vokaltönungen und Verniedlichungen des Wiener Dialekts lernte ich nachzuahmen, und ich glaube, bald konnte man mich erst nach längerem Gespräch als angelernten Wiener heraushören. Sobald ich wieder in Wien eintreffe – beinahe jedes Jahr erfrische ich mich dort eine Weile –, falle ich spontan in den Dialekt zurück. Bis heute sind die Sympathien für Wien nicht schwächer geworden.

Im Jahr 1969 gab es noch keine Europäische Union. Als deutscher Student in Wien brauchte ich ein österreichisches

Visum, das ich mir in verschiedenen muffigen Amtsstuben des Staates und der Universität beschaffte. Im Rückblick war es eine perfekte Einübung in die verzwickte Bürokratie Indiens, die mir später noch mehr Geduld und Nachsicht abverlangte. Ich merkte, dass Österreich Ausland ist, was wir heute beim Übertritt von Bayern nach Österreich kaum noch wissen. An der Universität fiel ich als »Deutscher« auf. Der Ruf der Deutschen war nicht schlecht, aber man spürte eine Distanz. Die Deutschen galten als tüchtiger, praktischer, erfolgreicher, ein Ruf, der nicht nur vorteilhaft war. Man strebte ihnen nicht nach. Man hielt sich an die eigene Mentalität, die auf Herzenswärme und ästhetisch-musisches Gespür gepolt war. Mir entsprach diese Verschiebung der Werteskala, außerdem war sie eine Vorbereitung auf Indien.

Wie früher in London und in den USA wanderte ich jede vorlesungsfreie Stunde durch die Straßen und Gassen des ersten Bezirks von Wien, zu den Kirchen und Plätzen, den Prachtbauten und Monumenten der Habsburger Monarchie, zu den Museen und Galerien. Sobald ich herausgefunden hatte, wie man an billige Theater- und Opernkarten kommt, fuhr ich jeden Abend mit der Tram, später mit dem Fahrrad, entweder ins Theater oder in die Staatsoper, in ein Konzert oder eine Autorenlesung. Ich nutzte die Privilegien der Studenten aus; denn die Universität verteilte jeden Samstag Stehplatzkarten für die staatlichen Schauspiele wie Burgtheater, Akademietheater, Staatsoper und Volksoper der gesamten folgenden Woche. Die Stehplätze waren spottbillig, ich konnte mir durchaus eine Karte pro Abend leisten. Und das tat ich. Abend für Abend warf ich mich in Schale, es herrschte noch Anzug- und Krawattenzwang, und tauchte in die animierte Atmosphäre erwartungsvoller Zuschauer ein. Mein Rad band ich fünfzig Meter von Theater oder Oper an einen Laternenpfahl, strich meinen Anzug glatt, rückte die Krawatte zurecht und schritt, um studentische Nonchalance bemüht, ins Foyer.

Auch sechsstündige Wagner-Opern »stand« ich unverdrossen »durch«. Die Stehplätze auf Parterre erlaubten in allen Häusern einen unversperrten Blick auf die gesamte Bühne, die Akustik war dort unten hervorragend. Das Stehplatzpublikum, meist Studenten wie ich, war rasch zu wild klatschender Begeisterung und ebenso zu buhender Kritik hinzureißen. Mit anderen Worten, die Atmosphäre war aufgekratzt. Die Stehplätzler nahmen sich sogar heraus, bei Opern Szenenapplaus zu spenden, was die feine Gesellschaft, die sitzen durfte und eh nicht wusste, was super oder mies war, niemals wagte. Dem Publikum auf den billigen Plätzen fehlte es nicht an Arroganz.[10]

Während der vier Jahre in Wien durfte ich den bedeutendsten Opernsängern jener Zeit lauschen. Ich liebte den Tenor Peter Schreier aus der DDR, Theo Adam und Eberhard Wächter, die Sopranistinnen Gundula Janowitz, Leonie Rysanek und Lucia Popp in Mozart-Opern, Birgit Nilsson und Jess Thomas in Wagner- und Strauss-Opern. Ich genoss die großen italienischen Stimmen der Verdi-Opern. Die Wiener Karajan-Zeit war schon vorbei, aber ich erlebte häufig Karl Böhm als Dirigenten und – einmal – sogar Rudolf Nurejew als Tänzer. Ach, es waren großartige Jahre! Wie oft bin ich wie in Trance zurückgekehrt, zitternd vor Begeisterung.

Auch in den beiden großen Konzertsälen Wiens, dem Musikvereinssaal und dem Konzerthaussaal, gab es hinten einen Stehraum. Die großen Violinisten David und Igor Oistrach und Henryk Szeryng spielten in Wien, Wilhelm Kempff trug zu Beethovens Geburtstag in einer Matinee drei Klavierkonzerte vor. Bestens im Gedächtnis blieb ein Konzert des Israel Philharmonic Orchestra unter Zubin Mehta, damals ein feuriger Mittdreißiger, der wie ein junger Gott aufs Podium stürmte und seine geliebten Musiker unter Strom setzte; Itzhak Perlman war der Solist. Großartige Musik, leidenschaftlich und wahrhaftig interpretiert, hat sich mir stets als

Gottesbeweis aufgedrängt. Wie kann sich eine solche Urkraft entfalten, wäre sie nicht von einer höheren Dynamik gesteuert?!

Auf die Theaterprogramme achtete ich besonders, weil sie unmittelbar mein Studium betrafen. In den Seminaren der Theaterwissenschaft kam man auf die neuen Stücke im Burgtheater zu sprechen. Ich war mit dem gesamten Repertoire vertraut, sah mir manche Stücke zweimal an. Josef Meinrad erlebte ich in Nestroy-Rollen, Boy Gobert in der Komödie »Ein Glas Wasser«, Klausjürgen Wussow in Schiller-Heldenrollen. Paula Wessely und Erika Pluhar spielten Hauptrollen, Will Quadflieg gab einen Rilke-Abend und – unvergesslich – Ernst Deutsch den Shylock.

Ein engagierter Student war ich nie. Lernen und Erfahren fanden eher außerhalb der Universitätsgebäude statt. Ich besuchte die Pflichtseminare; den Vorlesungen folgte ich, wenn möglich, lieber anhand der Skripte. Ich blieb bei den Fächern, die ich in Saarbrücken gewählt hatte: Philosophie, Theaterwissenschaft und Germanistik. In der Philosophie legte ich nach vier Semestern das »Philosophikum« ab, eine heute leider abgeschaffte Einübung in philosophisches Denken und philosophische Themen. Für die Prüfung wählte ich Søren Kierkegaard, dessen »Die Krankheit zum Tode« bis heute nachschwingt. Ich brauchte die existentialistischen Denker, die voraussetzungslos und aus eigener Not getrieben das menschliche Leben bedenken. Nach der Prüfung gab ich das formale Philosophiestudium ab. Es schien mir wenig sinnvoll zu sein, die unterschiedlichen Wege zur philosophischen Erkenntnis zu memorieren, sobald ich *einen* Weg, den ich gehen wollte, entdeckt hatte.

Der philosophische und literarische Existenzialismus wurden für mich zur Leitschnur, wie ich mein Leben befragen wollte, um es »richtig« zu leben. Allen voran Franz Kafka, den ich mit intuitivem Einverständnis immer wieder las.

Albert Camus' »Sisyphus« wurde ein Stern, ebenso sein Roman »Der Fremde«, den ich später auch im französischen Original las. Samuel Becketts Theaterstücke, die zu jener Zeit ihre größte Beachtung fanden, las ich und sah sie auf der Bühne oder im Fernsehen.

In Wien geriet ich zunehmend in eine religiöse Krise. Scharf bewusst wurde mir, dass ich den anerzogenen »Kinderglauben« hinterfragen musste, um das Wesentliche des Glaubens zu erfassen. Bisher ein zuverlässiger Kirchgänger, blieb ich der Liturgie zunächst fern, nicht zuletzt durch den Einfluss unseres »fröhlichen Heiden« Robert. Jedoch begann ich, täglich ein Kapitel der Bibel zu lesen, teilweise mit Kommentar. Ich kam auf Nietzsche, dessen »Geburt der Tragödie« mich erstaunte, weil die Abhandlung nicht diskursivem, sondern ganz und gar assoziativem Denken vertraut. Im Krebsgang, mal vorwärts, mal seitlich, mal rückwärts, weitet sich der Radius des Diskurses aus. Im Gymnasium mussten unsere Aufsätze gedanklich schön geordnet sein. Der Gewinn an Einfällen und an Einsichten schien mir bei Nietzsche so viel höher.

Die Theaterwissenschaft, entschied ich nach einigen Semestern, wollte ich nicht zu meinem Hauptfach wählen, weil mir die wissenschaftlichen Grundlagen allzu ephemer erschienen. Wie will man ein Theatererlebnis erforschen und beschreiben? Was auf der Bühne jeden Abend geschieht, sind doch zart-vergängliche Momente, die vor einer objektiven Analyse zurückweichen wie die Nacht bei Tageslicht. Nur das objektive Netz rund um das Theatererlebnis – der Dramentext, womöglich ein Regiebuch, Fotos, Notizen der Dramaturgen und die Tagebücher einiger Zuschauer – können sich dem Erlebnis annähern. Ein Glück jedoch, dass das Theater so verschwenderisch lebt – einen Moment da ist und sofort verschwindet; das schafft seinen Zauber. Für die Wissenschaft, dachte ich, bleibe ich lieber bei der Literatur, die

sich »schwarz auf weiß« auf den Seiten eines Buches dokumentiert. Also wurde Germanistik mein Dissertationsfach.

Paris

Bevor mich eine Dissertation beschäftigen würde, wechselte
ich noch einmal den Studienort. Mein Vater war Franzö-
sischlehrer und ließ Bemerkungen fallen, warum ich mich auf
anglophone Länder ausgerichtet hätte. Warum nicht auch einige Monate in Frankreich verbringen und mein Schulfranzö-
sisch aufbessern? Er schrieb an eine ihm bekannte Internats-
schule der Christlichen Schulbrüder in der Pariser Banlieue;
die Antwort war, ich solle mich mal melden. Anfang 1969
fuhr ich eher aufs Geratewohl nach Paris, stellte mich im
Collège Passy Buzenval vor und wurde sofort für sechs Monate als Maître d'Internat angenommen.

Die französische Schulerziehung überraschte mich. Reglementiert wie eine Militärakademie schien mir die Atmosphäre. Die Kinder handeln ihrem Kindsein zuwider. Ich
wohnte in einem Zimmer des Collège. Meine Aufgabe war,
die Schüler frühmorgens zu wecken, beim Waschen und An-
ziehen zu beaufsichtigen und zum Frühstück zu begleiten.
Spätnachmittags beaufsichtigte ich die Klasse bei den Hausaufgaben. Danach wie morgens: Aufsicht beim Abendessen
und Zubettgehen, Licht aus, und ich war frei. In dem
Schlafsaal, den ich mit einem zweiten Maître beaufsichtigte,
schliefen hundert Jungen Bett an Bett.

Tagsüber fuhr ich mit Bus und Metro nach Paris, um an der
Sorbonne den berühmten »Cours de la Langue et Civilisation
Française« zu belegen und an der Alliance Française die Sprache zu lernen. Nach neun Monaten intensiver Bemühung
konnte ich kleine Vorträge auf Französisch halten, »Le Monde«
fließend lesen und an Gesprächen teilnehmen. Ich las »Les

Fleurs du Mal« von Charles Baudelaire, Romane von André
Gide und Albert Camus. Das erste Buch, das ich auf Französisch von Anfang bis Ende durchlas, war – ich gesteh's – die
simpel gestrickte Romanschnulze »Bonjour Tristesse« von
Françoise Sagan. Einige Jahre später, als ich meine Arbeit als
Übersetzer begann, war das erste Buch, das ich ins Deutsche
übertrug, von dem französischen Benediktiner Henri Le Saux.

Nach sechs Monaten im Collège wurde ich mit einem hüb-
schen Feriengeld verabschiedet, das meinen Aufenthalt in
Paris weitere drei Monate finanzierte. Robert Jordan lebte damals in Paris, um bei der berühmten, hochbetagten Nadia
Boulanger Unterricht zu nehmen. Er wohnte in der Cité International des Arts am Seine-Ufer, unweit des Hôtel de Ville.
Dort durfte ich die Sommermonate das Appartement mit ihm
teilen, das einen Ausblick auf den Fluss und die Kathedrale
Notre-Dame freigab. Auch Robert lernte tagsüber Französisch und studierte Klaviermusik für anstehende Konzerte
ein. Doch am späten Nachmittag streunten wir durch die
Straßen, besuchten Roberts Musikerfreunde, wir aßen in kleinen Bistros und waren hochzufrieden, an die ehrwürdige Tradition Pariser Flaneure anzuknüpfen. Im Oktober kehrte ich
geradewegs nach Wien zurück, um das Wintersemester nicht
zu verpassen. Eine Zeit, an die ich mich oft erinnere, war vorbei. Man soll die Gegenwart so leben, dass daraus wertvolle
Erinnerungen entstehen. Denn je weiter wir im Leben fortschreiten, desto wichtiger wird uns die eigene Vergangenheit,
desto intensiver überlagern sich Gegenwart und Erinnerung.

Aufbruch nach Indien

Die Volljährigkeit erreicht, wäre der Weg nach Indien frei gewesen. Doch da ich nach Österreich gewechselt hatte, entstand die Frage, ob ich als deutscher Student im Ausland

auch berechtigt war, das Reisestipendium anzutreten. Schon wieder war ich »Ausländer«! Zuerst hieß es »nein«, danach aber »ja«. Im Sommer 1971 war es so weit.

Wie kam ich dazu, Arnold Keyserling und seine Frau Wilhelmine aufzusuchen? Ich weiß es nicht mehr. Arnold war ein Sohn des berühmten baltischen Grafen, des Philosophen Hermann Keyserling, der nach dem Ersten Weltkrieg in Darmstadt Fuß gefasst und dort die »Schule der Weisheit« gegründet hatte. Im Rahmen dieser Schule lud er 1921 Rabindranāth Tagore zu Vorträgen ein. Der Sohn trat in die Stapfen seines Vaters. Auch er war ein »wilder« Philosoph ohne Interesse an der akademischen Disziplin. Er hatte in Kalkutta Deutsch unterrichtet und war nun als Philosophieprofessor an der Kunstakademie Wien tätig und schrieb kühne esoterische Bücher im Eigenverlag. Seine Frau Wilhelmine stammte aus dem österreichischen Geschlecht der Auersperg. Sie hatte in Indien Yoga gelernt und betrieb in Wien eine Yogaschule. Die Eheleute luden mich freundlich in ihre Wohnung ein und erzählten über Indien. Arnold Keyserling schrieb mir Empfehlungsschreiben an Swami Nityaswarupananda, den Gründer und Leiter des Rāmakrishna Mission Institute of Culture in Kalkutta, und an Sibabrata Ghosh, einen Freund der berühmten Bose-Familie, dessen bedeutendster Vertreter, Subhash Chandra Bose, ein einflussreicher Politiker während des Kampfes um die Befreiung von der britischen Herrschaft war und Beziehungen zum Hitler-Deutschland unterhielt. Vor meiner Reise besuchte ich einige Monate lang Wilhelmine Keyserlings Yogaklassen (an denen auch Arnold teilnahm). Durch sie erfuhr ich die Grundbewegungen des körperlichen Yoga (*Asanas*) und vor allem die innere Haltung, die wir im Yoga einüben. Mein Leben lang habe ich Frau Keyserlings Methode des Yoga befolgt. Ihr Einfluss ist unschätzbar, und ich denke an sie in Dankbarkeit. Arnold Keyserling traf ich viele Jahre später in Kalkutta wieder, als er am Goethe-Institut einen Vortrag hielt. Damals hatte er sich schon zu einem New-Age-Guru mit langem puderzuckerweißen Bart gewandelt, weshalb mein Interesse an ihm verblasste.

In den 1960er- und 1970er-Jahren waren viele junge Menschen aus Europa und Amerika in Indien unterwegs. Hippies, Beatniks, Flower Children! Junge Menschen mit langen Haaren und weiten, fließenden Gewändern, die wenig Geld, aber viel unverplante Zeit besaßen. Selbsternannte Gurus machten mit der westlichen Klientel gute Geschäfte. Haschisch und Ganja waren offen zu kaufen, leichter noch als Alkohol. Obwohl auch ich einen Vollbart trug, fühlte ich mich diesem übermütigen Völkchen in keiner Weise verwandt. Dafür war ich zu ernst, zu zielgerichtet, zu sehr meiner Sehnsucht verschrieben, alles zu sehen, alles zu wissen. Immer wieder habe ich meine Abneigung gegenüber der Hippie-Mentalität bekunden müssen, als gäbe es keine ernsthaften Gründe, Indien kennenzulernen. Meinen Bart hatte ich wachsen lassen, weil Rasierklingen meine Haut wie ein Schlachtfeld aussehen ließen. Unbedacht hatte mein Onkel Hans in Köln einmal – es war kurz nach dem Abitur – gesagt, warum ich nicht die Haare einfach wachsen lasse. Das war das Stichwort, das ich brauchte. Alle Einwände aus der Familie konnte ich mit diesem Zitat entkräftigen.

Die Organisation ASA verlangte von uns Stipendiaten, dass wir während der drei Monate Auslandsaufenthalt ein bestimmtes Thema erforschten. Wie kam ich damals auf die Rāmakrishna Mission, einen modernen Hindu-Mönchsorden? Auch das kann ich nicht mehr nachvollziehen. Ich wollte untersuchen, inwiefern sich die Schulen der Rāmakrishna Mission von den staatlichen Schulen unterscheiden. Zu diesem Zweck würde ich verschiedene Rāmakrishna Mission Ashrams im ganzen Land besuchen. Ich schrieb Briefe, um meinen Besuch anzumelden, und bekam von überall freundliche Einladungen. Woher kam der Vorschlag, Swami Ranganathananda zu treffen, der sich in Wien aufhielt? Er war der durch die Welt ziehende Goodwill-Botschafter des Ordens. Im Haus einer Wiener Familie empfing der Swami eines Nachmittags ein Dutzend Anhänger Rāmakrishnas. Sein Eintritt ins Wohnzimmer, in dem wir warteten, wäre eines Maharaja würdig gewesen. Der hochgewachsene Mann trug ein malerisch in zahlreiche Falten gelegtes ockerfarbenes Gewand, dazu einen Umhang. Feierlich-strenges Gesicht; in der Haltung Stolz, nicht Bescheidenheit. Zwei Stunden lang war er nun ein Raconteur über das spirituelle Leben. Er erzählte nette, manchmal spaßige Geschichten, wie man sie ähnlich in einem Kinderkatechismus finden könnte, er gab Anekdoten über seine zahlreichen Reisen durch Länder und Städte zum Besten. Beeindruckend war die Sicherheit des Mannes, die auf mich fast herausfordernd wirkte, doch ich fühlte auch eine hoheitliche Kühle, die mich abhielt, den Mönch anzusprechen.

In den letzten Tagen vor Abflug traf ich einen ehemaligen Klassenkameraden in Boppard. Als wir vor seinem Haus zusammensaßen, kam eine ältere Nachbarin vorbei und hörte, dass ich nach Indien reisen würde. Sie blickte mich staunend an, wog meine Worte und sagte darauf, eher ungewollt: »Der Junge kommt nicht wieder!« Ihr war, als würde ich in den Krieg ziehen. So weit weg war in der Phantasie damals Indien. Übrigens hat sie recht behalten: Ich bin noch immer in Indien.

Vielfältig vorbereitet und gewarnt, mit Impfungen und Moskito-Schutzmitteln, Medikamenten und Sonnenschutz reichlich ausgestattet, flog die Gruppe von fünf oder sechs Personen nach Bombay, dem heutigen Mumbai[11]. Dort hatten wir für die ersten paar Nächte einen Schlafplatz organisiert, doch es war spät am Tag, darum fuhr uns zunächst ein rappeliges Taxi zu einer miesen Absteige, in der offensichtlich Hippies, die keinen Pfennig mehr im Hosensack hatten, Zuflucht fanden. Vielleicht war das Quartier gar nicht so heruntergekommen, wie es mir die Erinnerung eingibt. Doch damals, frisch aus dem sauberen, wohnlich ausgestatteten Familienhaus in Boppard kommend, schüttelte ich mich vor Entsetzen. Das Bett war aus Brettern zusammengezimmert; darauf eine dünne Matratze, die bedeckt war mit einem ungebügelten Tuch, auf dem hartnäckige Flecken allerlei düstere Vermutungen über die früheren Gäste zuließen. Außer dem Bett nichts mehr. Doch, ein Stuhl und ein paar Haken an der Wand. Die Fenster vergittert, das Fenstersims staubbedeckt, eine Deckenfunzel als Lichtquelle. Der Duschkopf im Badezimmer spendete Wasser, aber es verteilte sich über den gesamten Boden und machte ihn glitschig.

Vor dem Schlafengehen wanderten wir noch eine halbe Stunde durch die Straßen. Dunkle, fleckige Gebäude, alles gespenstisch düster und heruntergekommen, leblos. Doch auf dem Gehsteig, da lagen sie, die *pavement dwellers*, die Obdachlosen, manchmal wie Mumien in Tüchern eingewickelt, manchmal halbnackt und umschwirrt von Moskitos, reglos schlafend. Hunde schnüffelten und leckten an den Körpern. Durch die Gosse sah ich einige feist gefressene Ratten mit eklig langen Schwänzen huschen. Alles war gespenstig an diesem ersten Gang im Land des Mahatma Gandhi, Sri Rāmakrishna und Swami Vivekānanda. Als ich mich geduscht hatte und erschöpft auf die dünne Matratze fallen ließ und die von der schwülen Luft prickelnde Haut spürte, war ich davon überzeugt, dass ich am nächsten Morgen todkrank aufwachen würde, wenn ich überhaupt aufwachte, wenn es überhaupt einen Morgen geben sollte …

Das Tageslicht des nächsten Morgens verjagte die Gespenster. Die Menschen auf den Gehsteigen hatten ihr träges Familienleben aufgenommen; sie sahen wieder mehr wie Menschen aus. Die Ratten hatten sich verkrochen. Wir riefen die Familie an, die uns einige Tage beherbergen wollte, einen

Herrn Mehta, einen begüterten Industriellen. Er schickte uns ein Auto, und alle fünf kamen wir in der geräumigen und geschmackvoll eingerichteten Wohnung unter. Zweierlei beeindruckte mich. Zunächst ein Diener, ein junger Mensch mit einem seelenruhigen Gemüt, der unsere Zimmer in Ordnung hielt, in der Küche mithalf, fegte und abstaubte, die Kissen auf den Sofas aufschüttelte und überall war und sorgte und doch beinahe unsichtbar blieb. Man hörte ihn nicht, weder seine Worte noch Schritte. Er grüßte auch niemanden von uns, er war ja »nicht da«. Nach längerer Erfahrung in Indien wurde mir bewusst, dass er das Ideal eines indischen Dieners verkörperte: Jemand, der alles tat, aber unsichtbar blieb; der in öffentlichen Räumen keine Individualität besaß.

Das Zweite war eine breite Schaukel, die an schmiedeeisernen Ketten von der Decke herabhing. Zwei Menschen fanden darauf Platz und konnten sich bei sanftem Schwingen miteinander unterhalten. Es ist die indische Entsprechung eines Schaukelstuhls. Später wurde mir der kulturelle Unterschied bewusst. In einem Schaukelstuhl sitzen ältere, im Ruhestand lebende Menschen, die mit der Schaukelbewegung ihren inneren gemächlich-beschaulichen Rhythmus ausdrücken. Die Zweierschaukel aber ist für Liebhaber und das Liebesspiel gemeint.

An jenen Herrn Mehta habe ich keinerlei Erinnerung, wiewohl ich ihm Dank schulde – was mir zeigt, dass ich vom ersten Tag an die Dienerschaft, allgemein gesprochen die »kleinen Leute«, interessanter fand als die Herren und Damen der Gesellschaft. Bis heute ist das nicht anders. Von den Armen und Untergeordneten habe ich stets mehr gelernt, weil sie direkter und spontaner reagieren, weil sich unter ihnen häufig originellere Charaktere herausbilden als bei Menschen der Mittelschicht mit ihrem Kodex standeskonformen Verhaltens.

Einübung in ein Indien »zum Anfassen« – Einige Tage später zog ich ohne die deutsche Gruppe weiter. Der Weg führte mich als Erstes zur Rāmakrishna Mission in Khar, einem Stadtviertel von Bombay. Dort erlebte ich mit staunenden Augen die traditionelle indische Lebensweise. Die Mönche saßen auf dünnen Matten auf dem Erdboden, vor sich ihre Teller aus Stahl. Um zu essen, bückten sie sich tief hinab und aßen mit bloßen Fingern, genauer, mit der ganzen Hand. Ich musste, was uns Kindern geboten worden war, verlernen: Sitz aufrecht beim Essen! Lass die Finger aus dem Gemüse! Als Erwachsener empfand ich zunächst starken Widerstand, ins kindliche Verhalten zurückzufallen. Garstig war's, den klebrigen Reis von den Fingern zu lecken. Die gebückte Haltung ist unangenehm, denn sie klemmt beim Essen den Magen ein.

Mönchen darf man nicht die Hand geben. Stattdessen übte ich mich in dem gesamtindischen Gruß. Die Handflächen vor der Brust aneinandergelegt, den Oberkörper leicht geneigt: *Namasté!* Ein Grüßen ohne jede körperliche Berührung. Für Deutsche ungewohnt, die wir unsere herzliche Beziehung zu einem Menschen mit der Kraft eines Händedrucks deutlich machen. In Indien lernte ich, dass Beziehung eben eine geistige Begegnung voraussetzt und symbolisch ausgedrückt werden kann. Andere Symbole des In-Beziehung-Kommens sind: Man blickt einem Menschen in die Augen oder legt die rechte Hand aufs Herz. Das war die erste indische Lektion im Zusammenleben. Dieses Einander-Anblicken scheint uns in Deutschland nur wichtig, wenn wir mit unseren Weingläsern anstoßen und »Prosit!« wünschen. Ich lernte schnell und gern, weil mir viele dieser kleinen Gewohnheiten einer gemeinsamen Logik entsprachen. Sie verlegen die Kommunikation viel bewusster auf eine emotionale und sogar geistige Ebene.

Allerdings bekam ich auch eine Kehrseite zu spüren: Auf meinen Wanderungen durch die Innenstadt brauchte ich eine Auskunft. Ich stand auf der Treppe eines Museums, das ich gerade verlassen hatte, und wollte den Weg zu meinem nächsten Ziel wissen. Ich wandte mich an eine junge Frau, die einige Schritte entfernt stand. Sie schien eine moderne Frau aus der Mittelschicht zu sein, gewiss würde sie Englisch verstehen. Doch anstatt eine Antwort zu geben, starrte sie mich entsetzt an und schritt eilig die Treppe hinunter. Verdutzt und gedemütigt blieb ich stehen. Später wurde mir zweierlei klar: Keine Frauen, zumal nicht junge, ansprechen, auch nicht in öffentlichen Räumen! Daran hat sich bis heute wenig geändert. Und ich musste mit den pauschalen Vorurteilen der städtischen Inder rechnen, die Europäer und Amerikaner für sexuell freizügig halten – den Hollywoodfilmen und der Hippiekultur sei's gedankt.

Im Zug nach Kalkutta. – Ich kaufte eine Zugfahrkarte nach Kalkutta, denn als Nächstes war ich in dem Kulturinstitut der Rāmakrishna Mission angemeldet. Dass man auch fliegen könnte, kam mir nicht in den Sinn. In den 1970er-Jahren war das Fluggeschäft noch ausschließlich in Hand der indischen Regierung. Indian Airlines flog innerindisch, Air India international. Fliegen war das Privileg der höheren Beamten und begüterten Geschäftsleute.

Nach Kalkutta im Zug zu fahren, in der dritten Klasse – die man hochmütig-lakonisch »Bretterklasse« oder »Viehklasse« getauft hat –, bedeutete, indisches Gesellschaftsleben buchstäblich in »vollen Zügen« zu erfahren. Auf den Bahnsteigen hastete man von Abteil zu Abteil, wohlgemerkt mit Koffern und Kisten, Körben und Beuteln, um den eigenen Namen auf den Aushängen zu entdecken. Auch wenn ein Sitzplatz laut Fahrschein sicher ist, hangelt und rangelt, drückt und drängelt jeder an der Tür, um als Erster hineinzustürmen. Ha! die kleinen Abenteuer des Alltags, die kleinen Siege.

Die Sitze waren nicht gepolstert, ebenso wenig die Liegen, die nachts, drei übereinander, aufgeklappt wurden. Inder reisen meist mit Familie, Kind und Kegel, Sack und Pack. Riesige Bettrollen, die Kulis auf ihre Köpfe wuchteten, schleppten sie mit, nebst einer orientalischen Vielzahl von Essenskörben und Wasserflaschen, von Kleidertaschen und Beuteln mit Cremes und Fläschchen für die Schönheit und Gesundheit. Mit Geschrei und Gefuchtel, mit enormem Energieaufwand suchte und fand man seine Plätze und machte sich darauf heimisch. Das indische Genie war evident, sich zu arrangieren, jeder Situation etwas Bequemlichkeit und »Heimat« abzugewinnen, sich durchzuwurschteln und durchzuwühlen – wenn notwendig mit großzügigem Gebrauch der Ellbogen –, um vorneweg ans Ziel zu kommen.

Dieser Urtrieb ist bis heute ungebrochen, obwohl Reisen angenehmer geworden ist. Statt der Bettrollen-Ungetüme bedient man sich der Laken und Decken, die in den Abteilen bereitliegen. Wer gebuchte Sitz- oder Liegeplätze hat, sieht auf dem Fahrschein, in welchem Abteil man sie findet. Alles einfach – und entschieden langweiliger – geworden.

Ich erinnere mich nicht, dass mir diese erste Zugfahrt durch Indien unerfreulich war. Sie dauerte zwei Nächte und zwei Tage. Die Menschen quatschten und quasselten mit Hingabe, die Kinder – und in jedem Abteil fahren einige mit – hatten »freie Bahn«, das Abteil in ihren Spielplatz umzuwandeln. Sie wurden gehätschelt und hofiert, niemand ermahnte sie, leiser zu sein, weniger rumzuspringen! Wer nicht redete, lag lang auf den Liegen und schlief. Alles das muss ich staunend genossen haben. Ich verlor meine Scheu, zumal die Menschen in Zügen viel Zeit haben, um ihre Neugier zu befriedigen und Fremde ansprechen. Als ich Kalkutta erreichte, steckten mehrere Adressen in meiner Tasche. Einen jungen, gebildeten Bengalen besuchte ich tatsächlich in Kalighat, einem überfüllten Stadtviertel rund um den Kali-Tempel, und lernte während eines Monats, den ich in Kalkutta verbrachte, dessen Familie, dessen Verwandte und Nachbarn und viele Menschen entlang ihrer engen Gasse kennen.

Bei jenem ersten Besuch liebte ich das »Bad in der Menge«, weil es so ungewöhnlich für mich, den Mitteleuropäer, war. Heutzutage scheue ich allerdings die Massen, das Gewühl. Die hundert unfreiwilligen Berührungen, die rasch in Ziehen und Zerren, Stoßen und Drängen ausarten, empfinde ich als peinliche, wenn auch weder gewollte noch vermeidbare, Übergriffe.

Im Rāmakrishna Mission Institute of Culture in Süd-Kalkutta bekam ich das Privileg, dank des Empfehlungs-schreibens von Arnold Keyserling, einen Monat unentgeltlich zu wohnen. Ich aß nicht mit den anderen Gästen des Instituts, sondern mit den Rāmakrishna-Mönchen im »Ashram«, einem Flügel des großen Gebäudes.

Erste Begegnung mit dem Einheitsgedanken im Hinduismus. – Das Institut war von Swami Nityaswarupananda gegründet wor-den, einem kleinen, untersetzten, gutmütig-leutseligen älte-ren Mönch, der gern gut aß. Er war von *einer* Idee beseelt: der »Einheit der Menschheit«. Er predigte, dass die Menschheit aus einem großen spirituellen Ganzen bestehe, das auch Na-tur und Kosmos umfasst. Diese Idee der kosmischen Einheit alles Belebten und Leblosen ist in den alten heiligen Schriften des Hinduismus, angefangen mit den Veden und den Upa-nishaden, angelegt und bis in unsere Zeit immer wieder neu beschworen, beschrieben und von den Mystikern Indiens er-fahren worden. Die großen modernen Vertreter des Hinduis-mus – angefangen von Sri Rāmakrishna bis Swami Vive-kānanda, Ramana Maharishi und Sri Aurobindo – haben in dieser kosmischen Einheit gelebt und davon Zeugnis gege-ben. Swami Nityaswarupananda war der Überzeugung, dass diese Lehre, bei der er sich vor allem auf den Ordensgründer Swami Vivekānanda berief, weder unter den Ordensmitgliedern noch in der Bevölkerung genügend bewusst sei und darum eingeübt werden müsse. Vor allem sah er die Notwendigkeit, die Lehre modern zu interpretieren, das heißt, die geistige Einheit der heutigen Pluralität der Religionen und Kulturen zu betonen und sie als ein Instrument des Friedens aktiv einzusetzen. Diesem Ziel sollte sein Institute of Culture dienen. Unter dem Aspekt der Gleichwertigkeit organisierte es Vorträge und Seminare über die Kulturen und Religionen der Welt. Der Swami, neben dem ich bei den Mahlzeiten sitzen durfte, sprach ausführlich und schwärmerisch und immer heiter von seinen Ideen.

Damals war ich noch nicht fähig, seine Ideen zu hinterfragen oder anzunehmen. Wie in der Ideenwelt des modernen Hinduismus üblich, achtete der Mönch nicht auf die Geschichtlichkeit der Religionen und Kulturen, auf ihre gewachsene Gestalt, sondern setzte sie absolut. Das Verständnis für eine geistige Einheit wird dadurch für Europäer erschwert. Denn sie verstehen Phänomene im Allgemeinen in geschichtlichen Zusammenhängen und gesellschaftlichen Prozessen. In mir verwurzelte der Swami jedoch den Einheitsgedanken, und ich habe ihn in meinem Handeln wie meinem Schreiben vielfach interpretiert und variiert, hoffentlich ohne in Naivität abzugleiten, denn die Einheitsphilosophie ist stets dieser Gefährdung ausgesetzt.

Swami Nityaswarupananda und ich waren uns vom ersten Tag zugetan. Neben seiner Ideenwelt vermittelte er mir etwas ebenso Wichtiges: die Fertigkeit, mit den Fingern zu essen. Er empfand ein besonderes Vergnügen dabei, mir zu demonstrieren, wie man Reis und Linsenbrei, das *Dal*, mit den Fingern vermischt und zu kleinen Klumpen formt, sie dann auf die zusammengelegten Zeige- und Mittelfinger hebt und mit dem Daumen in den Mund schiebt. Nichts darf auf den Teller triefen oder an Hand und Arm entlangrinnen, der Mund darf nicht verschmiert werden. Jedoch vom Swami ausdrücklich erlaubt, sogar geboten, war es zu schmatzen und zu rülpsen. Das zeige, wer gut und mit Lust gegessen habe! Die linke Hand bleibt bei den Mahlzeiten unter dem Tisch oder auf den Knien. Sie gilt als die »schmutzige Hand«, weil sie auf der Toilette den Hintern mit Wasser säubert. Allgemein wird die linke Hand zu keinen wichtigen Handlungen gebraucht, sie bleibt rituell »unrein«.

Die politische Situation war in den Sommermonaten von 1971 prekär. Ost-Bengalen war noch ein Teil von Pakistan, doch rebellierten die Einwohner dagegen, dass ihnen Urdu als Nationalsprache aufgezwungen wurde. Sie sprachen Bengalisch, und dabei wollten sie bleiben. Dies eskalierte in einen Aufstand gegen die pakistanische Regierung allgemein, die 3000 Kilometer westlich, abgetrennt durch die Landmasse Nordindiens, das Schicksal der Ost-Bengalen bestimmte. Es kam zum Bürgerkrieg, die pakistanische Armee kämpfte auf ostbengalischem Boden gegen die Aufständischen. Ein riesiger Flüchtlingsstrom aus Ost-Bengalen ins indische West-Bengalen setzte ein, der in großen Lagern außerhalb von Kalkutta aufgefangen wurde. Das war die Situation zur Zeit meines Aufenthaltes in Kalkutta. Monate später hat die indische Premierministerin Indira Gandhi das Militär nach Ost-Bengalen geschickt, um die pakistanische Armee zurückzuschlagen. Es gelang ihr in kurzer Zeit, und aus Ost-Pakistan wurde der unabhängige Staat Bangladesch.

Zur selben Zeit zettelten Naxaliten – Guerillas, die um Gerechtigkeit für die Bauern kämpften – vor allem unter den Wohlhabenden Kalkuttas Mord und Totschlag an. Man riet mir, vorsichtig zu sein und vor Einbruch der Dunkelheit ins Institut zurückzukehren. Ich dagegen bewegte mich durch die Straßen so sorglos und risikofremd, wie ich es in allen Städten bisher getan hatte. Ein neues Erlebnis beschäftigte Sinne und Verstand. Dieses Erlebnis war die Großstadt Kalkutta – ihre belebten Straßen, ihre enorme Vitalität, die primitivste Armut der Bürgersteigbewohner und die Erniedrigung der Lastenträger und Rikshafahrer, das Getute der Autos und Geschrei der Budenbesitzer, was sich alles miteinander verband und zusammenwirkte zu einem universalen Chaos, das vielleicht keine Richtung oder Ziel kannte, aber einen Rhythmus und eine eigene Dynamik besaß: Nie Stillstand!

Das Einzelne, auch das individuelle Leid und die individuelle Augenblicksfreude, die Mühe und der Schweiß gehen im Ganzen unter und verlieren ihre Besonderheit, ihre ätzende Schärfe, aber auch ihren Glanz und die individuelle Bewegung und die einzigartigen Farben. Das war für mich Kalkutta der ersten Stunde. Ich verdammte nicht das Bröckelnde und Zerfallende, dieses sich dem Zerbrechen und der Vernichtung gedankenlos Anvertrauende. Als junger Mensch spürte ich kein Erschrecken und keine Trauer darüber. Wohl sorgte ich mich um das »typisch Indische« dieser pulsierenden Stadt. Was meinte ich damit? Ich erfreute mich am Anblick junger Männer in weiten, weißen *Pyjamas* und langen, lose herabhängenden Hemden, den *Panjabis*, oder älterer Männer in *Dhotis*, den in viele Falten gelegten traditionellen Beinkleidern der Bengalen. Die Frauen waren elegant und umständlich in sechs Meter langen Stoffbahnen eingewickelt, die *Saris*. Ich liebte die winzigen Geschäfte an den Straßenrändern, Büdchen, in denen die Besitzer, umlagert von ihren Waren, kreuzbeinig hockten und sie feilboten. Ich war besorgt darüber, welche glatte, blanke, kalte Welt die Moderne bringen würde, die in dieses herrliche Gewusel wie ein Meteor einschlagen müsste.

Das war die eine Ebene des Kalkutta-Eindrucks. Der zweite, mehr reflektierende Eindruck war weniger impressionistisch. Die Armut sprang mich an, sprang auf mich und hat sich bis heute an mich geklammert. Ich fühlte mich herausgefordert, sofort begann ich, mich mitverantwortlich zu fühlen. Das heißt, zunächst bemühte ich mich, das Leben der Armen zu verstehen, mit ihren Augen auf ihre Lebenssituation zu blicken. Diese Not, Arme zu verstehen, hat mich nie verlassen und ebenso wenig das dringende Bedürfnis, diese Armut zu lindern. Darüber habe ich oft geschrieben; es wird auch ein durchgehendes Thema dieses Buches sein.

Armut oder Einfachheit. Lebensunmittelbarkeit. – Kaum nach Europa zurückgekehrt, verfasste ich den Artikel »Armut«. Einige Sätze daraus: Die Armut »wird gelebt, täglich, ohne Möglichkeit der Ablenkung, der Zerstreuung, ohne Feierabend und Urlaub. In Worten lässt sich die Dauer, das Immerwährende nicht spürbar machen. Auch Arme, die dem Tod nahe sind, essen, besitzen Gefühle, Zuneigungen und Abneigungen, ihr Tag ist vierundzwanzig Stunden lang. Auch Armut ist das volle Leben; aber jede Äußerung dieses Lebens ist Äußerung der Armut. [...] Eigentlich sind die Bilder der Armut gar nicht für uns da: sie sind das Privateste vom Privaten; ihre Exhibition ist im Grunde schamvoll für den Zeugen, der Photograph mit seiner Kamera ist schamlos. Die Armut ist für sich selbst da; der Außenseiter dagegen ist ein Rollenträger, weil sich seiner selbst bewusst. Diese Bewusstheit hilft dem Außenseiter, Beschämung und Betroffensein abzuschütteln. Die Armen spielen keine Rolle.«

Zuletzt heißt es: »Das Bewusstsein, der Armut vom eigenen Wohlleben aus gegenüberzutreten, nicht auf irgendeine Weise Besitz von ihr zu ergreifen, sich niemals an sie zu gewöhnen, nicht zu glauben, sie zu verstehen, sondern sie in ihrer kompakten Unvergleichbarkeit zu erkennen, sich ihrer Konkretheit ständig bewusst zu bleiben, um sie radikal angehen zu können – das ist, so scheint mir, die einzige Chance, ihr gerecht zu werden.«[12]

Die Trennungslinie zwischen Armut und Einfachheit ist schwer zu erkennen und fließend. Einfachheit entsteht aus der Verbindung von Genughaben und Genügsamkeit. Einfache Menschen wollen nicht mehr, als sie brauchen. Einfachheit ist stets freiwillig. Armut dagegen ist Leiden an der mangelnden Erfüllung der Grundbedürfnisse. Dazu gehören auch emotionale und intellektuelle Grundbedürfnisse. Der Einfachheit als bewusstem Ideal streben Menschen mit Mahatma Gandhi nach, der sagte: Was wir ohne Notwendigkeit besitzen und gebrauchen, stehlen wir den Armen.

Doch gibt es in Indien auch eine ungewollte und dennoch zufriedene Einfachheit. Sie erfuhr ich zum Beispiel im Umgang mit den Jungen und Mädchen in Kalighat, die ich während meines Kalkutta-Monats häufig besuchte. Nach deutschen Maßstäben lebten sie in Armut. Kleine, schmuddelige, lichtarme Zimmer, kaum Möbel; ausreichend zu essen, doch ohne Abwechslung, wenig Gemüse, kaum Früchte. Ihre Kleider waren sauber, recht gepflegt, oft sorgfältig geflickt. Ihre Toiletten waren primitiv, doch sie wurden sauber gehalten… Sie empfanden ihre Armut nicht. Ihre Armut hatte Würde. Fragte man, sagten sie, es gehe ihnen »super«. Die Jungen und Mädchen erfüllten ihre emotionalen Bedürfnisse durch ihr enges Zusammenleben im Familienverband. Auch die Nachbarschaft, der *Para*, etwa die Straße in Kalighat, in der meine Bekannten wohnten, besitzt große Bedeutung für das soziale Geben und Nehmen und das Identitätsbewusstsein. Die Älteren empfanden vermutlich den Mangel an zahlreichen wünschenswerten Gegenständen und Gegebenheiten. Doch die Jugend hatte damals den Hunger nach einem dem Westen abgeguckten Leben noch nicht gelernt. Fernsehen und Internet waren ferne Zukunft.

Ich hatte Freude an Besuchen bei den »Kalighat-Jungs«, weil sie begeisterungsfähig waren, temperamentvoll fröhlich im Umgang. Sie waren lässig, entspannt, auch wenn sie unter Druck standen – wie machten sie das? Sehr rasch wurden sie informell und vertraulich, solange ich selbst keinen Respekt, keine Distanz einforderte. In ihrem Verhalten lag eine Art kindlicher Unschuld, die ich in Europa selten entdeckte. Diesen Satz schreibe ich mit Zögern, weil gerade »kindliche Unschuld« zu den Klischees gehört, die deutsche Romantiker über indische Menschen verbreitet haben und die bis heute durch die indophilen Phantasien geistern. Diese Lauterkeit war nicht anerzogen, nicht erlernt, auch nicht unter Leiden errungen, sondern sie war ursprünglich.

Lange habe ich über diese Eigenschaft vieler junger Menschen gerätselt und versucht, sie zu beschreiben. Ich habe dafür den Begriff »Lebensunmittelbarkeit« gefunden, weil er das Wesentliche auszudrücken scheint: Diese Jungen und Mädchen nehmen an der vitalen, ursprünglichen Lebensdynamik ohne Vorbehalt teil. Doch sind sie nicht wild ihren Instinkten ausgeliefert, sie sind mit dem Rohen und der Aggressivität der Instinkte noch nicht in Berührung gekommen. In den Jahrzehnten meines Zusammenlebens mit Menschen in Indien hat mich diese Eigenschaft stets angezogen. Häufig habe ich nach solchen Begegnungen gedacht: Jetzt weiß ich wieder, warum ich in Indien lebe.

Wie lebt die Mittelklasse? Erster Besuch in Narendrapur. – In Kalkutta wohnte ich einige Tage bei der Familie von *Pranab Kumar Sen*, einem hohen Polizeibeamten des indischen Geheimdienstes. Ich gab meine Personalien an, um dort wohnen zu dürfen. Mr. Sens jüngerer Bruder *Prasenjit* hatte am Goethe-Institut in Boppard Deutsch gelernt. Nachdem mein Bruder geheiratet hatte und ausgezogen war, konnten meine Eltern Goethe-Studenten aufnehmen. Prasenjit erschien zu der Zeit, als ich im Begriff war, nach Indien auszureisen. Er gab mir die Adressen seiner Geschwister, die verstreut in den Großstädten Indiens lebten. Jahrzehntelang blieb ich mit der Familie in Verbindung und profitierte von ihrer Gastfreundschaft. In Familie Sens Wohnung im feinsten Viertel der Stadt, in Alipur, lernte ich das Leben der oberen Mittelschicht kennen. Sens beschäftigten einen Diener, Gopal, der ein Zimmer neben der Wohnungstür bezogen hatte, und rund um die Uhr zur Verfügung stand. Sens gaben ihm einen oder zwei freie Nachmittage im Monat. Er kam, wie fast alle Diener, aus einem Dorf in West-Bengalen oder Bihar. Er muss sich zu seinem Job beglückwünscht haben. Im Gegensatz zu seiner Familie im Dorf gab es bei Sens reichlich zu essen. Das war wichtig. Die Sens hatten nur einen Sohn, der zur Schule ging. Der Diener brauchte also nur ein Kinderzimmer aufzuräumen. Außerdem wohnten in dem Gebäude noch andere Diener und Dienerinnen, mit denen er rasch bekannt wurde und abends nach getaner Arbeit zusammenhockte.

Mr. Sen sprach nie über seine Arbeit. Nur einmal gab er mir über seine Frau *Bani Sen* einen Wink, ich solle keine politischen Artikel für deutsche Zeitungen schreiben. Das war während der berüchtigten »Emergency« in den Jahren 1975–77, in der Premierministerin Indira Gandhi das Land mit Hilfe von Notstandsgesetzen regierte.

Bani Sen war eine wunderbare Frau, von ihr lernte ich, was indische Fraulichkeit bedeutet, im Guten wie im Leidvollen. Sie war sanftmütig, warmherzig, aber beharrlich; schlicht und gerade im Denken. Mit selbstverständlicher Hingabe hörte sie zu und überlegte sich ihre Antworten. Sie verlangte nur, dass man ihr genug Zeit gab, damit sie zuhören und antworten konnte. Herr Sen war, gewiss durch seinen Beruf geprägt, aus hartem Holz geschnitzt. Man spürte, er war Befehlsempfänger und Befehlsgeber. Seine Frau bekam es zu spüren; aber nicht einmal kam eine Klage. Sie hatte nicht gelernt, sich zu wehren. Mit unverbrüchlicher Regelmäßigkeit schrieb sie mir Briefe bis kurz vor ihrem Tod, während ich in Wien, dann in Narendrapur, in Madras, schließlich in Santiniketan wohnte. Ich nannte sie *Boudi* – Schwägerin. Sie brauchte mich wohl als einen jüngeren Bruder, einen Vagabunden, Selbstbestimmten, Risikobereiten. Genau habe ich nicht herausgefunden, was sie in mir sah, welchen Grund ihre ausdauernde Treue hatte.

Eine Woche verbrachte ich in dem Rāmakrishna Mission Ashram von Narendrapur südlich von Kalkutta. Auf einem Gebiet von mehreren Quadratkilometern standen verschiedene Schulen und ein College mit den Wohnheimen, dazwischen Felder und Wiesen, Fischteiche und Haine. In der Schule wollte ich die ersten Gespräche für meine kleine Forschungsarbeit führen. Zwei Jahre später sollte ich in diesem Ashram eine Kammer beziehen, die ich dreieinhalb Jahre bewohnen würde. Bei diesem ersten Besuch lernte ich zwei ältere Mönche kennen, die mir jeder auf seine Weise durch Gespräche und ihr Verhalten die Bedeutung des modernen Hinduismus nahebrachten. *Swami Lokeswarananda*, der Gründer von Narendrapur, war ein großer, korpulenter Mann mit einer herzlichen Ausstrahlung. Ein Mann von wenigen Worten, die er gesetzt und ruhig vorbrachte, vermochte er die vielen Institute des Ashram mit minimalistischer Anstrengung zu regieren. Niemand würde sich dem Hochgeehrten widersetzen. Wir hatten Gespräche, der Swami war an Europa interessiert, vor allem an der Ausbreitung der Spiritualität von Rāmakrishna in Europa. Er erzählte wenig über sich. Wie ich später erfuhr, soll ein Mönch nicht über sein vormonastisches Leben berichten. Das sei ein Lebensabschnitt gewesen, den man vergessen soll. Es muss ein klarer Bruch zwischen dem »Weltleben«, das man verlassen hatte, und dem Mönchsleben herrschen.

Der Leiter des College war *Swami Mumukshananda*. Schon bei meiner ersten Begegnung war ich von ihm beeindruckt. Als ich später in Narendrapur wohnte, sah ich ihn oft, und wir wussten bis zu seinem Tod im Jahr 2017 stets voneinander, auch wenn wir uns selten sprachen und schrieben. Darin sehe ich ein Merkmal der Freundschaft. Swami Mumukshananda war demütig, eine innere Sammlung prägte sein Gesicht, sogar seine Weise, sich zu bewegen. Der Swami sprach leise, stets mit Überlegung, nicht spontan. Er lächelte, aber ich sah ihn nie spontan lachen. Seine Ausstrahlung war wie ein stilles, stetes, warmes Licht. In der Verwaltung des College war er, so erfuhr ich, unpraktisch, altmodisch, wenig mutig. Doch nie hörte ich Kritik. Vielleicht kam mir bei den Gesprächen mit ihm zum ersten Mal die Idee, dass ich nach dem Studium nach Indien zurückkehren will.

Im Künstlerdorf Cholamandal in Südindien. – Nach einer Woche verließ ich Narendrapur und fuhr nach Madras, dem heutigen Chennai[13], in Südindien. Zu Beginn meiner Indien-Reise hatte ich am Flughafen in Bombay einen südindischen Künstler, V. Viswanadhan, getroffen, den ich in der Cité International des Arts in Paris kennengelernt hatte. Spontan lud er mich in das Künstlerdorf Cholamandal südlich von Madras ein, in dem er eine Hütte gebaut hatte und wohnte, wenn er seine Heimat besuchte. Cholamandal war erst fünf Jahre alt. Einige junge Künstler, meist ehemalige Studenten der Kunsthochschule von Madras, hatten sich zusammengefunden und ein großes Stück Land, damals noch billig, gekauft. Allen gehörte ein Teil, auf dem sie ihre Hütte bauen konnten. Das Land lag einen halben Kilometer vom Strand entfernt, man hörte die Wellen donnern. Eine Kooperative mit einer gemeinsamen Verkaufsgalerie entstand, um die Gemälde und kunsthandwerklichen Gegenstände leichter an die Kunden zu bringen. Eine gemeinsame Küche, einige gemeinsame kunsthandwerkliche Studios – mehr war nicht nötig. Jeder konnte kommen und gehen, Gäste einladen und allein oder mit Familie wohnen. Man spielte Theater, veranstaltete Musikabende oder Autorenlesungen. Alles informell und bohèmisch und in dauernder Kommunikation untereinander. Cholamandal, das erste indische Künstlerdorf, schuf einen Trend. Es gedeiht immer noch; doch ist es, höre ich, kommerzieller geworden.

Man muss sich vor zu vielen Besuchern schützen, aus den Hütten sind Häuser geworden, einige Künstler sind weggezogen, weil ihnen die ursprüngliche Zurückgezogenheit fehlt.

KCS Panikar, der Gründer von Cholamandal, ein führender südindischer Künstler und Professor der Kunsthochschule, hatte seine Schüler dazu animiert, mit ins Künstlerdorf zu ziehen. Abends saß Panikar mit ihnen zwischen den Hütten im Kreis auf dem von der Sonne gerösteten Sandboden und diskutierte über alles in der Welt, besonders über Kunst und Künstlertum. Es war – vielleicht unbewusst – eine altindische Situation: der Guru im Kreis seiner Jünger, die nicht nur von ihm die Kenntnisse eines bestimmten Fachs lernten, sondern denen eine Weltanschauung, ein Lebensweg gewiesen wurde. Fasziniert saß ich einige Abende dabei und hörte zu, ich wanderte von Hütte zu Hütte, um die Arbeiten eines jeden Künstlers zu betrachten. Auch der Meister, der sich durchaus nicht guruhaft verhielt, zeigte mir seine Gemälde und kommentierte sie.

Nord- und Südindien, das spürte ich rasch, sind kulturelle Räume mit zweierlei Landschaften, Musik und Tanz, Bekleidung und Essensgewohnheiten. Sogar die Gestik der Menschen unterscheidet sich. Die Kokosbäume dominieren in Tamil Nadu und besonders in Kerala; ihre dünnen Stämme und die Palmwedel prägen das Bild, sie machen die Landschaft poetisch, besonders wenn ein Wind die Wedel bewegt. Die Landschaften im Süden erscheinen weicher, wegen der Hügel und Berge, wegen der Nähe des Meeres auch abwechslungsreicher. Viele spätere Besuche machten mir diese Landschaften liebenswert.

Was ein *Mensch erreichen kann!* – Außerhalb von Coimbatore besuchte ich den Rāmakrishna Mission Ashram, den ein Laie, *T. S. Avinashilingam*, aufgebaut hatte und leitete. Der Campus war, wie der von Narendrapur, ausgedehnt und ein Muster von Ordnung und Disziplin. *Ein* Mensch schaffte es durch seine Energie und die Wirkung seiner Persönlichkeit, diese Schulen und Institute mit einigen Tausend Schülern und Studenten zu lenken und in eine Lebensform zu bringen! Man kann es diktatorisch nennen, doch zu meinem Erstaunen erlebte ich während dieser Tage fröhliche Jungen und in sich gelöste Lehrer. Sie verehrten ihren Gründer, sie waren stolz darauf, in seinen Schulen zu lernen oder zu unterrichten. Man wollte »anders« sein als die Menschen in den Regierungsschulen der Großstädte, man suchte Zufriedenheit in einem zielgerichteten Leben. Blickt man auf das Verhalten der Menschenmengen in den öffentlichen Räumen, entsteht der Eindruck, dass den Menschen ein Sinn für Ordnung und Disziplin nicht angeboren ist. Auf diesem Campus wurde ich belehrt, dass dies nicht die einzige indische Wirklichkeit ist. Später las ich in der Geschichte Indiens, dass eine strenge Lebensweise durchaus in der Kultur des Landes als spirituelle Disziplin angelegt ist und zahlreiche kulturelle und geistige Leistungen hervorgebracht hat. Der junge Lehrer, der mir den Campus zeigte, betonte, dass T. S. Avinashilingam auch die Erziehung von Mädchen fördert. Im Institut für »Home Science« erlebte ich dieselbe ruhige, optimistische Atmosphäre.

Am letzten Tag wurde ich zu Herrn Avinashilingam vorgelassen. In seinem großen Büro kamen und gingen Angestellte, Lehrer und Gäste. Er hörte sich meine Fragen an, die ich mir zurechtgelegt hatte. Er antwortete knapp und sachlich, während andere ihn umringten. Als ich auf die philosophische Ausrichtung des Schulunterrichts zu sprechen kam, fragte er zurück, ob ich Swami Vivekānanda gelesen habe. Ich verneinte. »Dann lies seine Werke und komm wieder!« Diese Aufforderung habe ich später befolgt.

Zurück in Kalkutta, verabschiedete ich mich in Narendrapur bei Swami Lokeswarananda. Er sagte: »Come back!« Ich nahm es ernst und versprach in meiner Begeisterung, nach meinem Studium zurückzukehren. Im Institute of Culture der Rāmakrishna Mission sprach Swami Nityaswarupananda dieselben Worte. Ich könne in der Sprachenschule des Instituts Deutsch unterrichten. »No problem!« Ich versprach es ihm. Zwei Jahre später war ich wieder da.

Es war also kein jugendlicher Enthusiasmus, der aufschäumt und rasch verfliegt; es war etwas Wesentliches, das mich nach Indien zurücktrieb. Ich habe mein Leben damit verbracht, herauszufinden, was dieses Wesentliche ist.

Nachträglich bin ich erstaunt, dass mir keine Erinnerung an Hitze und Schwüle bleibt, die ich doch in jenen Sommermonaten 1971 hatte ertragen müssen. Es ist die heißeste Zeit sowohl im Norden wie im Süden. Das Thermometer stieg auch damals, vor dem Klimawandel, bis auf 40 Grad Celsius und die Luftfeuchtigkeit auf annähernd 100 Prozent. Ich führe es darauf zurück, dass ich von dem Erlebnis Indiens so eingenommen war, dass ich die Belastungen nicht spürte.

Nach Deutschland zurückgekehrt, erzählte ich von den Menschen, die mich in den Bann gezogen hatten. Ihre Offenheit, ihre kommunikative Direktheit, ihre ursprüngliche Freundlichkeit, ihre fröhliche Begeisterung, ihre unverschleierte Neugier, ihr sehr persönliches, Nähe, emotionale Übereinstimmung suchendes Verhalten … Aber mir war klar, dass ich mit diesen Vokabeln nicht die eigentliche Mitte traf, sondern im Mittelfeld tappte. Eines konnte ich ausdrücken, weil dies mir deutlich bewusst wurde: dass ich in Indien »etwas« erlebte, das ich in Europa so nicht gefunden hatte.

Wien – Wiederbegegnung mit dem Holocaust

Wochenlang lebte ich in einem »indischen Nebel«. Der Erlebnisschock, die Eindrücke verloren ihre Kraft nicht, ich versuchte sogar angestrengt, die Erinnerung wachzuhalten. Wieder einmal besaß ich ein deutliches Ziel. Nach Abschluss des Studiums in Wien würde ich mich für ein Jahr, höchstens zwei, in Indien aufhalten. Anders als viele Hippies hatte ich die Brücken nach Europa nicht abgebrochen. Bei aller Intensität meiner indischen Erfahrungen war ich nie versucht, mein Leben in Deutschland und Österreich abzulehnen. Tatsächlich kehrte ich zum Wiener Kulturleben mit seinen Theatern, Konzerten und Opern zurück. Doch der Anreiz, daraus wieder ein allabendliches Erlebnis zu machen, war schwächer. Nun trat die Notwendigkeit in den Vordergrund, auf den Abschluss des Studiums hinzuarbeiten. Ein Dissertationsthema hatte ich mir ausgesucht, und Professor *Herbert Seidler*, der mich von mehreren Seminaren und Vorlesungen kannte, nahm mich als Dissertant an.

Das Bewusstsein der Schuld, die sich Deutschland und Österreich im Dritten Reich aufgeladen, hatte schon zu meiner Verweigerung des Kriegsdienstes geführt. Zu jener Zeit war der Eindruck, den der Frankfurter Auschwitz-Prozess hinterlassen hatte, noch frisch. Zahlreiche Dokumente wurden öffentlich. Immer bekannter wurden die Verbrechen, die Deutsche an Juden begangen hatten. Das Erschrecken darüber hat mich lebenslang begleitet. Im Elternhaus wurden die Naziverbrechen nicht thematisiert; damals war die Zeit für solche Gespräche noch nicht gekommen. Mein Vater war als Lehrer und Beamter zwar Parteimitglied, doch allenfalls ein Mitläufer. Die Korrespondenz meiner Eltern in den Kriegsjahren offenbarte keinerlei Enthusiasmus für die braune Diktatur. Mein Protest und Schmerz entstanden aus dem schockierten Bewusstsein, was Menschen anderen Menschen antun können. Mein germanistisches Dissertationsthema hieß »Die Darstellung der Unmenschlichkeit und Grausamkeit in der Literatur zum Ersten und Zweiten Weltkrieg«[14]. Im Grunde war es, was den Zweiten Weltkrieg betrifft, eine Untersuchung der Holocaust-Literatur. Der Begriff »Holocaust« wurde noch nicht auf die Judenvernichtung im 20. Jahrhundert angewandt, auch viele bedeutende Literaturwerke zum Thema waren noch nicht geschrieben. Was erschienen war, las ich, Romane, Erzählungen, literarische Tagebücher ... Eine aufreibende, geradezu traumatisierende Lektüre. Darunter waren »Rumänisches Tagebuch« von Hans Carossa, »Tag- und Nachtbücher« von Theodor Haecker, »Im Westen nichts Neues« von Erich Maria Remarque, »Schlachtbeschreibung« von Alexander Kluge, »Stalingrad« von Theodor Plievier, »Wo warst du, Adam?« von Heinrich Böll, das Doku-Drama »Die Ermittlung« zum Auschwitz-Prozess von Peter Weiss, »Die sterbende Jagd« von Gerd Gaiser, »Die Stalinorgel« von Gert Ledig, »Totenwald« von Ernst Wiechert und Kurzgeschichten von Wolfgang Borchert.

Was war meine These? Die beispiellose Ungeheuerlichkeit der Judenvernichtung und der Weltkriege stellt eine Totalität der Unmenschlichkeit und Vernichtung dar, die durch die neuartigen technischen Mittel möglich geworden war. Kann diese Totalität der Vernichtung literarisch werthaft dargestellt werden? Ist Unmenschlichkeit in ihrer nihilistischen, extremen Gestalt noch Stoff für Literatur? Ich setzte ein langes Kapitel voran, das diese Frage zunächst theoretisch auseinanderfaltete. Literatur bedarf einer Wertantwort durch die Leser. Literatur soll sie sowohl ästhetisch wie moralisch anregen und herausfordern. Das heißt, ohne das »Gute« und das »Schöne« ist Literatur nicht denkbar. Die Frage stellt sich: Können moderne Kriege und die Konzentrationslager, womöglich mit einem Minimum an Literarisierung, dargestellt werden? Oder scheitert Literatur an dieser Aufgabe? – Ich plädierte dafür und habe an Literaturbeispielen aufgezeigt, dass eine literarische Darstellung unmöglich ist. Daraus wird saurer Kitsch, daraus wird eine Darstellung, die in der Vorstellung nicht nachvollziehbar ist. Ich zeigte auf, dass gelungene Darstellungen Krieg und Konzentrationslager niemals unmittelbar realistisch, »direkt«, sondern »gebrochen« und indirekt beschreiben. Zum Beispiel Peter Weiss' Dokudrama »Die Ermittlung« beschreibt das Geschehen in Auschwitz in der Form von Dialogen, die so im Gerichtsprozess über Auschwitz stattgefunden haben. Andere ziehen sich auf sehr subjektive halb-literarische Gattungen zurück, etwa auf die Form eines Tagebuchs oder einer Dokumentation. Erst zwei oder drei Jahrzehnte nach meiner Dissertation würde die Literaturwissenschaft die Frage nach der Werthaftigkeit der Holocaust-Darstellungen aufwerfen und zu unterschiedlichen Ergebnissen kommen.

Ein Autor, gewissermaßen ein Kronzeuge für mein Dissertationsthema, wurde wegweisend auch für meinen persönlichen Reifeprozess. Das war *Ernst Jünger.* Es muss erstaunen, dass gerade ihm, der den Krieg und das Soldatsein heroisierte, diese Rolle zufiel. Das war einmal, weil er sich als einziger Autor zu beiden Weltkriegen, und zwar sehr unterschiedlich, geäußert hatte. Ich analysierte seine berüchtigten Bücher zum Ersten Weltkrieg »In Stahlgewittern« sowie »Das Wäldchen 125«, in denen er als junger Soldat die Materialschlachten in den Gräben der Westfront verherrlichte. Als er über fünfzig Jahre alt war, ging er als hochdekorierter, doch nachdenklich gewordener Soldat nach Paris und veröffentlichte über seine Kriegszeit dort das Tagebuch »Strahlungen«. Über die Darstellung des Kriegs, wie er sich auf der Etappe abspielte, hinaus, war mir dieses Tagebuch als Evokation einer neuen Lebensweise wesentlich.

Im Tagebuch spricht jemand, dem Muße notwendig ist, einer der erzählt, wie sich in der betrachtenden Muße die Dinge des Lebens neu ordnen und die alltäglichen Tätigkeiten ein neues Gewicht erhalten. Ich entdeckte einen Meister der schöpferischen Assoziationen. Von einer Beobachtung aus schloss er intuitiv auf neue Zusammenhänge. Nicht

Deduktionen und dialektischer Dreisprung waren seine Erkenntnismittel, sondern Intuition, Reflexion, Analogie, Spiel, Traum, Rausch und eben schöpferische Assoziation. Jünger wies mich auf die Bedeutung von Mythos und Symbol hin. Dass das Erfassen von Symbolen auch im Alltag möglich und wertvoll ist, nicht nur im sakralen Bereich, dass symbolische Handlungen im Alltag diesen verändern, mit Sinn und Bedeutung füllen können, leuchtete mir ein. Bücher von *Mircea Eliade*, dem rumänischen Mythenforscher, unterstützten meine Suche, Klarheit zu finden.

So wollte ich Erkenntnis gewinnen, nicht durch cartesianische Logik, *so* wollte ich Urteilsvermögen erreichen. Dazu brauchte ich, das war ebenso einsichtig, menschliche Reife, errungen durch Welterfahrung, Verinnerlichung, Kontemplation, durch die Lektüre der Meister der Literatur, Philosophie und Religion. Zunächst las ich alles mir Erreichbare von Ernst Jünger – Essays, Romane, Tagebücher. In ihnen unterstrich ich mit Bleistift und Rotstift so furios, dass sie ganz und gar zu »meinen« Büchern wurden. Keiner könnte darin mehr lesen. Für mich wurden die Tagebücher des reifen, älteren Ernst Jünger das Tor zu einer neuen, die Augen nach außen *und* innen richtenden Lebensschau.[15]

Die ukrainisch-katholische Kirche St. Barbara in Wien. – Nach meinem ersten Indien-Aufenthalt kam eine weitere, mich überwältigende Erfahrung hinzu. Auf einer meiner Wanderungen durch den ersten Bezirk Wiens entdeckte ich neben der Hauptpost eine kleine Kirche, die, statt frei zu stehen, in die Häuserreihe eingegliedert war und darum schwer als Kirche zu erkennen war: St. Barbara, die ukrainisch-katholische Kirche Wiens. Über ein paar Stufen kam man zur Tür, durch deren Scheibe ich die in Gold und Weiß schimmernde Ikonostase erkannte. Die Tür war verschlossen, doch ein Aushang informierte, dass der Gottesdienst jeden Sonntag um

10 Uhr stattfindet. Der nächste Sonntag wurde wie ein Damaskus-Erlebnis. Die Messe zelebrierte der Priester nach der Liturgie des hl. Chrysostomos, der ukrainische Kirchenchor sang auf Altslawisch, die gesamte Gemeinde antwortete und sang und summte die Hymnen mit. Das Kirchlein vibrierte von den tiefen, vollen Bässen, über die sich die Frauenstimmen emporschwangen. Eine unverzagte, von uralten Traditionen getragene Frömmigkeit wogte mir entgegen. Nie hatte ich Ähnliches erlebt, nicht in den feierlichen Hochämtern der katholischen Kirche, nicht in den methodistischen oder in den Gospel singenden Gottesdiensten der Afroamerikaner in den USA. In St. Barbara spürte ich den Wind einer großen geistigen Weite, da war nichts dogmatisch Kleinmütiges und Engherziges. Nicht das »Du sollst« der Zehn Gebote hörte ich, sondern die Halleluja-Rufe einer innerlich freien, aus Raum und Zeit erhobenen Gemeinde. Ich war so bewegt, dass das Wasser in meinen Augen diese zwei Stunden lang nicht trocknete. Für das Christentum war ich wiedergewonnen. Die Gemeinde bestand aus Ukrainern, die aus der Sowjetunion ausgewandert oder geflohen waren, manche schon damals in der zweiten Generation, jedoch sehr ihrer Tradition zugetan.

Seitdem besuchte ich Tag für Tag um 8 Uhr den stillen Gottesdienst und sonntags das feierliche Hochamt. Der ukrainische Monsignore, *Alexander Ostheim-Dzerowycz*, schon in Wien geboren, war ein stiller, in sich gesammelter Mann, der wochentags die Liturgie mit einer kontemplativen Ruhe zelebrierte, wie ich sie nie zuvor erlebt hatte und die jeden Morgen neu zu mir sprach. Der Klang seiner Stimme wirkte auf mich, vor allem seine Singstimme. Was mir bei Jünger und Eliade aufgegangen war, brachte in St. Barbara Früchte. Ich erlebte die emotionale und geistige Bedeutung von symbolischen Handlungen und Gegenständen. In St. Barbara war alles in eine Bedeutung gehoben; diese Sphäre umfasste mich noch, als ich auf die Straße getreten war und zu meinem Zimmer im dritten Bezirk radelte.

An den Wochentagen nahmen nur zwei weitere Personen an dem Gottesdienst teil. Das war die alte Katharina und Baronin *Arminia Ringhoffer*. Katharina war eine Ukrainerin, die jeden Morgen treu links in der ersten Stuhlreihe saß. Frau Ringhoffer, ursprünglich aus Siebenbürgen, kam aus dem Katholizismus und war aus Unzufriedenheit über die modernen Bestrebungen der römisch-katholischen Kirche zum orthodoxen Ritus gewechselt. Erzkonservativ war sie. Natürlich wurden beide bald neugierig, wer der junge Mann sei, der sich jeden Morgen still in eine hintere Reihe stellte. Bald lud mich die Baronin, eine elegante Frau mit weitreichenden Beziehungen, in ihre große Wohnung ein. Die Haushälterin hatte eine kunstreiche Torte gezaubert, es war ein Vergnügen, sie auf feinstem Porzellantellerchen zu verspeisen. Es passte zu dem ein wenig exaltierten Verhalten der Adeligen, es passte zu Wien und sogar zu dem kostbaren Inneren von St. Barbara. Obwohl es in Österreich keine Adelstitel mehr gab, wurde sie selbstverständlich mit »Frau Baronin« angesprochen und auf ihrer Visitenkarte stand sowieso ihr Titel.

Frau Ringhoffer entwickelte sich zu einer Wiener Ersatzmutter, die mir morgens immer wieder etwas Leckeres und Nahrhaftes zusteckte, mich zum Kaffee einlud, mich mit Menschen in Kontakt brachte. Ihre religiösen Überzeugungen konnte ich von Anbeginn nicht teilen; sie räsonierte, man müsse wieder die tridentinische Messe (in lateinischer Sprache) einführen, dann kehre sie zur römisch-katholischen Kirche zurück. Unsere Verbindung blieb bis zu ihrem Tod. Ich traf sie bei meinen häufigen Besuchen in Wien, einmal sogar in Paris; bis heute korrespondiere ich mit ihrem Sohn Emanuel in Wien.

Das Studentenheim der Salesianer war zu hellhörig geworden. Durch die dünnen Wände drang die Gitarre aus dem

Nebenzimmer, mein Südtiroler Zimmernachbar war temperamentvoll und sprunghaft. Ich suchte mir ein Privatzimmer im zweiten Stock eines alten Hauses, in der Hetzgasse 38, auch im dritten Bezirk. Später entstand nur einige Häuser ums Eck entfernt das Wiener Hundertwasser-Haus, das bis heute Hunderte Touristen anzieht. Ich war Untermieter in der Wohnung von Josefine Morawek, einer sehr alten, freundlich-schlichten Frau, bei der ich bis zum Studienabschluss wohnte.

Nach und nach erfuhr ich ihre Geschichte von der Hausbesorgerin, die neben der Haustür wohnte und es liebte, jeden Bewohner, der ein- und ausging, abzufangen und in Tratsch zu verwickeln. Ihre Neugier war genauso grenzenlos wie ihre Redseligkeit. Sie erzählte mir, natürlich unter dem Siegel äußerster Verschwiegenheit, dass Frau Morawek als Mädchen Haushälterin bei einem Herrn Professor gewesen sei, von dem sie ein Kind bekam. Das Neugeborene wurde in ein Waisenheim abgeschoben. Und sie blieb gebrandmarkt fürs Leben; sie hat nie geheiratet. Als der Herr Professor starb, blieb sie – mittlerweile eine alte Jungfer – in der Wohnung; offenbar hatte er für eine kleine Rente gesorgt. In meinem großen, hohen Zimmer stand noch des Professors Flügel, total verstimmt.

Ich begann, regelmäßig vor einer Kreuzesdarstellung zu meditieren. Das war der Einfluss meiner Indien-Monate, aber auch der kontemplativen Atmosphäre morgens in St. Barbara. Ich wusste, dass ich, sobald mein Studium beendet war, den versprochenen Aufenthalt in Kalkutta antreten würde. Ich begann, die Gespräche von Rāmakrishna zu lesen, um mich vorzubereiten und auch, um spirituelle Orientierung im Hinduismus zu finden. Was aber war mein Plan nach einem oder zwei Jahren Indien? Seit meinem Amerika-Jahr schrieb ich gelegentlich für Zeitungen über meine Erfahrungen. Neben Buchkritiken über die neue österreichische Literatur[16] versuchte ich mich in der Lyrik … wie halt jeder mal Gedichte schreibt.

Ich wollte schreiben, doch in welcher Lebensform? Wollte ich Mönch oder Priester werden? Ich hatte Vorbilder vor Augen – Pater Josef Spieker, einige Mönche der Rāmakrishna Mission, den Monsignore in St. Barbara, den ich niemals ansprach, weil ich ihn immer nur am Altar erleben wollte. Zu groß war mein Respekt vor ihm sowie meine Sorge, ihn außerhalb des Kirchenraums allzu anders zu erfahren. Also Mönch werden? Es gab zahlreiche schreibende Mönche, allen voran Thomas Merton, dessen Debütbuch »The Seven Storey Mountain« ich mit Anteilnahme las.

In diesen letzten zwei Jahren meines Studiums besuchte ich mehrere Klöster. In der ehrwürdigen Benediktiner-Abtei Melk an der Donau lebte ich mehrere Tage zusammen mit den Benediktinermönchen. In der Zisterzienser-Abtei Zwettl verbrachte ich Weihnachtstage, ich war Gast bei den Franziskanern in Fulda, den Trappisten in der Abtei Mariawald und in der Kartause Marienau in Oberschwaben. Der Kartäuser-Prior war ein heiligmäßiger Mann; er sprach keine frommen Worte, sein Blick genügte, sein Schweigen genügte. Es war Winter und sehr kalt. Auf dem Weg zur Kartause war ich durch hohen Schnee gestiefelt, der poetisch über den jungen Tannen lag. Ungeheizt die Kirche, worin die Mönche nachts und tags stundenlang zum Chorgebet versammelt waren. Bläulich angelaufene Frostbeulen auf den Händen des Priors. Nach zwei Tagen nahm ich Abschied; ich floh geradezu.

So erinnerungswürdig diese Besuche waren, ich konnte mich den Ordensgemeinschaften nicht anschließen. Vielleicht war es mein Individualismus, anders ausgedrückt, meine Störrigkeit? Aber auch mein kreativer Drang, der sich in jeder Richtung frei entfalten wollte. Um anderen die Entscheidung zu meinem Lebensweg verständlich zu machen, habe ich oft betont, dass ich Freiheit wollte, Selbstbestimmung, Unabhängigkeit, Loslösung von meinen gewohnten bürgerlichen Verhältnissen (ohne sie zu verabscheuen). Da passte Mönchtum nicht, das mich auf Lebenszeit auf eine bestimmte Ordnung festlegen würde. Wer sich entwickeln, entfalten will, muss gewillt sein und ebenso fähig, seine Lebensumstände zu verändern.

Abschied von Wien. – Meine Dissertation schrieb ich, und Professor Seidler ließ sie fast ohne Änderungen durchgehen. Sein Assistent *Herbert Zeman*, auf dem Weg, ein führender österreichischer Germanist zu werden, las meine Dissertation kritisch. Beide hatten wohl zu meinem eigenwilligen und selbständig ausgearbeiteten Thema nicht mehr beizutragen als ihre Ratlosigkeit. Professor Seidler machte mir ein Angebot, das jeder andere Student als »toll« bezeichnet hätte. Er wollte mich zu seinem Assistenten machen. Der erste Schritt einer akademischen Laufbahn! Einerseits durfte ich stolz sein, andererseits hatte ich doch andere Pläne. In den anonymen, kahlen Korridoren und farblosen Sälen der Universitätsgebäude hängen bleiben? Was nun? »Hilfe« kam aus unerwarteter Richtung. Wochen später rief mich Professor Seidler in sein Büro und eröffnete mir, dass meine gleichaltrigen österreichischen Studienkollegen protestiert hatten. Sein Assistent, das müsse einer von ihnen werden! Der schon unterschriebene Vertrag wurde zurückgezogen.

Zum ersten Mal schlug mir Fremdenfeindlichkeit ins Gesicht. Ich weiß nicht mehr, wie ich im ersten Moment reagierte. Einerseits war ich »noch einmal davongekommen«, denn es war damals undenkbar, nicht Wunsch und Willen eines Professors – meines Doktorvaters – zu akzeptieren. Andererseits fühlte ich mich verletzt. In Wien war ich offiziell Ausländer, doch empfand ich mich dazugehörig, integriert, durch meine Sympathie und meine vielen guten Erfahrungen mit der Stadt verbunden. Dieser Zwiespalt, einerseits Insider, andererseits Outsider zu sein, würde mich ein Leben lang begleiten.

Feste Freundschaften pflegte ich wenige in Wien. Aber ich erinnere mich nicht, dass ich mich je einsam gefühlt habe, wie später oft in Indien. Im germanistischen Dissertanten-Seminar hatte ich *Peter Klimm* und *Ingeborg Bernhardt* kennengelernt, beide älter als ich, beide späte Studenten, die zuvor etliche Jahre Berufsleben absolviert hatten. Sie luden mich zu kleinen Abendessen ein, in denen Literatur und Theater besprochen und der Wein ausgiebig probiert wurde. Inge, die blonde Wienerin, amüsierte sich über uns ernste Deutsche, über Peter, der aus Freiburg stammt, und mich, die wir ihrer Vergnügtheit Fleiß und Verstandesschärfe entgegenzusetzen versuchten.[17] Aber die anderen Seligkeiten des Wiener Lebens, außer einem gelegentlichen »Glaserl«, etwa die Heurigen-Geselligkeit, die Bälle und Ausflüge in den Wiener Wald, huschten ungenutzt an mir vorbei.

Mein Nebenfach, die Theaterwissenschaft, verlangte mir mehr Vorlesungen, Seminare und Übungen ab als die Germanistik. Ich entledigte mich ihrer mit Engagement. Dabei wurde mir klar, dass ich liebend gern als Theaterkritiker arbeiten würde. Jeden Abend ins Theater gehen – das war was! Ich las zu langsam, um als Literaturkritiker bestehen zu können; auch das wurde mir deutlich. Außerdem, jede Woche zwei oder drei Romane zu lesen und zu jedem spontan etwas Gerechtes und Zusammenhängendes schreiben zu können, war das möglich?

Das Rigorosum, die mündliche Abschlussprüfung für das Doktorat, war für die Theaterwissenschaft auf eine halbe Stunde angesetzt, doch sie dehnte sich auf anderthalb Stunden aus. Die Ordinaria der Theaterwissenschaft, Professorin *Margret Dietrich*, nahm sie ab. Wir kannten uns oberflächlich vom Hörsaal und einigen Seminaren. Zum ersten Mal trat ich ihr als Einzelner entgegen. Sie war als Deutsche nach Wien zur Theaterwissenschaft gestoßen, war die Assistentin von Professor *Heinz Kindermann*, dem Begründer des Instituts, geworden und später seine Nachfolgerin. Kindermanns Vorlesungen über das europäische Theater hörte ich beinahe während meines gesamten Studiums. Sehr viel später erfuhr ich, dass beide ihre Karriere während der Nazi-Herrschaft aufgebaut und sie als Steigbügel gebraucht hatten.

Frau Dietrich prüfte mich nicht etwa anderthalb Stunden – sie begann zu fragen, in welchen Beruf ich einsteigen wollte. »Deutschlehrer in Kalkutta«, war meine Antwort. Das führte zu einem langen Gespräch über Asien, über Religion, über Meditation und dazu, dass wir bis zu ihrem Tod in einer überaus freimütig-offenen Korrespondenz verbunden blieben. Immer ging es um das spirituelle, vor allem um das christliche Leben. Sie, die sehr viel Ältere, schrieb ohne Vorbehalt wie mit einem Gleichaltrigen über ihre geistige Sehnsucht, ihre Bemühung zu beten und ein gerechtes Leben zu führen. Als ich für Zeitungen zu schreiben begann, war sie diejenige, die alles, was ich schickte, gewissenhaft las und kommentierte. Allein das machte mir schon Mut.

Meine letzten Prüfungen fanden einige Tage vor Weihnachten 1972 statt. Weihnachten erlebte ich in St. Barbara. Ende Januar bekam ich das Zertifikat von der Universität; ich war promoviert. Der Januar war frei und wurde dem Theater und der Oper gewidmet. Meine Zimmervermieterin, hoch in den Neunzig, konnte nicht mehr allein leben, weil sie zusehends schwach wurde. Eine Tante organisierte einen Platz im Seniorenheim, in dem sie leider Wochen später verstarb. Der letzte Akt in ihrer Wohnung, in der ich die letzten zwei Monate allein verbrachte, war, ihr uraltes, wurmstichiges Mobiliar zu verfeuern. Jeden Winter hatte ein alter, hoher Kachelofen Wärme gespendet. Zum Schluss konnte ich mir Briketts und Kohle, die ich alle paar Tage hinauf ins Zimmer geschleppt hatte, sparen.

Mit dem Fahrrad fuhr ich zum Zentralfriedhof, um der Einäscherung beizuwohnen. Die Tante, zwei oder drei Nachbarn, mehr Menschen waren nicht anwesend in dem kleinen Saal, an dessen Vorderseite ein prächtig aussehender Holzsarg auf einer Attrappe stand. Der Zelebrant der Totenfeier sprach ein Gebet, als sei es eine Geisterbeschwörung, während der Sarg dramatisch in einer Öffnung im Fußboden versank. Der Zelebrant rief noch einmal laut die höheren Mächte im Namen der lieben Toten an, rief jedoch einen falschen Namen. Der richtige war nicht bis zu ihm gedrungen. So will ich ihren Namen – Josefine Morawek – hier noch einmal nennen, damit sie nicht ganz im Loch der Vergangenheit verschwindet.

Mit Dankbarkeit, aber auch mit einem Gefühl der Unerfülltheit verließ ich meine Studienstadt. Ich schrieb einen Aufsatz, den ich »Die Sekundärgebildeten« nannte.[18] Während des Studiums und insbesondere die letzten sechs Monate vor den mündlichen Schlussprüfungen las ich Tag für Tag nicht nur die Werke von Goethe, Schiller und Kleist, von Hofmannsthal, Rilke und Hauptmann, sondern mehr und mehr *über* die Dichter und *über* ihre Werke. Ich memorierte Titel und Inhaltsangaben, Biographien und Sekundärwerke. Um die Stofffülle der Literaturgeschichte präsent zu haben, reichte die Zeit nicht, die notwendig wäre, die wichtige Primärliteratur lesen. Wie andere paukte ich unwillig einen großen Teil der Sekundärliteratur ein. Nicht das ästhetische Empfinden zu schulen, nicht die Freude an der Literatur zu wecken galt's, sondern das Gedächtnis war herausgefordert. Entweder war das Studium zu kurz oder die Anforderungen wurden zu hoch. War ich zum Auswendiglernen zur Universität gegangen?! Ich spürte, dass etwas grundlegend verkehrt war, was Professoren wie Studenten vom Studium erwarteten. Ich war froh, mich dem nun zu entziehen.

3

Zusammenleben mit Hindu-Mönchen

Meine Ashram-Jahre

Warum Indien? – Meditation

Indien erlebte ich als die verborgene Seite des Mondes. Das Land erlaubte mir, die Wirklichkeit auf eine Weise zu sehen, wie es mir in Europa nicht möglich ist. War doch für mich bisher Europa die mir bekannte Wirklichkeit, von der ich glaubte, sie sei die einzige – so wie man annimmt, die beleuchtete Seite des Mondes sei die einzige Mond-Wirklichkeit. Indien wurde für mich die unbekannte, nie erahnte Rückseite des Mondes.

Eine zweite – konkretere – Antwort auf die Frage, warum ich mich Indien zugewendet habe und von diesem Land profitiere, berührt das Thema der Meditation. Als Kind habe ich beten gelernt. Das Tischgebet war in der Familie selbstverständlich, ebenso die Sonntagsmesse. Unsere Erziehung war konservativ katholisch, aber nicht verbiestert, nicht verklemmt.

Mit Dank schaue ich auf diese Erziehung zurück. Ebenso dankbar bin ich, früh in eine Weite hineinzufinden. Ich löste mich einige Jahre vom kirchlichen Christentum. Fragen der Sexualität tauchten auf. Die Fragen, was Sünde sei und was Gnade. Rational konnte ich keine Antworten finden. Mit Rilke zu sprechen: Ich lebte die Fragen so lange, bis sie sich in Antworten verwandelten.

Was drängte mich schon in der letzten Zeit in Wien zur Meditation? Vor einigen Jahren las ich ein Buch des anerkannten britischen Literaturwissenschaftlers George Steiner, eigentlich nur ein Essay. Es heißt »Warum Denken traurig macht«[19]. Offenbar hatte George Steiner im Laufe seines reichen intellektuellen Schaffens und seiner vielfältigen Lehrtätigkeit in mehreren Ländern nicht jene Zufriedenheit gefunden, die ihn hätte sagen lassen, er sei am Ziel seiner intellektuellen Suche; er habe Einsichten und Überzeugungen gewonnen, denen er vertrauen konnte, die ihn auch in Krisenzeiten stützten. Warum hatte er dieses Ziel nicht erreicht? Oder, mit seinen Worten ausgedrückt: Warum macht ihn sein Denken traurig? George Steiner bekannte, dass Denken an kein Ende kommt, es hat kein abschließendes Ziel, denn jeder Gedanke führt zu einem nächsten und wieder zu einem nächsten. Nur im Schlaf kann man sich erholen von der inneren Mühle der Gedanken, Eindrücke und Erkenntnisse.

In dieser Situation befand ich mich in Wien. Ich las und las, erlebte immer mehr und mit immer intensiverer Bemühung. Ich machte mir Listen von Büchern, die ich lesen wollte und hängte sie an die Wand. Mir stand vor Augen, dass ich mehr wüsste, innerlich sicherer sei, mit größerer Souveränität, mit positiver Gestimmtheit und reifer Urteilskraft handeln könne, wenn ich alle diese Bücher gelesen und verstanden hätte. Es ging mir wesentlich um die Bildung meiner Persönlichkeit und zweitens um die Bereicherung meines Wissens, das mir als wichtige Ressource für meinen späteren Beruf dienen würde. Natürlich waren diese Bildungserlebnisse auch von Freude, von Begeisterung, von Erschütterungen begleitet. Denn warum besuchte ich Oper und Theater, Konzerte und Vorträge? Doch um den Genuss der Früchte dieser Erlebnisse willen. Dennoch ging es mir in dieser Lebensphase existentiell darum, ein Erkenntnisziel zu erreichen. Etwas, woran ich mich festhalten konnte. Denn ich war erschrocken angesichts der Vielzahl der miteinander wetteifernden Möglichkeiten, das Leben zu gestalten. Was musste ich lesen und was erleben, um mir sicher zu sein: Tu ich *dies*, werde ich mich *erfüllen*?

Je mehr ich las – mit Gewinn und Freude las –, desto heftiger spürte ich die Wahrheit von Fausts Klage: »... und sehe, dass wir nichts wissen können! / Das will mir schier das Herz verbrennen.«[20] Faust hatte studiert und studiert und gelehrt und gelehrt, und seine Summe war, dass wir – letztlich – nichts voll und ganz wissen können. Sicherheit der Erkenntnis ist eine Illusion. In der Sprache der indischen Philosophie ausgedrückt: Unser menschliches Wissen bleibt, so wichtig es zur Lebensbewältigung ist, im »Relativen« gefangen. Es lässt sich verbessern, ergänzen, korrigieren – es bleibt trotzdem relativ. Fausts Lösung dieses beklemmenden Zustands war die Magie und der Pakt mit den teuflischen Mächten. Die Lösung der indischen Philosophie ist der Sprung ins Absolute, in dem die relative Sphäre der sinnenhaften und kognitiven Erlebniswelt bewusst verlassen wird. Oder, anders ausgedrückt, es ist der Sprung in die Meditation.

Meditation ist nach indischer Lehre, allgemein gesprochen, das Verlassen der »relativen Welt«, die unsere Sinneseindrücke, unsere Gefühle und unser Verstand vermitteln, und das Eintreten in ein Absolutes, in dem die Sinne, die Gefühle und unser Verstand nicht aktiv sind oder allenfalls auf *ein* Ziel (einen Gegenstand, ein Wort, eine Emotion) gerichtet und davon absorbiert sind.

Diese regelmäßige, zeitlich begrenzte Absorption in das »Eine« erschafft – nachdem der Meditierende diesen Zustand verlassen hat – einen erholsamen inneren Abstand zu dieser relativen Welt. Sicherheit, Trost, Unterscheidungsgabe sind umso leichter für den erreichbar, der regelmäßig zu dem Einen zurückkehrt und in einem inneren Kontakt mit ihm bleibt.

In Wien als einen Durchbruch erfahren, wollte ich in Indien diese Erfahrung vertiefen und durch diesen inneren Abstand zu einer Klärung gelangen, wie ich mein Leben gestalten will.

Das »Faustische«, das in mir angelegt ist und mich umtrieb, sucht seitdem den Ausgleich durch »das Indische«, die Konzentration auf das Nichtdenken und In-der-Ruhe-Sein. Beides soll im Ausgleich miteinander bleiben, das Faustische sich bescheiden lernen, sich auf wesentliche Ziele begrenzen, sich immer weniger mit egoistischen Absichten verbinden; sich in den Taten der Nächstenliebe erfüllen. Die »indische Seite« kann für mich niemals die »Entsagung der Welt« bedeuten; Verneinung ist kein Ideal. Sondern das »Indische« ist die Rückkehr in die eigene Mitte durch Meditation. Ein Gleichgewicht herzustellen scheint mir das Höchste.

Das Indien, dem ich 1973 begegnete

Es war April 1973. Indien hatte rund 570 Millionen Einwohner – heute sind es mehr als doppelt so viele, nämlich nahezu 1,4 Milliarden. Allein das macht deutlich, wie grundsätzlich sich das Land in den letzten fünfzig Jahren verändert hat. Jawaharlal Nehrus Sozialismus und Protektionismus regierten Indien, von der Entwicklung der Großindustrie erhoffte man sich sozialen Fortschritt. Indira Gandhi, Nehrus Tochter, war Premierministerin und führte das Land mit Hilfe der altehrwürdigen Congress-Partei mit eiserner Hand. Von der Sowjetunion versprach man sich Schutz und Hilfe; wie sie vertraute man auf Planwirtschaft. Die kapitalistischen USA waren ein politischer Feind. Tausende von Tibetern waren nach Indien geflüchtet, darunter viele Mönche, und siedelten sich vor allem im Norden an. Indien hatte vor einem Jahrzehnt einen Grenzkrieg mit China ausgestanden, der traumatisch nachwirkte. In Kalkutta erinnerte man sich noch an den kurzen, heftigen Krieg mit Ost-Pakistan, der zwei Jahre zuvor zur Gründung des Staates Bangladesch geführt hatte.

Indien war noch nicht von chinesischen Billigwaren überschwemmt. Amerikanische Konsumgüter sah man höchstens in Haushalten der Oberschicht. Nur der Binnenmarkt war erreichbar. Es gab in Kalkutta noch jahrelang Engpässe bei der Versorgung mit Grundnahrungsmitteln, etwa Babynahrung. In den Dörfern herrschte Hunger, wenn der Monsun sich verspätete oder Regen die stehende Ernte beschädigte. Viele Haushalte hingen auf Gedeih und Verderb vom *money lender* (Geldverleiher) ab. *Bonded labour* (Schuldarbeit) und Kinderarbeit waren weit verbreitet.

Das Bundesland West-Bengalen mit seiner Hauptstadt Kalkutta wurde bis 1977 von der Congress-Partei regiert, danach war die »Left Front«, eine Koalition kommunistischer Parteien, an der Macht – 34 Jahre lang! Die Gewerkschaften hatten in Verbindung mit der Partei das Sagen. In den Dörfern fand eine Landreform statt, die wesentliche Leistung der regierenden Parteien. Dass die Verteilung von Feldern an landlose Familien nicht ohne Streit und Kampf möglich war, versteht sich. Nach jahrelanger heftiger Agitation wechselte die Macht 2011 an den Trinamul Congress, eine regionale Partei, die sich insbesondere um die vernachlässigte Industrialisierung des Bundesstaates kümmerte. Welche Partei auch regiert, ihre großen und lokalen Bosse haben überall ihre Hand im Spiel. Wer nicht Mitglied ist, kann nicht mit einer Anstellung oder einem Schulplatz für sein Kind rechnen. Politik überschwemmt bis heute den Alltag.

Auf den Straßen der Städte fuhren nur die altmodisch-klobigen Ambassador-Autos, die fast unverändert bis 2014 hergestellt wurden. Lange beherrschten sie das Straßenbild, denn ausländische Autos wurden nicht eingeführt. In Kalkutta rumpelten die roten zweistöckigen *double-decker*-Busse über die Straßen, ein Relikt aus der britischen Kolonialzeit. Motorräder und Mopeds blieben lange unbekannt, ebenso Auto-Rikshas, Minibusse und Elektro-Rikshas. Sie schoben sich Jahrzehnte später nacheinander ins Straßenbild. Anfangs sah ich, außer den Ambassadors, nur Fahrräder und die handgezogenen Rikshas, die eine ikonographische Anklage gegen Kalkuttas Ausbeutung des armen Mannes wurden, verewigt von dem Film »Stadt der Freude« (1992). Der kommunistischen Regierung waren die Rikshas ein Dorn im Auge, doch gelang es ihr nicht, sie abzuschaffen, weil sie die Tausende von armen *riksha-pullers* nicht in andere Berufe eingliedern konnte.

Staatliches Fernsehen wurde landesweit Anfang der 1980er-Jahre eingeführt, private Fernsehkanäle folgten ab den 1990er-Jahren. Als ich ankam, standen Informationen und Unterhaltung auch für die Mittelklasse nur im Radio zur Verfügung. Das Fernsehen schuf dann eine Art sozialer Revolution. Das sehhungrige Volk, das damals noch wenig reiste, wollte wissen, was in der Welt geschah. Das staatliche Fernsehen bemühte sich, seine Popularität zur Aufklärung der Massen, die zur Hälfte analphabetisch waren, zu nutzen, Aufklärung über moderne Methoden der Landwirtschaft, über Krankheiten, über Klimaverhältnisse. Doch mir scheint, dass die Programme rasch in pure Unterhaltung ausarteten. Dieser Prozess beschleunigte sich, als die Privatkanäle um ihre Profite kämpfen mussten. Inzwischen verfügt das Land über 850 Fernsehkanäle, und kleine batteriebetriebene Fernseher sehe ich in fast jeder Slumhütte.

Computer waren unbekannt; Schreibmaschinen – gusseiserne Ungetüme – standen nur in staatlichen Büros, in Banken und Firmen. Anträge und sonstige Dokumente konnte man sich von Schreibkräften tippen lassen, die vor den Bürohäusern und den Gerichten an kleinen Tischen auf den Bürgersteigen hockten. Das war ein regelrechter Berufszweig.

Die Schreiber füllten auch der analphabetischen Kundschaft ihre Formulare aus. In den Büros saßen die *typists* und warteten darauf, dass die *officers* ihnen Briefe diktierten, die man zunächst in Stenoschrift aufnahm und dann tippte.

Die Bürokratie liebt bis heute das Formular(un)wesen. Am besten jedes Formular gleich in dreifacher Ausführung! Und zu jedem Vorgang ein Formular, getippt oder zur Not handgeschrieben und mit Unterschrift und Datum, bitte schön! Nichts durfte der Willkür oder dem Vertrauen oder dem guten Gedächtnis überlassen werden.

Die kleinen, leichteren »Reiseschreibmaschinen« brachte ich einige Jahrzehnte lang aus Deutschland mit, um arbeiten zu können; in Indien wurden sie in den 1970er-Jahren noch nicht hergestellt. Wenn ich einreiste, trug der Zoll das begehrte Maschinchen in meinen Reisepass ein, um sicherzustellen, dass ich damit im nächsten Jahr wieder zurückkehrte, anstatt es zu versilbern. Dasselbe geschah zwei Jahrzehnte später mit den Laptop-Computern, als sie in Indien noch unbekannt waren. Inzwischen besitzt beinahe jeder Student und jede Studentin einen Laptop.

Telefone waren nur in Regierungsbüros, bei der Post und in Firmen bekannt. Privatpersonen, die Telefonate erledigen mussten, besuchten entweder Freunde in den Büros oder stellten sich in den Postämtern an. Jeder Fernanruf wurde angemeldet und am *switchboard* manuell verbunden. Wer nicht geduldig war und seine Bitte nicht sanft und schmeichelnd vortrug, durfte umso länger warten. Telefonzellen kamen viel später.

Aber die gute alte Post, die gab's damals schon. Wir kauften die rotblau geränderten Luftpostbriefumschläge und dünnes Papier, damit der Brief nicht zu schwer wurde; kassiert wurde nach Gramm. Populär war der Luftpostleichtbrief (»Faltbrief«) mit preiswertem Einheitspreis – der jungen Generation heute unbekannt. Er kombinierte Umschlag und

Briefpapier. Ein Brief von Indien nach Deutschland brauchte zwischen zehn Tagen und unendlich – das heißt, manche Briefe kamen eben nicht an. In der regelmäßigen Korrespondenz mit meiner Mutter stand Brief für Brief zuerst die Frage: Ist mein vorletzter Brief, ist mein letzter Brief angekommen? Überkreuzen von Briefen und Wiederholen von Nachrichten, die schon einen Monat alt sein konnten, waren die Regel.

Zwei Jahrzehnte habe ich in Indien kein einziges Telefonat geführt. Als ich 1973 ankam, blieb ich bis Mitte 1975, ohne die Familie zu sehen und zu hören. Schwer nachzuvollziehen für Menschen, die heute über Kontinente und Ozeane hinweg Tag für Tag lange und kostenlose Videogespräche führen und Informationen tauschen, die sie – wie man heute sagt – in »Echtzeit« erhalten.

Das Leben im Ashram von Narendrapur

Ich kam am 9. April in New Delhi wieder zur heißschwülen indischen Sommerzeit an, verbrachte zwei Tage bei Prasenjit Sen und fuhr im Zug nach Kalkutta. Mit dabei hatte ich einen Karton voll Bücher, jene, die ich unbedingt lesen wollte oder die ich gelesen hatte, auf deren Begleitung ich jedoch nicht verzichten konnte. Ich fühlte mich, als wenn ich in eine weite, leere Landschaft führe, in der es weder Weg noch Ziel gab. Zwei Jahre hatte ich auf diesen Augenblick der Rückkehr, des Wiedererkennens hingelebt – jetzt verstand ich mich nicht mehr. Ich verstand meinen Mut nicht und was mich hingetrieben hatte. Kein Entkommen, keine Chance, sich abzulenken oder im Bekannten Trost zu suchen. Ich war in das Unbekannte hineingeworfen und nun darauf angewiesen, Bodenhaftung zu gewinnen.

Einen oder zwei Tage verbrachte ich wieder in der Wohnung von Frau Bani Sen und P. K. Sen in Kalkutta, und dann verschwand ich in dem großen Areal des Rāmakrishna Mission Ashram in Narendrapur, eine Fahrstunde südlich von Kalkutta. Dort bezog ich eine Kammer, gerade groß genug für Bett und einen kleinen Tisch, mit Badezimmer, was schon Luxus war, denn die übrigen Bewohner des kleinen Bungalows benutzten ein Gemeinschaftsbadezimmer. Dieses Zimmerchen war dreieinhalb Jahre mein Zuhause.

Im Ashram wohnte ein junger deutscher Mönch, der Indien mit Bus und per Anhalter über die Landroute erreicht hatte – eine Route, die später wegen der Kriegszustände in Afghanistan verschlossen blieb. Natürlich wurde er mein Berater. Er folgte einem strikten Regime von Meditation und Stille. Die Mahlzeiten nahmen wir gemeinsam im Speisesaal der Mönche ein. Als Erstes schlug er vor, zu leichter indischer Kleidung zu wechseln, die im Ashram unter den Erwachsenen üblich war. Das war ein Dhoti und der Panjabi.

Der Dhoti ist ein langes, weißes, dünnes Tuch, das um die Hüften verknotet wird. Ein Ende wird von hinten durch die Beine geschlungen und vorn in den Bund gesteckt. Das Tuch hat weder Knöpfe noch Verschlüsse, einzig dieser eine Knoten befestigt es am Körper. Es hängt nicht flach herab, sondern bauscht sich in vielen Falten um die Beine auf und wirkt darum festlich, geradezu gravitätisch. Ursprünglich ist es das Beinkleid der bengalischen Herren aus der Mittelklasse, der »Babus«. Altmodisch ist es, unpraktisch und im heutigen indischen Alltag viel zu riskant. Wie leicht kann das Tuch irgendwo im Gewühl der Straßen hängen bleiben oder jemand könnte daran ungewollt zerren – wobei sich der Knoten lösen und die Beinpracht zu Boden sinken würde. Heutzutage sieht man den Dhoti auf Hochzeiten, im Tempel, bei festlichen Gelegenheiten. Der Panjabi ist ein langes Hemd, das über der Hose oder dem Dhoti bis zu den Knien reicht. Vorn ist es nur bis zur Brust geteilt und mit Knöpfen zu verschließen. Ein Rundkragen ist üblich. Diese leichte und luftige Kleidung, beide Teile in Weiß, trug ich jeden Tag. Mit ihr konnte man sich auch im Yoga-Sitz auf den Boden setzen.

Vor allem zwei Mönchen, Swami Lokeswarananda und Swami Mumukshananda, begegnete ich wieder; sie hielten während der nächsten Jahre auf ihre je eigene Weise die Hand über mich.

Was ist ein »Ashram«? – Es gibt zwei Bedeutungen. Der klassische Hinduismus hat den sogenannten Vier-Stufen-Lebensweg *(Catur-Āshrama-Dharma)* postuliert. Er beschreibt die vier Phasen im traditionellen Leben eines Hindu. Sie sind: die Stufe der Schülerschaft, der Ehe, des Einsiedlerdaseins und des Bettelmönchtums *(Sanyāsa)*. Der Hinduismus ist ursprünglich und im klassischen Sinn eine monastische Religion. Nach ihrer Lehre erfüllt sich der Mensch in der monastischen Lebensweise. Die drei Stufen davor sollen auf diesen letzten Zustand vorbereiten. Als Schüler lernt der Hindu von einem Guru die heiligen Schriften sowie die Riten seiner Religion kennen. Er wohnt mit dem Guru und dessen Familie zusammen, und er lernt auf diese Weise die Regeln des Gesellschaftslebens. In der zweiten Stufe verlässt der Hindu die Familie des Guru und gründet eine eigene. Hier setzt er all jene Lebenserfahrungen, die ihm der Guru vermittelt hat, in die Praxis um. Er soll nach Wohlstand für sich und seine Kinder streben, doch dieses Streben ist gemäßigt entsprechend der religiösen Observanzen (Einhaltung der Riten) und dem vom Guru vermittelten Moralverhalten. Wenn seine Kinder erwachsen und verheiratet sind und für sich selbst Verantwortung übernehmen können, zieht sich der Hindu zurück in die Einsamkeit, im Allgemeinen mit seiner Ehefrau, um sich der Meditation und der Befolgung der Riten zu widmen. Möglicherweise nimmt er Schüler an.

Die letzte Stufe ist das Mönchtum. Der Hindu legt das ockerfarbene Gewand an und wandert allein, ohne materielle

Sicherheit und Abhängigkeit von der Gesellschaft, von einem Pilgerort zum anderen, von Ashram zu Ashram, ohne festen Wohnsitz. Sanyāsis leben also nicht gemeinsam, es sei denn während der Regenzeit, in der Bettelgänge schwer möglich sind. Sanyāsis haben keine Pflichten gegenüber der Gesellschaft mehr; ihre einzige Aufgabe ist, in ihrer Meditation Gottes Gegenwart zu erfahren.

Die zweite Bedeutung von »Ashram« leitet sich von der ersten ab. Ashram ist ein Ort, an dem sich eine Gemeinschaft um einen Guru schart. In der ersten und dritten Lebensstufe haben sich solche Ashrams ausgebildet. Es sind lockere Gruppen von Mönchen oder Laien, die im Gegensatz zu den christlichen Klöstern an keine Lebensregeln gebunden sind. Das Zusammenleben ordnet der Guru und kann es auch je nach Notwendigkeit ändern. Ashrams sind dynamische Gemeinschaften, ihre Mitglieder können verschiedene soziale, pädagogische oder landwirtschaftliche Aufgaben übernehmen. Sie arbeiten in Schulen, unter den Armen in den Dörfern oder städtischen Slums, oder sie unterrichten die Bevölkerung in den religiösen Schriften.

Die altindischen Epen, das *Mahābhārata* und das *Rāmāyana*, beschreiben zahlreiche Situationen, in denen ein Guru mit seinen Jüngern und Jüngerinnen in den Wäldern und Hainen, abgeschieden, entfernt von den Städten, wohnt. Eine natürlich schöne Umgebung gehört zu der Atmosphäre eines Ashram. Eine weitere Eigenschaft der Ashrams ist die Gastfreundschaft. Besucher kommen und nehmen am Gemeinschaftsleben teil und stärken durch das Zusammenleben, eben auch durch die Nähe des Guru, ihr spirituelles Leben. [21]

Die Rāmakrishna Mission: Geschichte und Problematik. – Der Ashram von Narendrapur ist eines der großen und bekannten Zentren der Rāmakrishna Mission; er ist ein pädagogischer Ashram, der eine Schule mit Schülerheimen beherbergt, ein College mit Studentenheimen, eine Farm mit Milchkühen und Weiden, Fischteiche und Gärten, einen Sportplatz, ein landwirtschaftliches Institut, in dem die jungen Männer und Frauen aus den Dörfern Kurse erhalten, und schließlich einen Bungalow für die Mönche. Jüngere Swamis wohnen in den Heimen zusammen mit den Schülern und Studenten, ältere in den »Monks' Quarters«.

Die Rāmakrishna Math und Mission wurde von Swami Vivekānanda (1863–1902) gegründet. Die Zentren des Rāmakrishna Math dienen dem kontemplativen Leben der Mönche, während die Rāmakrishna Mission Ashrams die aktiven Aufgaben der Mönche in der Gesellschaft fördern. Nach Rāmakrishnas Tod im Jahr 1886 entstanden im Umkreis von Kalkutta zunächst kleine Gruppen, die sich ihrem Guru verpflichtet fühlten. Zwölf Männer entschlossen sich, Mönche zu werden, unter ihnen war Narendranath Datta, der den monastischen Namen Swami Vivekānanda annahm; er war der natürliche Anführer. Die jungen Mönche befolgten den harten Weg des Bettelmönchtums mehrere Jahre, bevor sie ihren Orden, die Rāmakrishna Mission, gründeten.

Die Mönche der Rāmakrishna Mission weichen entsprechend Swami Vivekānandas Vorbild und Anweisungen von dem alten Ideal des Mönchtums in drei Punkten ab.

(1) Sanyāsi werden nur junge Männer, so wie sich anfangs auch Narendranath Datta und seine Mitbrüder jung zum Mönchtum verpflichtet hatten. Das Ideal, dem zölibatären Leben verpflichtete junge Männer zum Mönchtum zuzulassen, stammt aus dem Buddhismus. Die Rāmakrishna Mission nimmt keine älteren Männer, die bereits eine Familie gegründet haben, auf.

(2) Swami Vivekānanda reformierte das Hindu-Mönchsideal. Er betonte, dass Mönche ihr religiöses Ziel, die »Befreiung« (*Mukti*), nur dann erreichen, wenn sie den Armen, Kranken, Minder-Privilegierten, den »Nächsten«, helfen.

Diese sollen zunächst aus ihrer Notlage und ihrer Ungerechtigkeitssituation befreit werden. Dann erst können die Mönche die spirituelle Botschaft von Rāmakrishna in sich aufnehmen, nämlich ihr Seelenheil durch die kontemplative Vereinigung mit Gott suchen. Die Mönche der Rāmakrishna Mission sind, im Gegensatz zum alten Hindu-Ideal, Missionare und soziale Aktivisten. Swami Vivekānanda erlebte als junger Wandermönch die entsetzliche Armut der Landbevölkerung und erkannte, dass er als Mönch nicht nur egoistisch seine eigene »Befreiung« verfolgen darf. Später besuchte er zweimal Amerika und Europa, kam also mit christlich geprägten Gesellschaften in Berührung. Dort wurde er in seiner Ausrichtung auf Nächstenliebe und Nächstendienst aus Liebe zu Gott bestärkt. Diese Verwandlung des traditionellen monastischen Ziels hat das Leben der indischen Bevölkerung nachhaltig geprägt. Sogar traditionelle große Tempel und Ashrams betreiben heute Projekte zur Hilfe der Armen, sie gründen zum Beispiel Schulen und Krankenhäuser.

(3) Um sich für dieses Ideal des Dienstes am Menschen bereit zu halten, haben die Rāmakrishna-Mönche die Tradition des Bettelmönchtums aufgegeben. Sie sind nicht mehr verpflichtet, es sei denn für kurze Zeit, bettelnd von Ort zu Ort zu wandern. Ursprünglich tragen Betteln und Wanderschaft dazu bei, dass sich die Mönche in Entsagung und innerer Loslösung einüben. Ein ungesichertes, allein auf Gott vertrauendes Leben ist der Maßstab. Rāmakrishna-Mönchen soll diese Entsagung und Loslösung gelingen, ohne sie im äußeren Leben zu erproben und auszudrücken.

Swami Vivekānandas Guru, Sri Rāmakrishna (1836–1886), lebte noch im traditionellen Hinduismus seiner dörflichen Heimat. Es war üblich, dass jede Familie ein eigenes kleines Zimmer einrichtet, eine Hauskapelle (Thākur-ghar), in der die Statuen oder Bilder der Göttinnen und Götter auf einem niedrigen Altar aufgestellt sind. Die Dorfgottheiten waren meist lokal bekannt und wurden zur Verhütung bestimmter Krankheiten und Nöte, wie Schlangenbisse, Pocken und Malaria, angerufen. Die Frömmigkeit kreiste um die genaue Einhaltung der Riten, um die Erzählung der Epen und Legenden, die häufig vorbeiziehende Sanyāsis vortrugen. Es war eine sehr in sich geschlossene, narrative Frömmigkeit.

Als junger Mann musste Rāmakrishna nach Kalkutta ziehen, einem Bruder nachfolgend, um Priesterdienste in einem Kali-Tempel zu verrichten. Die Familie im Dorf war in finanzieller Not und auf den Priesterlohn der Söhne angewiesen. In dem Kali-Tempel von Dakshineswar, in Nord-Kalkutta, unterwarf sich Rāmakrishna strenger Meditation, lernte von verschiedenen Mönchen, die den Tempel besuchten, die unterschiedlichen meditativen Übungen und erreichte bald den Zustand, bei dem er beinahe täglich Ekstase und mystische Visionen erfuhr.

Nach Jahren der Vorbereitung breitete sich sein Ruf als Heiliger aus und die ersten Besucher erschienen in Rāmakrishnas Zimmer. Viele nahmen ihn als ihren Guru an. Die Gespräche, die Rāmakrishna in den letzten vier Jahren seines Lebens mit seinen Schülern und Schülerinnen führte – mystische Verlautbarungen, Ermahnungen und Weisungen zum spirituellen Weg, unterbrochen von Liedern, die Rāmakrishna sang, Geschichten und Parabeln, Fragen und Antworten – sind von einem Schüler aufgezeichnet und nach und nach in fünf Bänden veröffentlicht worden. Dieses Werk, das *Srīsrī Rāmakrishna Kathāmrita*, ist in Bengalen berühmt geworden und bis heute ein beliebtes Hausbuch, aus dem viele bengalische Familien täglich einen Abschnitt lesen.[22]

Rāmakrishna starb mit fünfzig Jahren an Speiseröhrenkrebs, eine bestürzte Schar von jungen Männern zurücklassend. Sie waren in der Mehrzahl College-Studenten aus Kalkutta, hatten also eine moderne Erziehung genossen. »Modern« heißt, dass sie die Schulen der britischen Kolonialregierung, die europäisches Gedankengut ins Land einführte, besucht hatten. Nach der Ordensgründung nahm Swami Vivekānanda eine Einladung in die USA an, wo er im Jahr 1893 vor dem Parliament of Religions in Chicago mehrere aufrüttelnde Reden hielt. Auf einen Schlag wurde er als Repräsentant eines modernen Hinduismus bekannt. »Modern« bedeutet auch, dass Vivekānandas Hinduismus sich vor den naturwissenschaftlichen Errungenschaften Europas und Amerikas nicht verschloss, die britische Erziehung, die er selbst genossen hatte, nicht ablehnte und auch christliche Kernwerte wie tätige Nächstenliebe anerkannte.

Rasch begann er in Amerika eine rege Vortragstätigkeit und stellte in ihre Mitte seine Vorstellung von »Practical Vedanta«[23]. Vedanta ist ursprünglich eine der sechs philosophischen Schulen des traditionellen Hinduismus. Vivekānanda stilisierte Vedanta zu einer Philosophie ohne Geschichte und Mythologie, ohne Riten und Sakramente und ohne gesellschaftlichen Kontext. Es ist die *philosophia perennis* des Hinduismus und kommt den Visionen der christlichen Mystiker wie Meister Eckehart nahe. »Practical« ist diese Auffassung von Religion, weil sie eine Verantwortung für die Menschen und den tätigen Dienst an den Menschen einbezieht. Wesentlich ist, dass diese moderne Version des Hinduismus sich dem Christentum und anderen Religionen öffnet, also inklusiv ist. Zudem unterstützt sie nicht typische soziale Kontexte des traditionellen Hinduismus wie das Kastenwesen und andere soziale Übel.

Jedoch ist »Practical Vedanta« so gleichmachend inklusiv, dass es das Christentum und andere Religionen nicht in ihrem Wesen, ihrem Anderssein, annehmen kann. Darf man die historische Figur Jesus Christus als Religionsstifter ausblenden, um ihn allenfalls als »Propheten« oder »Heiligen« anzuerkennen? Wollen Christen ihre historisch gewachsene Religion aufgeben und dafür nur ihren mystischen Kern annehmen? Anders gefragt: Kann eine Religion, die keinen lebendigen Kontext schafft, in dem sie ausgeübt wird, letztlich befriedigen? Gewiss, als eine Philosophie! Doch Religion sucht den gesamten Menschen zu erfassen – auch seine Emotionen, seine seelischen Regungen, seinen Trieb zum Spiel und einem lebendigen menschlichen Miteinander.

Vivekānanda baute das Mutterhaus des Rāmakrishna Ordens, Belur Math, auf, das nördlich von Kalkutta am Ganges, schräg gegenüber von Dakshineswar liegt. In Belur Math starb Swami Vivekānanda, noch nicht 40-jährig. Die Rāmakrishna Mission hat nach seinem Tod eine weitere Entfaltung erlebt und ist in unserer Zeit jener Hindu-Orden, der Sozialarbeit nach modernen Methoden leistet. Er unterhält Schulen, Krankenhäuser, öffentliche Bibliotheken, technische Institute und betreibt Entwicklungsarbeit in zahlreichen Dörfern. Die meisten Niederlassungen des Ordens liegen in West-Bengalen, doch ist er ebenso in anderen Teilen Indiens vertreten und erfreut sich unter der Bevölkerung enormer Beliebtheit, auch bei der indischen Regierung, die ihn finanziell unterstützt. Die Regierung weiß zum Beispiel, dass von der Rāmakrishna Mission organisierte Katastrophenhilfe effektiv und ohne Korruption durchgeführt wird. In Amerika ist die Rāmakrishna Mission insbesondere in der indischen Diaspora aktiv, und zwar als spiritueller Ratgeber. Viele sehen die Rāmakrishna Mission als Konkurrenz zu den Schulen und der Sozialarbeit der christlichen Missionare. Vivekānanda war, wie beschrieben, von dem Geist der tätigen Nächstenliebe in Amerika inspiriert.

Der Rāmakrishna Orden verbindet hinduistisches und christlich-abendländisches Ideengut, ohne jedoch zu einer neuen Einheit zu finden. Das ist schon daran zu sehen, dass der Orden mit Hilfe von zwei Hierarchien, die parallel laufen, geführt wird. Der »General Secretary« des Ordens und sein Team sind ältere, erfahrene Mönche, die von einem Managing

Committee unterstützt werden. Sie treffen alle finanziellen und organisatorischen Entscheidungen. Daneben besteht die spirituelle Hierarchie. Zwei oder drei ältere Mönche haben die Aufgabe, Initiationen vorzunehmen und die Verehrer von Rāmakrishna in ihren spirituellen Fragen und Zweifeln zu beraten und sie aufzurichten. Auch jeder jüngere Mönch hat einen jener monastischen Senioren zu seinem Guru ausgewählt und besucht ihn so oft wie möglich. Deutlich vertritt die erste Hierarchie die moderne, soziale Ausrichtung des Ordens, während die zweite auf dem traditionellen Sanyāsi-Ideal aufbaut. Ich habe keine organische Verknüpfung zwischen diesen beiden Ordensspitzen erkannt. Die spirituelle Betreuung müsste Einfluss darauf haben, wie ein Mönch sozial eingesetzt wird, zu welchem Werk er reif ist oder welches Werk ihn spirituell fördern könnte.

Man kann den Mut des Gründers bewundern, der die asketische Strenge des Sanyāsi-Ideals aufbrach, um es neuen Ideen aus außerhinduistischen Quellen zu öffnen. In der Anfangszeit des Ordens gab es viele grundsätzliche Debatten, ob ein Hindu-Mönch soziale Arbeit leisten dürfe, ob es die Reinheit seines Ideals der Loslösung und Weltabgewandtheit beflecke. Das Ideal hat sich erhalten. In unserer Zeit ist im Orden diese befruchtende Spannung zwischen kontemplativem und aktivem Leben, die Bemühung, beides integriert zu leben, durchaus spürbar, wenn auch die Tendenz zur *vita activa* überwiegt.

Ganzheitliche Weltsicht und Gespür für das Symbolhafte. – Die dreieinhalb Jahre in Narendrapur waren eine wesentliche Lehrzeit. Ich lernte den gelebten, neuzeitlichen Hinduismus kennen – eben nicht nur seine wichtigen Lehrbücher, sondern die vielen kleinen, jedoch bedeutsamen Regeln des Verhaltens im sakralen Bereich, etwa im Tempel, wie im säkularen, zwischenmenschlichen, etwa in der Familie. Mehr als das

Christsein im mittleren Europa ist der gelebte Hindu-Glaube von jenen zahlreichen ungeschriebenen Regeln bestimmt, die jedes Kind unbewusst in sich aufnimmt. Warum? Die Hindu-Weltsicht ist *holistisch*. Alle Dinge, alle Menschen sind mit allen Dingen und allen Menschen auf geheimnisvolle Weise verwoben. Die alltäglichen Verrichtungen sind von diesem Geist der Verbundenheit durchdrungen, nicht weniger als auch die »bedeutenden« Ereignisse des Lebens. Die Dinge, seien sie »bedeutend« oder alltäglich, haben eine sinnenhafte Erscheinung und eine geistige, »untergründige« Wirklichkeit, in der sie miteinander verwoben und geeint sind. Das Oberflächenhafte deutet auf das Untergründige hin; die Oberfläche ist das Symbol für das unsichtbar Untergründige. Diese doppelte Wirklichkeit ist im hinduistischen Alltagsleben allenthalben spürbar, denn es wird immer wieder darauf Bezug genommen.

Hier gebe ich nur einige Beispiele.

Wie in vielen Kulturen haben die verschiedenen Glieder des Körpers eine hierarchisch-symbolische Bedeutung. Der Kopf ist das Wertvollste, die Füße sind die Glieder mit dem, symbolisch gesehen, geringsten Wert. In der Meditation, so wird gelehrt, steigt die geistige Kraft, genannt die »Schlangenkraft«, vom unteren Ende der Wirbelsäule aufwärts bis zum Kopf. Dort angekommen, bewirkt sie »Erleuchtung«, einen Zustand der Erkenntnis und geistigen Klarheit. Im Kopf vollzieht sich also die wesentliche Transformation. Darum ist die Stirn so verehrenswert. Der Priester im Tempel betupft sie mit roter Farbe, der Glücksfarbe; bei jeder Willkommenszeremonie, auch im säkularen Bereich, ist dies üblich. Gläubige berühren im Tempel mit ihrer Stirn die heiligen Bilder und Gegenstände.

Zur selben Symbolik gehört die Geste des *Pranām*. Das ist die besonders in Nordindien verbreitete Geste des Füße-Berührens. Die Jüngeren ehren die Älteren oder den Guru oder

Lehrer, indem sie mit der rechten Hand deren Füße berühren und danach die Hand verehrend an die Stirn legen. Füße sind staubbedeckt, sind in Berührung mit der bloßen Erde, darum sind sie hierarchisch das Geringste am Menschen. Gerade darum berühren die Jüngeren die Füße verehrter Menschen, um damit das Ausmaß ihres Respekts auszudrücken: Sie neigen sich zur Erde, um mit den Fingern die Füße zu erreichen, das heißt, um sich vor diesem Menschen zu demütigen. Sie berühren danach mit derselben Hand ihre Stirn, jenem symbolisch Höchsten. Die traditionelle Fußwaschung im Christentum ist damit vergleichbar.

Im Alltag sollen dagegen die Füße anderer Menschen nicht berührt werden; geschieht es versehentlich, entschuldigt man sich. Auch symbolisch werthafte Gegenstände dürfen nicht mit Füßen getreten werden. Dazu gehören Bücher, sogar Zeitungen, alles Gedruckte. Denn Bücher und Gedrucktes sind insgesamt der Göttin der Gelehrsamkeit, Saraswati, geweiht; sie dürfen wir nicht entehren.

Der geläufigste Gruß in allen Gebieten des Landes sind die vor der Brust zusammengelegten Handflächen – das *Namasté*, ich nannte ihn anfangs. Wichtig ist das kurze Verweilen in respektvollem Abstand vor dem Begrüßten, den wir dabei anblicken. Dieser »Augenblick« ist, falls beide ihn gesammelt wahrnehmen, von besonderer Anmut und Feinheit. Die Idee des *Darshan*, des »Anblickens«, hängt mit dem Namasté zusammen. Durch den Blick von Augen zu Augen entsteht ein geistiger Strom, eine Übertragung von Energie von dem einen zum anderen. Der Guru vermag seine Kraft mit einem Blick zu übertragen; ähnlich genügt es, im Tempel die Gottesstatue oder das Gottesbild anzublicken, um die göttliche Energie auf sich zu vereinen. Das Namasté ist ein Friedensgruß, er soll Frieden schaffen und Frieden verkünden. (Unser Händegeben heißt dagegen bezeichnenderweise auch Hand*schlag*. Der Begriff stammt aus dem ritterlichen Milieu des

Mittelalters; man kann es als eine kurzwährende Aggression auffassen.)

Elementar wichtig ist im Hinduismus die Unterscheidung zwischen *rein* und *unrein*. Das ist keine hygienische Unterscheidung, sondern eine rituelle. Rituell rein ist, was der Sphäre des Sakralen zugehört oder ihr durch Sakramentalisierung zugeordnet worden ist.

Alles der sakralen Sphäre Innewohnende und von ihr Abgeleitete gilt als rein und soll von verunreinigenden Berührungen ferngehalten werden. Der grundlegende Akt der Reinigung ist das Bad. Hindus werden nicht in einen Tempel treten oder vor die Gottesbilder in ihrer Hauskapelle, solange sie kein Bad genommen haben. Die Regel ist, dass sie ein Bad vor der ersten Reismahlzeit nehmen, also am Vormittag. In einem heißen Land ist das tägliche Bad nicht allein aus rituellen Gründen Pflicht, sondern ebenso aus hygienischen. Ähnlich werden fromme Hindus zuerst ihre Mahlzeit »reinigen«, das heißt weihen, indem sie sie vor die Gottesstatuen oder Gottesbilder stellen und sie danach erst essen.

Aber nicht nur die göttliche Sphäre und Wasser haben reinigende Potenz, ebenso auch die Elemente Feuer und Luft. Leichname werden verbrannt, um alle Sünden und Unvollkommenheiten zu beseitigen – Asche ist vollkommen reingebrannt und darum heilig. Sanyāsis streichen Asche von Blättern und Holz der als heilig geltenden Baumarten auf ihre Stirn und bestimmte Stellen ihres Körpers, um sich zu segnen. Weihrauch reinigt die Luft, um den Raum für heilige Handlungen vorzubereiten.

Im täglichen Leben in Narendrapur musste ich stets darauf achten, dass ich die Regeln des Umgangs beachtete und wertschätzte. Ich musste darauf gefasst sein, dass jede in sich geringfügige praktische Verrichtung auch symbolisch aufgeladen ist. Tätigkeiten mit einem praktischen Zweck wurden zu meinem Erstaunen plötzlich Symbole der Transzendenz.

Der Tagesablauf im Rāmakrishna-Ashram. – Jeder Mönch gestaltet seinen Tag entsprechend seiner Aufgabe. Die typische Zeit für die Meditation ist frühmorgens unmittelbar nach dem Aufstehen (am besten nach einem Bad) und am Abend vor der Mahlzeit. Das Morgengrauen und die Abenddämmerung – wenn Nacht zum Tag und Tag zur Nacht wechseln – gelten als spirituell »günstige« Zeiten für Meditation und Gottesdienst. Wenn die Vielfalt der sichtbaren Welt in der Helligkeit des Tages »erwacht« oder ins Dunkel sinkt, hilft die Natur dem Meditierenden, sich zu sammeln. Die Natur handelt stets mit.

Die Sonne entfaltet dem Meditierenden ihre Bedeutung als Symbol für die Herrlichkeit Gottes. In den Ashrams und in den Dörfern sehe ich bei Sonnenaufgang Frauen und Männer hinaustreten, sich vor der Sonne verneigen und sie mit gefalteten Händen begrüßen. Was gibt es Größeres als die Sonne! Was gibt es Größeres als Gott!

Bis zum Mittagessen gegen zwölf habe ich studiert. Die Schüler und Lehrer, auch die Mönche, essen ihre Reismahlzeit allerdings früher, zwischen neun und zehn Uhr, um dann den Unterricht zu beginnen. Kommt es dazu, dass einige zum Essen zusammensitzen, geht es laut und lustig zu. Bengalische Männerstimmen sind von Natur aus kräftig, in Gruppen schwellen sie noch an. Hier zeigt sich zum Beispiel das Dilemma der Doppelung des Mönchsideals. Die Rāmakrishna-Mönche wohnen zusammen in ihren Ashrams, dennoch kennen sie kein Gemeinschaftsleben. Sie meditieren nicht zusammen, haben keine festen gemeinsamen Tischzeiten noch gemeinsame Rekreation. Jeder Mönch folgt seiner eigenen Routine, mal allein, mal mit einigen Brudermönchen. Auf diese Weise erhalten sie weder den Nutzen eines einsamen noch die Förderung eines Gemeinschaftslebens.

Am frühen Abend habe ich mich zu meinen Yoga-Übungen zurückgezogen. Yoga ist für mich keine nur körperliche

Übung. Ich spüre, dass die unterschiedlichen Körperhaltungen (*Āsanas*) meine Glieder lockern, und wenn ich zwischen den Stellungen flach auf der festen Matte liege, stellt sich die seelische Wirkung ein. Es ist eine Entspannung und ein Gefühl fast der Schwerelosigkeit, die ich unmittelbar mit der Ruhe und Sammlung verbinden kann, die für eine Meditation notwendig sind. Jede Körperhaltung drückt eine innere Einstellung oder Stimmung aus. Umgekehrt soll die Körperhaltung eine bestimmte Stimmung evozieren: Ruhe, Dankbarkeit, Liebe, Demut ... So wurden Yoga-Haltungen für mich nicht nur eine Hinleitung zu Ruhe und Sammlung, sondern sie waren »gegenständliche Mediationen«. Nach und nach habe ich die einfachen Yoga-Übungen, die ich täglich ausführte, als »Gebet des Körpers« empfunden und sie später bei Kursen in Deutschland und Österreich auf diese Weise angeboten.

Im Orient isst man die Abendmahlzeit spät. Erst wenn die Tageshitze gesunken ist, kommt Vergnügen an der letzten Tagesmahlzeit auf. In den Städten erlebe ich, dass die Erwachsenen selten vor elf Uhr essen und sich bald danach schlafen legen. Mir war dieser Brauch stets unangenehm. Gewiss, gerade im Ashram, aber auch in den Dörfern und Städten, gehört der frühe Abend der Meditation, dem Gottesdienst. Dann findet in den Tempeln und an den Bildstöcken am Weg eine *Pūjā* (ein ritueller Gottesdienst) statt. Andere setzen sich zusammen, um einer Rezitation aus den Epen zu lauschen oder miteinander zu schwatzen oder fernzusehen. In den Stammesdörfern geht der Krug Reisbier rund. Erst danach ist Essenszeit. Ich esse so früh zu Abend wie möglich, damit der Körper verdauen kann und wieder leicht wird, bevor er sich zur Ruhe legt. Viele können nicht glauben, dass wir in Deutschland gewöhnlich um sechs oder sieben Uhr unser Abendbrot essen und erst danach zusammensitzen, sei es vor dem Fernsehapparat oder zum Gespräch, zur Lektüre oder zum Kartenspiel.

Im April war ich in Narendrapur angekommen und blieb den Sommer über und bis zum Oktober, dem Ende der Regenzeit. Die letzten Wochen wurden mir schwer. Das Klima setzte mir zu. Schon der April ist heiß, der Mai ist heißer, Temperaturen bis 40 Grad Celsius sind nicht selten, und zwar nicht nur einige Tage lang wie bei Hitzewellen in Deutschland. Die Hitze dauert drei oder vier Monate, unterbrochen allenfalls von einigen kühlenden Regenschauern. Was mich angriff, war die extreme Feuchtigkeit. Nur solide Nerven ertragen die monatelange Schwüle mit Heiterkeit. Ab Mai steigt das Hygrometer bis auf hundert Prozent und sinkt bis Oktober nicht. Ich war den ganzen Tag in Schweiß gebadet, die dünne Kleidung klebte an der Haut. Kaum nach dem Bad abgetrocknet, begann ich wieder zu schwitzen. Mir war unerklärlich, wie die Einheimischen diese schwüle Hitze ertragen. Anders gefragt: Kann man von einer Bevölkerung Fleiß, Agilität, wache Konzentration bei nahezu hundertprozentiger Luftfeuchtigkeit erwarten?

Bis heute ist das schwüle Klima meine größte Prüfung. Hast du dich nicht daran gewöhnt nach so vielen Jahren?, fragen manche. Nein, im Gegenteil, ich bin empfindlicher geworden. Der Schlaf ist oberflächlich und unruhig. Ich stehe morgens zur gewohnten Zeit auf, aber ich bin wie gerädert und zwinge mich an den Schreibtisch. Doch schon gegen zehn Uhr morgens schließen sich meine Augen, ich kriege sie nicht mehr weit auf. Ich muss mich eine Weile hinlegen. Ich gerate in eine apathisch-antriebsschwache Stimmung. Ich fühle mich immerzu gereizt und überfordert. Blicke ich beim Schlafengehen zurück, spüre ich, wie meine Energie, Konkretes zu erledigen, von Konzentrationsschwäche und Schläfrigkeit heruntergezogen wurde. Für eine dumpfe Verzweiflung reicht meine Energie.

Nachts schläft niemand ohne ein Moskitonetz. Gerade während der feuchten Jahreszeit beginnen die kleinen Plagegeister zur Abenddämmerung zu sirren und schwirren, eine schlimme Stunde lang sind sie mit ihren winzigen Flügeln und ihren Saugrüsseln heftig aktiv. Ebenso eine Morgenstunde lang. Insektenschutzmittel soll man nicht täglich auf die Haut streichen, darum lass ich's bleiben. Mit dem Ergebnis, dass mir häufig von den Stichen die Haut prickelt und brennt. Zum Glück haben mich nie Malaria oder andere durch Moskitostiche übertragbare Krankheiten gequält.

Bemerkenswert oder merkwürdig? Zwei Nachbarn. – Im Bungalow wohnten Zimmer an Zimmer andere alleinstehende Männer, unter ihnen die Professoren *Pranab Ranjan Ghosh* und *Durgadas Banerjee*. Den Zimmern war eine Veranda vorgebaut, über die die Bewohner zum Badezimmer oder zum Speisesaal gingen. Pranab wohnte regelrecht *auf* der Veranda. Dort empfing er morgens seine Gäste, dort saß er, um Hefte zu korrigieren oder zu lesen. Vor seinem Zimmer, das neben meinem lag, herrschte Betrieb, bis am späten Vormittag der kurze, untersetzte Herr zur Busstation von Narendrapur tippelte, um an der Universität seine Vorlesungen zu halten. Sein Zimmer war mit schwankenden Stapeln von Büchern, Heften, Zeitschriften vollgepfropft. Eine Schneise zum Bett blieb offen, der Rest waren Bücher. Zum Fenster hin waren die Bücher umgekippt, aber er konnte sie nicht erreichen, ohne weitere Stapel umzustoßen.

War das Pranabs Idee von Gelehrsamkeit? War das die Grille eines enttäuschten Junggesellen, der endlich tun konnte, was ihm einfiel? Viele Bücher waren aus verschiedenen Bibliotheken entliehen. In einer Stunde der Wahrheit murmelte er: »Die meinen, ich würde sie zurückgeben. Da haben sie sich getäuscht …!« Als Professor von Ansehen und einer gehörigen Portion Eitelkeit glaubte er, sich das erlauben zu dürfen.

Jahre später – schon längst war ich weitergezogen – erfuhr ich bei einem Besuch in Narendrapur, dass Pranab an hohem

Blutdruck litt und sehr still geworden war. Kein übermütiges Gelächter im Speisesaal mehr. Als die Ashram-Leitung ihn aufforderte, das Zimmer zu räumen, gab's eine Schlange von Mitarbeitern mehrerer Bibliotheken, die ihre Bücher zurückerobern wollten. Pranab war zu krank, sich zu widersetzen. Bücherstapel zerkrümelten, sobald man sie anfasste, zu Papierhäufchen. Die Schlemmerfeste der Termiten! Pranab ist dann, noch vor der Pensionierung, recht zusammengesunken, verstorben.

Mit dem zweiten bemerkenswerten Bewohner, Durgadas Banerjee, stand Pranab auf Kriegsfuß. Durgadas war Brahmane und bewies es mit seiner Miene. Man sagte, er halte selten Unterricht, sondern bleibe vornehm dem Lehrbetrieb fern. Er führte, so wollte er es erscheinen lassen, ein Leben in der Kontemplation der höchsten Wahrheiten. Er saß stundenlang auf seinem Bett, das penibel reinlich war, oder, dem gesunden Schnarchen zufolge, verschlief er manchen Tag. Er sprach mit niemandem im Bungalow, er ging an den Menschen vorbei, als ginge er durch sie. Nur während der ersten Monate in Narendrapur hielt mir Durgadas lebhafte Vorträge über indische Philosophie, und zwar in ausgewählt schnörkelhaftem Englisch. Danach vermittelte er mir die demütigende Erfahrung, vor jemandem zu stehen, der es nicht für notwendig erachtete, an mich das Wort zu richten, weil ich ihn eh nicht verstehen würde. Er war ein skurriles Beispiel dafür, wie jemand durch Verweigerung seinen spirituellen Elitestatus beweisen möchte.

Als Lehrer in der Sprachenschule der Rāmakrishna Mission. – Zwei- oder dreimal in der Woche fuhr ich am Nachmittag nach Kalkutta, um meinen Deutschunterricht zu halten. In Boppard hatte ich einzelnen Studenten des Goethe-Instituts Nachhilfe in Deutsch gegeben, doch die Gruppendynamik einer Klasse war mir unbekannt. Wie gern habe ich dreieinhalb

Jahre lang vor diesen Klassen, meist junger Studenten und Studentinnen, gestanden! Mit welch höflichem Respekt sie ihren Lehrer behandelten; wie gewählt und fein sie sich verhielten, wenn sie mit mir sprachen! Viele Studenten traf ich auch außerhalb der Klassen im Rāmakrishna Mission Institute of Culture. Mehrere blieben mir als Briefeschreiber lang treu. Die meisten hatten den Wunsch, eines Tages in Deutschland zu arbeiten oder sich eine zusätzliche Qualifikation, die ihnen beruflich weiterhelfen könnte, zu verschaffen. Zwei meiner Schüler erreichten dieses Ziel. Einer wurde Stipendiat in Münster, der andere Übersetzer für eine große Firma.

In einem Flügel des Institute of Culture besaß Frau *Irene Ray* ihre Wohnung. Sie edierte die Zeitschrift des Instituts und andere Schriften. Mit ihr war ich schon bei meinem ersten Indien-Besuch zusammengetroffen. Sie verstand meine Sehnsucht nach Meditation und Erkenntnis. Sie besuchte ich nun regelmäßig vor meinem Unterricht. Frau Ray empfahl mir, Swami Vivekānandas Vorträge zu lesen. Sie unterhielt sich mit mir über meditative Erfahrung, über die Verbindung von kontemplativem und aktivem Leben. Stets hatte sie genug Zeit für mich. Ich trank eine Tasse Tee, nahm einen Imbiss, den ihr Diener Basu zubereitet hatte, und fühlte mich aufgehoben. Sie war Engländerin, die in jungen Jahren nach Kalkutta gekommen war, um zu heiraten. Ihr Mann, ein Arzt, war gestorben – oder hatten sie sich getrennt? Sie sprach nicht von ihm. Nach der Unabhängigkeit Indiens wählte sie die indische Staatsangehörigkeit und blieb im Land. Swami Vivekānanda war ihre große Inspiration, und Swami Nityaswarupananda, der Gründer des Instituts, war ihr Lehrmeister und Vorbild. Ihm diente sie in den langen Jahren ihrer Arbeit für das Institut. Bald nach dem Abschied von Swami Nityaswarupananda zog sie nach New Delhi, weil sie mit dem Nachfolger nicht zusammenarbeiten konnte. Jener entließ sie ohne Abfindung. In der Hauptstadt gab sie Privatunterricht in Englisch an ausländische Diplomaten, bis sie erkrankte. In den Jahren bis zu ihrem Tod habe ich sie mit kleinen Beiträgen unterstützt; sogar meine Mutter schickte Geld.

Zwischen Narendrapur und dem Institut, das im südlichen Kalkutta liegt, pendelte ich in Bussen. Die waren – und sind's noch – voll, oft überfüllt. Die Bevölkerung ist jäh gewachsen, aber die Infrastruktur der Stadt hält nicht Schritt. In den 1970er-Jahren wurden Mini-Busse eingeführt, danach Autorikshas und kürzlich elektrische Autorikshas, die »Totos«. Zigtausende kleiner Fahrzeuge durchschwärmen die Stadt über festgelegte Routen. Dennoch fehlt es an Verkehrsmitteln. Auch Taxis sind immer rar gewesen; darum benehmen sich ungehobelte Taxifahrer oft wie Despoten. Sie halten längst nicht für jeden Gast, der an der Straßenseite winkt, auch wenn auf der Wagenseite großzügig »No refusals« steht. Sie fahren nur Strecken, auf denen sie ordentlich verdienen. Vor wenigen Jahren sind die Uber- und Ola-Taxis dazugekommen, die man per Mobiltelefon bestellt; sie sind eine echte Erleichterung, und zwar nicht nur, weil sie, sobald sie bestellt sind, auch tatsächlich eintreffen und zu jedem gewünschten Ziel hinfahren, sondern auch, weil die Fahrer gewöhnlich gebildet und höflich sind.

Taxis habe ich zu Anfang nur in Ausnahmefällen benutzt. Busse, die nachmittags in die Stadt fuhren, waren wenig besetzt, doch zurück um acht Uhr abends war der Stoßverkehr in die Vorstädte noch in vollem Gange. Ein Bus nach dem anderen rollte vorbei, ohne dass ich einsteigen konnte. Ich hatte nicht gelernt, mich mit Brachialgewalt ins Innere zu quetschen oder an die Tür zu klammern, während der Bus schon anfuhr. Ich konnte mich nicht durchsetzen und verabscheute es. Oft stand ich verzweifelt eine halbe Stunde und länger und wartete auf eine Chance. Eingekeilt von schwitzenden Körpern fuhr ich im Stehen, mich mühsam festhaltend, in dem schaukelnden, immer mit überhöhter Geschwindigkeit

rasenden Bus. In Garia stieg ich um und fuhr ein paar Stationen weiter nach Süden bis Narendrapur. Hinter dem Tor
empfing mich die ruhige, auf Wesentliches gesammelte Atmosphäre des Ashram, und aufatmend merkte ich jedes
Mal wie aufgeputscht, aggressiv, geistlos-lärmend das Leben
draußen auf den Straßen ist. Dass dieses Straßen- und Markt-
leben auch eine begeisternde und lebensbejahende Wirklichkeit feiert, erfuhr ich, sobald mich kein Ziel und keine Zeit-
grenze drängte.

Dienst im Rāmakrishna-Tempel. – Die ersten Monate besuchte
ich den kleinen Rāmakrishna-Tempel zur Morgenmeditation.
Um fünf Uhr öffnete ihn ein Novize *(Brahmachārī)* und begann, das gerahmte Foto von Sri Rāmakrishna an der Stirnseite mit Blumengirlanden zu schmücken. Nach und nach
erschienen die Mönche aus den nahe gelegenen Monks'
Quarters und warfen sich vor dem Bild körperlang zu Boden,
richteten sich auf und blieben meist eine Weile zur Meditation
sitzen. Die Atmosphäre in diesem kleinen kahlen Raum war
spürbar »aufgeladen« von den Meditationen und der Frömmigkeit vieler Mönche. Kein lautes Wort, kein Gelächter.

Monate später wurde ich dazu eingeladen, den Tempel-
dienst zu verrichten, weil dafür zu jener Zeit kein Novize frei
war. Das war für mich als Neuling eine Ehre und zeigte mir
auch die Großzügigkeit der Ordensmentalität gegenüber Angehörigen anderer Religionen, zumal ich keine Initiation von
einem der Ordensoberen erhalten hatte. Ein gutes halbes Jahr
war ich der »Tempeldiener«.

Noch in der Dunkelheit stand ich auf, nahm ein Bad,
knüpfte den Dhoti um die Hüften und ging in das Gärtchen
des Ashram, um Blumen zu pflücken. Man muss es barfuß
tun. Ebenso würde ich, wie alle, den Tempel barfuß betreten;
das bedeutet Respekt vor dem Heiligen. Nur Blüten, die an
jenem Morgen erblüht sind, dürfen gepflückt und in ein

Körbchen gelegt werden. Blüten von den Vortagen und jene, die zu Boden gefallen sind, bleiben zurück.

Das Foto von Rāmakrishna steht tagsüber auf einem Polster, das von einem Holzkasten eingefasst ist. Jeden Abend wird das Foto innerhalb dieses Kastens flach auf das Polster gelegt und ein Moskitonetz darüber gespannt. Zuerst verstand ich den Sinn nicht. Ein Foto, das nachts hingelegt wird? Ein Moskitonetz, das über ein Foto gespannt wird? – Die Mönche erfahren das Foto naiv als lebendiges Wesen, als den im Foto inkarnierten Rāmakrishna. Nachts soll er schlafen können, darum legt der Tempeldiener das Foto auf das weiche Polster. Moskitos sollen Rāmakrishna nicht stören, darum das Netz. Sollte Rāmakrishna nachts aufwachen, darf er im Dunkeln nicht erschrecken, darum bleibt eine blaue Ampel brennen. Er soll nicht unter der Hitze leiden, darum ist Tag und Nacht ein Deckenpropeller angeschaltet.

Ich nahm morgens das Netz ab und legte es gefaltet in ein Gestell im hinteren Teil des Tempels. Ich lehnte das Foto von Rāmakrishna auf dem Polster leicht schräg gegen den Holzkasten, dann sammelte ich die verwelkten Blüten vom Vortag, die das Bild umrahmten, in einen Korb. Achtung, diese Blüten dürfen nicht mit anderen Dingen wie Essensresten und Obstschalen auf den Komposthaufen gekippt werden! Zwar sind sie verwelkt, doch wurden sie Rāmakrishna geweiht, also gebührt ihnen ein besonderer Platz. Die Novizen leeren den Korb am Teichufer aus. Dort dürfen nur welke Blüten vom Tempel entsorgt werden! Als Nächstes legte ich die frischen Blumen, möglichst in künstlerisch-geschmackvoller Ordnung, rund um das Bild und entzündete einige Räucherstäbchen. Daraufhin verabschiedete ich mich mit einem körperlangen Hinwerfen auf dem Boden, dem *Pranām*.

Ich erlebte dieses tägliche Zeremoniell als eine liebenswerte Art des Gottesdienstes, die in der Frömmigkeit des Hinduismus verankert ist: Rāmakrishna, den die Mönche des

Ordens als Inkarnation Gottes verehren, wird in dem gerahmten Foto als ein Mensch lebendig, der mit allen Attributen eines gegenwärtig lebenden Menschen ausgestattet ist. Er hat Furcht, er freut sich, er schätzt das Schöne, er schläft und isst und schützt sich vor Unangenehmem, wie wir alle. Gott wird auf die Ebene des Menschlichen herabgezogen und als dieser Mensch verehrt. Wer in dieser Atmosphäre der Einbildung immerzu lebt, der wächst an emotionaler Gottesliebe. Dass Gott auch allgegenwärtig, auch allmächtig und allwissend ist, wird in dem Augenblick vielleicht mitgedacht und mitgewusst, doch diese abstrakten Eigenschaften finden keinen naiv-emotionalen Ausdruck. Diese Art erinnert an den heiligen Franz von Assisi, der das Jesuskind in der Krippe in ähnlicher innerer Haltung anbetete.

Ich erwähnte die Großzügigkeit des Rāmakrishna-Ordens gegenüber mir als Christen. Diese Haltung hat ihren Ursprung in dem von Rāmakrishna geprägten Satz »*jata mat, tata pat*« – frei übersetzt: So viele Glaubensrichtungen, ebenso viele Wege zu Gott gibt es. Jede Religion führt zu demselben Ziel, dem einen Gott. Die Mönche erkennen das Christentum und den Buddhismus und andere Religionen als ebenso gültig an wie die eigene Religion. Denn es gibt nur *einen* Gott – es *kann* nur einen Gott geben, sonst wäre es nicht Gott, das Absolute. Entsprechend verehrt der Orden Jesus und Buddha als Inkarnationen (»Fleischwerdung«) des einen Gottes. Gott nimmt »nur« eine menschliche Hülle an. Damit ordnen sie allerdings die Gottesvorstellung anderer Religionen der eigenen Gottesvorstellung unter. Christen, die die theologischen Vorstellungen von Jesus als »ganz Gott und ganz Mensch« beherzigen, können sich in diesem Inkarnationsgedanken nicht wiederfinden, genauso wenig würden es Buddhisten tun. Doch dank dieses inklusiven Denkens, das für Hindus charakteristisch ist, besitzt der Christusglaube innerhalb der Hindu-Philosophie und der Hindu-Vorstellung einen respektvollen Platz.

Das spürte ich jedes Mal, wenn einer der Mönche oder Laien des Ashram in mein Zimmer trat. Ich hatte mir ein kleines Gestell machen lassen, auf das ich ein Foto des gekreuzigten Christus stellte. Ich liebe das Gerokreuz aus dem Kölner Dom; bis heute steht das Foto in meinem Zimmer. Die Besucher legten auf der Veranda ihre Sandalen ab, traten ein und verneigten sich als Erstes vor dem Christusbild mit aneinandergelegten Handflächen, danach begrüßten sie mich.

Der Argwohn trifft mich. – Es gibt auch eine Gegenseite. Selten verließ ich den Ashram, sehr zum Leidwesen von Frau Bani Sen und den jungen Freunden aus Kalighat, mit denen ich beim ersten Kalkutta-Besuch umhergezogen war. Doch manchmal wollte ich in Kalkutta etwas erleben. War ich nicht früher leidenschaftlich tagelang zu Fuß durch die Großstädte gewandert, durch London, Paris, New York und Wien? Sollte ich zugunsten der Meditation die Welterfahrung aufgeben? … Eines Sonntags besuchte ich die St. Paul's Cathedral, die im neugotischen Stil erbaute Kirche der Anglikaner, die viele Anglo-Inder frequentieren. Ich nahm einen jungen Bekannten aus dem Büro von Narendrapur mit und erklärte ihm, was es zu erklären gab. Ich empfand den Gottesdienst recht blass, ohne Feuer. Einige Tage darauf wurde ich von einem Mönch getadelt. Warum ich den Jungen zum Christentum bekehren wolle. Ich fiel aus allen Wolken. Bekehren? Nicht einmal der Gedanke war mir durch den Kopf gegangen. Ich argumentierte, dass ich als Katholik in einer anglikanischen Kirche ebenso fremd sei wie dieser Junge. Der Mönch verstand sich jedoch nicht auf die Unterschiede innerhalb des Christentums. Ich glaube, danach beobachtete man mich.

Nach und nach wurde mir deutlich, wie tief die Hindu-Psyche durch die jahrhundertelange Missionstätigkeit der Europäer und Nordamerikaner verwundet worden war – und sie ist es bis heute. Der Hinduismus ist eine voll entfaltete Religion mit heiligen Schriften, einer Epistemologie, einer Ethik, einem Sozialsystem und einer jahrtausendealten Kulturgeschichte. Was könnte sie vom Christentum, das jünger ist, lernen? Hatte der Hinduismus nicht alles, was zum Seelentrost und zur Lebensfreude notwendig ist? Die Schriften erzählen von vielen Generationen von Sehern, den *Rishis*, von Gurus und Heiligen. Die Geschichte berichtet, wie der Hinduismus gegen Missstände protestiert und zu Reformen seiner Gesellschaft fähig ist, wie er Einflüsse von außen integriert. Braucht er Bekehrungen?

Das Christentum konnte sich, so heißt es, in Indien nur einpflanzen, weil es mit der politischen Macht der britischen Kolonisatoren paktiert hatte und von der finanziellen Macht der europäischen und nordamerikanischen Gesellschaften unterstützt wird. Tatsächlich hat das Christentum in Indien, was die Zahlen von Bekehrungen betrifft, wenig »Erfolg« gehabt. Christen machen 2,3 Prozent[24] der Gesamtbevölkerung aus. Sie konzentrieren sich in Kerala, in den nordöstlichen Bundesländern und in den Metropolen.

Politisch sind Christen auf nationaler Ebene keine Macht, heute weniger denn je, doch gesellschaftlich haben sie weit größeren Einfluss, als ihre Zahlen nahelegen. Ein Grund ist, dass sie landesweit viele der besten Schulen und Krankenhäuser betreiben. Einst waren sie von ausländischen Missionaren und Missionarinnen geleitet worden, heute haben indische Kirchenleute die Verantwortung. Meist sind es Schulen, die nach westlichem Vorbild organisiert sind und deren Unterrichtssprache darum Englisch ist. Früher mögen Schüler und Schülerinnen beim Besuch christlicher Schulen religiös beeinflusst worden sein. Heute geschieht das nach meiner Beobachtung selten, zumindest betrifft es nicht die Hindu-Bevölkerung. Das hängt auch damit zusammen, dass seit zwei Jahrzehnten die Gesetze, die sich gegen »Zwangsbekehrungen« richten, immer strenger geworden sind. Priester sind vorsichtig, damit Bekehrungen nicht den Anschein von Nötigung bekommen. Es ist schwer zu beweisen, dass kein Element des Zwangs mitspielt. Politiker können die Gesetze für ihre antichristliche Einstellung ausbeuten. Die Rāmakrishna Mission versteht sich, wie erwähnt, von Anfang als eine Bastion gegen die christliche Missionierung. Daher ist die argwöhnische Reaktion gegen meinen Kirchenbesuch verständlich.

Zu Beginn meiner Verbindung mit Stammesdörfern erlebte ich, welchen negativen Einfluss das Christentum haben kann. Ein südindischer Priester der nahe gelegenen Missionsstation fuhr regelmäßig mit dem Rad durch die Dörfer, versammelte die Bauern und Frauen um sich und betete mit ihnen. Wenn er ihr Interesse geweckt hatte, verbot er ihnen, den Zeremonien des Dorfhäuptlings beizuwohnen und mit den Menschen des eigenen Dorfes die üblichen Gemeinschaftsmahlzeiten einzunehmen. Der Häuptling, eine Respektperson unter den Stämmen, war gewohnt, Gehorsam zu erfahren und Ratschlag zu geben. Es kam zum Streit in mehreren Dörfern, sogar zu blutigen Kämpfen. Ich musste dem Priester verbieten, »unser« Dorf, Ghosaldanga, das ich frequentierte, zu betreten. Er hat sich daran gehalten.

Nach dem ersten harten Sommer und der schwülheißen Regenzeit luden mich die Mönche in Narendrapur ein, zur Erholung in die Gegend von Darjeeling im Himalaja zu reisen, wo das Klima kühl und trocken ist. Ich machte mich im Nachtzug nach New Jalpaiguri auf. Vom Fuß des Himalaja ging's mit dem Bus weiter hinauf nach Kalimpong, einer Stadt, kleiner, beschaulicher als Darjeeling, in 1200 Meter Höhe. Welche Erleichterung, in der frischen klaren Luft, im kühl glitzernden Licht zu leben! Ich wohnte in dem kleinen Rāmakrishna Math, weit von dem Menschengewühl der Main Street entfernt auf dem Weg zum tibetisch-buddhistischen Durpin-Kloster. Wieder wanderte ich über alle Wege zu Hügeln und Bergen aufwärts und in die Täler hinab, dankbar, dass ich den Himalaja zum ersten Mal erleben durfte. Die vielmals gestaffelten Bergrücken, die Gipfel und dahinter nochmals und nochmals Gipfel, sie geben das Gefühl einer machtvollen Weite, gegenüber der die Schweiz zu den Dimensionen eines Puppenhauses schrumpft.

Um zum Kloster Durpin auf der südlichen Kuppe der Stadt zu gelangen, durchquert man Militärgebiet, einen anderen Weg gibt es nicht. Ich wanderte mit einem Buch in der Hand hindurch, blieb wohl auch mal stehen, um in dem Buch zu lesen und einige Sätze, wie es seit je meine Gewohnheit ist, anzustreichen. Wer Glück, das heißt klare Sicht hat, blickt vom Aussichtsturm des Klosters auf die Spitzen in Tibet, Bhutan, Nepal; weiß und in großem Schweigen schimmern sie. Ein bewegender Anblick.

In den Rāmakrishna Math zurückgekehrt, bekam ich polizeilichen Bescheid, dass meine Erlaubnis, im Distrikt Darjeeling zu wohnen, nicht verlängert werde. Ich müsse sofort nach Kalkutta zurückfahren. Keine Begründung. Damals waren die Grenzgebiete für Ausländer nur mit Sondererlaubnis, die ich mir in Kalkutta für eine Woche erworben hatte, offen. Erst nach und nach kam ich dahinter, dass man mich der Spionage verdächtigte. Hatte ich nicht einen Bleistift und ein Buch in der Hand gehabt? Die Grenzen nach Tibet und Nepal sind ungemütlich nah.[25]

Doch was sollte man im Rāmakrishna Math und auf der öffentlichen Straße durch das Militärgebiet erfahren? Der Argwohn war weit hergeholt. Der Verdacht hing mir jahrelang an. Es gab Andeutungen, spitze Bemerkungen, Bekannte und Freunde wurden befragt. Sogar vom Vize-Präsidenten des Ordens, einem von Tausenden *devotees* verehrten Mönch, wurde ich in Belur Math der Spionage verdächtigt. Lang wartete ich in einer Reihe, bis ich vor dem alten Mönch niederknien konnte und, dem Beispiel aller folgend, mit der Stirn seine Füße berührte. Als ich aufblickte, sagte der Mönch, ich sei jener, der dem Orden Schaden zufügen wolle. Erschüttert und beschämt stand ich auf und verließ wortlos das Zimmer. Der Mönch stand im Ruf der Heiligkeit; es hieß, er könne die Gedanken anderer lesen und ihr Leben vor sich sehen. Seitdem bin ich von jeder Art von Verehrung für »Gurus« geheilt. Nie mehr habe ich mich vor einem Menschen zur Erde geneigt. In der großen Politik war damals immer wieder von der *foreign hand* die Rede, die sich in die inneren Angelegenheiten Indiens einmischen wolle. Ein junger, damals noch unsicherer Staat reagierte auf sämtliche ausländischen Einflüsse nervös.

Eine ähnlich überspannte Vorsicht gegenüber Ausländern herrschte, was die Erlangung des Visums betrifft. Wer gegen die deutsche Bürokratie wettert, sollte sich die in den 1970er-Jahren herrschende Bürokratie Indiens vergegenwärtigen. Dank der Fürsprache der Rāmakrishna Mission konnte mein Touristenvisum in ein Ein-Jahres-Visum umgewandelt werden. Um es zu erneuern, musste ich mich jeweils einige Wochen vor Ablauf in den Writers' Buildings, dem Amtssitz der westbengalischen Regierung in Kalkutta, melden. Es ist ein altes, mehrstöckiges, langgestrecktes Kolonialgebäude, das labyrinthisch die vielen hundert Amtsstuben der verschiedenen Ministerien beherbergt. Der Saal der Visaabteilung war nie auf Anhieb aufzufinden, erst nach einem Irrgang durch verdreckte Flure und verwinkelte Zimmer und entlang von Abfallhaufen. Verrostete Stahlschränke an den Wänden, darauf Stapel von mit schwarzem Staub überzogene alte Mappen. Die Decke, besonders die Ecken, von schwarzen Spinnweben schwer verhangen. An kleinen Holztischen allseits Menschen, die über ihre Papierhaufen gebeugt waren oder auf unförmigen Schreibmaschinen klapperten oder sich in kleinen Gruppen laut unterhielten. Die Räume dunkel. Gab es überhaupt Fenster, dann waren sie klein und vergittert. Mich Eintretenden beachtete niemand. Als ich mir Gehör verschafft hatte, war meist die Frau, die meinen Fall bearbeiten konnte, nicht an ihrem Tisch.

Wann kommt sie zurück?

Keine Ahnung. Kommen Sie morgen nochmal wieder. –

Aber ich bin von weit her angereist ... Kann das kein anderer machen?

Doch, aber die hat Mutterschutz.

Niemand sonst ...?

Da muss ich mal den Section Officer fragen.

Und so weiter ... Als Verständnishilfe empfehle ich Franz Kafkas kurzen Text »Vor dem Gesetz«. Ich begann die Besuche in den Writers' Buildings zu fürchten, sie wurden mir immer heftiger zuwider. Es gab immer Überraschungen, immer Unvorhergesehenes, immer kleine Demütigungen, die wohl Unachtsamkeiten waren, Nachlässigkeiten. Die Angestellten machten nur mehr oder weniger träge und unwillig ihren Job. Zwei Jahrzehnte später wäre ich beinahe aus dem Land geworfen worden: Mein Visum sollte nicht verlängert werden. Um es zu verhindern, musste ich diese schmierigen Korridore der Macht noch gründlicher kennenlernen – doch davon später.

Diese Unsicherheit, ob ich im Land bleiben darf, hat mir mein gesamtes Leben verschattet und meine äußere Lebensweise, aber auch meine innere Haltung, mehr beeinflusst, als mir lieb ist. Auch die Meditation hat mich nicht so stark festigen können, dass ich diese nagende, ätzende Unsicherheit hätte abschütteln können. Ich musste mich dazu überreden, geradezu zwingen, meine Pläne und beruflichen Projekte, später meine Entwicklungsarbeit in den Dörfern nicht von der Gültigkeitsdauer meines Visums abhängig zu machen. Wenn ich im Leben Mut bewiesen habe, dann gehört dieser Wille, mich nicht von Aufenthaltserlaubnissen abhängig zu machen, dazu. Wie ich mit Geflüchteten und Asylsuchenden, die eine solche Unsicherheit in krasserem Maße erfahren, sympathisiere! Häufig wird mir in Deutschland die Frage gestellt, wo meine Heimat sei, in Indien oder in Deutschland. Meine Antwort fällt je nach Laune unterschiedlich aus. Oft gebe ich die Antwort, dass Heimat dort sei, wo Freunde wohnen. Aber diese Antwort hinkt. Heimat kann nur ein Ort sein. Schließlich kam ich auf die Formulierung, dass Heimat dort sei, wo mir das größte Maß von elementarer Sicherheit gewährt wird.

Die Gottesdienste im Ashram. – In Narendrapur gab's Feste zuhauf. Die Schüler- und Studentenheime sind nach den monastischen Jüngern von Rāmakrishna benannt. Jedes Heim feiert den Geburtstag seines Namenspatrons mit einer großartigen Puja am Morgen und einem Abendessen. Alle Mönche und Gäste des Ashram sind eingeladen. Was ist eine Puja? – Es ist der generelle Begriff für einen Gottesdienst zur Verehrung eines »persönlichen Gottes«. Der Hinduismus unterscheidet zwischen einer abstrakten Gottheit, einem Göttlich-Absoluten, das mit keinem Bild und keiner bildlichen Vorstellung konkretisiert wird, und den vielen persönlichen Göttinnen und Göttern, um die sich zahllose mythische Geschichten ranken und denen Pujas gewidmet werden.

Im Allgemeinen sieht sie so aus: Priester oder Priesterin bitten die Gottheit, in dem Bild oder der Statue »Wohnung zu nehmen«. Danach wird das Bild oder die Statue mit allen Ehrbezeichnungen wie ein Gast, der eine Familie besucht, empfangen und verehrt. Der Gast erhält neue Kleider, wird mit einer Reismahlzeit und mit Süßigkeiten bewirtet und ihm wird ein Blütenkranz um den Hals gelegt. Dieses Ritual der Verehrung des göttlichen Gastes kann abgekürzt oder erweitert werden. Schließlich wird die Gottheit wieder aus der stofflichen Hülle – ihrer Statue oder ihres Bildes – mit Zeichen der Hingabe entlassen und kehrt in ihre Sphäre zurück. Wesentlich ist, dass viele Hindu-Familien ihre Mahlzeit zunächst vor dem Gottesbild hinstellen und rituell aufopfern, bevor sie die Speisen essen. Die Gottheit nimmt, so der Glaube, die geistige Substanz der Mahlzeit in sich auf, wodurch sie die Speisen sakramentalisiert.

In den Schüler- und Studentenheimen gerieten diese Pujas immer zu einer ausladenden Feier mit Liedern und Weihrauch, mit großen Tabletts von Früchten und Blüten, die eines nach dem anderen vor den Fotos von Rāmakrishna und dem des Jüngers hingestellt wurden. Nicht nur die Heimbewohner, viele andere aus den anderen Heimen kamen und warfen sich vor den Bildern nieder; alle waren in wehende weiße Dhotis und lange weiße Panjabis gekleidet – es war eine emotional lebendige, ästhetisch animierte Atmosphäre, die mich an die Weihnachtsfeiern meiner Kinderzeit erinnerten. Keine Puja ließ ich aus.

Swami Vivekānanda – »Face the Monkey!«

In Narendrapur las ich alle acht Bände[26] der »Complete Works« von Swami Vivekānanda, dem Gründer des Rāmakrishna-Ordens, von vorn bis hinten durch. Er war ein Feuerkopf, ein inspirierter und begnadeter Mensch. Seine beiden prägenden Erlebnisse waren die Gemeinschaft mit seinem Guru, Sri Rāmakrishna, und die Lebensbedingungen der Armen in den indischen Dörfern. Einerseits wollte er die Ideen, die Rāmakrishna seinen Schülern vermittelt hatte, weitergeben, andererseits die Hindu-Gesellschaft sozial reformieren. Die wesentliche Idee Rāmakrishnas war die der geistigen Einheit aller Menschen und Lebewesen, eine Idee, die im Hinduismus immer neu formuliert wird. Dieser Universalismus ist im Hinduismus philosophisch angelegt, doch muss er im täglichen Leben durchgesetzt werden. Universalismus sollte die Kastenschranken und die Klassenhierarchie niederreißen, zumindest aufweichen. Während Rāmakrishna jedoch selbst noch zögerlich war, diesen Schritt radikal zu machen – wollte Vivekānanda alles oder nichts. Rāmakrishna war ambivalent, ob er tätigen Dienst an den Armen und Notleidenden empfehlen sollte. Er predigte, die Gottessucher sollten zuerst Gott aus ganzem Herzen suchen und Gott »verwirklichen« – das heißt, sich mit ihm mystisch vereinigen –, bevor sie sich dem tätigen Dienst am Nächsten widmen.

Eine solche religiöse »Verwirklichung« ist allerdings eine lebenslange Aufgabe. Kommt man damit je an ein Ende? So unendlich Gott selbst ist, so endlos ist auch der Prozess der Vereinigung mit Gott. Im Grunde plädierte Rāmakrishna lediglich zugunsten einer spontanen Hilfe für die Nächsten, ähnlich wie Franz von Assisi, nicht für eine planmäßige, organisierte, effiziente Hilfe, die tatsächlich ein Leben ändern kann. Vivekānanda behauptete zwar, er erfülle die Gebote seines Guru in Wort und Geist, änderte jedoch Rāmakrishnas Lehre entscheidend: Für ihn war Hilfe für den Nächsten ein Mittel, die »Verwirklichung« zu erreichen. Während Rāmakrishna befürchtete, solche Hilfe werde, wenn die Menschen spirituell unreif sind, die Großmannssucht und Eitelkeit fördern, sah Vivekānanda dagegen in der Nächstenhilfe das Mittel, die Ichsucht zu unterdrücken, keinen Nächsten gering zu erachten und ihnen zu dienen. Dies war für den Hinduismus ein geradezu revolutionärer Grundgedanke, den er seinem Orden mitgab und für den er in seinen Reden und Gesprächen in Indien unermüdlich warb. Auch seine Mitmönche mussten überzeugt werden. Denn als Sanyāsis hatten sie sich, der ursprünglichen Regel zufolge, von »der Welt« (vom Familienleben, von der Gesellschaft) vollkommen zu lösen, um auf das Ziel der Erlösung gesammelt zu bleiben.

Ich habe mehr von Swami Vivekānanda gelernt als von Sri Rāmakrishna. Dessen abwehrende Haltung gegenüber Frauen, seine Ambivalenz gegenüber dem Kastendenken und die zurückhaltende Meinung zur aktiven Nächstenliebe haben mich nicht für ihn gewonnen.

Allerdings brauchte ich viele Jahre, bis ich mich von ihm abwenden konnte, um auf Vivekānanda und auf Rabindranāth Tagore zu blicken. Denn Rāmakrishnas Persönlichkeit fesselt mich. Ich lebte mich in seine spontane, frische, charmante, reine Kindlichkeit, die rasch in Ekstase überfließen konnte, hinein. Sie nahm den Meditationsübungen und einer enthaltenden Lebensweise, die ich übte, jeden düsteren, verneinenden Anstrich. Diese Ausstrahlung des Menschen Rāmakrishna bewog mich später, seine Gespräche mit seinen Schülern in großen Auszügen aus dem Bengalischen zu übersetzen.[27] Diese Bemühung beanspruchte rund zwei Jahrzehnte und war einer der Gründe, warum ich in Indien geblieben bin.

An Swami Vivekānanda habe ich neben seiner Betonung der Nächstenliebe insbesondere seine kraftvolle, mutige Persönlichkeit geschätzt. Für ihn war in seinem an Hindernissen und Beschwernissen reichen Leben keine Herausforderung zu groß. Eine Episode aus seinem Leben habe ich mir seit meinen Jahren in Narendrapur immer vor Augen gehalten, um die eigenen Schwierigkeiten zu meistern. Als der Swami den Wallfahrtsort Varanasi besuchte, war er auch in den schmalen Gassen rund um den Viswanath-Tempel unterwegs. Da kam ihm in einer leeren Gasse drohend ein Langur-Affe entgegen. Sein grausilberner, mächtiger Körper, das kleine pechschwarze Gesicht mit den roten Augen und der unruhig schlagende, lange Schwanz müssen höchst bedrohlich gewirkt haben. Unwillkürlich wich der Swami zurück und wollte flüchten. Da vernahm er in seinem Kopf den Befehl: *Face the Monkey!* Er ging, den Affen fest anblickend, langsam vorwärts. Der Affe wich zurück und verdrückte sich; Vivekānanda setzte seinen Weg fort.

Die Mystiker

Während dieser Jahre las ich die christlichen Mystiker, allen voran Meister Eckehart, auch Johannes vom Kreuz und Teresa von Ávila, auch Johannes Tauler, François Fénelon und Emanuel Swedenborg. Genau studierte ich Aldous Huxleys »The Perennial Philosophy« (1945), in dem der britische Autor die philosophischen und theologischen Gemeinsamkeiten von christlicher Religion und den östlichen Religionen umschreibt, allerdings losgelöst von historischen Entwicklungen. Das war doch meine Suche: Zu erfahren, wo und in welcher Weise sich die christliche Religion mit dem Hinduismus gegenseitig befruchten können – und gleichzeitig, was das unverwechselbare, unterscheidend Christliche und Hinduistische ist. Mit diesen Fragen rang ich tagtäglich; ich spürte, wie tief ich christlich verwurzelt war und wie schwer es fiel, jene Elemente zu definieren, die mir unantastbar wesentlich waren und welche, die ich aufgeben konnte. Ebenso vergrub ich mich in Allan Watts' »Myth and Ritual in Christianity« (1953) und wieder in die Studien von Mircea Eliade, dem ich mich in seinem Lebensweg verwandt fühlte. Als junger Mann war er nach Indien gekommen und hatte bei einem Professor in Kalkutta Sanskrit und indische Philosophie gelernt. Er wohnte nach altindischem Vorbild bei der Familie des Professors. Reisen führten ihn auch nach Santiniketan. Über seine Begegnung mit Rabindranāth Tagore schreibt Mircea Eliade in seinen Tagebüchern. Mich beeindruckten seine Beschreibungen, wie die Mythen weit entfernter Völker archetypisch zusammengehören, wie sich deren Auffassung von Kosmos und Natur und des Menschen ähnelten, wie die Erzählungen kosmischer Ereignisse verwandten Schemata folgen. Allan Watts schildert, inwiefern biblische Geschichten und christliche Riten archetypisch für das Religiöse oder für die großen Religionen sind.

Unter den christlichen Mystikern wurde mir Meister Eckehart der vertrauteste, trotz seiner Strenge, seiner radikalen
Aussagen über die Beziehung der menschlichen Seele zu
Gott. Ich las seine »Deutschen Predigten« in der Übersetzung
von Josef Quint. Er erscheint väterlich, mir zugeneigt, mich
schützend. Er spricht von der Einheit von Seele und Gott in
kurzen Koan-haften Sätzen. Doch Johannes vom Kreuz erschütterte mich, und ich musste mich dazu zwingen, ihn zu
Ende zu lesen. Seine Beschreibung der »dunklen Nächte« des
Geistes und der Seele erschienen mir einer Einladung zum
Martyrium gleichzukommen. Die Lektüre erinnerte mich an
meinen Besuch in der Kartause Marienau, der ich nach zwei
Tagen entfliehen musste. Ich liebe zu sehr die Musik und die
Kunst und die Literatur, als dass ich sie alle in das Dunkel
dieser »Nächte« abwerfen könnte.

Zur Hilfe kam eine andere Lektüre, die mich geradezu ent-
zückte. Kein anderer als Pranab, mein Nachbar, war es, der
mir dieses Buch aus seinem gehorteten Bücherschatz auslieh.
Es war die englische Übersetzung der Biographie von Franz
von Assisi, verfasst von Paul Sabatier. »La Vie de S. François
d'Assise« (1894)[28] ist die erste moderne, wissenschaftlich akri-
bisch dokumentierte Biographie des Heiligen. Der französische Verfasser war ein protestantischer Pfarrer und Historiker, der sich früh Franziskus zugewandt hatte und nicht mehr
von ihm loskam. Es war nicht die trockene wissenschaftliche
Prosa, die man erwarten mag. Sein Buch war die lichtvolle
Liebeserklärung eines Menschen, der den Heiligen so unbedingt in sein Wesen aufgenommen hatte, dass er sich ihm an-
verwandelte. Paul Sabatier wanderte beseelt über die Hügel
und durch die Täler und verschwiegenen Wälder der umbri-
schen Landschaft, wie es der Heilige ähnlich getan haben
muss. Er erzählte von dem Heiligen mit liebevoller Sorgfalt
und Einfühlung; der Geist franziskanischer Lebenswelt
sprühte aus den Worten. Das war kein kitschig-sentimentaler

Franziskus, keineswegs. Die asketische Härte, die körperlichen Strapazen, der innere Kampf im Anfang und die Strenge der franziskanischen Regel bleiben bis aufs Mark spürbar. Überstrahlt ist es von der franziskanischen Tugend, *trotzdem* heiter in Gott gesammelt zu bleiben. Dieses Trotzdem entscheidet im franziskanischen Leben. Ihm konnte ich mich anvertrauen.

Vegetarismus

Als ich Deutschland verließ, sagten einige: Der kommt als Vegetarier wieder! Die allgemeine Ansicht ist, alle Inder äßen vegetarisch. Weit gefehlt! Gerade Bengalen ernähren sich mit Vorliebe von Fisch; Fleisch, außer von Kühen, ist im gesamten Bereich Nordindiens beliebt. Die Stammesbevölkerung Indiens isst grundsätzlich nicht vegetarisch. Auch Muslime verzehren, außer vom Schwein, gern Fleisch. Nur in Südindien traf ich eine überwiegend vegetarische Bevölkerung an. Ob Fleisch und Fisch verzehrt wird oder nicht, entscheidet eher der wirtschaftliche Standard. Für die Armen ist beides Luxus.

Im Ashram von Narendrapur erhielt ich jeden Mittag und jeden Abend ein kleines Stück Fisch, zwei Finger breit. Man glaubte, ohne Fisch oder Fleisch könne sich keiner vollwertig ernähren und staunte Vegetarier an. Der Ashram besaß mehrere große Fischteiche, die genügend für die Ashram-Bevölkerung hergaben. Zwei Jahre lang aß ich Fisch und Fleisch. Ich flog zurück und konnte sagen: Nein, ich bin kein Vegetarier geworden. Als ich einige Monate später wieder in Narendrapur ankam, da geschah es. Jeden Mittag und Abend kam ein Fischstück auf den Teller, das immer gleich groß war, gleich aussah und gleich schmeckte. Plötzlich kam mir die Vorstellung, ich würde täglich das identische Stück Fisch essen. Ich verzichtete auf Fisch. Einige Wochen verzehrte ich täglich ein Stückchen Huhn. Dann war's vorbei. Fleisch und Fisch ekelten mich an.

Während jener Zeit meditierte ich jeden Tag einige Stunden und übte Yoga. Mir wurde immer klarer bewusst, was ich tat: Ich zerstörte Leben, ich aß von Tierleichen, von Kadavern ... War es nicht Leben, das denselben Gesetzen gehorchte wie ich, ein lebender Mensch? Die Tiere besitzen – sie sind – Leben von jenem Leben, an dem alle Menschen und alle Tiere teilnehmen.

Mir fiel eine Szene ein, die ich als Student in Wien morgens auf dem Naschmarkt erlebt hatte. Ich wanderte an den Fischständen vorbei und sah, wie ein Mann, mit blutbefleckter Schürze vor dem gemütlichen Bauch, in einer Hand einen zappelnden Fisch hielt, in der anderen ein stumpfes Instrument, das er, mit einer Kundin lachend und schwatzend, auf den Fischkopf schlug. Es war seine tägliche Arbeit, das Töten, es war Routine. Und doch empörte es mich, dass der Mann diesem Akt nicht einmal so viel Beachtung widmete, dass er sich darauf einige Sekunden konzentrierte. Seit meiner Wende zur vegetarischen Ernährung habe ich nie das Gelüst gespürt, noch einmal Fleisch oder Fisch zu probieren.

Reisen und Begegnungen

Im Himalaja und am Meer. – In den dreieinhalb Jahren als Deutschlehrer war ich oft auf Reisen – per Bus oder im Zug dritter Klasse. Mein Vorteil war, dass ich mit den Empfehlungsschreiben von Swami Mumukshananda überall in Indien in Ashrams der Rāmakrishna Mission wohnen durfte. Nach Kalimpong wagte ich viele Jahre nicht zu fahren. Aber ein anderer Ashram, 2000 Meter hoch im Himalaja, wurde zum Erlebnis: der alte, von Swami Vivekānanda gegründete *Advaita Ashram* in *Mayavati* (Uttarakhand). Auf dem Weg nach Mayavati hatte der Zug acht Stunden Verspätung, so dass ich am Endbahnhof Bareilly den Bus in die Berge nicht mehr erwischte. Auf einer schmalen Holzbank ausgestreckt, verbrachte ich, Moskitos abwehrend, die Nacht. Am nächsten Morgen kletterte ich früh in den Bus und kurvte ins Gebirge hinein. Als ich ausstieg, waren es noch anderthalb Stunden zu Fuß. Eine Woche durfte ich in einer der Einsiedlerhütten wohnen, ging zum Ashram nur zu den Mahlzeiten, die ich mit den Mönchen einnahm. Frei bewegte ich mich über die einsamen Waldwege. Nur, Achtung: Bären!

Mehrmals reiste ich nach *Puri* (Orissa) an der Bucht von Bengalen, eine uralte Wallfahrtsstadt der Hindus. Puri ist von Kalkutta in einer Nachtfahrt zu erreichen. Der Rāmakrishna Math liegt nahe am Meer, am nördlichen Rand der Stadt, in Sichtweite des Fischerdorfes Chakrathirta. Ich bezog das Zimmerchen auf dem Flachdach des Maths, von dort schweifte der Blick übers Meer, betupft von den Katamaranen der Fischer, und bis zu den Schilfhütten des Dorfes, vor denen nachmittags die Männer Netze flickten. Ein Szenarium mythischer Einfachheit und Strenge – das Meer, die Boote, das Dorf am Strand. Eine Ewigkeit hauchte mich an.

Doch auch von Armut, Alkoholismus und Krankheiten unter den Fischern erfuhr ich. Elend kaschiert sich in Indien gern mit dem Schleier inspirierender Einfachheit. Heute, vierzig Jahre später, höre ich, sind die Strände mit Hotels zugebaut, das Dorf hat sich mit all seinen Problemen vor den Touristen verkrochen … Nicht einmal zu einem flüchtigen Besuch werde ich zurückkehren wollen.

Madhupur. – Während eines jener frühen Aufenthalte in *Puri* begegnete ich *Swami Bhaskar Aranya*. Er hatte in der Nähe des Math eine kleine Wohnung für sich gemietet. Er war ein Mann in der Blüte seiner Jugend, fröhlich, strahlend, selbstbewusst, intelligent, kommunikativ und dazu fraglos überzeugt von seiner Berufung als Mönch. Die Mühen der Askese und Leib-verneinung waren ihm nicht anzumerken. Er übte Meditation in seiner Wohnung und verließ sie nur einmal am Abend, um im Meer zu baden. Er war ein kräftiger, furchtloser Schwimmer. Manchmal besuchte er auch den Rāmakrishna Math und wohnte dem rituellen Abendgottesdienst bei. Als Anführer und Inspirator unter Menschen hätte er es weit gebracht. Ich schloss mich ihm an und beide erfreuten wir uns einer liebenswürdigen Freundschaft. Könnte ich ein solcher Mönch sein, dachte ich, wäre ich von meinem Grübeln und Tasten erlöst.

Als ich Puri verließ, lud mich Swami Bhaskar Aranya in seinen Math im damaligen Bundesstaat Bihar ein. Ich bin unsicher, wie viel Zeit verging, aber ich fuhr tatsächlich eines Tages, begleitet von einem Freund aus Narendrapur, Jaykrishna Kayal, im Bummelzug nach Madhupur. Vom Bahnhof aus suchten wir den Kapil Math, der am Rand der kleinen Stadt liegt. Erinnerungen habe ich nicht, außer von einem Bild, das mir klar vor Augen steht, weil es mich erschreckte. Wir traten in den kleinen Tempel des Math ein und sahen an der Vorderwand hoch oben die Statue des mythischen Weisen Kapil, des Begründers der Samkhya-Philosophie[29]. In der Mitte, direkt unter der Kapil-Statue, war der Begründer dieses Klosters abgebildet, der 1947 starb. Darunter war ein rundes Loch, etwas größer als ein Kopf, in der Vorderwand. Uns wurde erklärt, dass durch dieses Loch der gegenwärtige Abt des Math schaue, zu seinen Jüngern und Verehrern spreche und sich verehren lasse. Drastisch ikonographisch war die Hierarchie von oben nach unten aufgezeigt: der Begründer der Philosophie – der Begründer des Klosters – dessen Nachfolger. Durch diese Ikonostasis wurde der noch lebende Nachfolger in den Status einer quasi-göttlichen Person gehoben. Der Lebendige hatte keine Wahl, als sich vom Volk schon jetzt mythifizieren zu lassen.

Eines der charakteristischen Merkmale des Hinduismus ist, dass Menschen deifiziert werden. Ein Guru kann nach seinem Tod wie ein göttliches Wesen verehrt werden. Sri Rāmakrishna ist ein Beispiel; die Mönche seines Ordens haben ihn in den Rang eines Gottes gehoben. Dass sich ein lebender Guru im Tempel in einer Reihe mit seinem mythischen ersten Guru und, wie hier, dem Klostergründer, zeigt, war eine neue Erfahrung.

Bhaskar Aranya wanderte mit uns durch Madhupur, wir besuchten einige seiner Freunde, er war an unserer Seite bis zur Abreise. Danach blieben wir jahrelang in Briefkontakt. Seine Briefe sagten wenig aus, sie waren eine Erinnerung einer einmal erfahrenen Freundschaft. Dass er, der Asket, diesen Kontakt für wichtig hielt, war das Besondere. Inzwischen ist er längst zum Guru des Kapil Math aufgerückt, er wohnt nun in der Kammer hinter der Tempelvorwand und erscheint in jenem Loch für die Beter und Verehrer. Heute hat der Kapil Math eine Website, die auch ein Foto von Swami Bhaskar Aranya zeigt: ernst, etwas starr; seine Gesichtszüge erkenne ich nicht wieder.

Khejurtola. – Einfachheit erlebte ich als Erstes bei meinen Besuchen in den bengalischen Dörfern. Sri Rāmakrishna ist in Kamarpukur, einem winzigen Dorf im Distrikt Hooghly, geboren und aufgewachsen. Für die Mönche der Rāmakrishna Mission und die Verehrer Rāmakrishnas ist Kamarpukur ein Wallfahrtsort. Ich besuchte das Dorf und war überwältigt von der elementaren Lebensweise der Bauern. Ihre Feldarbeit ist notwendigerweise eng mit der Natur verbunden, sie hängen von Hitze und Kälte, von Regen und Trockenheit auf eine wesentlichere Weise ab, als mir je vor Augen gekommen war. Ihr Lebenswandel vom Morgen bis in die Nacht ist mit den Feldern, den Bäumen, den Tieren verbunden. Die Menschen sind der Natur ausgeliefert, darum sind Bäume und

Haine, Tiere und Jahreszeiten in die Sphäre des Sakramentalen eingewoben.

In Narendrapur gewann ich einige Freunde unter den Studenten des College, es waren Freundschaften, die über lange Jahre hielten. Bis heute bin ich mit dem oben erwähnten *Jaykrishna Kayal* in engem Kontakt, der für sein College-Studium ein Stipendium nutzen musste, weil er von einer armen Familie aus einer niederen Kaste stammt. Sein Dorf Khejurtola liegt im Süden Bengalens, unweit des großen Ganges-Deltas. Da sein Englisch damals schon recht gut war, saßen wir abends stundenlang auf der Treppe hinunter zum Teich und unterhielten uns. Er ist bis heute ein begeisterter Literaturfreund, voller Geschichten aus der Mythologie und dem Leben seines Dorfes. Er schrieb anfangs selbst bengalische Geschichten, und jede erzählte er mir engagiert auf Englisch nach, als seien sie gestern erst geschehen.

Jaykrishna lud mich nach Khejurtola ein, und an einem Wochenende fuhren wir per Bus und Riksha in sein Dorf. Der Straßenlärm verebbte bald, nachdem wir auf die Riksha gestiegen waren. Keine einzige Maschine dröhnte, schnarrte, schnurrte … Wohlgemerkt, es war Mitte der 1970er-Jahre: keine Motorräder, keine Traktoren, keine Dreschmaschinen. Es gab keine Elektrizität im Dorf; auf dem Markt nur traditionelle bengalische Kleidung – Dhotis, Panjabi-Hemden und Saris für die Frauen. Fast alle liefen barfuß. Ich sah nur Lehmhütten, mit Stroh bedeckt; einzig die Grundschule aus Ziegeln gebaut. Das Leben von Jaykrishnas Familie fand den ganzen Tag und das runde Jahr im Freien, auf der überdachten Veranda der Hütte und im Hof statt. Es war eine Zeit, als Familienplanung in den Dörfern noch ungewohnt war. Neben Jaykrishna lebten fünf Geschwister in den in U-Form gebauten Lehmhäusern. Der zweite Bruder zeugte neun Kinder.

Der Vater, obwohl alt und ausgemergelt, arbeitete auf den Feldern und regierte die Familie. Sein Blick richtete sich am liebsten auf die Enkel, die er verhätschelte. Der älteste Bruder, der vier Kinder aufzog, besaß Schulbildung und schaffte es sogar, eine Anstellung in einem Krankenhaus zu bekommen. Meinem Freund Jaykrishna fiel als dem schulisch gebildetsten unter den Geschwistern die Aufgabe zu, die Brüder und Schwestern und danach deren Söhne und Töchter anzuleiten und finanziell zu unterstützen. Für Jaykrishna war es ein Leichtes, sich bald nach dem College für einen Job bei der westbengalischen Regierung zu qualifizieren. Als Mitglied einer niederen Kaste, das zudem ein abgeschlossenes Studium vorwies, konnte er das Quotensystem *(reservation)* der Regierung für untere Kasten nutzen.

Sein Leben würde Jaykrishna damit verbringen – gehorsam, klaglos –, die Menschenkinder, die seine Eltern auf die Welt gebracht hatten, ins Leben einzuweisen. Er sorgte für ihre Schulbildung, ihre Kleidung, die Schulbücher, den Nachhilfeunterricht und schließlich für den Lebenspartner. Alles das durften die analphabetischen Eltern von Jaykrishna fordern. Als sein zweitältester Bruder, ein Feldarbeiter mit geringer Schulbildung, anfing, einen Erdenbürger nach dem anderen ins Leben zu entlassen, fragte ich Jaykrishna, warum er ihm nicht Einhalt gebiete. Schließlich müsse er, Jaykrishna, für den Erhalt, die Erziehung, die Kleidung, das Essen dieser Kinder aufkommen. Jaykrishna blickte mich entgeistert an, dann sagte er, einem älteren Bruder könne er keine Vorschriften machen – vor allem nicht *solche* (intimen) Vorschriften! Schon meinen ausgesprochenen Gedanken schien er für anstößig zu halten.

Beim ersten Besuch in Khejurtola waren mir die sozialen Familienverhältnisse noch wenig vertraut. Aber wieder spürte ich, wie viel wir in Europa an elementarer Naturverbundenheit und Naturabhängigkeit verloren haben, indem wir unsere Sicherheit in der Technik, in den finanziellen Versicherungssystemen gesucht und – teilweise – gefunden haben. Gerade heute, in der Zeit des Klimawandels, brauchen wir, in Europa vor allem, aber auch in den Städten Indiens, ein neues Gefühl für die Natur. Wir können von diesen ursprünglichen bäuerlichen Gesellschaften lernen. Es geht nicht um Nachahmung. Doch um zu begreifen, dass sich die Natur gegen ihre Ausbeutung wehrt und uns zum Feind wird, brauchen wir zunächst diese emotional-essentielle Beziehung zur Natur. Dann entsteht die notwendige Energie zum Kampf gegen den Klimawandel. Mir wurde dieser Besuch in Khejurtola ein entscheidender Impuls dafür, dass ich mich später, als ich nach Santiniketan übergesiedelt war, in den Stammesdörfern der Umgebung engagierte.

Ich wandere weiter

Nach zwei Jahren in Narendrapur kehrte ich nach Deutschland zurück. Dem Ashram hatte ich mitgeteilt, dass ich vielleicht zurückkehrte, aber sicher sei es nicht. Während der drei Monate in Boppard wurde mir zusehends deutlich, dass ich noch nicht damit abgeschlossen hatte, Indien für mich in eine Lebenshaltung zu integrieren. Ich kämpfte noch nach Einsichten, wie Europa und Indien, wie Christentum und Hinduismus zu verbinden seien. Als Journalist hätte ich in Deutschland zu jener Zeit relativ leicht eine profilierte Anfangsstelle bekommen. Zwei Jahre Indien wäre neben dem Studium eine zusätzliche Qualifikation gewesen. Aber diese Alternative erschien mir reizlos, unkreativ, allzu bürgerlich. Mir war, als würde ich die Menschen in Indien, gerade die »einfachen« und armen und ungeschützten, verraten, wenn ich mich jetzt von ihnen abwendete. Auf eine noch unverbindliche Weise fühlte ich mich ihnen verpflichtet.

Gleichzeitig aber spürte ich, dass ich meine Zeit mit der Rāmakrishna Mission nicht ausdehnen sollte. Ich wollte kein Deutschlehrer bleiben. Dieser Job, der mit dem Gehalt von 320 Rupien gerade so eben meine Ausgaben deckte, war keine Dauerlösung. Ich musste schreiben. Ein weiterer Grund, weiter zu wandern, kam hinzu. Wohl hatten einige Mönche in Narendrapur damit gerechnet, ohne jemals Druck auf mich auszuüben, ich werde in den Rāmakrishna-Orden eintreten. Ich wolle mich nur noch eine Weile prüfen. Wer diesen Weg sucht, wählt im Orden einen Mönch zu seinem Guru aus und erhält von ihm die Initiation *(Diksha)* als Rāmakrishna-Verehrer. Erst danach wäre eine Bitte, als Mönch in den Orden aufgenommen zu werden, sinnvoll. Für mich war dies jedoch zu keinem Zeitpunkt eine Option. Ich habe mich stets als Christ empfunden, der den Hinduismus als eine Inspirationsquelle und Befruchtung seines Glaubens annimmt.

Die Kluft zwischen der Rāmakrishna Mission und meiner Haltung hatte sich, wie wir gesehen haben, schon früher aufgetan; die folgende Erfahrung machte sie umso deutlicher. Nach der Lektüre der Franziskus-Biographie begann ich Franziskus und Rāmakrishna zu vergleichen; es war eine meiner Bemühungen, meinen eigenen geistigen Standort zu bestimmen. Einen längeren Essay über dieses Thema veröffentlichte ich in der Monatszeitschrift der Rāmakrishna Mission, »Prabuddha Bharata«, die Swami Vivekānanda gegründet hatte.[30] Der Herausgeber, ein älterer Mönch, wurde, wie er mir später schrieb, von der Ordensleitung zurechtgewiesen und schließlich seines Postens enthoben. Sein Vergehen? Er hatte zugelassen, dass mein Vergleich von Rāmakrishna, den der Orden als inkarnierten Gott verehrt, mit einem »bloßen Heiligen« (»a mere saint«), veröffentlicht wird. Nur ein Vergleich von Rāmakrishna mit Jesus Christus oder Buddha könne dem spirituellen Rang Rāmakrishnas gerecht werden.

Rāmakrishnas Gott-Gleichheit ist ein Glaubenssatz der Rāmakrishna-Verehrer. Ihrem Glauben habe ich nie im Wege gestanden; ich achte ihn, auch wenn ich ihn nicht teile. Doch als ebenso gültig empfand ich den Vergleich mit einem Heiligen, also mit Franziskus. Ist Rāmakrishna nicht eine geschichtliche Person, die den Gesetzen des Menschseins unterworfen war wie die Heiligen etwa des Christentums? Hier erlebte ich eine ideologische Verhärtung im modernen Hinduismus, der sich trotz seines universalistischen Anspruchs gegenüber anderen Religionen abzusetzen sucht. Das Grundgefühl der Hindus sagt, dass es zwischen Gott und Mensch fließende Grenzen gibt. Ein Mensch kann divinisiert, zum Status eines Gottes erhoben werden, ebenso kann ein Gott oder eine Göttin humanisiert, zum menschlichen Status herabsinken oder als Gott menschliche Gestalt annehmen. Zahlreiche Beispiele bestehen für beide Bewegungen in der Frömmigkeitsgeschichte, in den Epen und Heiligengeschichten und nicht zuletzt im täglichen Leben der Hindus auch heute. Gurus nehmen oft göttlichen Status für sich in Anspruch. Umgekehrt spielen im Volkstheater menschliche Darsteller Göttergestalten auf der Bühne. Das In-Szene-Setzen einer Puja ist im Grunde eine Humanisierung der Götter, und das Geschehen im Kapil-Math in Madhupur ist Beleg für die Gegenbewegung: Der Mensch wird divinisiert.

Swami Vivekānanda focht gegen eine Institutionalisierung seines Ordens, worin er Bequemlichkeit und geistige Verhärtung witterte. Er nannte dies verächtlich »Churchianity«, weil er in den christlichen Kirchen diese Erstarrung der Glaubenssätze und ekklesiastischen Regeln beobachtet hatte. Je länger ich in Narendrapur wohnte, desto stärker wurde mir bewusst, dass der Rāmakrishna-Orden im Laufe seiner damals siebzigjährigen Geschichte die Mönche immer mehr entmündigte, anstatt sie im Sinne Vivekānandas zu selbstbestimmten Menschen zu erziehen, und dass sich die jungen Mönche immer stärker an äußeren Regeln orientierten – was der Gründer niemals gebilligt hätte. Anders ausgedrückt: Der revolutionäre, gegen die gesellschaftlichen Zustände aufbegehrende Vivekānanda inspirierte nicht mehr genügend. Stattdessen wird Mönchsein immer mehr zum Mittel eines gesellschaftlichen Aufstiegs, um ein Leben in gesicherten Verhältnissen zu führen. Ein Mönch der Rāmakrishna Mission ist vom Orden materiell besser abgesichert als ein Familienvater im indischen Mittelstand.

Die Mönche werden einerseits von der Laiengesellschaft hochverehrt, weil sie »der Welt entsagt« haben und das aufopfernde Leben von Askese, Armut, Gehorsam und Zölibat wählen. Andererseits leben sie sorgloser als Laien. Ursprünglich sollte diese Absicherung dazu dienen, dass die Mönche ungehindert den Dienst an den Menschen ausüben können. Hier zeigt sich wieder das Dilemma des Zwiespalts von Tradition und Moderne.

Der deutsche Mönch hatte Narendrapur verlassen und war nach Deutschland zurückgekehrt. Ich war der letzte Ausländer, der im Ashram lebte. Nach mir keiner mehr! Ich hatte ein ungewöhnliches Privileg genossen, weil ich als Christ und Ausländer mit den Rāmakrishna-Mönchen das alltägliche Leben teilen durfte. Doch war ich an Grenzen gestoßen. Dass sich unsere Wege trennten, war ein Zeichen für mich, dass ich im Umkreis des Rāmakrishna-Ordens mehr nicht würde lernen können. Allerdings blieb ich Narendrapur weiterhin drei Jahrzehnte verbunden und wohnte im Ashram, immer wenn mich Erledigungen nach Kalkutta führten.

3 ZUSAMMENLEBEN MIT HINDU-MÖNCHEN

4

Das indische Christentum begegnet dem Hinduismus

Als Student in Madras

Schon beim ersten Indien-Besuch sowie während meiner Rāmakrishna Mission-Jahre in Narendrapur hatte ich Südindien bereist und mich dort wohlgefühlt, wohler eigentlich als im Norden. Der Süden ist geographisch übersichtlicher und begrenzter, aber auch topographisch vielfältiger, die Infrastruktur moderner, die Züge und Busse sind weniger überlastet. Die Meere im Westen und Osten bestimmen das Lebensgefühl an den Küsten. Ihre Nähe macht die Sommerhitze weniger stickig. Die Brise vom Meer dämpft nicht nur die lähmende Wirkung der Luftfeuchtigkeit, sie ist sogar belebend.

War Südindien meine nächste Station? Ich wollte in Indien bleiben. Die Freiheit, jeden Tag mein Leben zu gestalten, hatte mich geradezu süchtig danach gemacht. Die Vorstellung, mich in Deutschland in ein Arbeitsverhältnis einzugliedern, war abschreckend. Hatte ich nicht gerade erst meine geistige Entdeckungsreise begonnen? Sie in einem von außen reglementierten Tagesablauf fortzuführen schien einem Verrat an mir selbst gleichzukommen.

Umzug zu den Jesuiten

Auf einer Erkundungsreise durch Südindien hatte ich das Dialogzentrum der Jesuiten »Aikiya Alayam« (Ort der Einheit) in Madras aufgesucht. Ich wohnte in dem anmutig in einem Kokospalmenhain gelegenen Rāmakrishna Math und fuhr von dort zur San Thome High Road, die am Meer entlangführt, zum Dialogzentrum. Ihr Gründer und Leiter war der Jesuitenpater Ignatius Hirudayam[31], ein bejahrter, ehrwürdiger Priester – eine rechte Guru-Gestalt mit langen, weißen Haaren und langsamem, gebeugtem Gang. Seine Tremolo-Stimme klang wie eine Glocke. Obwohl ein Jesuit konservativer Schule, wurde er ein Pionier des christlich-hinduistischen Dialogs in Indien. Er blieb eine kaum bekannte und anerkannte Gestalt, wohl weil er keine Schriften hinterließ und den Unterricht über die alten Hindu-Schriften der Tamilen, die *Agamas*, auf seine Muttersprache Tamil beschränkte. Er litt unter der mangelnden Wirkung. Die Errichtung des Dialogzentrums war sein jahrzehntelang gehegter Herzenswunsch gewesen, und erst kürzlich hatte es seine Säle geöffnet, zu spät vielleicht, weil ihm schon die Vitalität fehlte, das Haus mit Kreativität zu füllen.

Der Pater schlug vor, dass ich an der Universität ein zweijähriges Magister-Studium in indischer Philosophie absolviere und währenddessen in einem der Gästezimmer des Dialogzentrums wohne. Überglücklich stimmte ich sofort zu. Ich konnte in Indien bleiben; ich würde den Hinduismus und die anderen Religionen, die in Indien ihren Ursprung haben – den Buddhismus, Jainismus und Sikhismus – systematisch kennenlernen. Bisher hatte ich unsystematisch, sprich: ahistorisch und kontextfrei gelesen. Mir war es um den spirituellen Nutzen gegangen. Jetzt wurde mir wichtig, Geschichte und gesellschaftlichen Kontext zu erfassen, um zu verstehen, wo ich mich im großen Geistesgeschehen der Welt verortet hatte.

In Aikiya Alayam würde ich im Zusammenleben mit indischen Jesuiten wieder die Brücke von meinem Glauben zum Hinduismus schlagen können.

Gegen Ende 1976 zog ich mit einem großen Stahlkasten voll Büchern und einem Koffer von Kalkutta nach Madras um. Eine Szene zu Beginn der Zugreise: Ein Ehepaar mit kleinen Kindern saß im Abteil. Der Vater glaubte, kindervernarrt wie Inder sind, mir ein besonderes Vergnügen zu machen, als er mir anbot, seinen nackten Säugling in meinen Armen zu halten. Ich ließ mir die Gelegenheit nicht entgehen, den braunen Bub anzunehmen. Er krähte fröhlich, bis er seine Augen zu mir drehte und vor Schreck eine dünne Fontäne nach oben schickte. Ich hatte nichts Eiligeres zu tun, als ihn wieder dem Vater anzuvertrauen. Meine nasse Hose fand der lustig und durchaus nicht einer Entschuldigung wert.

Im Aikiya Alayam bewohnte ich im oberen Stockwerk ein Zimmer mit Blick übers Meer, von dem Tag und Nacht eine Brise wehte. Die Universität liegt an derselben breiten Straße, der Santhome High Road. Gegen Norden kommt zunächst die St. Thomas Cathedral und die Marina Beach, gefolgt von der Universität und schließlich dem Hafen. Fast jeden Morgen bin ich im Bus zehn Minuten am Meer entlang zur Universität gefahren. Das Dr. S. Radhakrishnan Institute for Advanced Study in Philosophy, an dem ich meinen Magister machte, ist ein gut ausgestattetes Institut für indische Philosophie. In sechzehn Fächern erhielten wir einen Rundblick über die sechs philosophischen Systeme des Hinduismus, mit Schwerpunkt auf den drei Vedanta-Schulen, sodann auf indischem Buddhismus, Jainismus, indischer Logik und den Lehren M. K. Gandhis.

Professor R. Balasubramaniam unterrichtete uns in sämtlichen vier Semestern, Vedanta war sein Sondergebiet. Großartig, wie er in freier Rede philosophische Zusammenhänge entwickelte und verständlich machte. Erstaunt wurde mir bewusst, dass die indische Philosophie dazu neigt, von Bildern, Symbolen, Vergleichen und narrativen Elementen auszugehen, anstatt von Begriffen, wie meist die westliche Philosophie. Bilder und anschauliche Beispiele aus dem Alltagsleben gelten durchaus als Beweise für eine Prämisse, während die westliche Philosophie eine solche Vorgangsweise eher blumig fände und nicht als Wahrheitsbeweis gelten ließe. Faszinierend empfand ich das immer wieder bemühte Beispiel eines Stück Seils, das auf dem Weg liegt und den Vorbeigehenden im ersten Augenblick als Schlange erscheint: Man schreckt zurück und erkennt im nächsten Augenblick den Irrtum. Aus dieser Täuschung leitet die indische Philosophie den Unterschied zwischen – göttlicher – Wirklichkeit (Seil) und der von unseren Sinnen wahrgenommenen – scheinbaren – Wirklichkeit (Schlange) ab. Darauf beruht die Lehre der *Maya*, die die mit den Sinnen wahrgenommene Wirklichkeit ist, die aber verblasst, sobald die göttliche Schau der Wirklichkeit »durchscheint«.

Lalitha

In einer Klasse von acht Studenten war ich der einzige Mann und ein Jahrzehnt älter als alle anderen. Die Mädchen waren zunächst scheu, dann kameradschaftlich. Mit Lalitha freundete ich mich an. Tochter aus einer konservativen südindischen Brahmanen-Familie, war sie selbstbewusst, gut gebildet und sozialisiert, interessiert und wach, aber sie blieb ganz und gar ihrer Tradition treu. Keine Spur von jugendlicher Aufmüpfigkeit. Dank ihrer Weltoffenheit konnten wir uns freundschaftlich begegnen. Unausgesprochen war die klare Regel, dass körperliche Berührungen tabu sind.

Oft durfte ich die Familie besuchen. Lalithas Vater wurde für mich das Urbild eines bescheidenen, in sich ruhenden, in der Bedeutung seines Brahmanentums restlos aufgehenden Gentleman. Er besaß die Tugenden seiner Kaste, die die heiligen Schriften fordern: Reife, Würde, Gerechtigkeit … Niemals fühlte ich mich in seinem Wohnzimmer am falschen Platz, niemals entstanden peinliche Situationen. Er schätzte meine Liebe zu Indien, zur Philosophie, er hieß auch meine Freundschaft mit seiner Tochter willkommen; wir achteten einander sehr. Allerdings befolgte ich die Reinheitsgebote und überschritt weder in Worten noch in Körpersprache den fein ausgewogenen Anstand, der in dieser Gesellschaftsschicht herrscht. Oft lud mich die Familie zu einer Mahlzeit ein, was mir als besonderer Vertrauensbeweis galt.

Indische Logik war das einzige Fach in meinem Magister-Kurs, das mir schwierig wurde. Lalitha glänzte darin. Darum bot sie an, mir zu helfen. Nach dem Unterricht setzten wir uns in den Park vor dem Universitätsgebäude und übten. Der Ort war intuitiv mit Bedacht gewählt. Es war kein abgeschlossener Raum – man konnte uns sehen; allein im Klassenzimmer zu bleiben, wäre zu »geheim«, zu zweideutig geworden. Natürlich kam es dort im Park auch zu lebhaften Gesprächen. Obwohl erst rund zwanzig, vertrat sie klare Meinungen. Es war eine Wonne, mit ihr zu diskutieren.

Einmal nur, erinnere ich mich, gab es ein Missgeschick. Die Einzelheiten sind mir entfallen. Ich berührte Lalithas Oberkörper, um eine Wespe zu verscheuchen oder etwas wegzuwischen – war es so? Ihr Taschentuch war im Spiel. Jedenfalls rügte sie mich, weil ich die Regeln unseres Zusammenseins nicht eingehalten hatte; das Taschentuch nahm sie nicht zurück.

In späteren Jahren besuchte ich die Familie immer, wenn ich nach Madras fuhr, bis Lalitha verheiratet wurde. Ich war enttäuscht, dass sie einen Bankier heiratete. Es war für sie eine glänzende Partie; aber ihre Interessen an Philosophie und Musik und Kunst lagen in der Ehe brach. Noch lang haben wir uns geschrieben; einmal traf ich auch ihren Ehemann, den ich als solide, ehrenhaft, aber doch recht langweilig empfand. Sie übersiedelten nach Hyderabad, wo ihr Mann zum Bankdirektor aufstieg. Ihre beiden Söhne wurden Professoren, einer lebt in den USA, der zweite in der Türkei. Als ihr Bankier-Mann in den Ruhestand trat, kehrten sie nach Madras zurück. Ein konventionell erfolgreiches Leben. Ihre Briefe berichteten nur darüber, nie über ihre persönlichen Wünsche und Gefühle. Als ich vor einigen Jahren einen Vortrag in Madras hielt, erschien darüber ein Zeitungsbericht, den Lalitha las. Wieder schrieb sie mir und bat, sie und ihren Mann bei meinem nächsten Madras-Besuch zu treffen.

Aikiya Alayam und der Dialog im Alltag

Das Leben in Aikiya Alayam war nicht inspirierend. Ein lebhafter Dialog zwischen den Religionen fehlte. Das große Haus mit einem Saal, einer Bibliothek, mit Klassen- und Gästezimmern war nicht voll genutzt. Dialogtreffen fanden alle paar Wochen statt, doch waren es immer dieselben Menschen, die kamen – einige Hindus, einige Katholiken. Sie sprachen ernsthaft über recht abstrakte Themen, die beide Religionen angehen, etwa über Liebe, Güte, Erlösung, dann folgte eine gemeinsame stille Meditation. Man trank eine Tasse Kaffee zusammen und ging zufrieden auseinander. Ich erkannte keine Versuche, diese Gruppe, vor allem die Anzahl der Hindus, zu erweitern. Es waren gebildete Menschen, die kamen, sie waren dem Pater verehrungsvoll zugetan, das band sie ans Haus.

Der wichtigste Teil von Aikiya Alayam war eine Musikschule. Sie leitete der Jesuit P. T. Chelladurai, der in karnatischer Musik, der klassischen südindischen Gesangstradition, ausgebildet war und sie lehrte. Diese unter Hindus populäre

Musik auch unter Christen, gerade unter Priestern und Ordensschwestern, beliebt zu machen war ein wertvolles Ziel. Einige Schwestern wohnten in Aikiya Alayam, um einen Kurs von mehreren Jahren zu absolvieren. Später sollten sie in ihren Ordensgemeinschaften oder in den ausgewiesenen staatlichen Musikschulen karnatische Musik unterrichten. Pater Chelladurai hatte bei Hindu-Meistern gelernt, und seine normale Aufgabe war es, auch Lieder zu Ehren von Hindu-Gottheiten einzuüben. Der Pater scheute sich nicht.

Wer erfahren hat, wie tief Inder sich aus ihrer Musik heraus verstehen und ihre Welt gestalten, der weiß um die Bedeutung dieser Musikschule. Musik, genauer noch Gesang, ist jener kreative Ausdruck, der der indischen Mentalität am meisten entspricht; täglich bricht sie sich spontan Bahn. Der analphabetische Bauer ebenso wie die hochgebildete Professorin spüren eine elementare Freude im Singen. Sie tun es ungeniert vor Freunden, vor der Familie, vor allen, die zuhören. Jeder *kann* singen, jeder soll auch vor anderen singen! Unvorstellbar im deutschen Kontext! Könnten junge Menschen Gassenhauer vollständig nachsingen? Von Volksliedern, alten oder neuen, zu schweigen ...

Darum sind Musik und Gesang als Mittel des interreligiösen Dialogs ungemein fruchtbar. Sie rationalisieren nicht, analysieren nicht, stellen keine Unterschiede fest, sondern sie laden zum gemeinsamen Tun ein. Singend und zuhörend schaffen sie einen Raum für eine spontan sich bildende emotionale Gemeinschaft. Als organischer Zugang zum Dialog ist Gemeinschaftsgesang dem Gebet und der Meditation gleichgeordnet, eher noch: er geht beiden voraus.

Betrüblich war, dass Aikiya Alayam nur den »offiziellen kirchlichen Dialog« förderte – geplante Dialogtreffen, die Musikschule, eine gute, für alle offene Bibliothek mit den heiligen Schriften des Hinduismus und Werken von Hindu-Heiligen. Doch der »Dialog im Alltag« – der eigentliche Dialog, auf den der offizielle vorbereiten soll – fand nicht statt. Damit meine ich die Gespräche auf der Straße, am Arbeitsplatz, bei gegenseitigen Besuchen, auf gemeinsamen Festen, die Freundschaften, das religionsübergreifende Tun für das Gute und den Frieden in der Welt.

Das katholische Milieu erschien mir fast gettohaft isoliert, zu unfrei und auf sich bezogen. Den eigentlichen Dialog von Mensch zu Mensch verhindern Berührungsängste, die mit Religion nichts zu tun haben, sondern eher mit gesellschaftlichem Prestige, mit fehlendem Mut, mit dem Bewusstsein, die »Anderen« in ihren Lebenszusammenhängen nicht zu kennen, und mit der charakteristischen Ängstlichkeit einer Minderheit. Alle Angestellten in Aikiya Alayam waren Katholiken, vom Koch bis zur Büroangestellten und zum Aufseher der Bauarbeiter. Das Haus förderte einige tamilische Studenten – alle Christen und häufig Verwandte der Patres. Der Rechtsanwalt, der Finanzberater, der Leiter des Reisebüros, der Zug- und Flugtickets besorgte – Katholiken! Instinktiv vertraute man ihnen mehr. In den nachfolgenden Jahrzehnten haben sich viele Kirchenvertreter aus diesem Milieu lösen können, als soziale Gruppe jedoch beharren die Kirchen bis heute auf dem Eigenen.

Wäre es nicht denkbar gewesen, dass die Patres die Feiern im Rāmakrishna Math oder in anderen Ashrams und Tempeln besuchen; dass sie mit anderen zusammensitzen, um dort den Gesängen zu lauschen oder mitzusingen? Gemeinsam Feste zu feiern habe ich als eine wesentliche Dialogtat begriffen. Kein religiöses Fest ohne Gesang, ohne eine Puja, kein Fest ohne eine Mahlzeit! Wie im christlichen Bereich schafft eine Mahlzeit, Seite an Seite verzehrt, so stark wie keine andere Handlung Gemeinschaft. Im Dialogzentrum Aikiya Alayam konnte man das nicht erleben.

Mit Duldung des Bischofs feierten die Patres die tägliche Messfeier nach einer »indischen Liturgie«, die gewisse Elemente einer Hindu-Puja einführte. Der Zelebrant saß vor einem kleinen Tisch (wie im Hindu-Tempel ein Pujari, der vor der Gottesstatue sitzt), er opferte Blumen auf (wie in einer Puja), doch noch wichtiger war wohl, dass die Liturgie in tamilischer Sprache, der Volkssprache, gefeiert werden durfte, nicht, wie noch üblich, in Englisch, und dass sich unter den Lesungen auch der Text eines Hindu-Heiligen befand. Ein Lied im Stil der karnatischen Musik schloss die Messe ab.

Hätte diese Feier manchmal auch mit Hindus stattgefunden oder hätte die »indische Liturgie« Katholiken dazu bewogen, auch die Pujas in den Maths und Tempeln zu besuchen, wäre sie fruchtbar geworden. Doch während meiner Anwesenheit entwickelte sich eine solche Dynamik nicht.[32]

Aikiya Alayam war offen für Gäste auf der Durchreise, die einige Stunden oder eine Nacht blieben. Oft waren es Protagonisten und Fürsprecher einer progressiven Kirche, die den Dialog mit anderen Religionen suchten. Auch ich durfte sie treffen und mit einigen blieb ich jahrelang verbunden. Da waren Pater Bede Griffiths, der britische Benediktiner; der Jesuit Ignatius Puthiadam, der bei Karl Rahner in Münster studiert hatte; der christliche Künstler Jyoti Sahi, mit dem ich ein Jahrzehnt zusammenarbeitete. Sogar Lanza del Vasto, genannt »Shantidas«, der italienische Gandhi-Schüler und Begründer der »Arche«-Gemeinschaften, besuchte Aikiya Alayam. Die Möglichkeit, diese Persönlichkeiten zu treffen, war ein wichtiger Beitrag der Jesuiten zu meinem Leben.

Pater Francis Acharya im Kurisumala Ashram

Geschichte der christlichen Ashram-Bewegung. – Die christliche Ashram-Bewegung begann mit protestantischen Missionaren. In den 1920er-Jahren gründeten zwei protestantische Ärzte, ein Südinder und ein Schotte, den Christukula Ashram in Tirupattur in Tamil Nadu. Mittelpunkt waren ein Krankenhaus, eine Schule und eine Kirche. Sie hatte architektonisch das Aussehen eines südindischen Hindu-Tempels; die Gottesdienste wurden in der Landessprache, dem Tamilischen, und mit indischen Symbolhandlungen gefeiert. Dies signalisierte die Abwendung von europäischen Kulturformen. Gastfreundschaft war der kleinen Ashram-Gemeinde, dem medizinischen Personal wichtig.

Katholiken folgten erst um rund 1950, als mehrere – europäische – Priester in Südindien Ashrams gründeten.[33] Diese waren Jules Monchanin (1895–1957), ein französischer Weltpriester. Ihm folgten der französische Benediktiner Henri le Saux (1910–1973; bekannt unter seinem indischen Namen Swami Abhishiktananda), Francis Acharya (1912–2002) und zuletzt Bede Griffiths (1906–1993), ein britischer Benediktiner. Monchanin und Abhishiktananda gründeten am Fluss Cauvery den Ashram Shantivanam (»Wald des Friedens«), den später Pater Bede leitete und zu einem weltweiten Anziehungspunkt der katholischen Ashram-Spiritualität machte. Abhishiktananda begann das Leben eines Bettelmönchs und wanderte von Ort zu Ort, schrieb Bücher und predigte in zahlreichen christlichen Ordensniederlassungen im ganzen Land. Pater Francis gründete, zuerst unterstützt von Pater Bede, den Kurisumala Ashram. Pater Bede verließ Kurisumala und übernahm von Abhishiktananda den Ashram Shantivanam.

Dies sind vier markante Persönlichkeiten, sehr verschieden voneinander lebten sie manchmal auch in Spannungen zueinander, doch jeder war von der Notwendigkeit überzeugt, dass das Christentum kulturell und spirituell dem Hinduismus angenähert werden müsse. Pater Francis und Pater Bede kämpften darum, die indischen Bischöfe (europäische Bischöfe waren damals schon selten in Indien) von der Ashram-Idee zu überzeugen, Lockerungen und

Sondererlaubnisse insbesondere in der Liturgie durchzusetzen.

Schon während meiner Erkundungsreise durch Südindien
hatte ich auf Vorschlag von P. Ignatius Hirudayam den Kurisumala Ashram (»Ashram des Kreuzbergs«) in Kerala, also
auf der westlichen Seite Südindiens, besucht. Von Süden bis
Norden zieht sich durch die gesamte Länge Keralas der Ge-
birgszug der »Western Ghats«. Im südlichen Teil liegt auf einem weiten, mit *einem* Blick kaum zu erfassenden Terrain der
Ashram. Die Kapelle, der Schlafsaal und einige Einzelzimmer
für die Mönche, daneben die Kuhställe und bis über den Horizont hinaus die von niedrigen Steinmauern eingegrenzten
Weiden. Es sind Mauern, wie ich sie im Stronatal erlebt habe:
aus geschickt aufeinander geschichteten Felsbrocken. Entlang
des Ashram erhebt sich ein Bergrücken, auf dessen höchster
Erhebung ein großes Kreuz steht – das ist der Kreuzberg, der
dem Ashram seinen Namen gibt. Wer hinaufsteigt oder wer
den Weiden in westlicher Richtung folgt, dem öffnet sich der
Blick bis zum Meer hin. Eine grandiose Landschaft! Nicht die
Wucht und Weitläufigkeit des Himalaja besitzt sie, wohl aber
eine vielgestaltige, menschenfreundliche Überschaubarkeit.
Wo Mulden und Bergfalten Schutz vor Wind und Sturm bieten, schmiegen sich von Bäumen umgebene Häusergruppen
hinein. Auch Wege und grasendes Vieh, sonst nur natürliche
Landschaft.

Der Ort schien mir spontan vertraut. Ich bewegte mich wie
bei langgeschätzten Freunden: unter den jungen Mönchen,
unter Gästen – es kamen viele Ordensschwestern zu Exerzitien –, unter den Bäumen an den Wegen. Vor allem aber im
Beisein des Abtes Francis Acharya fühlte ich mich wohl. Ein
ehemaliger belgischer Trappist namens Jean Richard Mahieu,
geboren 1912, trat er 1935 in die Abtei Scourmont ein. Nach
zwanzig Jahren als Trappist in verschiedenen Ordensämtern,

spürte er den Ruf, nach Indien zu reisen, um dort das christlich-monastische Leben einzupflanzen.

Die Idee war zwingend: Seit Jahrhunderten hatte der christliche Westen Missionare nach Indien geschickt, um zu bekehren. Sie waren den Kolonisatoren und den Kaufleuten gefolgt und hatten teilweise mit ihnen – zum Schaden ihrer Mission – gemeinsame Sache gemacht. Waren sie jedoch imstande, das Christentum in seiner Fülle zu repräsentieren? Wo blieben das kontemplative Christentum und das Mönchtum mit ihren reichen Traditionen? Gerade weil der Hinduismus so stark monastisch geprägt ist, ist es nicht verfehlt, in Indien ausschließlich ein missionarisches Christentum einzupflanzen, das Gemeinden schafft, Erziehung, Gesundheit, Wohlstand fördert? Im Jahr 1958 gründete darum Pater Francis, unterstützt von Pater Bede Griffiths, den Kurisumala Ashram.

Das monastische Christentum sollte sich in Verbindung mit den christlichen Laiengemeinden entfalten – und in einem brüderlichen Nebeneinander zum hinduistischen Mönchtum. Um zu signalisieren, dass sie sich an die heimatlichen – also indischen – Traditionen des Mönchtums anschließen möchten, trugen die christlichen Pioniere das ockerfarbene Gewand der Hindu-Mönche und nannten ihre Gemeinschaften nicht Klöster, sondern eben »Ashrams«. Viele weitere Merkmale, manchmal mehr, manchmal weniger, übernahmen sie.

Pater Francis und ich fühlten uns spontan verbunden. Schon Mitte sechzig, war er von einem umwerfend herzlichen Temperament, fast jungenhaft engagiert für die gute Sache des Dialogs und der Inkulturation. Er war kräftig, breit gebaut, mit Händen so wuchtig wie die eines Bergbauern, die Stimme tief und markant. Der Kopf groß und knorrig, mit halblangem grauem Bart und stets suchenden Augen. Er sah aus, wie man sich die alttestamentarischen Propheten oder die Seher der Upanishaden-Zeit vorstellen mag. Dazu kam aber eine Ausstrahlung, nicht von beherrschender Autorität, wie man ihn sich nach dieser Beschreibung vorstellen könnte, sondern von einer Schlichtheit und Zurückhaltung, woran ich den Immer-noch-Suchenden erkannte.

Mit herkulischer Anstrengung hatte er diesen Ashram aufgebaut. Er berichtete mir häufig von den Hindernissen, mit denen die offizielle Kirche, der indische Staat, die gesellschaftliche Situation in Kerala seinen Weg blockierten. Sein Ziel war, eine kontemplative christliche Mönchsgemeinde aufzubauen, die von ihrer Hände Arbeit lebte und nicht von den Spenden der reichen Kirchen im Ausland. Darum baute er einen großen Milchbetrieb mit Dutzenden von Kühen auf, die in den Bergen und ihrem kühlen Klima prächtig gediehen und reichlich Milch gaben. Die Mönche, vom ältesten bis zum Novizen, die Gäste und Pater Francis nicht ausgeschlossen, arbeiteten in der Viehwirtschaft mit. Das war ur-benediktinisches Leben: *ora et labora* – Gebet und Handarbeit.

Während der wenigen Tage, die ich auf jener Rundreise im Kurisumala Ashram verbrachte, schlug mir der Pater einen längeren Aufenthalt im Ashram vor. Er hatte vom Päpstlichen Missionswerk in Österreich eine Einladung angenommen. In einigen Monaten sollte er aufbrechen und an mehreren Orten Vorträge und Kurse halten. Sein Deutsch war gut, er müsste allerdings den Text ablesen können. Ob ich ihm den Kurs und den Vortrag schreiben könne. Er war im Alltag von Kurisumala Ashram zu stark eingespannt, die Mönche anzuleiten und den regen Gästebetrieb zu steuern. Täglich stand er spontan für Einzel- und Gruppengespräche zur Verfügung. Sein Angebot war eine riesige Ehre – eine Chance, mich in die christlich-indische Spiritualität, wie sie Francis Acharya vorlebte, einzufühlen. Ich willigte ein, weil mir tatsächlich zwei Monate bis zu meinem Studium in Madras Zeit blieben.

Der Alltag im Kurisumala Ashram. – Gebetszeiten wechselten mit Arbeit in den Ställen, der Küche, den Gästezimmern ab.

Abends unterrichtete Pater Francis die Novizen und Gäste. Die Gebetszeiten folgten der benediktinischen Regel, doch waren den Psalmen Texte aus den mystischen Schriften des Hinduismus beigegeben, vor allem aus der *Bhagavad-Gita* und den Upanishaden. Und die Gebetszeiten wurden mehrmals von Zeiten der Meditation unterbrochen. Aber konnten die jungen Novizen, die aus einfachen, konservativ-katholischen keralesischen Familien mit bäuerlichem Hintergrund stammten, den Gebeten, die Pater Francis poetisch ins Englische übersetzt hatte, folgen?

Pater Francis war seiner Zeit voraus. Da er auf Handarbeit in den Ställen bestand, konnte er nicht mit schulisch gut gebildeten jungen Männern rechnen. In Indien ist manuelle Arbeit, zumal »schmutzige« Arbeit beim Vieh, wenig geachtet. Sie verrichten nur schulisch wenig gebildete Menschen, die keine andere Wahl haben, die es nicht geschafft haben, sich durch Unterricht und handwerkliche Fähigkeiten in der Gesellschaft eine Stufe hochzuarbeiten. Mahatma Gandhi hat ein Leben lang für die Würde der manuellen Arbeit geworben. Doch hat er in der Gesellschaft ein Umdenken bewirkt? Zu tief ist die Verachtung der Handarbeit mit Kasten- und Klassendenken verzahnt, auch unter Christen, die doch durch den europäischen Einfluss der Handarbeit wohlgesinnt sein müssten.

Mit dem Mut und der zähen Geduld eines Heiligen hat Pater Francis immer neue Gruppen von Novizen ausgebildet, niemals entmutigt, wenn einer nach dem anderen zur Familie zurückkehrte. Er hat, immer mit frischem Enthusiasmus ausgestattet, immer zuversichtlich, für seine monastische Form geworben. Seine erfolgreichste Mission erfüllte er mit seiner Gastfreundschaft. Von den vielen Ordensleuten, die im Kurisumala Ashram Exerzitien machten, abgesehen, kamen junge Frauen und Männer aus aller Welt, um einige Tage oder Wochen am Gemeinschaftsleben teilzunehmen. Leider erschienen jedoch wenige Hindus. Ich erinnere mich nur an einen blutjungen Bettelmönch, der barfuß die Strecke von seinem Heimat-Ashram in Bombay nach Südkerala gewandert war. Wir unterhielten uns abendelang. Von seinem frischen, kraftvollen Geist war ich beeindruckt. Was hatte er nicht für Beschwernisse durchgemacht! Er fühlte sich in Kurisumala angenommen, doch zuletzt fiel er leider wieder in die negativen Klischees zurück, die Hindus, wenn sie wenig vom Christentum wissen oder keine Erfahrung gesammelt haben, routinemäßig nachreden: Christen seien Fleischesser, schlimmer noch Kuhfleischesser, sie seien dem Alkohol verfallen und allgemein moralisch degeneriert ...[34]

Ich habe während der fast drei Jahre in Madras den Kurisumala Ashram immer wieder besucht. Mehr als jeder andere Ort in Indien war er mir viele Jahre Heimat. Ich lernte auch das Umfeld kennen. Einen Kilometer unterhalb des Ashram wohnte eine deutsche Ärztin, *Hildegard Sina*, mit einer italienischen Krankenschwester. Sie hatten ein Krankenhaus gegründet und arbeiteten medizinisch für die gesamte dörfliche Umgebung. Hildegard sprach Malayalam, die Sprache Keralas, und war dadurch stärker emotional mit der umliegenden Bevölkerung verbunden als Pater Francis. Hildegard sagte mit Recht, zur Inkulturation des Christentums gehöre, dass wir die Sprache des Volkes gebrauchen. Nach drei erfolglosen Versuchen war Pater Francis nach Indien gekommen, als er schon 43 Jahre alt war – zu spät, um eine so schwierige Sprache zu lernen.[35]

Pater Francis litt an Hüftproblemen, die heftiger wurden. Er nahm die Gelegenheit der Einladung nach Österreich wahr, um sich in seiner Heimat Belgien, unterstützt von seinem früheren Kloster, operieren zu lassen. Befreit kehrte er in seinen Ashram zurück. Endlich war es ihm wieder möglich, auf den Kreuzberg, der den Ashram überragt, zu steigen. Ich bat den Pater, über diese wichtige Erfahrung zu schreiben.

Sein Bericht zeigt ihn so – markant und erfüllt von kindlicher spiritueller Begeisterung –, wie er gewesen ist. Er ging barfuß von einer Kreuzwegstation zur nächsten und –

> »Als ich die vierzehnte Station erreichte, warf ich mich körperlang auf den felsigen Grund zu Füßen des Kreuzes nieder. Das wiederholte ich vor der Tür des Kapellchens und zu Füßen der Christusstatue, die auf einem hohen Sockel steht, mit dem Kreuz in der Hand – der auferstandene Christus, der Lebensspender. Jedes Mal drückte ich meine Stirn auf den Boden in Anbetung, küsste den Fels in Liebe. Es gab mir eine überwältigende Erfahrung der Einheit; Einheit mit Mutter Erde und mit der gesamten Schöpfung, die sich hier darbot in Gestalt des sonnenwarmen Bergrückens, doch Einheit auch mit dem Kreuz ...«[36]

Pater Francis Acharya habe ich über zwanzig Jahre lang immer wieder besucht und Dutzende von Briefen mit ihm gewechselt. Als ich meinen Lebensort längst wieder in Nordindien – in Santiniketan – hatte, fuhr ich mehrmals mit Zug und Bus zwei Tage lang bis nach Kerala. Bis eines unglücklichen Umstands wegen die Verbindung abbrach.

Im Dezember 1997 war ich wieder einmal in Kerala unterwegs. Diesmal in ungewöhnlicher Mission. Pfarrer Albrecht Frenz, Erforscher und Herausgeber der Werke von Hermann Gundert, dem Großvater Hermann Hesses, führte Volker und Ursula Michels zu jenen Stätten, an denen Gundert gewirkt hatte. Volker Michels ist der verdiente Herausgeber von Hesses Werken. Gemeinsam fuhren wir bis nach Kappad, zu jenem damals noch kaum erschlossenen Dorf am Meer, an dem Vasco da Gama – vor damals fast 500 Jahren – die indische Küste erreicht hatte. Dort trennten sich unsere Wege. Die drei flogen zurück, und ich – so war's geplant – wollte weiter per Bus zum Kurisumala Ashram reisen, um dort Weihnachten zu feiern. Aber ich war des Reisens müde, war erschöpft und brauchte Ruhe. So blieb ich in dem kleinen Resort in Kappad und kehrte kurz nach den Feiertagen über Mangalore per Flug nach Kalkutta zurück. Ich informierte niemanden, auch später nicht. Unverzeihlich! Bis heute plagen mich Schuldgefühle. Pater Francis Acharya ist Anfang 2002 im Alter von neunzig Jahren gestorben.[37]

Inkulturation

Als ich das Kursmaterial mit Pater Francis Acharya ausarbeitete, wurde mir immer deutlicher, dass dies die Stunde der Inkulturation des Christentums war, die es nicht zu versäumen galt. Inkulturation?

Hinduismus und Christentum hatten jahrhundertelang nebeneinander, ohne Berührungspunkte, existiert. Frühe christliche Spuren aus dem 4. Jahrhundert sollen in Kerala bestehen. Dort leben Gemeinden, die sich auf den Apostel Thomas als ihren Gründer berufen und sich »Thomas-Christen« nennen. Ob der Apostel Thomas tatsächlich an der westlichen und östlichen Küste Südindiens christliche Gemeinden gegründet hat, konnte geschichtlich nicht nachgewiesen werden. Doch die Überzeugung davon ist Teil des Selbstverständnisses der südindischen Christen.

Die Missionierung durch katholische Orden begann in der Nachfolge von Vasco da Gamas Entdeckung des Seeweges von Europa nach Indien im Jahr 1498. In der unerschütterlichen Sicherheit, den wahren Glauben zu verkünden und die »Heiden« vor Höllenqualen zu bewahren, missionierten die Europäer, von wohltuenden Ausnahmen abgesehen, aggressiv und arrogant. Dass die Missionare zusammen mit den Händlern und Eroberern ins Land kamen, die sich, ebenso von ihrer zivilisatorischen Überlegenheit überzeugt, oft brutal durchsetzten, war nicht dazu geeignet, das Christentum in einem freundlichen Licht zu zeigen.

Die Wunden, die diese frühe Missionierung der Hindu-Psyche geschlagen hat, sind nicht verheilt. Zumal ähnlich unsensible Methoden noch immer an manchen Orten gepflegt werden. Dazu kommt, dass jahrhundertelang und bis in unsere moderne Zeit zahlreiche Missionare ein Christentum predigten, das »europäisch« ist, also auf die indischen klimatischen, gesellschaftlichen, kulturellen Verhältnisse, in denen sie das Christentum predigten und verankern wollten, wenig Rücksicht nahm. Das Christentum blieb Fremdkörper. Viele Christen sind stolz, wenn sie zum Gottesdienst Anzug und Krawatte tragen (auch bei schwüler Hitze), wenn sie in den Kirchen ihre Schuhe oder Sandalen nicht auszuziehen müssen (wie in den Tempeln und Moscheen üblich), wenn sie Lieder nach europäischen Melodien singen (trotz des reichen einheimischen Liedguts). Es gibt ihnen Prestige und eine eigene »Identität«, trennt sie aber von der übrigen Gesellschaft nicht nur religiös ab, sondern auch gesellschaftlich und kulturell.

Der Begriff »Inkulturation« wurde geprägt, als Christen erkannt hatten, dass das Wesen ihres Glaubens nicht durch seine »kulturelle Einkleidung« definiert ist. Das frühe Christentum war nicht »europäisch«. Durch die Jahrhunderte hat sich die kulturelle Gestalt des Glaubens stets ihrer jeweiligen geographischen Umgebung und Zeit angepasst – sie hat sich inkulturiert. Es gibt die unterschiedlichen Ausprägungen des Christentums, abgesehen davon, dass das orthodoxe und das protestantische Christentum wiederum neue Akzente setzten. Wäre eine Inkulturation nicht auch auf dem Nährboden der asiatischen Religionen – vor allem des Hinduismus und Buddhismus – möglich? Die christliche Ashram-Bewegung entstand aus dieser Einsicht. Die kirchlichen Hierarchien wehrten sich gegen eine solche »Relativierung« der christlichen Lehre. Doch ihre Pioniere begannen mit der Form des

Ashram zu experimentieren, und zwar nicht nur mit dieser Form des Gemeinschaftslebens, sondern innerhalb dieses Rahmens mit der Liturgie, mit der Sakramentenlehre, mit der Verkündigung. Was ist innerhalb eines geographisch-kulturellen Rahmens historisch gewachsen und darf innerhalb eines zeitgenössischen Zusammenhangs neu interpretiert werden? Was ist dagegen unverwechselbar und wesentlich christlich? – Das sind Fragen, die ins Tiefste des christlichen Selbstverständnisses führen. Kein Christ in Indien kann sie umgehen. Vor allem der Klerus nicht.

Pater Bede Griffiths in Shantivanam

Der Ashram Shantivanam, den Pater Bede Griffiths bis zu seinem Tod geleitet hat, liegt auf der Ostseite von Südindien, unweit der Großstadt Tiruchirappalli. Der Fluss Cauvery (Kaberi) strömt breit und träge an Shantivanam entlang. Im Gegensatz zum angenehm kühlen Klima in den Bergen von Kerala ist Shantivanam tropisch heiß, schwül. Pater Francis Acharya folgte dem Ideal von Mahatma Gandhi, der forderte, jeder Mensch müsse, um für seine Nahrung zu sorgen, auch körperliche Arbeit leisten. Shantivanam ist anders ausgerichtet. Zur Arbeit mit den Händen bietet sich kaum Gelegenheit. Landwirtschaftliche Betriebe sind nicht angeschlossen, auch keine Handwerksstätten oder Ähnliches. Pater Bede war ein umfassend gelehrter Benediktinermönch, der die Weltreligionen studiert hatte, als er noch in England im Kloster lebte. Doch auch er traf spät in Indien ein, mit 49 Jahren, wohnte zehn Jahre mit Pater Francis in Kurisumala, bevor er 1968 Shantivanam übernahm. Dass er sich dennoch so offen und bewusst auf seine indische und hinduistische Umgebung einzustellen wusste, ist bemerkenswert. Auch er war jedoch zu alt, um die indische Sprache seiner Umgebung, das Tamil, zu lernen. Sein Austausch mit der Dorfbevölkerung der Umgebung gelang darum nie reibungslos.

In gewisser Weise ist Shantivanam »indischer« als Kurisumala. Die Kapelle ist einem südindischen Tempel nachempfunden, auch die Bibliothek und die verschiedenen Hütten, in denen die Mönche oder Gäste wohnen, haben den Charakter von typischen Dorfhütten. Bäume und Sträucher umgeben die Gebäude wie einen Hain. Das Leben ist freier, weniger strukturiert als in Kurisumala, was der Flexibilität des Ashram-Lebens zugutekommt. Natürlich ziehen alle Besucher, bevor sie in die Kirche treten, ihre Sandalen aus, wie auch in Kurisumala. In beiden Kirchen – keine Bänke oder Stühle, nur der mit Matten belegte Boden. Keine Altäre, wie wir sie kennen, nur ein kleiner Tisch, der für die sakralen Gegenstände und Handlungen ausreicht. Der Priester steht nicht, sondern er sitzt in Yogahaltung davor. In Shantivanam erfuhr ich, wie die tägliche Messfeier mit indischen Musikinstrumenten und Melodien zu einem emotionalen Erlebnis gestaltet werden kann.

Pater Francis Acharya war es wichtig, eine christliche Mönchsgemeinde heranzubilden, die den christlich-hinduistischen – den indischen – Geist in sich trägt und ein Samenkorn für die Tradition eines genuin christlichen inkulturierten Mönchtums in Indien wird. Das war sein Lebenswerk. Tatsächlich hat er eine Reihe kleiner Gründungen in Kerala mit Männern inspiriert, die zuvor jahrelang von ihm geleitet worden waren.

Pater Bede Griffiths war anders veranlagt – er war der Theologe des christlich-hinduistischen Dialogs, der Intellektuelle, der das Verbindende der beiden Religionen in Worte zu fassen vermochte. Sein Leben war christozentrisch, doch die christliche Offenbarung, das Christus-Ereignis, weitete er zur kosmischen Offenbarung aus, von der alle genuin religiösen Erfahrungen auch in den anderen Religionen durchdrungen sind. Er wusste, dass an diesen Erfahrungen die Rishis und Mystiker des Hinduismus ebenso teilgenommen haben wie die Heiligen und Mystiker des Christentums.

Pater Bede war ein visionärer, genialer Vereinfacher. Seine Predigten, Vorträge und Bücher besaßen eine Suggestion der Argumente, die geradezu verzauberte. Vielleicht muss Theologie für die modernen Menschen so geschrieben werden? Sie soll den Geheimnischarakter des Religiösen, auch des Christlichen, evozieren. Das Buch von Pater Bede, das mich in den Bann schlug, heißt »Die Hochzeit von Ost und West«[38] Leider ist heute selten von diesem Buch die Rede.

In den letzten Dutzend Jahren seines Lebens ist Pater Bede Griffiths in der Welt gereist, eingeladen von kirchlichen und nichtkirchlichen Gruppen, um seine Theologie des Dialogs zu vertreten. In Shantivanam habe ich ihn mehrmals getroffen, ein bewegendes Osterfest kommt in den Sinn. In jenen späten Jahren gab er mir ein Interview für einen Sammelband, in dem er nüchtern und aufrichtig von seinen Schwierigkeiten berichtet, als christlicher Sanyāsi den Dialog mit Hindus zu führen. Seine Beobachtungen charakterisieren das christlich-hinduistische Klima in Südindien.[39]

Das wesentliche Hindernis ist eine mangelnde Bereitschaft der Hindu-Intellektuellen. Sie wachsen in dem Bewusstsein auf, dass ihre Religion alle anderen, auch das Christentum, in ihrem Wesen schon einbegreift. Der Hinduismus gilt als *Sanatana Dharma* – die »ewige Religion«. Warum sich also mit der Theologie des Christentums befassen, warum vergleichen und werten, wenn im Hinduismus alle Religionen schon »anwesend« sind!

Viele gebildete Hindus argwöhnen, Dialog und Inkulturation sei ein versteckter Versuch, Hindus vom Christentum zu überzeugen und sie zu bekehren. Gerade das darf Dialog eben nicht tun. Er geht von der Gleichwertigkeit der Religionen aus. Einige Hindus der Bildungsschicht polemisieren gegen die Inkulturation, weil sie darin eine christliche Vereinnahmung des Hinduismus sehen. Warum, fragen sie, ziehen Priester, Pastöre oder katholische Mönche das ockerfarbene Gewand der Hindu-Mönche an? Diese Farbe und dieses Gewand sind das uralte Symbol der Entsagung im Hinduismus; Christen dürften es nicht herabwürdigen, indem auch sie es tragen.

In gebildeten Christen ist ein starkes christlich-europäisches Selbstverständnis herangewachsen, das sich gegen Hindu-Einflüsse wehrt, während die einfachen und armen, meist in Dörfern verwurzelten Christen der Inkulturation gegenüber aufgeschlossen sind. Ihr Leben ist, was Lebensgewohnheiten, Kleidung und Gesten betrifft, eher ursprünglich »indisch«, weil es ihrer von Armut gezeichneten Lebensweise entspricht. Noch vor zwei oder drei Generationen sind sie selbst Hindus gewesen.

Die Schwäche der christlichen Ashrams ist, dass ihnen bis heute erfahrene, charismatische Leitfiguren – Gurus – fehlen. Drei oder vier reichen nicht. Sie kann die Kirche aber nicht aus dem Boden stampfen. Zwar wurde die Ashram-Bewegung nach anfänglichem Widerstand der Bischöfe populär, so dass zuletzt jeder Bischof in seiner Diözese einen »Ashram« eröffnen wollte. Seminarhäuser, Priesterseminare, Exerzitienhäuser, alle wurden zu »Ashram« umbenannt. Shantivanam entwickelte sich zu einer Anlaufstelle für Bischöfe und Ordensleiter, die auf »Ashram-Suche« waren.

Doch aufgrund dieses Mangels an charismatischen Männern und Frauen, die über ihren kirchlichen Denkrahmen hinauswachsen können, ist die Ashram- und Dialogbewegung kraftlos geworden. Oder sagen wir es versöhnlicher: Sie ist in andere, neuzeitliche Bewegungen übergegangen. Beide Ashrams, mit denen ich verbunden war, Kurisumala und Shantivanam, sind nicht »indisch« geblieben. Der Kurisumala Ashram schloss sich vor Pater Francis' Tod kirchenrechtlich den Trappisten an, während die Mönchsgemeinschaft von Shantivanam formal dem Camaldolenser-Orden in Italien beigetreten ist. Die jungen indischen Mönche werden nun für einige Zeit in Italien ausgebildet. Man bedenke: Die Mönche wollen ein Mönchtum leben, das kulturell und emotional in ihrer Heimat Indien integriert ist. Doch sie müssen sich in Europa ausbilden lassen! Der Grund ist einsichtig: Pater Francis Acharya und Pater Bede Griffiths sorgten sich um den materiellen und spirituellen Fortbestand ihrer Mönchsgemeinden nach ihrem Tod. Sie wollten den Mönchen Sicherheit geben, denn von den indischen Bischöfen erwarteten sie einen solchen Beistand nicht. Damit stagniert die Dynamik der monastischen Lebensweise in Indien.

Die Dalits

Was bleibt und unter jungen Christen stärker wird, sind die Aktionen zum Schutz und zur Förderung von sozialer Gerechtigkeit und Gleichheit, die bei den unteren Kasten, den Kastenlosen und den indischen Volksstämmen ansetzen. Die Ashram- und Dialog-Bewegung wird ungeprüft gern als elitär abgetan. Sie spreche unter den Hindus die obere Kaste, die Brahmanen, und unter den Christen den gebildeten Klerus an. Diese neue Dynamik erhält ihre entscheidenden Impulse einmal von Mahatma Gandhis Wirken sowie aus der Befreiungstheologie Lateinamerikas. Sie wird vorangetrieben von engagierten und hochmotivierten indischen Priestern und Laien, die eine Erneuerung der Gesellschaft im Geist von Gerechtigkeit und Gleichheit suchen. Nicht Inkulturation hinduistischer Lebensformen ist ihr Ziel, stattdessen gehen sie auf Konfrontation mit jenem Hinduismus, der das Kastenwesen stützt, und ebenso mit jener kirchlichen Hierarchie, die der Gesinnung der Hindu-Elite zustimmt.

Der maßgebliche Begriff, der in Kurisumala und Shantivanam noch nicht zu hören war, ist der der *Dalits*. Dies ist die
Sammelbezeichnung für jene Gruppe von Indern, die am unteren Rand der Gesellschaft leben. Sie sind arm und werden
ausgebeutet und arbeiten in erniedrigenden Berufen, ihre
Menschenrechte werden von der Gesellschaft ständig atta-
ckiert. Sie müssen um gesellschaftliche Anerkennung kämpfen, die ihnen oft verweigert wird, selbst wenn sie Bildung
erwerben und in geachteten Berufen Fuß fassen. Die christlichen Dalits sind jene Menschen aus niederen Kasten oder aus
den Stämmen, die in den letzten Generationen zum Christentum übergetreten sind und mit Hilfe der Kirchen (oder eben
gegen die Kirchenhierarchie) um ihre Rechte kämpfen. Die
europäischen Wurzeln des Christentums sind bei ihnen selten
zu spüren, obwohl auch diese Bewegung schon längst finanzielle und institutionelle Unterstützung aus Europa und
Amerika bekommt.

Jyoti Sahi – Kunst als Dialog

Die Bekanntschaft mit dem Künstler Jyoti Sahi verdanke ich
meinem Domizil in Aikiya Alayam. Dort traf ich ihn, und eine
gute »Chemie« zwischen uns entstand sogleich. Nur vier
Jahre älter als ich, damals also Mitte dreißig, war er schon bekannt als Exponent des christlich-hinduistischen Dialogs.
Seine Mutter war Engländerin, der Vater ein Hindu aus dem
Panjab. Seine britische Frau Jane lernte Jyoti auf ihrem Trip
durch Indien kennen. Als ich das Ehepaar kennenlernte, hatten sie zwei Söhne, drei Kinder folgten. Jyoti war ausgezeichnet innerhalb der Kirchen vernetzt, die ihm mengenweise
Aufträge zuschoben. Ihm war bewusst, dass sich Dialog und
Inkulturation nicht allein intellektuell, nicht in Gesprächen
und nicht nur im Zusammenleben erfüllen konnten, auch die

Phantasie muss angesprochen werden. Austausch und gegenseitige Befruchtung in Musik und Malerei, in der Baukunst und in der Poesie gehören dazu. In Indien geboren, wurde er aber in London zum Künstler ausgebildet. In Jyotis Lebensgeschichte fließen Hinduismus und Christentum, Katholizismus und Protestantismus, Indien und Europa zusammen. Er ist also prädestiniert für seine Rolle gewesen. Als kirchlich und auch gesellschaftlich engagierter Christ war er bald in Südindien in theologisch fortschrittlichen Kreisen der Kirchen als Ideengeber tätig, wie indisches Christentum integrativ gelebt werden kann.

Als ich zu ihm stieß, war Jyoti mit seiner Familie schon an den Rand des Dorfes Silvepura außerhalb der Großstadt Bangalore gezogen. Dort baute er ein Gehöft auf, das er Vishram (»Muße«) nannte. An diesem abgeschiedenen Ort verkehrten Christen und Hindus, Künstler und Literaten, Inder und Europäer oder Amerikaner, Professoren und Studenten, Theologen und Nicht-Gläubige informell und gelassen-fröhlich mit Jyoti und miteinander. Manche blieben einige Stunden, andere mehrere Monate, um allein oder mit Jyoti an einer künstlerischen Aufgabe zu arbeiten.

Es dauerte nicht lange, bis Jyoti auch mir eine Einladung aussprach, und bald erschien ich in Vishram. Er pflegte schon guten Kontakt mit deutschen Kirchenkreisen, vor allem mit Misereor in Aachen und mit der Missionsprokur der Jesuiten in Nürnberg. 1976 gestaltete er das erste »Hungertuch« für Misereor. Für die Jesuiten malte er Dutzende von Ölgemälden, die heute in Nürnberg lagern. Kreuzwege waren seine Leidenschaft. Ich fühlte mich von dieser neuen Bekanntschaft hochgeehrt, zumal mir die lebhaft-zwanglose, vielseitig inspirierte und inspirierende Atmosphäre von Vishram gut tat. Es kam meiner Vorstellung eines Ashram am nächsten. Im Mittelpunkt stand keine Gruppe von Mönchen, sondern eine Familie. Ein Familien-Ashram!

Jyoti Sahi pflegte einen speziellen Malstil. Seine Kenntnisse der Symbolik des Christentums und des Hinduismus erlaubten ihm, beide kreativ zu kombinieren. Die Figur Jesus wurde immer wieder im Yogasitz abgebildet. Oder Jesus ähnelte der Ikonographie des Gottes Shiva oder des Buddha oder eines Guru. Die Möglichkeiten nutzte Jyoti geschickt aus. Oft entstanden dabei kraftvolle gestalterische Würfe, doch ebenso oft blieben sie im Dekorativen und Plakativen stecken. Das ist die Gefahr der Kirchenkunst: Sie muss illustrieren. Zu weit vom konkret Repräsentativen darf sie sich nicht entfernen. So fügte Jyoti imaginativ Symbole aus den zwei Religionen zusammen, doch ein schöpferisches Drittes, eine künstlerische Durchdringung gelang selten.

Jyoti Sahi war den christlichen Kirchen zu jener historischen Stunde wichtig, denn er war der Aufgabe, der Inkulturation eine künstlerisch-visuelle Gestalt zu geben, gewachsen. Er schaffte es fast im Alleingang, dem kitschigen Nazarenertum, das in indischen Kirchen vorherrschte, eine alternative Ästhetik entgegenzusetzen. Jyoti entwarf auch Kirchengebäude, er war Bildhauer und Kunsthandwerker. Er schrieb Essays und Bücher[40] und war ständig unterwegs, um kirchlichen Gruppen Kurse und Vorträge zu halten. Jane hielt die Familie zusammen, und sie achtete genau auf das Wohl der Gäste. Ich erlebte sie als zurückhaltende, sensible, nahezu zerbrechliche Frau. Frei und herzlich sah ich sie nie lachen. Ihre Persönlichkeit mochte blass sein, aber sie hatte den Blick immer auf das Notwendige und Angemessene gerichtet, während Jyoti etwa beim Abendessen die Familie und Gäste in fröhlicher Redseligkeit mit immer neuen Bonmots und Anekdoten unterhielt. Jane leitete neben Vishram eine Schule für die Kinder von Silvepura und den umliegenden Dörfern. Ihre Kreativität zeigte sie als innovative Lehrerin. Später wurde ihre Schule ein Modell für den Rolf Schoembs Vidyashram, unsere Schule in der Nähe von Ghosaldanga und Bishnubati, die Kinder aus einem Dutzend umliegender Santal-Dörfer besuchen. Mehrere angehende Lehrer schickte ich zu Jane zum Hospitieren.

Die ersten Beiträge zur Hindu-Spiritualität in deutscher Sprache. – Als ich nach Madras übersiedelte, war ich mit einem Mal ohne finanziellen Unterhalt. Das war die Zeit, in der ich mich entschloss, vom Schreiben und Übersetzen zu leben. Viel brauchte ich in Indien nicht. Der Übergang wurde leicht, geschah beinahe ohne mein Zutun. Niemals habe ich mir Sorgen gemacht, das Geld könnte nicht reichen. Ein deutscher Verlag hatte *Ignatius Puthiadam* vorgeschlagen, eine Sammlung von Hindu-Gebeten herauszugeben. Sein Deutsch reichte für die Übersetzungen nicht, also schlug er vor, dass wir zusammenarbeiten. Das Buch entstand in den Bergen von Kodaikanal, einer berühmten Hill Station südlich von Madras, wo sich damals das College für den Jesuitennachwuchs befand. Zwei herrliche Sommer verbrachte ich dort.

Glückliche Umstände machten es möglich, dass ich mehrere Taschenbücher für die erfolgreiche Reihe »Texte zum Nachdenken« im Herder-Verlag verfassen konnte. Die Herausgeber der Reihe, das Ehepaar *Thomas* und *Gertrude Sartory*, besuchte ich beinahe jeden Sommer in Bayern – jedes Mal prägende, mein Selbstbewusstsein stärkende Tage. Zwei der Bände gestaltete ich mit Jyoti Sahi. Er schuf Holzschnitte, ich schrieb meditative Texte, im ersten zu den Psalmen; dem zweiten zum Thema Armut.[41] Beide waren Beiträge zu einer assoziativen Zusammenschau von christlicher und hinduistischer Spiritualität. Diese Zusammenarbeit gab mir Gelegenheit, Jyoti und seine Familie immer wieder zu besuchen.

In Deutschland lernte ich über Pater Puthiadam *Günther Mees*, den Chefredakteur der Bistumszeitung »Kirche und Leben« in Münster, kennen. Günther Mees wurde mein früher und engagierter Förderer. Noch bevor ich ein einziges Buch geschrieben hatte, vertraute er meinen Fähigkeiten. Immer wenn ich in Deutschland war, besuchte ich ihn, war Gast der Familie; er nahm sich zu langen Gesprächen Zeit, beriet mich und stellte Kontakte her. Bis zu seinem Tod im Jahr 2017 war ich mit ihm und seiner Familie in Kontakt. 89 Jahre wurde er. Günther förderte auch Jyoti – veröffentlichte seine Bilder, organisierte Ausstellungen in Münster und berichtete über ihn in seiner Zeitung.

Nach Madras: wohin? – Als mein Studium in Madras zu Ende ging, war die Frage: Wohin jetzt? Einige Monate überlegte ich ernsthaft, ob ich in Südindien bleiben sollte. Denn gern war ich dort. Eines hatte ich entschieden: Würde ich in Indien bleiben, musste ich eine Sprache lernen. Ich schämte mich, dass ich schon sechs Jahre im Land lebte, aber mich weiterhin mit Englisch behalf. Tamil und Malayalam waren jedoch Sprachen, die meine Zungenfertigkeit besiegten. Bengalisch erschien mir in der Aussprache sowie im Erkennen der Laute leichter. Doch Jyoti und Jane boten mir an, bei ihnen zu wohnen und mit ihnen zusammenzuarbeiten. Ein großzügiges Angebot! Ich hatte schon ein kleines Stück Land in ihrer Nachbarschaft gekauft, auf dem ich ein Zimmer hätte bauen können. Jyoti schätzte es, bei Entscheidungen das altchinesische Orakel »I ging« zu Rate zu ziehen. Uns beiden war es ernst mit der Befragung. Das »I ging« riet deutlich ab. Das war das Ende dieses Plans.

Im Jahr 1980 kehrte ich nach West-Bengalen zurück, gewann Santiniketan als bleibenden Standort, aber Jyoti und ich pflegten Kontakt. Die gemeinsamen Bücher erschienen. Ihr Sohn Roshan wurde Student der Kunstakademie (Kala-Bhavan) in Santiniketan. Ihn besuchten Jyoti und Jane ein- oder zweimal. Roshan hielt nur ein Jahr durch, dann kehrte er zurück, weil ihm der Unterricht in Santiniketan zu reglementiert war. Darauf versickerte die Verbindung zur Familie Sahi.

Oft habe ich überlegt, warum. Sie ist mir in den drei Madras-Jahren und danach so wichtig gewesen. Im Nachhinein scheint mir, dass ich irritiert, sogar enttäuscht war, dass Jyoti künstlerisch auf der Stelle trat. Seine Bilder wiederholten sich, sein Stil blieb unverändert. Seine Hoch-Zeit war vorbei. Mir missfiel, dass er nie versuchte, künstlerisch über sein christliches Milieu hinauszuwachsen. Die kirchliche Sonne schien zu behaglich auf ihn. Warum nahm er nicht an all-indischen Ausstellungen teil? Warum bemühte er sich nicht um Solo-Ausstellungen in den Galerien oder Museen der indischen Großstädte? Wäre das nicht der letzte wichtige Dialog-Schritt gewesen?

Lanza del Vasto in Sevapur

Wie ich »Mother« Léa Provo traf, eine Belgierin, die sich nach dem Tod ihres Mannes nach Indien aufgemacht hatte, um unter den Armen zu arbeiten, ist mir nicht erinnerlich. Beseelt von dem Vorbild Mahatma Gandhis und inspiriert von jenem großen europäischen Gandhi-Jünger, Lanza del Vasto (1901–1981), gründete sie im Jahr 1968 Sevapur (»Ort der Nächstenliebe«) in einem abgelegenen breiten Tal von Tamil Nadu. Unterstützt von einer belgischen Freundesgruppe kaufte sie einen weiten unbebauten Trockenhang und verteilte den Boden unter Familien aus niederen Kasten oder kastenlosen Familien, die keinerlei Land besaßen. Ihre Bedingung war, dass die Angehörigen unterschiedlicher Kasten nachbarschaftlich zusammenleben.

Unter ihrer Anleitung wurde ein Bewässerungssystem, die das gesamte Trockengebiet einschloss, angelegt und biodynamischer Feldbau eingerichtet. Ein enormes Experiment der gesellschaftlichen Integration, das sich diese hagere Frau zugemutet hatte!

Probleme gab es an allen Ecken und Enden. Aus den Nachbardörfern kamen Drohungen und Anfeindungen, unter ihren Mitarbeitern, die aus jenen unterprivilegierten Schichten
stammten, herrschte Streit und Unehrlichkeit. Zum Beispiel
wollte man sich nicht an die fleischlose, ungewürzte Kost gewöhnen. Kein Alkohol! Ich hörte, dass sich einige heimlich
das Nötige im nächsten Dorf beschafften. Gandhis Methode
der Gewaltlosigkeit war die Richtschnur, nach der Mother
Léa allein und mutig die Schwierigkeiten zu meistern suchte.
Rund dreißig Jahre wohnte sie in dem großen Haus, das sie
am oberen Ende des Hangs erbaut hatte. Darin fanden Dorftreffen statt, auch Seminare. Gäste kamen aus Indien und
dem Ausland und wohnten dort. In Sevapur starb sie auch,
im Jahr 1997.

Oft traf ich Léa Provo in Madras. Mehrmals besuchte ich
sie in Sevapur. Es war nicht leicht hinzukommen. Von Madras
mit dem Zug nach Dindigul, dann per Bus und die letzten
Kilometer zu Fuß. Ich wunderte mich über diese Frau, die
allen Schwierigkeiten trotzte und dabei wohlgemut blieb.
Blicke ich zurück, war sie wohl jene Person, die mich am
stärksten zu meinem eigenen Wirken unter der Stammesbevölkerung in West-Bengalen inspirierte.

Durch Mother Léa lernte ich Lanza del Vasto kennen, dessen Namen ich bis dahin nicht gehört hatte. Als er unerwartet
eines Nachmittags im Oktober 1977 Aikiya Alayam besuchte,
um Pater Hirudayam zu treffen, durfte ich mich dazusetzen.
Man musste Lanza del Vasto nicht kennen, um sich bewusst
zu werden: Vor mir steht ein Mensch von besonderer Geistes-
kraft und Erfahrung. Groß, von starkem Knochenbau, dabei
aber schlank, sein Kinn von einem weißen Schifferbart um-
randet, wuchtig und ernst das Gesicht, die Augen stetig. Er
besaß eine Präsenz, die niemand ignorieren konnte. Lanza del
Vasto lud mich zu einem dreitägigen Seminar in Sevapur ein.
Dazu war ich sofort bereit.

Lanza del Vasto stammte aus dem sizilianischen Hochadel, doch hatte er nach einem Studium der Philosophie Italien den Rücken gekehrt und wanderte mittellos durch Europa. Er lebte von Nachhilfestunden und auf gut Glück als Sänger und bildender Künstler. Seine Suche nach einem wahrhaftigen Leben führte ihn 1936 nach Indien. Während seiner einjährigen Reise durch das Land traf er Mahatma Gandhi in dessen Ashram in Wardha und verbrachte mehrere Monate bei ihm. Gandhi verlieh ihm den Namen Shantidas (»Diener des Friedens«).

Inspiriert von Mahatma Gandhis Aktionen gegen Gewalt und Ungerechtigkeit setzte Lanza del Vasto die Idee und Praxis der Gewaltlosigkeit im Rahmen der christlichen Philosophie in Europa um. Er initiierte zahlreiche gewaltfreie Aktionen, etwa gegen die Folter im Algerienkrieg, gegen die atomare Aufrüstung in Frankreich und gegen zunehmende Militarisierung. Wie für Gandhi war ein wichtiges Instrument des Protestes das Fasten. Im Jahr 1954 besuchte er Indien von Neuem, um sich Vinoba Bhave und dessen Bhudan-Bewegung[42] anzuschließen. Vinoba, einer der engagiertesten Jünger des Mahatma, sah seine Mission darin, landlosen Bauern aus den armen Schichten der Bevölkerung Ackerland zu schenken, um ihnen ein würdevolles Leben zu ermöglichen. Durch sein Charisma gelang es ihm tatsächlich, viele Landbesitzer zu überzeugen, einen Teil ihres Besitzes freiwillig armen Bauern abzutreten. Vinoba war ständig zu Fuß unterwegs, und Lanza del Vasto begleitete ihn eine Zeitlang.

Bald nach dem Zweiten Weltkrieg gründete Lanza del Vasto eine Gemeinschaft in Frankreich, die »Arche«. Er nannte sie einen »arbeitenden Orden«. Männer und Frauen traten einzeln ein, aber auch Familien, und schufen mit ihrer Handarbeit als Bauern und Handwerker gemeinsam ihre Lebensgrundlagen. Sie folgten dem Gebot Gandhis, dass jeder manuelle Arbeit leisten solle, um sich zu ernähren. Armut nimmt die Arche sehr ernst. Man lehnt jede Art von Mechanisierung ab, sogar Elektrizität fehlt. Die Mitglieder leben vom biologischen Ackerbau und der Ausübung verschiedener Handwerke, etwa Spinnen, Weben, Schreinern und Herstellung von (handgeschöpftem) Papier. Alle üben mehrere Handwerke aus und wechseln von Zeit zu Zeit von der Handarbeit zu mehr geistigen Beschäftigungen, um der Eintönigkeit der ständig gleichen Handgriffe zu entkommen. Aus diesem Grund wird auch die Arbeitsteilung vermieden. Jeder soll von Anfang bis Ende der Schöpfer seines Produkts sein. Im Mittelpunkt stehen nicht die Arbeit und der Gewinn, sondern die Würde des arbeitenden Menschen. Durch die Arbeit kann er sich als Mensch erfahren und seine Harmonie mit der Natur und mit ihrem Schöpfer.

Spötter, die die Wirtschaftlichkeit dieser Arbeitsweise bezweifelten, haben nicht Recht behalten. Die Arche lebt nicht nur finanziell unabhängig, sie macht sogar jedes Jahr einen Kassensturz und verteilt das Geld an Neugründungen und an Projekte in den armen Ländern. Der Orden möchte auch als Gemeinschaft arm bleiben.[43]

Zusammen mit einem Jungen aus der Nachbarschaft von Aikiya Alayam fuhr ich nach Sevapur und erlebte dort einige meiner eindrücklichsten Tage. Lanza del Vasto sprach jeden Tag einige Stunden zu einer Gruppe von nicht mehr als einem Dutzend Menschen. Frei, gemessen und ruhig erläuterte er die philosophisch-ethischen Grundlagen der Gewaltlosigkeit in einer Sprache, die so schlicht wie tief war. Es war eine Meditation. Selten habe ich eine ähnliche Ausstrahlung erfahren.

Die Beschreibungen seiner Aktionen der Gewaltlosigkeit, seine Essays, seine Aphorismen las ich darauf intensiv. Erstaunt merkte ich, wie weitläufig sein schriftstellerisches Werk war: Bibelkommentare, Gedichte, Dramen und seine Ansprachen in der ganzen Welt. Wichtig geblieben sind mir der Essay »Definitionen der Gewaltlosigkeit«[44] und das Buch über seine erste lange Indienreise, »Pilgerfahrt zu den Quellen«; es wurde ein Riesenerfolg.[45] Hier schrieb ein freier, kraftvoll-widerstandsfähiger Geist über seine Begegnung mit Indien in kritischer Sympathie, mit zurückhaltender Bewunderung. Es wurde für mich eines der maßgebenden Indienbücher. Leider ist es heute vergessen.

Gern hätte ich die Arche in Südfrankreich besucht. Doch wie hinkommen? Jahrzehntelang habe ich doch nur jene Orte besucht, an denen ich Vorträge oder Seminare hielt. Urlaubsreisen gab es nicht; allenfalls einige Reisen zu Freunden, besonders nach Wien und ins Stronatal. Schließlich kamen mir nach der Beschreibung des Arche-Lebens Zweifel, ob es angemessen sei, so weit entfernt vom modernen Menschen in einer solch archaisch-einfachen Weise zu existieren. Ich bewundere nach wie vor die Kühnheit dieses Entschlusses, doch nachfolgen mochte ich nicht, auch nicht in Indien. Ich befürchtete, dass ein so hartes, antimodernes Leben keine Funken schlagen kann, die jenes moderne Leben erreichen und entzünden. Die Beschäftigung mit Lanza del Vasto blieb über die Jahre ungebrochen.[46] Vieles, was er geschrieben hat, leuchtet noch. Er ging über Mahatma Gandhi signifikant hinaus, indem er dessen Theorie und Praxis der Gewaltlosigkeit schöpferisch in die westlich-christliche Tradition integrierte. Shantidas starb auf einer seiner Reisen am 5. Januar 1981 in Spanien.

Wie hast du's mit der Religion? – Ein Versuch

In Narendrapur hatte ich im hinduistisch-monastischen Milieu gewohnt und es in mich aufgesogen. In Madras wohnte ich zusammen mit indischen Priestern, die als Christen den Hinduismus zu verstehen suchten. Mich trieb die Frage um, in welcher Weise ich die Glaubensmöglichkeiten der Hindus mit meinen christlichen in Beziehung setzen konnte. Einige Gedanken dazu sind angeklungen, hier versuche ich eine Zusammenfassung.

In den 1970er-Jahren befanden wir uns schon in der nachkonziliaren Zeit. Die neuen Wertungen und Forderungen, was nichtchristliche Religionen betrifft, sollten nun umgesetzt werden. Mehrere Formulierungen, die die anderen Religionen eher apologetisch, dennoch abwertend mit dem Christentum verglichen, waren im Umlauf, darunter Karl Rahners Idee, Nicht-Christen »anonyme Christen« zu nennen. Hindus seien Christen, ohne es jedoch (schon) zu wissen. Ein weiteres Konstrukt war, dass die anderen Religionen »vorchristliche« Religionen seien, die im Christentum »vollendet« würden. Das Gemeinsame war, dass das Christentum als die heilbringende Religion dargestellt wurde, verglichen mit der sich die anderen Religionen im »Vorhof« der christlichen Offenbarung aufhielten.

Immerhin begann die Amtskirche mit solchen Formulierungen die anderen Religionen wahrzunehmen – wenn auch noch nicht ernst zu nehmen. Sie setzten das Christentum in Beziehung zu den Religionen und entdämonisierten sie. Dennoch haben Hindus, die von solchen Setzungen erfuhren, sie als beleidigend empfunden. Weiterhin begann man die Religionen nach bestimmten Kategorien aufzuteilen: Naturreligionen, Offenbarungsreligionen, Buchreligionen, die historischen und mythischen Religionen ... Zwar waren dies keine sich gegenseitig ausschließende Unterscheidungen, immerhin wurden die Religionen zunächst ohne Wertung in eine Reihe gestellt. Es kam der Begriff der »Weltreligionen« auf, wobei unklar blieb, gegen welche Art von Religionen diese sich absetzten: gegen regionale oder spezialisierte Glaubensformen, etwa »Sekten«? Während den Theologen und Religionshistorikern ein breites Feld der Zuteilungen und Interpretationen geöffnet wurde, war es für christliche Gläubige schwer, einen eigenen Standpunkt zu gewinnen.

Hindus tun sich »leichter«, insofern sie den Buddhismus, das Christentum, den Islam, wie erwähnt, inklusivistisch in ihre eigene Religion, den *Sanatana Dharma*, einbeziehen. Sie ist gleichbedeutend mit der mystischen Erfahrung, die die Religionsschöpfer und die Heiligen gewonnen haben. Sie ist die Schau, die Gott-Weltschöpfung-Menschheit als Eines begreift, als das Eine, das sich in der Meditation und danach für die in der Meditation Geschulten auch in der »äußeren« Welt offenbart.

Die Theologen und Gläubigen der Monotheismen Judentum, Christentum und Islam finden nicht unmittelbar – wie in einem Sprung – zu einer solchen mystischen Einheitsschau, denn es sind historisch entstandene und weitgehend getrennt gewachsene Religionen, und ihre Geschichtlichkeit ist Teil des Selbstverständnisses dieser Religionen. Ihre jeweilige Gründungsgeschichte teilen sie in ihren heiligen Büchern mit, und ihnen ist die Überzeugung eingewurzelt, dass sie den wahren Weg zur Erkenntnis Gottes zeigen. Glaube entzündet sich in einem historischen Moment.

Mir wurde deutlich: Nur wer diesen historischen Rahmen *transzendiert*, hat die Möglichkeit, den anderen Religionen in Unvoreingenommenheit und Freiheit zu begegnen. »Darf« ich das? – Die Theologen sagen in der Mehrzahl »Nein«; die christlichen Mystiker tun es in inspirierten Momenten einfach. Etwa Meister Eckehart in seinen »Deutschen Predigten« und Bede Griffiths in »Die Hochzeit von Ost und West«. Insbesondere diese beiden Bücher gaben mir das gedankliche Rüstzeug zu meiner immer stärker wachsenden Überzeugung, dass ich als Christ, mit Respekt und Bedacht, die Sphäre der Kirchlichkeit – der Liturgie, der Sakramente, der Historizität des Christlichen – übersteigen darf, um auf diese Weise, an der Gestalt Jesus Christus festhaltend, die anderen Religionen zu erreichen. Dies bedeutete für mich nicht, Kirche zu verneinen, denn ich wollte immer wieder zu ihr als einer Gemeinschaft der Gläubigen zurückkehren und sie stützen und mich stützen lassen.

Meine seit einigen Jahren geübte Meditation – eine christozentrische Meditation – hatte mir schon den Weg geöffnet, der mich die mystische Mitte der Religionen erahnen ließ. Nun galt es, im Erfahrungsraum der Welt diese gemeinsame Mitte zu ahnen. Zu einem solchen verstandesmäßigen Nachvollzug forderten mich einige Erlebnisse im Zusammenleben mit Hindus heraus. Durfte ich auch nur den Verdacht hegen, dass kontemplative Menschen, zu denen ich aufblickte, wie Swami Mumukshananda, wie Swami Bhaskar Aranya, wie manche andere, die im Kreis ihrer Familien lebten und an deren spirituellem Ernst ich keinen Zweifel hatte, dass sie nicht von Gott angenommen werden? Dass ihre Liebe zu Gott, welchen Namen sie ihm oder ihr geben mögen, und ihre Liebe zu den Menschen sie nicht auf dieselbe Weise wie mich die Nähe Gottes spüren lassen?

Diese Überlegung, geschöpft aus einem regen gesellschaftlichen Zusammenleben mit Hindus, war für mich der Schlüssel für die Anerkennung der Ebenbürtigkeit der Religionen. Als ich einen Sammelband mit Erfahrungsberichten über den interreligiösen Dialog herausbrachte und ihm den Titel »Liebe auch den Gott deines Nächsten« (1989) gab, kam einige Kritik. Ich war davon überzeugt, dass Nächstenliebe, echt gemeint, auch die Anerkennung des Gottes einbegreift, den der Nächste verehrt. Nächstenliebe kann nicht vor jenem, was dem Nächsten am teuersten und innerlichsten ist, nämlich seinem Gott, haltmachen und glauben: Dieser Gott geht mich nichts an. Wäre das nicht Verrat an der Nächstenliebe?

In jenen Jahren stand mir lebendig die Erkenntnis vor Augen: Gott gibt es nur einmal. Wenn Gott das Absolute ist, nicht eine mythische Figur, von der die Epen und Geschichten und

Märchen erzählen, dann kann es dieses Absolute nur einmal geben. Niemand kann sagen: »mein Absolutes«. Niemandem »gehört« es. Das Absolute teilt sich allen jenen Religionen mit, die sich ihm bewusst öffnen und sich von ihm leiten lassen. Eine weitere Überlegung nahm langsam Gestalt an. In jenen Jahren war in Deutschland oft die Rede von dem »unbekannten«, »geheimnisvollen«, einem »dunklen«, »verborgenen« Gott, der unergründlich und rätselhaft bleibt. Es hatte mit der Frage zu tun, warum ein »gütiger Gott« die Nazi-Gräuel nicht verhindert hatte. Es hat auch damit zu tun, dass sich moderne Menschen nur schwer zu einem Transzendenz-Verständnis durchringen, dazu, dass etwas besteht, welches von ihrem Leben in der sinnenhaften Welt unterschieden ist.

Gleichzeitig wollen Theologen definieren, welche Beziehung etwa Christentum und Hinduismus zueinander haben. Die Gottesbilder werden beschrieben und verglichen. Wenn wir im Christentum zu der Erkenntnis gereift sind, Gott sei ein Mysterium und von dieser Erfahrung durchdrungen sind, so *kann in gleicher Weise die Beziehung des Christentums zu den Religionen nicht anders als ein Mysterium begriffen werden.* Wir mögen gelehrt rätseln und immer mehr Begriffe prägen und Definitionen versuchen. Weiterbringen wird es uns nur in unseren rationalen Spielen. Meine Aufgabe sehe ich jedoch darin, in dieses Mysterium immer tiefer hineinzuwachsen.

Für Gläubige besitzen die *Mythen,* die *Ikonographien* und *Symbole* ihrer Religion eine tiefere, unerklärliche Wirklichkeit. Die Spiritualität des Vishnuismus, der eine Mehrzahl von Hindus folgt, mythifiziert die Geschichten um Krishna. Zunächst ist er als süßer kleiner Junge dargestellt, dann als schöner Jüngling und Liebhaber, dann als Kriegsherr und Verkünder der Bhagavad-Gita... Die Phantasie vieler Generationen von Gottesverehrern hat sich mit diesen Gestalten beschäftigt. Die Geschichten sind symbolisch ausgelegt worden. Ihre Interpretation hat sie universalisiert. Dadurch erhielten sie eine bestimmte Würde. Dennoch empfand ich, muss ich gestehen, diese Geschichten stets als wenig ernst und als die Repräsentation des großen Ringens der menschlichen Seele um Gott als allzu leichtfertig. Ich konnte mich mit diesen fröhlichen Spielen nicht identifizieren. Dies schreibe ich mit Zögern und dem Bedenken, ob ich zu einer Meinung berechtigt bin. Dennoch möchte ich ehrlich sein. Besitzt der Lebensweg von Jesus Christus nicht größere Gravitas und Würde? Von der Vorbereitung auf die Lebensmission als Sohn armer Eltern, der Läuterung in der Wüste, zum unerkannten Wanderprediger, zum Verkünder göttlicher Wahrheiten vor einer Schar von Jüngern, dem Protest gegen die Mächtigen, der Suche nach Gerechtigkeit und Nächstenliebe, seiner Versuchung am Ölberg, in Verzweiflung abzusinken, bis hin zu Erniedrigung durch Marter und Tod, der Verurteilung als Umstürzler von einer alten, verhärteten gesellschaftlichen Ordnung und bis zur öffentlichen Hinrichtung, schließlich zur Auferstehung und der Aufnahme bei Gott geht dieser Gottmensch einen Weg, der folgerichtig für jeden wahrhaftig Suchenden ist.

Ist nicht gegenwärtig das Leid an den Widersprüchen und Paradoxen des Lebens eine Grunderfahrung? Um Glaube und Transzendenzwissen müssen wir heute ein Leben lang kämpfen. Die »Torheit des Kreuzes« ist schwerer zu erfassen und erschreckender denn je. Vielleicht ist es angebracht, die leichtere, fröhliche Weise, mit der sich Hindus in die Gunst von Krishna und seiner Gefährtin Radha hineinsingen und -trommeln, zu beneiden und nachzuahmen? Vielleicht brauchen wir im Herzen der europäischen Kultur eine solche Leichtigkeit, zumindest als Anregung? Oft scheint es mir so. Aber dann suche ich doch wieder nach jenem Glauben, der auf eine harte Lebenswirklichkeit antwortet.

Das theologische Gespräch in Indien kreist um die Frage, was denn das unterscheidend Christliche sei, während doch der interreligiöse Dialog danach strebt, die Gleichheit der Religionen zu betonen. Die Frage ist unterschiedlich beantwortet worden; meine Antwort ist: *die tätige Nächstenliebe*. Die Gleichstellung von Gottesliebe und Menschenliebe finde ich nicht im Hinduismus. Dass Menschenliebe gleichzeitig Liebe zu Gott ist, ist einzigartig und eines der uneinholbaren Geheimnisse des christlichen Glaubens. Und auch eine der Herausforderungen, hinter der wir immer zurückbleiben. Das Sterben Gottes am Kreuz für die Erlösung der Menschheit hört sich in Predigten wie ein Fanal an – aber wer kann sich diese Tat gedanklich und emotional aneignen! Die christlich-abendländische Kultur, so wie sie sich in den letzten zwei Jahrtausenden herausgebildet hat, ist um diese Herausforderung der Nächstenliebe herumgebaut. Lebens- und Krankenversicherungen, Arbeiterwohlfahrt, christliche Volkserziehung, Seniorenheime, karitative und Menschenrechtsorganisationen, auch die moderne Demokratie sind Versuche, die Menschen ohne Ansehen der Person zu »lieben«, das heißt, ihr Wohl sicherzustellen.

In anderen Religionen bestehen Ansätze zu einer solchen Hingabe an die Mitmenschen, vor allem im modernen Buddhismus, auch im zeitgenössischen Hinduismus, zum Beispiel bei Swami Vivekānanda und seinem Orden. Manche dieser Initiativen haben vom Christentum gelernt oder wollen sich gegenüber dem Christentum profilieren. Das ist willkommen. Auch der Hinduismus lehrt, Gott im Menschen zu erkennen; seine göttliche Seele, seinen göttlichen Funken zu schauen. Doch leitet sich daraus recht selten eine *tätige* Nächstenliebe ab, eher eine geistige Liebe des Göttlichen im Menschen. Oder Menschen beziehen ihre tätige Liebe auf Menschen ihrer Familie, ihres Dorfes, ihrer Kaste und auf andere Gruppen, deren Mitglieder sie sind, doch nicht auf *den* Nächsten. Bei Christen erfüllt sich Nächstenliebe im Tun. Dieses Angebot müssten die Kirchen in Indien viel deutlicher praktizieren, anstatt Bekehrungen anzustreben.

Christen sollen ihren historischen Beitrag der gesamten indischen Gesellschaft anbieten. In gleicher Weise jedoch müssen sie nach jenen hinduistischen Merkmalen Ausschau halten, von denen sie für ihren christlichen Glaubensvollzug lernen können. Einige Elemente wurden schon angesprochen. Denken wir an die Betonung der Meditation als die Mitte der mystischen Religion. Denken wir an die Fähigkeit, im Alltag, in der Natur und im großen, weiten Kosmos Symbole für das Heilige und Göttliche zu entdecken und selbst zu setzen. Hindus weiten ihre Hinwendung zum Göttlichen emotional und spirituell zur *Kosmosfrömmigkeit* aus. Der Kosmos und seine Elemente weisen auf den unsichtbaren Gott hin; darum werden sie verehrt und in den Verlauf des Alltags eingegliedert. Die Sonne als größter Leuchtkörper am Himmel wird als Symbol Gottes verehrt. Die Flüsse werden zu Göttinnen, so etwa der Ganges (die Gangā). Den Vollmondnächten sind besondere Feiern gewidmet. Auf beinahe jedem Hügel steht ein Tempel. Wasser und Feuer reinigen, darum wählt man sie bei rituellen Reinigungsfeiern ... Die Beispiele lassen sich häufen. Hindu-Gläubige leben in einem Beziehungsnetz von religiösen Symbolen und Bedeutungen. Aus diesem Netz können sie nicht herausfallen. Es trägt sie ein Leben lang.[47] Ein ähnliches Bedeutungsnetz kennt auch das Christentum, doch es trägt uns nicht mehr. Die Hindu-Lebensweise können wir als einen deutlichen Aufruf zur Rückkehr verstehen.

Ebenso wesentlich für uns ist die Fähigkeit der Hindus, religiöse Gefühle zu zeigen. *Bhakti* ist der Begriff für die emotionale Gottesliebe, die durch Lieder, durch Tänze, durch gemeinsame Litaneien ausgedrückt wird. Viele Christen haben verlernt, in der Kirche oder in der Familie Gefühle der Gottesliebe offen zu bekennen. Spuren davon sind noch in Pilgerorten wie Kevelaer, Lourdes und Santiago de Compostela zu erkennen. Hindus entlasten sich in der Not ihrer alltäglichen Sorgen durch gegenüber Gott ausgedrückte Emotionen.[48] Dabei zeigen sie eine Kindlichkeit, eine ursprüngliche Phantasie, die herzerfrischend ist. Zum Beispiel erzählte ich, wie Rāmakrishna als Gott im Ashram von Narendrapur verehrt wird. Wichtig ist auch die Sehnsucht der Hindus, regelmäßig zu heiligen Orten zu pilgern – früher zu Fuß, jetzt eher per Bus oder Zug. Sich in geheiligter Atmosphäre aufzuhalten, zu den Gottheiten in ihren Tempeln zu beten, erneuert sie spirituell. Noch viele Beispiele könnte ich nennen, wie sich hinduistische Spiritualität lebensfrisch im Alltag niederschlägt. Christen sollen davon lernen, ebenso wie Hindus von dem unterscheidend Christlichen in ihren Alltag mitnehmen können.

Dieser Dialog des Gebens und Nehmens hat eine weitere, die beiden Religionen übersteigende Dimension. Angesichts der gegenwärtigen Herausforderung im Glaubensleben aller Religionen, auf die Lauheit, das Unverständnis, die atheistischen Strömungen, auf die religionsfeindlichen Angriffe in unserer Zeit eine angemessene Antwort zu finden, *sollten sich die Gläubigen aller Religionen zusammenschließen und ihre Gemeinsamkeit im Glauben an eine göttliche Transzendenz betonen.* Gemeinsam gilt es, eine Antwort auf die Anfeindungen glaubensferner Menschen und ihren Einfluss im öffentlichen Leben zu finden.

5
Santiniketan – Tagores
»Ort des Friedens«
Die Entscheidung, auf dem Land zu leben

… hält keiner dir ein Licht empor,
lässt keiner dich in stürmischer Regennacht ins Haus –
so entzünde am Blitz und Donner deine Brust
und geh allein voran: *eka cholo-re!*

Die Lebenswelt Santiniketan damals und heute

Nach meiner Entscheidung, nicht in Südindien zu bleiben, stand auch fest, nach West-Bengalen zurückzukehren. Doch wohin? Den Moloch Kalkutta musste ich meiden; er machte mir zunehmend Angst. Schon ein Jahr zuvor hatte ich Santiniketan mit meinem ehemaligen Deutschschüler *Shyamal Ray* besucht; im Bus hatten wir von Kalkutta sieben Stunden für eine Strecke von 150 Kilometern gebraucht. Schmale, rumpelige Straßen durch zwei Dutzend Dörfer, die Highways gab's noch nicht. Wir wohnten einige Tage bei Shyamals Großtante Sujata Ray, deren Haus wenige Kilometer von der – von Rabindranāth Tagore gegründeten – Universität entfernt lag. Rundum Reisfelder, Palmenhaine und Mangobäume und darin eingebettet Dörfer aus strohbedeckten Lehmhütten.

Noch in Sichtweite die karstigen Trockengebiete, in denen sich vereinzelt dünne, hohe, windschiefe Palmen mit ihren zerzausten Wedeln aufrecken. Die frühen Maler der Tagore-Zeit haben solche einfachen, einsamen Landschaften verewigt.

Als Rabindranāth Tagore 1901 seine Schule gründete, standen an diesem Ort nur einige Hütten und ein zweistöckiges Haus. Heute hat sich die Universität kilometerweit ausgebreitet, und um den Campus bilden die schmucken, teils protzigen, von großen Gärten umgebenen Häuser der betuchten Familien aus Kalkutta einen festen Ring. Ohne Straßenplan, ohne Wasserleitungen, Kanalisation, Müllabfuhr, ohne diese normalen städtischen Dienste verbringen die Geschäftsleute der Großstadt die Wochenenden in ihrem Domizil. Wasser ziehen sie aus ihren Brunnen. Stromleitungen führen zickzack von Haus zu Haus.

Santiniketan ist ein Beispiel dafür, wie einschneidend die hastig wachsende, wohlhabende Mittelschicht in den letzten fünf Jahrzehnten die ruhigen und heiligen Orte ihres Landes mit ihren ungeplanten Wohnvierteln, durch Hotels und Amusement Parks und andere, oft stillose städtische Lustbarkeiten zweckentfremdet hat. Viele Orte, die ich im Anfangsjahrzehnt erlebt habe, mag ich heute nicht mehr besuchen, etwa Kodaikanal und Kanyakumari in Südindien, Darjeeling und Puri im Norden. Ihre Würde ging verloren.

Entscheidung für Santiniketan. – Es war damals der passende Ort für mich. Klein und ländlich, und doch hatte der Ort die Infrastruktur einer Universität, an der ich leicht Gesprächspartner und Bibliotheken finden würde. Ich war entschlossen, im Department of Philosophy and Comparative Religion ein zweites Doktorat zu absolvieren.

Ende 1979 verließ ich Madras, wieder einen Stahlkasten, gefüllt mit Büchern und Mappen, hinter mir herziehend, und verbrachte zunächst eine Zeit in Narendrapur. Dort hatte *Swami Asaktananda* die Leitung übernommen. Kürzlich war er aus den USA zurückgekehrt, wo er neun Jahre an mehreren Zentren des Ordens unterrichtet hatte. Er war ein weltoffener, gastfreundlicher Mann, ein geschickter und strenger Verwalter der zahlreichen Einrichtungen des Ashram. Wir fanden spontan zueinander, auch weil er durch seine Erfahrung in den USA einen erweiterten Blick auf seinen Orden erworben hatte und intuitiv spürte, dass ich unter dessen ideologischer Enge litt. Swami Asaktananda begleitete wohlwollend und unterstützend meinen Lebensweg – und tat es, mutmaße ich, oft gegen den Willen seines Ordens – bis zu seinem Tod. In Narendrapur gab es immer ein Zimmer für mich. Er bot mir ein geräumiges, helles Zimmer im Guest House des Ashram an, das früher einmal das Landhaus einer wohlhabenden Familie gewesen war. Dort wurden auch die offiziellen Gäste des Ashram bewirtet.

Ein Landhaus? In Indien ist Äußeres womöglich noch wichtiger als im Westen. In Europa brauchen Reiche ihren Besitz nicht unbedingt zur Schau zu tragen;»man« weiß, dass sie Geld haben. In Indien tragen Menschen, sobald sie aus dem Gröbsten heraus sind, zumindest jeden Tag ein sauberes, gebügeltes weißes Hemd. Die Reichen finden Gelegenheiten, um opulente Feste zu feiern: die Hochzeiten der Kinder, Geburtstage, Geburten und Todesfeiern ...

Eine Fügung wollte es, dass ich in Narendrapur den Vater einer Professorin traf, die in Santiniketan lehrte. Er gab mir einen Brief mit. Wieder übernachtete ich bei Shyamals Großtante. Schon am ersten Tag nach meiner Ankunft besuchte ich jene Professorin und wurde freundlichst aufgenommen. *Uma Das Gupta* und ihr Mann, *Ashin Das Gupta*, beide Geschichtsprofessoren, gehörten zu jenen wenigen Menschen in Santiniketan, an die sich Besucher aus allen Teilen Indiens und dem Ausland wendeten, sobald sie ankamen. Sie waren vielgereist, hatten in England und in den USA studiert und unterrichtet. Ihre Gastfreundschaft zeigte, sie wussten, was es heißt, fremd in einem Land und an einem Ort anzukommen.

Uma und Ashin empfingen täglich am späten Nachmittag, der »geselligen Stunde« in Indien, eine Reihe von Besuchern, bekannten und unbekannten, und mein Erscheinen war alles andere als ungewöhnlich. Ich berichtete, dass ich eine Dissertation schreiben wolle, nachdem ich gerade einen Magister in Madras abgeschlossen hatte. Ich wollte Sri Rāmakrishna und Franz von Assisi unter bestimmten Aspekten vergleichen. Das Professorenpaar nickte interessiert, und nach ein paar Sätzen war ihnen klar, dass nur »Kalidas-da«[49] als Doktorvater in Betracht käme. »Fahren wir hin«, sagten sie. Ashin und Uma steuerten sogar ein Auto, damals eine Seltenheit. Nur der Rektor der Universität ließ sich im Dienstauto fahren. Alle anderen nutzten, wenn sie nicht selbst ein Fahrrad fuhren, die an den Straßenecken wartenden Fahrradrikshas. Lehrer- und Professorengehälter waren damals bescheiden, und überhaupt: Brauchte man in einem kleinen Ort wie Santiniketan ein Auto? »The Village« war noch ein beliebter Name für Santiniketan. Motorenlärm hielt sehr viel später Einzug. Noch baute Indien keine Motorräder und keine Autorikshas. Über die Straßen und Wege rumpelten nur Ochsenkarren und fuhren Fahrräder, und Fußgänger sah man oft mitten auf der Straße spazieren. Trafen sie Bekannte, war, wo man stand, der beste Ort für 'nen Schwatz.

Wir fuhren also zu Kalidas-da. Dahinter verbirgt sich der Name Kalidas Bhattacharya, ein damals schon emeritierter Philosophieprofessor, bekannt an allen Universitäten Indiens, ein früherer Rektor der Universität von Santiniketan, Visva-Bhārati. Dass wir unangemeldet kamen, störte nicht, im Gegenteil: Ashin und Uma Das Gupta zu Besuch zu haben wurde als Ehre verzeichnet. Darum hatte ich leichtes Spiel. Eine kurze Befragung, und ich war von Professor Bhattacharya als sein Doktorand angenommen. In seiner Wohnung kam er uns in seinem leger umgeknüpften Dhoti entgegen, am Oberkörper nur ein weißes Unterhemd. Kalidas hatte kräftige, derb-freundliche Gesichtszüge, er unterhielt sich lebhaft, laut und einfach. Er wirkte erdig, eher wie ein Bauer. Vom ersten Augenblick wusste ich: Bei ihm werde ich florieren.

Auch ich nannte ihn bald Kalidas-da – »älterer Bruder Kalidas«. Bhattacharya war seine Kastenbezeichnung; aber der »eigentliche« Name ist immer der erste, also Kalidas. An Universitäten außerhalb von Santiniketan sprechen Studenten in britischem *old style* ihre Profs mit »Sir« an und vermeiden nach Möglichkeit die Nennung des Namens. Santiniketan verhält sich, der angenehmen Tradition von Rabindranāth Tagore folgend, familiär. Alle Lehrer und Lehrerinnen, alte oder junge, berühmte und gelehrte oder weniger, nennt man mit Namen, an den *-da* oder *-di* (»ältere Schwester«) angehängt ist, auch wenn der Altersunterschied vierzig Jahre sein mochte.

Zimmersuche. – Ein absolut einfaches Zimmer sollte reichen. Ich wollte experimentieren, wie einfach Menschen leben und dennoch lesen, schreiben, mit Menschen verkehren und gesund bleiben können. Sind sie in der Einfachheit nicht auch kreativer und produktiver?

Zwei Wochen wohnte ich im ersten Stock eines Hauses, das ausgerechnet am einzigen kleinen Markt von Santiniketan lag, dem Ratan Palli Market. Wie hatte ich glauben können, dort zufrieden zu sein? Bis in die Nacht der fröhliche Lärm der Verkäufer und Kunden, ein unentwegtes Rufen und Raufen. Dann das hungrige Kläffen der Hunde, die versuchten, einen Fischschwanz oder einen Hühnerkopf zu schnappen. Meine Entschlossenheit zur Einfachheit hatte mich an der Nase herumgeführt: Ich war überzeugt gewesen, das erstbeste Angebot müsse das richtige sein.

Kalidas-da griff ein; er schrieb einen Brief und schickte mich damit zu Dr. Moni Moulik, einem der bedeutendsten Einwohner von Santiniketan. Ein ehemaliger Diplomat, der den indischen Staat in vielen Hauptstädten der Welt vertreten hatte, langjähriger FAO-Bürokrat in Rom, der darüber ein leidenschaftlicher Italien-Freund geworden war. Ich erinnerte mich an meine italienische Großmutter und dachte wieder: Hier bin ich richtig. Moni Moulik hatte sein zweistöckiges, geräumiges Haus in der damals besten Wohngegend von Santiniketan gebaut, in Purva Palli. »Beste Wohngegend« heißt: Sie war geplant entstanden, als Santiniketans Universität noch jung war und man bewusst Professoren und gebildete Familien aus Kalkutta einlud, in Santiniketan zu bauen, um der Universität ein intellektuelles Milieu zu geben. Die Gebäude der Universitätsverwaltung waren weit genug entfernt, ebenso die Studentenwohnheime. Die Grundstücke – geräumig und eingezäunt, jedes Haus mit Garten und ein oder zwei »Outhouses«. Das sind die Quartiere der Bediensteten: der Diener, Köche und Gärtner. Sie waren stets klein und mit minderwertigem Material gebaut. Aber der feudale Brauch, ein halbes Dutzend dienender Geister um sich zu versammeln, war allmählich unmodern, sprich: zu kostspielig, geworden, darum bewohnten inzwischen viele dieser Ein-Zimmer-Häuschen Studenten und junge Wissenschaftler. Herr Moulik beschäftigte einen Koch, der im Parterre des zweistöckigen Hauses nachts seine Matratze ausbreitete, und eine Putzfrau, die täglich aus ihrem nahe gelegenen Dorf zur Arbeit kam. Das größere Outhouse mit Küche bewohnte eine junge amerikanische Professorin, also musste ich das zweite Outhouse, das tatsächlich winzig war, übernehmen. Moni Moulik versicherte mir, dass er ausländischen Studenten nie dieses Büdchen anbietet, doch könne er Professor Bhattacharyas Bitte nicht abschlagen. Sobald die Amerikanerin ihren Auftrag an der Universität beendet habe, sollte ich umziehen.

Nun bekam ich mehr »Einfachheit«, als erwartet. Mein schlichtes Bretterbett – ein Gestell von einem Meter Höhe mit einem durchgängigen Belag aus Brettern – machte mir keine Schwierigkeiten. Nachts schlief ich drauf; tagsüber benutzte ich es als Tisch. Die Bücher blieben wohlbehalten in meinem Stahlkasten. Ein Hocker reichte aus. Ein Fenster genügte; wenn ich die Tür offen ließ, bekam ich genug Licht. Eine Küche gab's nicht, ich richtete mich mit einigen Utensilien im Zimmer ein, wie es unzählige indische Studenten auch tun. Zu kochen war ohnehin nicht meine Absicht; ich machte mir Salate, jeden Tag Salate. Dazu Früchte, vor allem die billigsten, Bananen.

Unmittelbar neben dem Zimmer war eine Toilette mit Plumpsklo angebaut. Das Klo diente gleichzeitig als Badezimmer. Ich übergoss mich aus einem Eimer, das Wasser floss über das Klo ab. Einfach und nicht unhygienisch. Das Wasser besorgte ich mir eimerweise von dem Brunnen, der am anderen Rand des Grundstücks stand. Das hieß, mehr als einen Eimer konnte ich mir pro Dusche nicht leisten.

So weit, so gut. Im Winter war ich eingezogen. Die Gärten blühten, die üppigsten Farben versprühend, wie im Mai in Deutschland. Angenehme frische Kühle. Viele Bäume verloren zwar ihr Laub, doch gleichzeitig entrollten sich wieder neue Blätter. Kein Baum blieb kahl und elend. Doch als im März die Hitze begann, lernte ich die Nachteile des Häuschens kennen. Unter der niedrigen Decke staute sich Tag und Nacht die Hitze. Die Schwüle trieb mir den Schweiß aus den Poren. Immerzu waren meine dünnen Kleider feucht.

Das Outhouse besaß einen obligaten Deckenpropeller. Obligat? Die Wohnungen der Armen haben auch diesen Propeller nicht, weil sie nicht ans Stromnetz angeschlossen sind. Mir war es unmöglich, die schwüle Hitze ohne Deckenpropeller auszuhalten. Das spürte ich immer dann, wenn der Strom ausfiel, was in jenen Jahren täglich mehrere Stunden geschah

– plötzlich, unangemeldet, knarrte der Propeller immer langsamer und blieb tot. Man musste immer eine Kerze zur Hand haben und eine Taschenlampe am Körper tragen. Denn plötzlich im Dunkeln nach einer Lampe tasten zu müssen, war überhaupt kein Spaß. Stand der Propeller, schaltete sich mein Gehirn aus – nur so kann ich's beschreiben. Von einer Minute zur anderen konnte ich nicht zusammenhängend denken und handeln. Ob ich las oder schrieb, ich musste aufhören. Nichts in meiner Kindheit oder Jugend hatte mich auf diese Härte vorbereitet. Schon in Narendrapur hatte ich mit Stromsperren gekämpft.

Die Luftfeuchtigkeit wurde mir von Jahr zu Jahr mehr zur Plage. Morgens wachte ich schwitzend auf. Ich musste mich dazu zwingen, die Arbeit zu beginnen. Schon um neun oder zehn Uhr legte ich mich erschöpft aufs Bett und schlief eine viertel oder eine halbe Stunde, dann zwang ich mich zurück an die Arbeit. Immerzu kämpfte ich mit Schläfrigkeit, mangelnder Konzentration und seelischer Bedrückung. Warum habe ich diese Qual auf mich genommen? Wie habe ich das durchgestanden – nicht ein oder zwei Jahre, sondern drei, vier Jahrzehnte? Wollte ich am eigenen Leib die Not der Armen spüren? Ich hätte nach Deutschland zurückkehren können; nichts hinderte mich. Meine Eltern hätten mich willkommen geheißen. Ich tat es nicht.

Rabindranāth Tagores Universität Visva-Bhārati

Rabindranāth Tagore, der indische Nationaldichter und bisher einzige Literatur-Nobelpreisträger seines Landes, hatte sich im Jahr 1901 in Santiniketan niedergelassen. Unzufrieden mit den Reglementierungen des britischen Schulsystems, gründete er zuerst eine Schule nach dem Vorbild der altindischen Ashram-Schulen. Sie sind in der unberührten Natur, in

Wäldern und Hainen, rund um einen Guru entstanden, der seinen Schülern nicht nur Wissensinhalte vermittelte, sondern sie durch sein Lebensvorbild prägte. Tagore ließ nicht nur die Kernfächer unterrichten, sondern auch musische: Kunst, Gesang, Instrumentalmusik, Tanz. Das Losungswort war Freiheit: Die Kinder sollten in Freiheit, das heißt selbstbestimmt, lernen und die Welt erfahren.

Gleichzeitig war Tagores Schule ein Protest gegen die koloniale Regierung, die in ihren Schulen willfährige Beamte aufziehen wollte. Rabindranāth war ein Visionär und Universalist. Alles Enge und Gedrückte war ihm fremd. Er hat gegen den Nationalismus gesprochen, aber ebenso gegen eine Dämonisierung der Briten, deren kulturelles Erbe er schätzte. Nachdem er durch den Nobelpreis (1913) weltberühmt geworden war, unternahm er den zweiten Schritt: Er gründete Visva-Bhārati (1921). »Visva« bedeutet »Welt« – sie war als Welt-Universität konzipiert. Tagore lud zahlreiche Professoren aus Europa und Amerika ein, einige Monate oder Jahre an der Universität zu lehren. Die Idee war betörend einfach: Jeder Professor »vertrat« seine Kultur und lehrte sie den indischen Studenten. Gleichzeitig würden die ausländischen Professoren von ihren indischen Kollegen lernen und sich inspirieren lassen. Durch diesen kulturellen Austausch, so glaubte Tagore, würden wir die besten Werte einer jeden Kultur in uns aufnehmen und den Menschen ein friedvolles Zusammenleben ermöglichen. Hier äußert sich der dem indischen Denken eigene Idealismus, der immer wieder, bis heute, beschworen wird. Einheit, Universalismus, das Eine sind philosophische Normen, die Inder, auch kaum gebildete, stets mit großem Ernst im Mund führen. *We are all one!* Wir sind alle eins, sind Worte, die man immer wieder hört. Dass viele nicht recht wissen, auf welches enorm hohe Ideal sie vertrauen, ist deutlich. Und dennoch habe ich niemals widersprochen. Es ist ein Ansatz zur Friedfertigkeit.

Bald nach der Gründung von Visva-Bhārati entstand Sriniketan, ein Campus einige Kilometer entfernt, der der dörflichen Bevölkerung konkrete praktische Unterstützung anbietet. Hier werden Studenten in Landwirtschaft, Sozialarbeit, Töpferei und verwandten praktischen Fächern unterrichtet und gleichzeitig angeleitet, mit den Bewohnern der Dörfer zusammenzuarbeiten. Nach allem, was ich gelesen und auch erlebt habe, ist Sriniketans Erfolg mäßig. Die Studenten der Universität, die überwiegend aus Mittelklasse-Familien stammen, werden nicht dazu erzogen, körperliche Arbeit zu leisten und mit Dorfbewohnern kollegial zusammenzuarbeiten. Die meisten streben »respektable« Berufe in Büros und Klassenzimmern an.

Einige Jahre nach Tagores Tod im Jahr 1941 wurde die Universität, die sich, von ihrem musischen Schwerpunkt ausgehend, weiterentwickelt hatte und nach und nach die meisten Fächer unterrichtete, der indischen Regierung in New Delhi unterstellt. Sie erhielt ein beachtliches Budget, doch büßte sie den ursprünglichen Charakter von Visva-Bhārati ein. Tagores großartiger Kulturdialog war, als ich 1980 eintraf, schon verkümmert, weil niemand ihn weiterführen und inspirieren konnte. Nach Studienabschluss brauchen die Studenten eine Anstellung und gerade dieses Ziel hatte Tagore zu meiden versucht. Erziehung soll Freude machen, nicht zweckgebunden sein. Heute ist nur in der Kunstakademie (Kala-Bhavan) und der Musikakademie (Sangit-Bhavan) die Vitalität der Gründerzeit zu spüren.

Zwei Jahre durfte ich von Kalidas-da profitieren; dann starb er plötzlich nach einer Herzattacke. Oft besuchte ich ihn in seiner nicht bloß bescheidenen, sondern unansehnlichen Wohnung. Äußeres schien ihm unwichtig. Stets war er lebhaft, herzlich und voll sprühender philosophischer Ideen. Selten sprachen wir von meinem Thema. Es kann ihn nicht sehr interessiert haben – er war Philosoph, nicht Religionswissenschaftler. Wenn Kalidas-da glaubte, genug erzählt zu haben, sagte er: »Now I won't take any more of your time!« – Jetzt beanspruche ich nicht länger deine Zeit ... Obwohl es doch genau umgekehrt war.

Ob mir die Berühmtheit des Doktorvaters half, einen »Standort« innerhalb der Santiniketaner akademischen Gesellschaft zu finden? – Ehrlich gesagt: Nein. Ich versuchte mehrere Jahre, mich mit Lehrern aus dem Department of Philosophy and Comparative Religion anzufreunden. Ich besuchte sie in ihren Wohnungen und wurde freundlich empfangen; bemühte mich um interessante Gespräche; wollte viel über die indische, die bengalische Gesellschaft und über die Geschichte von Santiniketan erfahren. Es gab auch bemühte Antworten, doch Freunde gewann ich sehr wenige.

Häufig besuchte ich Ashin und Uma Dasgupta zur geselligen Stunde. Ihnen hörte ich gern zu, stellte Fragen, lauschte den anderen Gästen und erfuhr viel. Ich erfreute mich an ihrer vollendeten Höflichkeit und Aufmerksamkeit. Ashin-da (wie ich ihn bald nannte) war ein brillanter Kopf. Als Geschichtsforscher war er auf den Seehandel spezialisiert. Aber seine weitläufige Erfahrung und sein Interesse befähigten ihn, über viele geschichtliche und kulturelle Themen zu sprechen. Seine Art, allgemein gängige Vorstellungen und Urteile zu hinterfragen, frappierte mich. Richtig!, dachte ich fast schon beschämt, so kann man's auch sehen – und war dankbar.

Warum blieb ich Außenseiter? – Das akademische Milieu war mir fremd. Weder fand ich das akademische Fachsimpeln sinnvoll, noch war mir die Idee des »lustigen Studentenlebens« geläufig. Lächerlich empfand ich darum das Gerangel um Posten und Pöstchen, um Titel, Ehrungen und Beförderungen, wofür in Santiniketan viel Zeit ist, denn das Leben ist angenehmer als in der Metropole Kalkutta mit ihrem Gewühl auf Straßen und Gassen, den langen Wegen in überfüllten Bussen, dem Lärm, der verpesteten Luft ...

Die zweite Antwort ist, dass ich keines der Klischees, nach denen man neu eingetroffene Ausländer beurteilt und einteilt, erfüllte. Einerseits hatte ich schon ein Doktorat und wäre so durchaus ein Gesprächspartner der Professoren gewesen; anderseits war ich jedoch Student – und dieses Etikett blieb lang haften. Was konnte ein Ausländer in Santiniketan anderes sein?! Dass ich Bücher und Aufsätze schreibe und damit meinen Lebensunterhalt bestreite, ist niemandem bewusst gewesen. Meine deutschsprachigen Bücher konnte niemand lesen – und ist es möglich, davon zu leben?

Dass ich in bewusster Einfachheit und Bedürfnislosigkeit zu leben versuchte, hat wohl niemand recht verstanden, weder die Gebildeten und Akademiker noch jene armen Familien an der Peripherie von Santiniketan, die ich sehr bald kennenlernte. Dieses Nicht-verstanden-Werden habe ich stets, bis heute, als ein Opfer empfunden. Von geschätzten Menschen in einem Anliegen, das den Kern meiner Lebensweise betrifft, nicht verstanden zu werden, das schmerzt. Meine Situation änderte sich nach zwei Jahrzehnten, als meine englischen Beiträge und Bücher auch in Indien erschienen. Plötzlich konnte man mich einordnen.

Bengalisch lernen

Kaum in Santiniketan angekommen, schaute ich mich nach einem Bengalisch-Lehrer um. Fünf Jahre in Santiniketan lagen vor mir; das war die maximale Zeit, die die Universität für eine Dissertation und die Promotion vorsah. Zum ersten Mal konnte ich sicher planen. Die Kenntnis der bengalischen Sprache war eine akademische Notwendigkeit geworden. Wenn ich Sri Rāmakrishna und Franz von Assisi vergleichen wollte, musste ich die Gespräche des bengalischen Heiligen mit seinen Schülern, die *Srīsrī Rāmakrishna Kathāmrita*, im Original lesen, vorher war keine authentische akademische Arbeit sinnvoll.

Bengalisch zu lernen würde mir nicht leichtfallen. Meine ganze Energie und Konzentration waren verlangt. Englisch und Französisch hatte ich so gut gelernt, dass ich mich sicher in beiden Sprachen bewegen konnte. In Madras hatte ich ein Buch aus dem Französischen übersetzt; meine Dissertation würde ich in Englisch verfassen. Aber Bengalisch zu lernen bedeutete, mir eine neue Schrift und ein neuartiges phonetisches System, eine andere Syntax – eine andere Art, sich auszudrücken, mehr: zu denken! – anzueignen.

Ein Student fand sich, der jeden Tag zwei Stunden zum Unterricht in mein Zimmer kam, er hieß *Madan Mazumdar* und half mir an die zwei Jahrzehnte, zuerst mit dem Erlernen der Sprache und später mit meiner Übersetzung der »Kathāmrita« ins Deutsche. Madan war dabei, seinen Magister in Philosophie zu absolvieren, als wir zusammenkamen. Er stammte aus einem fünfzehn Kilometer entfernten Dorf, die älteren Mitglieder der Familie waren Bauern, doch die erste Generation mit Schulbildung wuchs schon heran. Madan hing zwischen traditionellem analphabetischen Dorfleben und den durch Schule und Universität verursachten Erwartungen auf eine Anstellung, auf ein Leben, das sicherer und bequemer war als das der Bauern. Hinter einem Pflug würde Madan nicht mehr gehen. Aber an akademischem Wissen, an philosophischen Fragen war er ebenso wenig interessiert. Er war ein mittelmäßiger Student, und sein Ehrgeiz beschränkte sich darauf, gerade so eben durch die Prüfungen zu rutschen, den Magister hinter seinen Namen zu schreiben und *irgendeinen* Job mit einem Propeller über dem Kopf zu ergattern. Immerhin hätte er damit mehr erreicht als jedes andere Mitglied seiner weitläufigen Familie und des gesamten Dorfes. Er durfte sich dort stolz zeigen, Respekt erwarten und sogar Verantwortung übernehmen.

Leider ist heutzutage ein Philosophie-Magister von einer musischen Universität wie Visva-Bhārati ein akademischer Grad, der die geringsten Ansprüche stellt, den darum nur jene wählen, die die Aufnahme in ein anderes Department nicht geschafft haben. So gering ist das Ansehen der Philosophie als akademische Disziplin in einem Land, das die Suche nach Weisheit mit Leidenschaft und Sehnsucht betrieben hat!

Junge Menschen mit mehr Fleiß und mehr Talent, Menschen aus der Mittelschicht mit ehrgeizigen Eltern wollen heute typischerweise Ärzte, Ingenieure oder Rechtsanwälte werden. Nur Töchtern wird eine musische Ausbildung zugestanden: singen und tanzen lernen, ein Instrument spielen, Literatur oder eine Fremdsprache studieren. Man erinnert sich, dass ich mein Philosophiestudium in Madras in einer Klasse mit ausschließlich Studentinnen absolviert hatte. Der Abschluss in einem musischen Fach hilft, sagt man, einen guten Ehemann zu finden. Vielen Männern ist die musische Beschäftigung ein Herzensanliegen, aber nur eine kleine Anzahl kann es sich leisten, ihre Talente zu entfalten. Die Lebensziele vieler junger Frauen haben sich übrigens im letzten Jahrzehnt gewandelt – sie rütteln an den überkommenen Rollenbildern und experimentieren mit den Möglichkeiten ihrer neuen Freiheit.

Was qualifizierte Madan dazu, einem Ausländer Bengalisch zu unterrichten? – Er würde, wie die Mehrzahl, erwidert haben: Ich bin Bengale, also kann ich Bengalisch unterrichten. Kurzschluss! Als Kind hatte er seine Muttersprache durch Imitieren gelernt; um sie auch zu unterrichten, müsste er sie nach den Regeln der Grammatik und Syntax neu studieren. Damals gab es noch keine Lehrbücher zum Erlernen des Bengalischen. Madan wollte mich unterrichten wie einen Sechsjährigen, der in der Schule seine Muttersprache zu schreiben lernt. Er gab mir *Sahaj Path* von Rabindranāth Tagore in die Hand, die charmanten (in ihrer aphoristischen Verknappung für den Bengalisch-Anfänger verflixt schwierigen) Kinderreime des Dichters, geschrieben für die Jüngsten seiner Schule. Kurz, die Ahnungslosigkeit des Lehrers, gepaart mit dem bengalischen Stolz auf die eigene Sprache, machten den Eintritt in die Sprache mühsam. Hinzu kommt, dass ich über dreißig Jahre alt war, kein ideales Alter zum Erlernen einer orientalischen Sprache! Hätte ich doch zehn Jahre früher angefangen!

Oft war ich entmutigt, doch lernte ich rascher zu sprechen als zu lesen und zu schreiben. Obwohl mir zum Beispiel die drei verschiedenen s-Laute des Bengalischen lang ein Geheimnis blieben, merkte ich schon nach wenigen Monaten, dass ich mit einfachen Menschen einfach kommunizieren konnte. Welch eine Welt tat sich auf! Mir wurde plötzlich hell und deutlich bewusst, welche Macht die Muttersprache über uns Menschen besitzt, und zwar gerade bei jenen, die außer ihr keine Sprachen sprechen und die keine Sprache zu lesen und zu schreiben gelernt haben. Umgekehrt, wie kümmerlich ist unser Wissen über jene, mit denen wir nicht in ihrer Sprache kommunizieren können. Sie ist wie eine zweite Haut, oder: sie ist die Aura der Menschen. Diese Aura zeigt sich erst, wenn sie sprechen, zuhören und antworten.

Indien erschloss sich neu, als ich die Gespräche um mich zu verstehen begann. Habe ich nicht von meiner Sympathie für die Armen, Einfachen, die schulisch Ungebildeten, die Bauern und Handarbeiter, die Diener und Tagelöhner berichtet, all die uns auf den Straßen der Kleinstädte, in den Dörfern, auf den Märkten mit ihren Reden, ihrem Gezänk, ihrem Gelächter, ihrer Vitalität umgeben? Wie *viel* diese Menschen reden! Es scheint, dass sie immer und überall wortreich interaktiv sein müssen. Sie sind keine Yogis, die ihre Worte messen; eher sind sie Menschen, die sich unentwegt mitteilen müssen.

Sobald ich genügend Bengalisch verstand, gliederte sich diese anonyme Menschheit und wurde individueller. Jeder

Mensch besaß sein eigenes Gesicht und bekam jetzt seine Sprache. Nach sechs Jahren Wartezeit lernte ich Indien kennen! Mahatma Gandhi hatte gesagt, Indien sei in den Dörfern, also bei den einfachen Menschen. Jetzt spürte ich die Wahrheit dieses Satzes.

Indien hat 24 offizielle Sprachen; das heißt, sie werden vom Staat gefördert, in Schulen unterrichtet, und ihre Literatur wird von der staatlichen Literaturakademie *(Sahitya Akademi)* unterstützt. Die indischen Bundesstaaten sind im Wesentlichen nach den Sprachgrenzen aufgeteilt, was darauf hindeutet, wie wichtig die Sprache auch für die politische Identität ist. Gebildete Inder im Norden des Landes bewegen sich meist in drei Sprachen – Muttersprache, Hindi und Englisch. In den Firmenbüros der Großstädte ist die Muttersprache unwichtig, die Kommunikation in Wort und Schrift wird in den beiden *link languages* Englisch und Hindi geführt. Die Muttersprache regiert in den Familien, in den Nachbarschaften, in den Dörfern. Sie ist die intimste Weise, sich auszudrücken. Emotionen befreien sich spontan nur in der Muttersprache. Seit ich in Indien lebe, wogt die Diskussion darüber, welchen Stellenwert die Muttersprache im Bildungssystem einnehmen müsse. Dass Kinder zunächst in ihrer Muttersprache lernen sollen, diese Einsicht hat lang gebraucht, um sich durchzusetzen. Und ab welchem Schuljahr folgen Hindi und Englisch? Die Meinungen wechseln immer wieder.

In den Großstädten hat sich trotzdem immer mehr der Trend zu den *English medium*-Schulen ausgebreitet. Er setzt sich unerbittlich fort, obwohl in diesen Jahren in weiten Teilen Nordindiens eine dem »Hindutum« (Hindutva) und dem Hindi verpflichtete Regierung kulturell prägend wirkt. Die städtische Mittelklasse ist im kapitalistischen Sinne erfolgsorientiert. Sie will, dass ihre Kinder Englisch lernen, denn wer es nicht korrekt versteht, spricht und schreibt, wird kein höherer Beamter, kein Arzt, kein Rechtsanwalt. Diese Haltung produziert immer mehr junge Menschen, deren emotionale Wurzeln lebenslang schwach und geschädigt sein werden. Sie fragen nach ihrer Identität und fühlen sich ausgeschlossen. Welches Glück für deutsche und österreichische Schulkinder, dass sie von Anfang an in ihrer Muttersprache unterrichtet werden und zunächst in ihr aufwachsen dürfen. Schon die Schweiz hat eine komplexere Antwort auf die Frage nach der Förderung der Muttersprache.

Frühe Bekanntschaften

Seit vierzig Jahren wohne ich in Santiniketan. Hier habe ich meinen Lebensort gefunden. Er ist einerseits vor den großen Lebensströmen, den mächtigen, aufregenden Auseinandersetzungen, die dieses Land in fortwährender Anspannung hält, geschützt; in Kalkutta und anderen Metropolen hätten mich der Lärm und die aufgeputschten Emotionen in ihrem Wirbel mitgerissen. Andererseits flutet doch in Santiniketan aufgrund seiner zahlreichen nationalen und internationalen Beziehungen die Welt hinein, aber ruhiger und recht ausgeglichen. Santiniketan ist ein kultureller Wallfahrtsort. Heutzutage kommen täglich Menschen aus allen Richtungen in Bussen, um das Museum, die Gärten und einige historische Orte auf dem Campus zu sehen. Darunter sind viele »einfache« Menschen, die Tagores Lieder im Radio hören und selbst summen, die vom würdigen Antlitz des Dichters angezogen sind; darunter sind Bildungsbürger aus Kalkutta, die die »Vibrationen« dieses schöpferischen Ortes spüren wollen. Sie sieht man die Gassen und Wege entlangschlendern, suchend, sinnend. Manche finden auch den Weg zu mir.

Für mich war ein ausschlaggebender Vorteil von Santiniketan die Nähe des dörflichen Lebens. Anfangs lagen die Felder zehn Radminuten von meinem Zimmer entfernt, und die

Ochsenkarren und Heuwagen aus den Dörfern mischten sich unter die Räder und Rikshas. Wie sich mein Leben in den Universitätskreisen anließ, habe ich geschildert. Die engsten Kontakte konnte ich mit Menschen aus den Dörfern knüpfen. Sie waren von der Aura Santiniketans kaum berührt. Was wussten sie von Tagore außer einigen Liedern? Manche wie die Rikshafahrer profitierten von den Besuchern, die Bauern nahmen in keiner Weise am gehobenen Lebensstandard des Ortes teil.

Um tiefer in die Atmosphäre meines Lebensorts Santiniketan einzudringen, skizziere ich einige Menschen, in deren Leben ich mich am tiefsten integrieren konnte: Da waren Raju, der Rikshafahrer; Bablu, der Wäscher, und seine Familie; Bishu, der Fahrradflicker, und seine Familie; Gopal, ein Wandersänger. Mit Bablu und Bishu besteht bis heute Kontakt. Ihre Lebensweise, ihren Lebensinhalt, ihre Mentalität zu entdecken war ein Abenteuer, das mich Tag für Tag in Anspruch nahm. Nachdem ich immer besser Bengalisch verstehen und sprechen konnte, war dieses Abenteuer möglich.

Raju. – Die Fahrradrikshas waren klobige, aus Holz gezimmerte Kisten, auf denen man mit einem großen Schritt aufsteigen musste und darauf so unsicher saß, dass man gut tat, sich immer festzuhalten. Heute sind sie entweder leichteren, aus Stahl gefertigten Modellen oder den batteriegetriebenen »Totos« gewichen. Raju saß täglich auf seiner Riksha im Schatten eines Baums nahe meines Outhouse und wartete auf Kundschaft: Professoren, die zu ihren Departments chauffiert werden wollten; Frauen, die zum Einkaufen auf den Markt in Bolpur fuhren; Schulkinder mit Riesenranzen auf dem Rücken auf dem Weg zur Schule ...

Fahrradrikshas haben den Nachteil, dass sie in der Dunkelheit schwer erkennbar sind. Dennoch sind bis heute weder an Fahrrädern noch Fahrradrikshas Lampen mit Dynamos montiert. Warum? – Weil sie von Dieben leicht abgeschraubt werden können. Bei Einbruch der Nacht sind die Straßen von Geister-Rad- und Rikshafahrern bevölkert. Dazu Raju mit wegwerfender Geste: »Wir haben doch unsere Augen!« Er meint wie viele andere, das Licht der Augen sei genug, um die Fahrzeuge auf der Straße zu erkennen und ihnen auszuweichen. Das mag für ihn und seinesgleichen stimmen; sie haben in ihren Hütten und Häuschen ein Leben lang nicht mehr als ein offenes Öllicht oder eine Kerosinlampe für die Nacht gehabt. Abends haben sie im Qualm einer Funzel ihre Hausaufgaben erledigt.

Raju schloss sich mir an. Er wohnte, gerade mal hundert Meter entfernt, in einer illegal gebauten Kolonie von Lehmhütten entlang der Eisenbahnschienen. Er kam immer wieder in mein Zimmer, setzte sich zu mir, erzählte von den Erfahrungen seines Tages, dann stand er urplötzlich auf und verschwand. Er konnte mit ironischem Witz erzählen, eruptiv und unüberlegt. Von ihm erfuhr ich zum ersten Mal den Blickwinkel »von unten« auf die Mittelklasse, auf jene, die meist ein sicheres und bequem selbstbezogenes Leben führen, ohne darüber nachzudenken, was »die da unten« tun und denken. Sein Blick war spöttisch, aber ohne Bitterkeit. Die beiden Klassen sind wechselseitig voneinander abhängig.

Raju war kein Analphabet; nach fünf oder sechs Klassen hatte er die Schule abgebrochen, weil der Vater ihn nicht mehr »durchziehen« wollte. Eine Riksha zu fahren war eine naheliegende und faule Option. Inzwischen war Raju verheiratet, und sie hatten einen kleinen Sohn, Tinku. Rajus Schulbildung bewahrte ihn davor, immer mehr Kinder zu zeugen. Früh verstand er, dass sein Einkommen ihm erlaubte, *ein* Kind aufzuziehen, nicht mehrere. Die Eltern drängten nicht. Zum Glück war das erste ein Sohn. Denn, sagte er einmal emphatisch, »*einen Sohn* braucht jede Familie!«

Nach einigen Wochen bot Raju an, mir jeden Abend in einem Blechkanister eine gekochte Mahlzeit aus seiner Hütte zu bringen. Ihm war es unvorstellbar, wie ein Mensch ohne Reis, Currygemüse, dazu Dal überleben kann. Nach der Muttermilch hatte er nie etwas anderes gegessen. Monatelang ist das gutgegangen. Er reichte mir den Henkelmann abends über den Zaun. Es war das schlichte Essen einer Rikshafamilie. Ich aß es gern; einmal weil das Klima der Tropen tatsächlich verlangt, dass man gekochte Nahrung isst; Rohes wie die Salate, die ich bisher selbst zubereitet hatte, sind zu riskant. Dann, weil ich mit diesem Essen meinem Wunsch, möglichst mit den Armen zu leben, näher kam.

Warum lehnte es Raju aber ab, dass ich in seine Hütte komme, um dort mit ihm gemeinsam die Mahlzeit einzunehmen? Das hätte größere Nähe zu Raju und seiner Nachbarschaft geschaffen. Gewiss würde mein regelmäßiger Besuch auch sein Prestige unter den Nachbarn heben. Waren es Kastenrücksichten? Vorbehalte, was die rituelle Reinheit betreffen? Rajus Familie kam ursprünglich, so wie der Großteil der Rikshafahrer in Santiniketan und Bolpur, aus der Nachbarprovinz Bihar. Obwohl Raju in Santiniketan geboren wurde, Bengalisch wie alle Bengalen beherrschte, sprach er mit seinen Eltern Bihari, einer Form von Hindi. Die Eltern hatten seine Frau in Bihar ausgesucht; sie sprach nur gebrochen Bengalisch.

Biharis sind, wie ich bald erfuhr, gesellschaftlich stockkonservativ. Wie mir Raju einmal verschämt eingestand, waren es nicht Kaste oder Reinheit, die ihn abhielten, mich einzuladen, sondern die Sorge, seine Frau könne ins Gerede kommen. Die wenigen Male, die ich ihn besucht hatte, konnte ich seine Ehefrau nur schattenhaft wahrnehmen – ein Geschöpf, das ständig sein Gesicht abgewandt hielt, dazu den Sari über den Kopf zog und tief im Gesicht hängen ließ. Kein Wort sprach sie mit mir. Wollte sie wissen, ob ich eine zweite Tasse Tee trinken möchte, stellte sie Raju die Frage, der sie an mich weitergab. Die Antwort richtete ich an Raju; die Frau blickte ich nicht an. Nur keine Neugier zeigen! Käme ich jeden Abend in seine Hütte, könnten die Nachbarn meinen, ich sei an seiner Frau interessiert, sagte Raju. Und wenn er gerade eine Rikshafahrt machte und später zurückkehrte, ich also mit seiner Frau allein wäre ... – Nein, nein, nein. Nicht auszudenken.

Gern besuchte ich, wie erwähnt, abends das Professoren-Ehepaar Ashin und Uma Dasgupta. Einmal nahm ich Raju mit. Die Gastgeber empfingen uns beide mit ihrem üblichen Feingefühl. Sie wiesen Raju einen Platz neben mir an, sie richteten einige Fragen an ihn, die Raju kaum hörbar und mit peinlich verzerrtem Gesicht beantwortete. Einige Männer und Frauen aus der akademischen Gemeinde waren anwesend. Sie »übersahen« Raju, wussten wohl auch nicht, was sie ihm sagen könnten, und setzten ihre Konversation fort. Raju wurde steif. Was ich mir naiv als emanzipatorische Übung vorgestellt hatte, wurde für ihn eine Demütigung. Er spürte schmerzlich seine soziale Unterlegenheit. Ich hatte ihm keinen Gefallen getan, indem ich ihn aus seiner Rolle heraushob. Für mich war es eine wichtige Lektion.

Bablu Razak. – Ein Wäscher besuchte einmal in der Woche Herrn Moulik, meinen Hausherrn, um Schmutzwäsche mitzunehmen und blütenweiße, gebügelte Hemden abzuliefern. Ich rief ihn und fragte, ob er auch für mich arbeiten könne, meine Beengtheit machte Waschen unmöglich. Ja, gewiss, sagte Bablu. Es dauerte nicht lang, da trafen wir uns auch außerhalb seiner Kundengänge.

Der junge Mann stammte aus der nächsten Kleinstadt, Bolpur. Das Haus der Familie lag an der schmalen, staubigen Hauptstraße. Dort ratterte schon damals alles durch, was weiterkommen musste: Rikshas, Fahrräder, Ochsenkarren, hochbepackte Lastwagen. Zum Markt, zu den umliegenden Dörfern, zu breiteren Straßen – alles über diese Hauptstraße! Unmittelbar neben der Haustür stand ein großer Bottich über einem Kohlenfeuer. Die Wäsche wurde gekocht und der Dampf verbreitete beißende Gerüche. Damals war die Wohnung gleichzeitig Bablus Geschäft. Das dunkle vordere Zimmer, unvorstellbar heruntergekommen, war der Bügelraum. Bablu wohnte mit seinen Eltern, mit drei Brüdern, mit seiner Frau und ihren zwei Kindern in dem kleinen Haus. Ich fragte mich, wo sie wohl nachts ihre Matratzen ausrollten. Auf dem Flachdach, im kleinen betonierten Hof hinter dem Haus? Auf dem Fußboden des Hofs saß die Familie und nahm ihre Mahlzeiten ein – hintereinander natürlich, weil sie zusammen keinen Platz gehabt hätten.

Tagsüber lauter Trubel. Ein Rein und Raus von Kunden; Kinder rannten, um mit Bablus Jüngsten zu spielen. Fast immer sah ich Bablu mit rundem Rücken am Bügeltisch. Daneben der Vater, und die Mutter versorgte die Siedewäsche. Wie in einem Mikrokosmos hatte jeder Mensch seine Tagesroutine, eine Aufgabe, eine Verantwortung. Niemand erinnerte andere, niemand forderte. Neben und hinter ihrem Haus wohnten andere Wäscher mit Familien, es war die »Wäscher-Nachbarschaft« der Stadt. Ich merkte bald, dass sie als Kastengemeinschaft gut organisiert war, Treffen abhielt, sich gegenseitig unterstützte (und oft stritt). Diese ganze Nachbarschaft stammte ursprünglich aus Bihar. Nur einmal im Jahr fuhr Bablu mit seiner Frau zu ihren Eltern in Bihar. Er scheute die Kosten der Reise, und die Schwiegereltern scheuten die Kosten des Hühnchenbratens, den sie dem Schwiegersohn vorzusetzen hatten. Deshalb war der Besuch selten und kurz.

In der Stadt gab es nicht genug Wasser, um nach dem Kochen der Wäsche den gelösten Schmutz auszuwaschen. Eine oder zwei Wasserpumpen versorgten die Nachbarschaft, mehr nicht. Frühmorgens, die Sonne war noch nicht aufgegangen, zogen jeweils zwei, drei Wäscherfamilien durch Santiniketan an einen Teich. Mit ihnen zockelte ein schwer mit der Wäsche bepackter Esel. Er gehörte zu einer Wäscherfamilie wie ihre Bügeleisen. Auf platte Steine am Teichrand schlugen die Wäscher und ihre Frauen bis zum Mittag die Tücher – wums! wums! wums! Welch ein Energieaufwand bei so schlichtem Ergebnis. Die Wäsche wird weiß, aber ebenso von Mal zu Mal fadenscheiniger. Die Menschen stehen bis zu den Waden im Wasser, im Winter ist es frühmorgens kalt ... Mir schien die Methode unpraktisch und ungesund. Die Eselchen sind inzwischen abgeschafft – stattdessen beladen sie Fahrradrikshas.

Mindestens sechs Monate besuchte ich Bablus Familie mittags und abends, um mit ihr die Mahlzeiten einzunehmen. Damals brachte Raju kein Essen mehr. Ich fuhr auf dem Fahrrad zehn Minuten zur Wäscher-Nachbarschaft. Bablu und ich saßen auf der Erde des Hofes und aßen gemeinsam. Seine Frau bediente uns, und erst nachdem wir zu Ende gegessen hatten, setzte sie sich allein hin und aß. Und zwar hatte Bablu seinen Teller nur halb geleert, und seine Frau aß den Rest. So war es in traditionellen Familien als Symbol der Unterwürfigkeit der Frau üblich. Die Ehefrau aß den Rest als *Prasād*, als »Gnadengabe« des Mannes. Bablus Frau bestand darauf, wie viele andere Frauen, nie zuerst, also vor ihrem Mann zu essen. Zum Glück sind diese Bräuche auch in sehr konservativen Kreisen kaum noch sichtbar.

Wie hart alle Brüder arbeiteten, und wie monoton ihr Leben war! Falls sie, bevor sie ins Familiengeschäft einstiegen, schon einige Jahre Schulbildung hinter sich gebracht hatten, verstärkte das gewiss ihre Verdrossenheit; sie spürten, was ihnen als armen Menschen trotz ihres Fleißes entging. Sie merkten bald, wie eng sie an die eigene Familie gebunden waren. Sie gibt Sicherheit, doch fehlt jede soziale Dynamik, um mehr als die Eltern zu erreichen. Der Wunsch, durch

Innovation den Gewinn zu vergrößern, fehlte in ihrem Vorstellungsradius. Ihren Lebtag würden sie keine Urlaubsreise machen, kein Museum besuchen, nie Kalkuttas quirliges Straßenleben beobachten ... Am Wochenende vielleicht ein Bollywood-Movie im Kino, jeden Abend einen kräftigen Schluck aus der Flasche ... Tatsächlich verfiel einer der Brüder dem Alkohol. Ein zweiter nahm Drogen. Beide starben früh.

Die einzige Abwechslung, die solche hart arbeitenden, aber gering verdienenden Familien besitzen, sind ihre Kinder, die sie hätscheln und verwöhnen. Solange wie möglich sollen sie Kinder bleiben. Doch müssen sie sich Jahr für Jahr stärker ans Familiengeschäft binden, bis auch sie fest in der Arbeitsmühle der Wäscher stecken.

Bablu sorgte sich darum, wie er seine zwei Kinder so aufziehen könne, dass sie ein besseres Leben als er bekommen. Er wollte sie zur Schule schicken, auf jeden Fall, und sein Sohn Munna sollte nicht auch Wäscher werden, sondern eine Ausbildung machen ... Träume! Aus Familiendisziplin zerstörte Bablu sie selbst. Auf einmal fiel mir auf, wie schwerfällig seine Frau ging. Natürlich! Sie war wieder schwanger. Mit einer in Indien unzulässigen Direktheit fragte ich Bablu, warum sie wieder ein Kind bekomme. »Du hattest mir doch gesagt, zwei sind genug! Und jetzt?!« Bablu war beschämt. Keines seiner älteren Familienmitglieder würde ihn wegen eines zu erwartenden Kindes zur Rede stellen.

Aber Bablu gestand: »*Ma ar ekta nite bolche. Ki korbo?*« Die Mutter hatte ihn gedrängt, sie sollten noch ein Baby »nehmen«. Durfte er sich gegen den Wunsch der Mutter stellen? Brutal fragte ich weiter: »Wird deine Mutter euer Kind auch ernähren?« Bablu schaute betroffen. Natürlich nicht! Dafür sind die Eltern des Kindes da! ...

Bablu wusste genau, dass er keine drei Kinder würde ernähren und verantwortlich großziehen können. Doch der Gehorsam gegenüber den Eltern stieß seine rationale Einsicht um. Warum waren die Eltern Bablus so unvernünftig? Sie wollten Enkelkinder im Arm halten! Sie waren ihr Stolz. Sie empfanden »Kindersegen« als Maßstab des Glücks und blickten nicht auf die Zukunft. Bablu dagegen gehört schon einer Generation an, die sich bemüht, ihr Leben zu planen. Diese tragische Situation, dass Eheleute aus Pietät gegenüber den Eltern mehr Kinder in die Welt setzen, als sie selbst wollen, habe ich immer wieder erlebt.

Bishu Roy. – Er saß tagsüber am Straßenrand von Santiniketan mit einem Bündel von Werkzeugen und einer Luftpumpe und wartete auf Kundschaft. Er flickte Fahrräder. Mit seiner Familie wohnte Bishu außerhalb von Santiniketan in einer Siedlung von Lehmhütten, die sich kürzlich entlang eines Bewässerungskanals ausgebreitet hatte. Niemand gehörte dieses Stück Land, oder besser: es gehörte der Regierung, die es aber nicht beanspruchte. Niemand besaß Papiere, niemand Rechte. Morgen könnte ein Regierungsbeamter die Bauten plattwalzen lassen. Wie beinahe alle Familien der Siedlung war Bishu aus einem Dorf zugewandert, weil er dort keine Arbeit gefunden hatte. Santiniketan und die Kleinstadt Bolpur würden einen Tagelöhner ernähren können, so kalkulierte man mit Recht.

Bishu war ein glühender Verehrer der Göttin *Kali*, jener schwarzen Göttin, die dargestellt wird, wie sie einen Fuß auf die am Boden ausgestreckte Gestalt ihres Gemahls Shiva setzt und dabei vor Schreck die Zunge herausstreckt. Da steht sie halb nackt, einen Kranz von Menschenschädeln um den Hals und auf eine Schnur gereihte Menschenhände um die Hüften, in ihren vier Händen, zur Seite ausgestreckt, martialische Instrumente und einen bluttriefenden, soeben abgeschlagenen Kopf. Hässlicher, ekelerregender, brutaler lässt sich eine Göttin kaum vorstellen. Bishu aber saß verzückt vor der bunt bemalten und prächtig geschmückten Lehmstatue und murmelte »Ma ... Ma ... Ma!« Er erlebte sie als göttlich-gütige, liebenswürdige Mutter.

Lange habe ich mich über dieses Paradox gewundert. Dieses fratzenhafte Angesicht, diese bewusst grausame Ausstattung des Frauenkörpers – dennoch die schwärmerische Zuneigung zur Göttin. Will es die Göttin den Verehrern schwer machen, sie zu bewundern? Muss man diese Ikonographie nicht eher als Abweisung begreifen? ... Von Kindheit an hat Bishu die Göttin in genau dieser Gestalt gesehen und verehrt. Er hat das Abbild nie mit der Wirklichkeit in Bezug gebracht. *Das* war die göttliche Kali, die Gütige, die Liebenswürdige! Mir wurde das Paradox erst annehmbar, als ich es unserer christlichen Praxis gegenüberstellte. Handeln wir nicht ähnlich? Wir Christen verehren einen Mann, der, auf ein Kreuz genagelt, im Sterben liegt. Ist das Gott? Und doch ist für uns dieses Kreuz verehrungswürdig und als Symbol für Gott höchst bedeutsam.

Dagegen hat man zweierlei eingewendet: Erstens, die vier Arme der Göttin halten auf einer Seite zwei abschreckende Symbole, auf der anderen eine zum Segnen ausgestreckte Hand. Kali ist ambivalent: strafend und gütig; mordend und schützend. Eine Interpretation heißt, sie räche sich an den Abtrünnigen und Sündern und helfe den Anbetern. Ein anderer Einwand ist, Gott enthalte (im Gegensatz zu der Vorstellung der drei monotheistischen Religionen) in sich das Gute *und* das Böse – oder: Gott ist, mit Nietzsche zu sprechen, jenseits von Gut und Böse.[50]

In seiner religiösen Leidenschaft baute Bishu neben seiner Hütte ein Tempelchen für Kali und verehrt sie dort täglich mit einer Puja, einem rituellen Gottesdienst. Die Vorschrift lautet, dass Kali, wenn ihr Bild oder ihre Statue in dem Haustempel oder in einem Zimmer aufgestellt ist, täglich morgens und abends rituell verehrt wird, sonst verwandelt sich ihr Segen zum Fluch. Bishu verbrachte in der Morgen- und Abenddämmerung viel Zeit, um die Göttin (und sich) glücklich zu machen. Nicht selten schwanden ihm die Sinne, und er nahm nicht wahr, was um ihn geschah. Mehrmals habe ich ihn so gesehen. In der Siedlung war er bekannt dafür, dass er in Trance fiel. Dann kamen die Kinder herbeigesprungen und die Eltern aus der Nachbarschaft hinterher, um ihn schweigend anzustarren. *Bhor,* wisperten die Jungen und Mädchen und zeigten auf Bishu: Er ist in Trance.

Seine Frau ist eine schöne, sehr stille, sehr feine Bengalin, ein Ideal traditionell indischer Weiblichkeit: immer nur dienend, immer sich für die Familie opfernd. Gleichbleibend sanft und zurückhaltend. Hat sie je gegen etwas protestiert? Über die Jahre hat sie sich wenig verändert; ihr Gesicht hat kaum Falten. Sie ist gesund geblieben, und wie immer lächelt sie.

Jeden November feiert die Familie eine große Puja zu Ehren von Kali. Das ist die Zeit, in der die Statue feierlich in einem Teich versenkt und eine neue eingekleidet und in Prozession in das Tempelchen hineingetragen und inthronisiert wird. Viele kleine und komplizierte Regeln müssen Bishu und seine Frau, die seit drei Tagen fasten, beachten. Jede muss genau ausgeführt werden, damit die Göttin wohlwollend gestimmt bleibt. Jedes Ritual hat eine Bedeutung, doch Bishu kann sie selten erklären. Bishu trägt auf dem Kopf einen Krug mit Wasser vom Teich zum Tempelchen. In jenem Augenblick beginnt Bishu hin und her zu schwanken, er muss gestützt werden, um nicht zu fallen. *Bhor,* wispern die Kinder wieder und stoßen sich an. Den vollen Krug stellt er vor der neu installierten Statue ab. Er ist das Symbol für Fülle, Segensfülle und kosmische Fruchtbarkeit.

Das Fest klingt aus mit zahlreichen Liedern zu Ehren der schwarzen Göttin. Bishu singt selbst in seiner weichen, dunklen Stimme. Er begleitet sich am Handharmonium. Um ihn sitzen zehn oder fünfzehn junge Männer und Frauen, die den

1 Die Verwandtschaft versammelt sich zum 87. Geburtstag der Großmutter (1976)

2 Boppard, diesseitig vom Rhein

3 Das Stronatal in Italien mit Forno

4 Die Brüder Thomas und Martin im Stronatal beim Brombeeren-
sammeln

5 Litka de Barcza in Oshkosh (1966)

6 Robert Jordan in Freiburg (1965)

7 *Das Rashtrapati Niwas in Shimla, in dem das Indian Institute of Advanced Study beheimatet ist*

8 *Meine kleine Wohnung in Kalimpong*

9 Premierminister Rajiv Gandhi übergibt das Zertifikat des Doktorats (10.1.1987)

10 Mit Swami Asaktananda in Narendrapur (ca. 1990)

11 P. Ignatius Hirudayam in seiner Kapelle in Madras (1988)

12 Jyoti Sahi erklärt seine Gemälde (1986)

13 *P. Francis Acharya im Kurisumala Ashram*

14 *P. Bede Griffiths in Shantivanam (mit Gast)*

15 »Mother« Léa Provo
in Sevapur

16 Brother Prem Anand

17 Der Wäscher Bablu vor seinem Haus in Bolpur

18 Mein »Outhouse« in Santiniketan

19 Kamal Biswas

20 Monotosh Das in seinem Garten in RSV

21 Ram Chandra Gandhi in New Delhi (1985)

22 Der Dichter P. Lal in Kalkutta (1993)

23 *Mutter mit Viola Schmied in Boppard (1996)*

24 *Mutter mit ihren beiden Söhnen in Boppard (2001)*

25 *Volker Michels und Ursula Michels in Indien (1997)*

26 *Heiner Hesse in Arcegno (1995)*

27 William Radice
und seine Frau
Elizabeth in Cambridge

28 Alex Aronson in
Haifa (1993)

29 *Mit Günter Grass in Kalkutta (2005)*

30 *Mit Udo Keller in der Bibliothek seines Stiftungshauses (2007)*

31 Die Landschaft um Ghosaldanga

32 Der Tanz der Santals

33 Besuch der Mitglieder des »Freundeskreises« in RSV

Refrain mitsingen. Das Harmonium wandert von Hand zu Hand, weil jeder ein Lied anstimmen will. In der Nachbarschaft wohnen einige großartige Sänger, die die Kali-Lieder mit enormer Gefühlskraft hinausschmettern. Kaum jemand scheut sich, beim Fest die Stimme zu erheben, seien sie nun kleine Angestellte, Maurer, Tagelöhner oder Feldarbeiter – alle öffnen sich.

Gopal Baul. – Bauls sind bengalische Sänger, die, durch die Dörfer wandernd, mystisch-ekstatische Lieder vortragen. Die Melodien sind sich ähnlich, von inbrünstig-langen Schreien in hohen Tonlagen durchzogen. Die Texte der Bauls preisen den *Moner Manush*, den »Menschen im Innern« – eine Umschreibung für Gott, der im Herzen der Menschen wohnt. Sie bezeichnen sich nicht als Hindus oder Muslime, sie wollen die traditionellen Religionen transzendieren. Bauls wandern von Dorf zu Dorf, um der Bevölkerung Unterhaltung und spirituelle Belehrung zu bieten. Dafür bekommen sie Reis oder einige Münzen. Rabindranāth Tagore schätzte die Liedkunst der Bauls und ihre Philosophie des Moner Manush. Darum unterstützte er sie und versammelte einige hervorragende Musikanten aus den Dörfern um sich. Auf diese Weise wurde Santiniketan ein Mittelpunkt der Baul-Kultur. In den 1980er-Jahren war diese Baul-Kultur noch schlicht; heute ist sie kommerziell und touristisch aufgemotzt. Nicht in die Dörfer wandern die Sänger, barfuß, sondern zu den Hotels und Holiday Resorts, die in der gesamten Umgebung aus dem Boden sprießen.

Gopal Baul stand plötzlich in der Tür und erschien immer häufiger. Seine Lieder wirkten echt, aus einer inneren Not gesungen. Er lud mich in sein Dorf ein – wir fuhren gemeinsam auf unseren Rädern hin. Er und seine Familie wohnten in einem miserablen Hüttchen rund zehn Kilometer von Santiniketan entfernt. Ich war beeindruckt von der Authentizität dieses Menschen und begann, ihn zu unterstützen, was sich allerdings als schwierig herausstellte. Darüber bald mehr.

Das Erlebnis des Volkshinduismus

In Narendrapur erlebte ich die bürgerliche, monastisch orientierte Religiosität der Mittelklasse. Über Bishu, der wegen seiner Neigung zu Trancezuständen der heimliche König der Nachbarschaft wurde, habe ich den Volkshinduismus kennengelernt – die Religion der »kleinen Leute«. Im Volk aber geht's manchmal laut und ungebärdig zu. Man singt sich mit endlosen Litaneien in einen Rausch, singt und singt den Abend lang und hilft wohl auch mit der Flasche nach. Es war eher Unterhaltung, weniger Spiritualität, aber es lässt die Menschen ihren harten Alltag vergessen und gibt ihnen eine Erfahrung von Gemeinschaft.

In den ersten Jahren in Santiniketan habe ich zahlreiche kleine Tempel in der Umgebung besucht. In jedem wohnt eine Gottheit, die ein oft verwickelter Kranz von mythischen Geschichten und Legenden umgibt. Jede dieser dörflichen Gottheiten ist für besondere »Aufgaben« zuständig, ähnlich wie die Heiligen der katholischen Kirche, die die Gläubigen für besondere Anliegen anflehen. Viele solcher Tempel haben ihren Ursprung in der Vision eines heiligen Mannes oder einer heiligen Frau, die daraufhin den Tempel zu Ehren jener Gottheit, die ihnen erschien, erbaut haben. Diese Sphäre der Trance, der Visionen und Träume, der Erleuchtungen und Wunderheilungen ist den Menschen in den ländlichen Gebieten noch nah und »normal«. Das hat gewiss mit einer Bereitschaft zu tun, sich nervlich reizen zu lassen, mit einer Emotionalität, die unmittelbarer, »roher« ist, weniger von Rationalität kontrolliert, auch damit, dass man solche Phänomene erwartet und manchmal durch *Ganja*, eine Form von

Haschisch, oder durch billigen Fusel und andere Substanzen hervorlockt. Auch im Beisein von Bishu spürte ich die gleitenden Übergänge zwischen verehrender Hingabe und Magie. Man ist geradezu gierig nach religiösen »Erfahrungen«. Bizarres Verhalten wird verehrt, anstatt argwöhnisch betrachtet.

Unvergesslich ist die Pilgerschaft nach Tarakeshwar zum Taraknāth Tempel, die man nur im Monsun-Monat *Shrāvan* unternimmt. Bishu, Madan, drei weitere junge Männer aus der Nachbarschaft und ich reisten im Zug Richtung Kalkutta bis Sheoraphuli, einen Ort am Ganges. Jeder von uns brachte eine Bambusstange mit, die wir über eine Schulter trugen. An ihren beiden Enden gab es eine Vorrichtung, an der man zwei kleine Tonkrüge anbrachte. Vorschrift war, barfuß zu laufen. Das waren meine Fußsohlen nicht gewöhnt; also trainierte ich in Santiniketan tagelang, indem ich immer wieder über Kies auf und ab lief. In Sheoraphuli waren zahlreiche Pilger, junge Männer aus ländlichen Gegenden, auch nicht wenige Frauen, versammelt. Wir ließen die beiden Krüge mit Gangeswasser volllaufen, befestigten sie an der Stange, schulterten sie und machten uns auf nach Tarakeshwar. Es war Abend und dunkelte schon. Die ganze Nacht würden wir brauchen, um die sechzehn Kilometer auf unebenen, ungeteerten Wegen zurückzulegen. Ein Strom von Menschen war unterwegs, manche liefen im Schnellschritt, andere langsam, kontemplativ. Überall schallten antreibende, aufmunternde Rufe und Refrains, die viele Gruppen skandierten, um ihren Laufrhythmus beizubehalten. *Bom bom Tarak bom*, und darauf antworteten andere. Oft waren es Hilferufe an Gott, die dann die zweiten bekräftigten; oft aber humorvolle Rufe, die die Gottheit frech herausforderten.

Nach einer oder zwei Stunden gaben die Ersten auf. Blutige Füße, Überschätzung der eigenen Kräfte, Erschöpfung … Fahrradrikshas standen bereit, um die müden Pilger aufzusammeln und zum Tempel zu fahren. Das entsprach nicht den strengen Regeln des Gottes Taraknāth, aber gewiss drückt er ein Auge zu. Man konnte es im nächsten Jahr noch einmal versuchen. Die Rikshafahrer durften einen fetten Lohn verlangen.

Taraknāth ist ein Name von Gott Shiva, dem Gemahl der Göttin Kali. Im Tempel von Tarakeshwar wird Shiva durch einen »Linga« symbolisiert, einen runden, etwa einen Meter hohen schwarzen Stein, der oben abgerundet ist. Der Sinn der Pilgerschaft ist, auf diesen Stein das Gangeswasser als Geste der Verehrung auszuschütten. Der Linga ist die abstrakte Darstellung eines Phallus, der die Schöpferkraft Shivas beschwört.

Nach mehreren Erholungspausen auf dem Weg erreichte unsere Gruppe im Morgengrauen die Stadt; wir stellten uns, umdrängt von vielen ungeduldigen Bauernjungen, an und leerten die Krüge über dem Linga. Sammlung, Gottesliebe konnten sich dabei nicht regen. Doch Bishu hatte in der Nacht ein Lied nach dem anderen gesungen, fröhlich und allein. Und ich war einfach nur froh, dass meine Füße keine Risse bekommen hatten. »Shiva hat geholfen«, rief Bishu.[51]

Wie den Armen helfen?

Mich drängte es, armen Menschen entsprechend meiner Möglichkeiten zu helfen. Léa Provo war ein Vorbild, ebenso Hildegard Sina in Kerala. Engagierte Menschen wie sie werden in Europa oft als Sozialromantiker verspottet, man dichtet ihnen ein Helfersyndrom an. Viele Europäer unterstützen sie spontan, indem sie unbedacht, ohne die Situation nüchtern zu erforschen, hohe Summen spenden, aber letztlich können sie doch nicht nachhaltig helfen. Arme fühlen sich von dem plötzlichen Geldsegen überwältigt und verkraften ihn emotional nicht. Sie wissen ihr Leben nicht so effektiv zu organisieren, dass sie dieses Geld sinnvoll anlegen können. Mit der Verwaltung von finanziellen Mitteln muss eine Änderung früherer Gewohnheiten, ein Erlernen von neuen Fähigkeiten, eine Festigkeit des Charakters einhergehen. Mit Geldspenden allein ist wenig erreicht. Nicht selten geben die vom Geld überwältigten Menschen der Versuchung nach, gierig und ausbeuterisch, manchmal sogar betrügerisch zu werden. Die Großzügigkeit anderer nobilitiert sie selten.

Menschen zu helfen ist eine hohe Kunst, ebenso sich helfen zu lassen.[52]

Obwohl manche Versuche gescheitert sind, bin ich nicht blauäugig vorgegangen. Immerhin wohne ich im Austausch mit jenen Menschen, denen ich zu helfen bereit bin, kenne das soziale Milieu und, besonders wichtig, ich verständige mich in ihrer Sprache. Der Drang zu helfen entsteht durch die Wahrnehmung, dass man zum Beispiel einer armen Familie mit einer gezielten, nicht unerschwinglichen Summe eine permanent solide Grundlage für ein besseres Leben geben kann.

Für *Madan*, der nach seinem Magister lange ohne Job blieb, und *Bishu*, den bitterarmen Fahrradflicker, baute ich eine Hühnerfarm. Beide mussten selbst Hand anlegen. Bishu schickte ich nach Narendrapur zu einem zweiwöchigen Kurs in Hühnerzucht. Sie bauten das umzäunte und überdachte Areal nach Vorschrift, sie bestellten die Küken und zogen sie wie gelernt auf. Einige Monate ging es gut; es gab schon Gewinne. Dann verendete ein Huhn nach dem anderen an einer Seuche. Aus war der Traum. Ich begriff, dass dieses Hühnersterben durchaus nicht ungewöhnlich war und man darum eine größere Summe in der Hinterhand halten musste. Das überstieg meine Grenzen. Madan baute das Gehege zu seinem Wohnhaus um. Immerhin.

Bablu wollte ich vorsichtig aus seiner Brüderschar herausziehen und individuell unterstützen. Meine Großmutter mütterlicherseits hinterließ eine stattliche D-Mark-Summe für uns Brüder. Mit meinem Teil kaufte ich für Bablu ein kleines Stück Land, zweihundert Meter von seinem Familienhaus entfernt an der Hauptstraße. Eine glänzende Position für ein Geschäft, das er mit dem restlichen Geld baute. Außerdem kaufte er sich die erste Waschmaschine von sämtlichen Wäscherfamilien. Sogar unter den Professoren in Santiniketan waren Waschmaschinen noch unbekannt. Jemand erzählte Bablu, im westlichen Nordindien, im Panjab, dreitausend Kilometer entfernt, da sei eine Fabrik, die Waschmaschinen nach Auftrag herstellt. Bablu, der nie weiter als bis Bihar gereist war, packte die Kühnheit des »Jetzt oder nie!« Er fragte jenen Bekannten, ob sie zusammen fahren könnten. Sie kauften sich Zugtickets, sie fuhren hin. Zwei Wochen hörte man nichts von ihnen, dann kamen die beiden zurück – mit diesem klobigen Eisenkasten, der Waschmaschine. »Was hast du erlebt?«, fragte ich, sehr erleichtert. Bablu brauchte eine gute Stunde, bis er zu Ende erzählt hatte.

Das Geschäft ging vorzüglich. Munna, der älteste Sohn, stieg doch ein, weil Bablu den Andrang nicht bewältigte. Sicher war die Waschmaschine nur *ein* Grund; Bablus Höflichkeit und Pünktlichkeit halfen mit. Andere Familienmitglieder kamen dazu. Die gesamte Familie profitierte bald von Bablus Tollkühnheit, ja, und von dem neuen, einladenden, geräumigen Geschäft. Später baute sich Bablu vom eigenen Profit ein Wohnhaus dahinter.

Immer noch kommt er von Zeit zu Zeit zu mir. Er ist einer der wenigen, die ehrliche Dankbarkeit ausdrücken (ohne unterwürfig zu klingen und erneute Hilfe zu erwarten). Seine Eltern sind gestorben und zuletzt seine Frau. Wie blind stolperte er letztes Jahr zu mir, um davon zu erzählen. Obwohl ihr Tod schon vier oder fünf Monate zurücklag, schluchzte er. Vom lebenslangen Bügeln ist sein Nacken steif geworden – Spondylitis. Jetzt sitze er nur im Geschäft und führe die Aufsicht und redet mit den Kunden ... und er spielt mit den Enkelkindern. Ich habe vergessen, wie viele er hat, aber ich erinnere mich an das Gespräch, das wir vor vierzig Jahren, auch über Enkel, geführt haben. Ob er vernünftiger ist als seine Eltern? – Ich wage nicht zu fragen.

Gopal. – Ihn zu unterstützen war, wie gesagt, schwierig. Nach und nach zeigte sich, dass es ihm nicht gelang, zuverlässig zu sein. War er nie gewesen, hatte er niemals sein müssen! Als Baul sah er sich als freien Menschen, und das bedeutete für ihn, er war genau dann müßig, wenn er müßig sein wollte. Bauls sehen in dieser Lebensweise ihr spirituelles Konzept. Gopal jedoch empfand es als Einladung zur körperlichen und geistigen Trägheit. Hatte er auf seiner Wanderung durch mehrere Dörfer genügend Geld in die Hand bekommen, blieb er zwei oder drei Tage zu Hause. Es gelang ihm vorzüglich, einfach im Schatten zu sitzen und nichts zu tun. *Oto paisa khabe ke?* war sein Standardspruch: So viel Geld! Wer soll das alles »essen«?

Ich kaufte ein Feld und daneben ein Grundstück, auf das Gopal eine geräumige Hütte mit Veranda und einem kleinen, ummauerten Hof bauen konnte. Voraussetzung: Er musste selbst mithelfen zu bauen, anstatt den Bauherrn zu spielen. Er war eifrig, zunächst, er schien verwandelt, ich staunte. Ein zweiter Spruch, mit dem er seine Baul-Philosophie ausdrückte, war: *Ja howar hok!* – Was geschieht, soll geschehen! ... Das sagte er weiterhin, doch (für ihn) unmerklich entwickelte er einen Selbstantrieb. Die Bauarbeiten bekamen eine Dynamik, die ihn mit sich zog. Erstaunlich, dachte ich, aber ich sagte nichts. Kurzum, das Lehmhaus stand, die Lehmmauer umgrenzte den Hof. Darin war eine Wasserpumpe installiert. Das Haus und die Mauern waren sorgfältig mit Reisstroh gedeckt. Einfach und solide hatte er gebaut.

Mitgeholfen hatten Bauernjungen aus dem Dorf, das unmittelbar an Gopals Hütte angrenzte. Es ist ein Dorf des

Volksstammes der Santals und heißt Ghosaldanga. Es ist jenes Santal-Dorf, das mich seitdem und bis heute nicht loslässt. Gopal stammte aus einer niedrigen Hindu-Kaste. Die Volksstämme – *Adivasi* – sind unterhalb des Kastensystems angesiedelt, sie sind Kastenlose. Insofern hatten Gopal, seine Frau und ihre beiden Söhne keine Berührungsschwierigkeiten mit den Santals. Gopal setzte sich in diesen und jenen Hof und schwatzte und rauchte *Biris* (Zigaretten aus einem Tabakblatt gerollt) und trank *Haria* (warmes Reisbier). Die Frauen kamen in Gopals Hof, um Wasser in ihre großen Tonkrüge zu pumpen. Die Hoftür stand bis zum späten Abend dafür offen. So wuchsen die Hindu-Familie und das Santal-Dorf zusammen. Ich beobachtete es mit Genugtuung. Das war doch die Sehnsucht und das Ziel meines Lebens: friedliche Integration!

Ich besuchte Gopal in seiner Hütte regelmäßig. Ein winziges Zimmer hatte er für mich, zwanzig Schritt von seinem Hof an den Rand seines Feldes, gebaut. Ich aß mit der Familie, hörte abends Gopals Baul-Lieder, und nachts kam er in mein Zimmer, spannte ein zweites Moskitonetz auf dem Boden aus und legte sich neben mich. Einen Gast allein zu lassen ist in den Dörfern undenkbar. Gastfreundschaft heißt Betreuung rund um die Uhr. Auf dem Fußboden einer Lehmhütte ist fast unbeschränkt Platz, weil Inder verstehen, zusammenzurücken. Für mich als Europäer war das ständige Zusammensein gewöhnungsbedürftig, bis ich mich so stark darauf eingestellt hatte, dass ich einen atmenden Körper neben mir nicht missen mochte.

Immer wenn ich mit dem Fahrrad zu Gopals Familie fuhr, machte ich, zunächst mit Gopal, dann allein, Stippvisiten ins Santal-Dorf. Dort war's normal, angesprochen und aufgefordert zu werden, in den Hof zu treten und sich hinzusetzen, als gehöre man seit je zur Familie. Man begegnete mir mit Neugier, doch niemand gaffte und zeigte mit Fingern auf mich. Offenbar verstanden die Bewohner intuitiv, dass ich nicht den bengalischen Städtern glich, die häufig auf die Adivasi herabsehen. Sie begegneten mir auf dieselbe natürliche Art, wie ich mich ihnen gegenüber verhielt. Ich spürte keinen Argwohn, kein Kriechertum. Da sie mich oder meine Herkunft, meine Kultur und deren Gewohnheiten nicht kannten, bemühten sie sich nicht, sich auf mich einzustellen. Sie blieben sie selber. Die Einfühlung und Umstellung, die zu einer Begegnung notwendig waren, mussten meine Leistung sein.

Immer mehr wandte ich mich dem Dorf zu, zumal ich nun einzelne Bauernjungen kennenlernte und mich immer mehr durch ausgedehntes Zusammensitzen mit ihrem Leben verband. Zumal Gopal auf alte Gewohnheiten zurückfiel. Er trank wieder mehr, er hockte den gesamten Tag im Schatten seines freundlichen Hofes und döste, während seine Frau geschäftig den Haushalt führte. Sogar während meiner Anwesenheit zankte er mit ihr. Für Gopal wäre die Zeit gekommen, sein Glück zu nutzen. Als Sohn eines Bauern kannte er sich von Kindesbeinen in der Landwirtschaft aus. Jetzt hätte er sein Feld bestellen oder aber es einem Nachbarn zur Bestellung übergeben können. Den Gewinn hätten sie sich geteilt. Doch schaffte Gopal den Anfang nicht. Diesmal konnte er sich von keiner Dynamik mitreißen lassen; sie musste er selbst herstellen. Er schaffte es einfach nicht. Ich kam häufiger und fragte nach, ermunterte, ermahnte ... und war deprimiert.

Gopal ging abends angetrunken ins Santal-Dorf und stiftete Zank. Er verspielte sein Willkommen. Beleidigt rannte er zu seinem alten Hindu-Dorf Bautijol einen Kilometer entfernt. Dort musste er doch Saufkumpanen finden!

Hatte ich falsch gehandelt? Natürlich, meine akademisch gebildeten Freunde in Santiniketan würden sagen, ich hätte alles falsch gemacht. Leuten wie Gopal könne man nicht helfen! Wenn sie hundert Rupien in die Finger bekämen, schnappten sie über! ... Mein Vermieter, Herr Moulik, der in den feinen Büros der FAO in Rom für das Wohl der Armen gesorgt hatte, hörte wohl von meinem Unglück und fragte, warum ich mich mit dem *riff-raff* abgebe, diesem Gesindel. Ich bewahrte Schweigen.

Mein Haushalt wächst

Lange konnte ich den Zwang zur Selbstversorgung nicht ertragen. Zeit meines Lebens habe ich es nicht geschafft, mich fürs Kochen zu interessieren. Es gilt mir als vergeudete Zeit, als irritierende Zerstreuung, weil die Gedanken immerzu darum kreisen, was man einzukaufen hat, was man wo bekommt. Kurzum, *Bacchu* erschien auf der Bildfläche, ein Verwandter von Bishu, der ihn mir wohl zugeschoben hat. Bacchu wohnte in einem Dorf in der Nähe von Santiniketan und war ein Bauer ohne eigene Felder. Er brachte sich und seine Frau Konya als Tagelöhner auf den Feldern anderer durch. Er hatte ein paar Jahre Schulbildung hinter sich. Obwohl das Angebot der Schulbildung so formalistisch, oft so miserabel ist, strukturiert es das Denken und Handeln der Menschen merklich. Das kam auch mir zugute. Die Tragik des Ehepaars war, dass sie keine Kinder bekamen. Ohne Kind ist eine Familie nicht »vollständig«, ist vor allem eine indische Ehefrau nicht erfüllt.

Bacchu kam mittags und bereitete Tee, den wir zusammen tranken. Inzwischen war ich in das geräumige Outhouse umgezogen, also konnte Bacchu mir in der Küche eine dicke Gemüsesuppe oder einen kraftvollen Salat zubereiten. Das war mein Mittagessen. Ab 12 Uhr kamen Besucher. Sie wussten, dass ich vorher mit niemandem sprach.

Zwei oder drei Jahre ging alles gut. In seinem Dorf kaufte Bacchu ein Stück Land, auf dem er sich unter einem prächtigen Banyanbaum ein ordentliches Lehmhaus baute und sogar Gemüse anpflanzte. Bacchus Frau war fingerfertig und künstlerisch begabt. Konya hatte Weben gelernt und begann nun kunstvoll bunte Tücher zum Umhängen oder Schals zu weben. Ich unterstützte sie, und Bacchu war plötzlich stolz auf seine junge, zarte, sehr dunkle Frau, die anfangs noch zurückhaltender als andere Ehefrauen gewesen war. Einige Monate später bekam Bacchus Frau sogar die Gelegenheit, einige Schülerinnen anzunehmen. Zwei oder drei blieben länger und wohnten gemeinsam in einem der Zimmerchen des Lehmhauses.

Das Unheil nahm seinen Lauf, als Bacchu, ein Hindu, sich in eines der Mädchen, zufällig eine Muslimin, verliebte. Die Sturzfluten dieser Leidenschaft überschwemmten uns alle. Bacchu drängte seine Frau, dieses Mädchen als seine Zweitfrau willkommen zu heißen. Bacchu fuhr dem Mädchen nach, nur um von ihrem Dorf weggescheucht und gedemütigt zu werden. Die Farben der Tücher, die Bacchus Frau fertigte, wurden blasser, bald stand der Webrahmen traurig in einer Ecke ...

Bacchu kam zu mir und sagte, er habe Wichtiges zu tun und könne für mich nicht mehr arbeiten. Tag für Tag schrieb er jetzt werbende Briefe an diese junge Frau, die sie ungeöffnet zurückschickte. Tag für Tag wanderte er zum Postamt in der Hoffnung, einen Brief von ihr zu finden, stattdessen erhielt er nur seine eigenen. Monatelang muss er so gelebt haben. Seine Frau kehrte tief gedemütigt zu ihren Eltern zurück – was sonst hätte sie tun können? Die Familie war nicht erfreut über die Rückkehr der Tochter, weil sie die Unbescholtenheit der Großfamilie befleckte.[53]

Kamal Biswas war der nächste. Der Sechzehnjährige marschierte mit seinem Vater oder allein, einen breiten Früchtekorb auf dem Kopf balancierend, durch Santiniketan und rief den Häusern *phol, phol, phoool* zu. Er verkaufte Bananen und Äpfel, Orangen, Mangos und Zitronen, die Früchte der Saison, die er preisgünstig in Bolpur ankaufen konnte. Das war das Geschäft seines Vaters, der den Sohn von Kindesbeinen auf seine Tour mitgenommen hatte. Der hat doch nur »Kuhfladen im Kopf«, stichelte der Vater, weil sein Sohn nach fünf Klassen die Schule geschmissen hatte. Schon monatelang war Kamal nach seiner Verkaufsrunde mit leerem Korb zu mir gekommen, um Bacchu zu helfen, natürlich auch um einen Schwatzpartner zu haben. Nun übernahm Kamal die Küche – und er blieb; er bleibt bis heute. Inzwischen ist er verheiratet und seine beiden Töchter sind über achtzehn hinaus und studieren im College. Die ältere hat geheiratet und ist Mutter geworden.

Rāmakrishna und Franziskus

In Narendrapur hatte ich große Teile von »The Gospel of Sri Ramakrishna« gelesen. Es ist die englische Übersetzung des bengalischen Werkes *Srīsrī Rāmakrishna Kathāmrita,* der Mitschrift von Gesprächen Rāmakrishnas. Sie sind die einzige authentische Quelle für das Denken und die Lebensweise des Hindu-Heiligen. Wollte ich über Rāmakrishna schreiben und ihn mit Franz von Assisi vergleichen, musste ich dieses Werk studieren, und zwar im Original. Rāmakrishna war ein fast analphabetischer Mann. Seine Sprache war rustikal, manchmal grob, sogar ordinär, aber lebhaft, bilderreich und doch knapp und direkt; er war ein wunderbarer Geschichtenerzähler. So jedenfalls stellt ihn Mahendranath Gupta, der Autor dieser Gespräche, dar. Da er sie jeweils später aus dem Gedächtnis aufschrieb, können sie nicht *verbatim* gewesen sein. Doch viel von Rāmakrishnas Vitalität und der Eigenart seiner ekstatischen Zustände und seiner Liebe zu seinen Jüngern leuchtet auf. Den originalen bengalischen »Sound« Rāmakrishnas zu hören, war mein akademisches, jedoch auch ein persönliches Anliegen.

Bücher über Rāmakrishna besitzen nicht die Frische und Überzeugungskraft der »Kathāmrita«. Im Gegenteil, vor allem auf Betreiben seines wichtigsten Jüngers, Swami Vivekānanda, wurde das Leben Rāmakrishnas rasch stilisiert, sogar ideologisiert. Er wurde zu einem *Avatār*, einer Inkarnation Gottes, obwohl Rāmakrishna sich niemals göttlichen Status zugemessen hatte. Vergleiche mit Christus wurden nahegelegt: Rāmakrishna hatte zwölf Jünger wie Jesus; die Krebskrankheit, an der er starb, wurde zum Märtyrertod wie der Tod am Kreuz.

Rāmakrishnas Spiritualität, die in jenen Gesprächen ohne den Versuch einer Systematisierung auskam, wurde von seinen Jüngern in ein theologisches Konzept gepresst. Danach postulierte Rāmakrishna, dass alle Religionen wahr seien und zu Gott führen, und er legitimierte dies mit seinen Visionen und ekstatischen Erfahrungen. So sehr wir uns zu dieser Haltung hingezogen fühlen, so ist doch die Begründung des Heiligen, folgen wir der »Kathāmrita«, allzu oberflächlich. Rāmakrishna sah Jesus Christus in einer Vision auf sich zukommen und schließlich mit seinem Körper verschmelzen. Daraufhin blieb er tagelang in einer »Jesus-Trance«. Über die Kernaussagen der Evangelien wusste Rāmakrishna wenig, über die Theologien, die sich aus den Evangelien entwickelten, und über die von Jesus gegründete Kirche offenbar nichts. Ähnlich spärlich ist Rāmakrishnas konkretes Wissen über den Islam, den Buddhismus und Sikhismus. Den Jüngern, dem Orden und den vielen Rāmakrishna-Anhängern ist einzig diese Vision wichtig geworden. Mir konnte dies letztlich nicht genügen.

Darum wollte ich die Beziehung Rāmakrishnas zu Jesus Christus und zum Christentum auf eine andere, eher indirekte Weise interpretieren. Es ging mir darum zu entdecken, welche Werte oder Lebensmerkmale in Rāmakrishnas Werdegang wesentlich waren und ob sie vergleichbar sind mit Werten und Lebensmerkmalen von Heiligen im Christentum. Franz von Assisi zum Vergleich heranzuziehen war eine Wahl, die mir natürlich erschien. Das Fluidum ihres Lebens war so ähnlich – die kindliche Spontaneität, die Vernachlässigung orthodoxer Positionen, die sie beide ekstatisch überstiegen, ihre Unmittelbarkeit im Ausdruck religiöser Stimmungen ...

Für meine Dissertation habe ich mir viel Zeit genommen. Mir kam es nicht darauf an, geschwind abzuschließen, weil ich so viel Zeit wie möglich in Indien verbringen wollte. Viel tat ich außerhalb meines Studiums: Ich lernte Bengalisch, baute meine Laufbahn als Autor und Übersetzer auf, lernte das Leben in den Santal-Dörfern kennen. Um meinem Vergleich von Rāmakrishna und Franziskus ein solides Fundament zu geben, studierte ich außerdem Dutzende von Biographien bekannter Hindu- und christlicher Heiligen.

Mir ging es zunächst darum: Wie definiert sich »Heiligkeit« in den beiden Religionen? Wer wird als »Heiliger« im Volk angesehen? Gibt es eine gemeinsame Grundlage, durch die Heiligkeit in den beiden Religionen konkret wird? Das Gemeinsame erkannte ich in dem Fünf-Stufen-Weg, den alle Heiligen gleich welcher Religion durchlaufen:

1. das »konventionell religiöse« oder religiös desinteressierte Leben;
2. ein Erweckungserlebnis und der Anfang religiöser Suche;
3. das »heroische« Streben nach Gott und die Erfüllung seiner Gebote;
4. ein Erleuchtungserlebnis oder Vollendungserlebnis;
5. das Leben unter den Menschen im Dienst Gottes.

Mit diesem Schema als Stütze verglich ich das Leben der beiden Heiligen und arbeitete ihre Ähnlichkeit heraus. In einem zweiten Teil der Dissertation stellte ich aber Unterschiede fest, und zwar vor allem in dem christlichen Primat der Nächstenliebe. Ich dokumentierte an zahlreichen Beispielen aus der »Kathāmrita« den untergeordneten Wert, den vor allem die liebende Tat unter Menschen besitzt.[54]

Heiligkeit als Instrument des Dialogs?

Während der jahrelangen Beschäftigung mit dem Thema Heiligkeit in den Religionen drängte sich mir die Überzeugung auf, dass der Vergleich von Heiligen ein Instrument des interreligiösen Dialogs werden kann. Wie ist das gemeint? Die Heiligen sind jene Menschen, die ihre Religion auf eine vollkommene und kreativ-wesentliche Weise leben. Sie dringen in den gelebten Kern ihrer Religion ein und vernachlässigen im Allgemeinen all jenes, was nur Konvention und geschichtliche Einkleidung ist. In ihrem Leben wird die Religion transparenter als durch Dogma, Katechismus, Lehre und Predigt. Wer sich das Leben der Heiligen unterschiedlicher Religionen vor Augen hält, erkennt leichter das Verbindende, das Universale. Beim Vergleich von Rāmakrishna und Franziskus leuchtete mir die Gemeinschaft schaffende Qualität der Heiligkeit und des Lebens der Heiligen allgemein auf. Durch die Betrachtung der Heiligen können die Dialog-Suchenden das Gemeinsame in allen Religionen erfassen und feiern. Liegt nicht darin der höhere Sinn des Dialogs?[55]

Einen zweiten Versuch unternahm ich, das Universale des Heiligenlebens herauszuarbeiten und auf diese Weise hervorzuheben, was uns verbindet. Als ich die erwähnte Franziskus-Biographie von Paul Sabatier las und daraufhin die historischen Biographien von Thomas von Celano und Bonaventura, spürte ich, dass das Leben des Franziskus, abgesehen vom Fünf-Stufen-Weg, den alle Heiligen hinaufsteigen, sehr eigene Merkmale besitzt. Zusammengenommen stellen sie den *franziskanischen Archetyp* dar. Der *monastische* Lebensweg der in Asien geborenen Religionen ist mit dem Lebensweg des heiligen Franz von Assisi verwandt. Ich entdeckte mehrere Elemente, die ich im Mönchtum des Hinduismus, Buddhismus und Jainismus und in ähnlicher Weise bei Franziskus wiederfand: Grundlegende Elemente sind die *Ehelosigkeit, freiwillige Armut* und die *Einfachheit.* Das Gelübde der Armut macht die weiteren Elemente erst möglich oder notwendig. Sie sind: *Betteln, Wandern, Alleinsein.* Der Bettelmönch (Mendikant) verzichtet auf die Sicherheit eines versorgten Lebens und liefert sich dem Wohlwollen der Menschen und der Gnade Gottes aus. Mit seinem unsteten Wanderleben verzichtet er auch auf die Annehmlichkeit eines stabil an einem Ort verbrachten Lebens. Betteln und Wandern können lange Phasen des Alleinseins und letztlich der Einsamkeit bewirken, aber auch zur Sammlung eines der Kontemplation gewidmeten Lebens hinführen. Ein solches Leben kann nur charismatisch in einer ständigen Begeisterung für dieses einzig auf Gott vertrauende Ideal gemeistert werden.

Im Hinduismus ist der *Sanyāsi* ein Bettelmönch mit diesem extremen Anspruch; im Buddhismus ist es der *Bhikkhu,* der – dem Vorbild von Gautama Buddha folgend – demselben Ideal verschrieben ist. Auch im Jainismus, einer alten Religion, die sich historisch parallel zum Buddhismus entfaltet hat und die Askese und Weltabgewandtheit auf die Spitze treibt, gehen Mönche und Nonnen auf einen täglichen Bettelgang. Der Unterschied zwischen Franziskus und jenen Bettelmönchen aus Hinduismus, Buddhismus und Jainismus ist jedoch, dass der franziskanische Archetyp ein wesentliches Merkmal hinzusetzt: die *geistige Freude.* Bei Franziskus lernen wir, dass Armut, Betteln, Wandern und Alleinsein erst dann vollendet sind, wenn sie geistige Freude schaffen und wachsen lassen. Nicht Weltverneinung, nicht einmal Gleichmut, nicht strenges Einhalten der Gewaltlosigkeit (wie im Jainismus), sondern eine überquellende Freude, die Gott und Schöpfung feiert, ist das Ziel und belohnt die Franziskus-Nachfolger.[56]

Dies sollte auch meine Spiritualität sein – ein offenes Mönchtum ohne Sicherheit, aber auch ohne Verpflichtung gegenüber einer Gruppe oder einem »Guru«. Sie sollte mich frei dazu machen, so stark wie möglich mein Leben aus einer geistigen und emotionalen Spontaneität zu gestalten. Wie schwer es ist, einen solchen franziskanischen Weg – mit Begeisterung und Freude – durchzuhalten, Jahr für Jahr und allein auf sich gestellt, das sollte ich im Lauf der Jahrzehnte in Santiniketan erfahren. Doch rückblickend merke ich an: So unvollkommen ich dieses Ideal des Franz von Assisi erfüllen konnte, ich hätte die Entbehrungen, die Nachteile, ja, die Demütigungen, die mir mein Leben in Santiniketan auferlegen, nicht ertragen, wäre mir dieses Ideal nicht vor Augen gewesen. Das heißt: Weder mein Werk unter den Menschen in den Stammesdörfern hätte ich begonnen, noch meine akademische und schriftstellerische Arbeit weitergeführt. Ich habe mich geprüft – immer wieder wurde mir deutlich, dass Santiniketan der mir bestimmte Platz und diese Lebensweise die mir bestimmte ist.

Meine Liebe zum franziskanischen Weg entbehrt nicht eines gewissen romantischen Gefühls, das Franziskus in vielen Menschen meiner Generation evoziert hat. Romantik lässt das Schwere leichter erscheinen, als es ist. Das ist ihr Charme und ihre Versuchung. Sie macht auch die Härte des franziskanischen Weges sanfter. Seit meiner frühsten Franziskus-Lektüre war mein Wunsch gewachsen, einmal einige Wochen oder Monate ungeschützt und spontan zu wandern. Aber nicht in Indien, sondern in Europa. Ich hoffte, eines Tages nach Assisi zu pilgern. Einmal stand ich kurz davor, hatte mir vier Monate ohne Verpflichtungen reserviert. Dann aber trug mir eine Stiftung, die mich damals schon jahrelang unterstützt hatte, eine Bitte an, die ich nicht abschlagen konnte. Mein Plan, Assisi zu Fuß zu erreichen, blieb unerfüllt.

Einige Jahre später habe ich doch mit einer römischen Freundin und einem nepalesischen Freund Assisi besucht. Wir waren bei der imponierenden »Gemeinschaft für lebende Ethik« (Comunità di Etica Vivente), eine Autostunde von Assisi entfernt, zu Besuch. Sollte ich das Angebot von Alice annehmen, mit ihr und Madan nach Assisi zu fahren? War es besser, Assisi meiner Phantasie zu überlassen – sich ein »himmlisches Assisi« vorzustellen? Ich gab nach – und wurde enttäuscht. Wir drei gerieten in einen lauten Touristenstrudel; die beiden folgten ihm mit Stadtführer und Stadtkarte in Händen – und ich tappte hinterher.

Die Rāmakrishna Kathāmrita-Übersetzung

Nach weniger als zwei Jahren Bengalisch-Unterricht begann ich mit Madan Mazumdar das bengalische Werk *Srīsrī Rāmakrishna Kathāmrita* zu lesen. Er las vor, während ich den Text in einem zweiten Exemplar verfolgte, auf unbekannte Vokabeln hinwies, die Madan nachschaute, nach mir unbekannten Zusammenhängen fragte, die Madan erklären oder in Erfahrung bringen konnte. Die Lektüre machte gute Fortschritte und außerdem große Freude. Oft legte ich die englische Übersetzung »The Gospel of Sri Ramakrishna« von Swami Nikhilananda, einem gelehrten Mönch der Rāmakrishna Mission, der ein Vedanta-Zentrum in New York aufgebaut hatte, daneben, um zu vergleichen. Es ist jenes Buch, das allen nicht-bengalischen Verehrern Rāmakrishnas ihre geistige Nahrung gibt.

Erschrocken war ich zu erkennen, was mir niemand gesagt hatte und nirgendwo zu lesen ist: dass Swami Nikhilananda keine Übersetzung geliefert hat, sondern bestenfalls eine Paraphrase. Zahlreiche Passagen des Originals fallen weg, besonders die beschreibenden. Die deftige Sprache Rāmakrishnas, die ihn auszeichnet und auch liebenswert macht, ist abgemildert. Der Mönch fügt Sätze und ganze Abschnitte hinzu, legt sogar viele von ihnen in Rāmakrishnas Mund. Darüber hinaus ist Swami Nikhilanandas Englisch, verglichen mit dem Original, kraftlos, hölzern, undifferenziert. Eine solche schwache und sogar verfälschende Übersetzung ist die Grundlage für die Verehrung des Heiligen außerhalb Bengalens! Eine gekürzte Übersetzung der »Gospel« war sogar in deutscher Übersetzung erschienen. Im Überschwang meiner Erregung entschloss ich mich unvermittelt, die fünf Bände direkt aus dem Bengalischen ins Deutsche zu übersetzen. Kaum hatte ich den ersten Band durchgearbeitet, kehrte ich also zu dessen Anfang zurück und begann, wieder unter Madans Anleitung, eine Übersetzung. Ich entschied mich, nicht sämtliche Passagen zu übersetzen, weil sich viele von ihnen wiederholen oder sehr ähneln. Doch gab ich davon in einem »Quellennachweis« Rechenschaft und erläuterte meine Auswahl.

Dank der ständigen Nachfragen und eines sanften Drucks von Swami Asaktananda in Narendrapur übersetzte ich einen Band nach dem anderen von Rāmakrishnas Gesprächen ins Deutsche. Dem Swami widmete ich das gesamte Werk. Nach seinem Tod im Jahr 2009 im Alter von 78 Jahren schlief meine Beziehung zum Orden ein. Zu meiner Enttäuschung wurde ich niemals dazu eingeladen, den Mönchen und Laien meine Übersetzung von Rāmakrishnas Gesprächen vorzustellen und mit ihnen darüber zu diskutieren. Außer auf Englisch sind diese Bücher bis heute die einzige Übersetzung aus dem bengalischen Original. Meine Dankbarkeit gegenüber dem Rāmakrishna-Orden bleibt dennoch ungebrochen. Ohne die Gastfreundschaft der Mönche hätte ich niemals Einblicke in den gelebten modernen Hinduismus gewonnen.

Das Übersetzungswerk brauchte ein Vierteljahrhundert, um abgeschlossen zu werden.[57] Größte Mühe hatte ich, die passende deutsche Sprache für diese knappe, an Sentenzen reiche, an Geschichten und Anekdoten übersatte, farbige Sprachkunst zu finden. Meine Übersetzung des ersten Buches schrieb ich zuerst per Hand und tippte sie darauf korrigierend in die Schreibmaschine. Danach schrieb ich dieses Manuskript noch dreimal ganz ab, jedes Mal revidierend und um das genau richtige Wort ringend. Dann war ich so weit.

Was heißt NOLI und NORI? – *Von den Feinheiten der Bürokratie*

Die öffentliche Überreichung der Urkunden für Magister und Doktorat wird in Santiniketan traditionell einmal im Jahr vom indischen Premierminister vorgenommen, der der »Kanzler« von Visva-Bhārati ist. Dies unterstreicht die Bedeutung von Tagore und seiner Universität. Im Jahr 1987 kam Premierminister Rajiv Gandhi nach Santiniketan; ich war unter den Promovenden.

Obwohl mein indisches Visum bis zur Urkunde-Übergabe relativ sicher war, blieb mir Tag für Tag bewusst, dass ich von dem unbeständigen Wohlwollen der Regierung abhängig war. Ich erinnerte mich an den Vorfall in Kalimpong, der mir zeigte, wie schnell man ins Gerede kommen kann. Weitere Vorfälle in Santiniketan unterstrichen diese Möglichkeit. Als ich begann, die Santal-Dörfer Ghosaldanga und Bishnubati zu besuchen und dort kleine Ansätze einer systematischen Entwicklungsarbeit entstanden, fragte man sich, was der junge Ausländer denn da in den Dörfern treibe. Professoren der Universität, die mich nur vom Sehen kannten und selbst keinerlei Interesse am Wohl der Dorfbewohner besaßen, zeigten mich bei der Polizei an. Wieder einmal Verdächtigungen. War ich ein Spion oder ein Missionar, der in den Dörfern das Christentum predigte und Bekehrungen vorbereitete? Einmal rief mich das »Intelligence Bureau« in der Distrikt-Hauptstadt Suri zu sich. Höflich wurde ich gefragt, in welcher Absicht ich die Dörfer besuche; mein Visum sei zum Studieren vergeben worden. Ich sagte mit aller Deutlichkeit, wenn die Polizei einen einzigen Christen in Ghosaldanga und Bishnubati entdecke, würde ich am nächsten Tag Indien verlassen. Ich sei kein Missionar und lehne die Bekehrungsmethoden der Missionare in Indien ab.

Auch andere Gründe fand man, mich anzuzeigen. Einmal bat ich einen Professor, der plötzlich am Vormittag, als ich noch mitten im Schreiben war, vor meiner Tür stand, am Mittag zurückzukommen. An mein Tor hatte ich damals schon eine Holztafel angeheftet mit dem Hinweis, dass ich Gäste von 12 Uhr bis 14 Uhr empfange. Das ist höchst ungewöhnlich für die so informelle Atmosphäre dieses Ortes, aber ich sah nur diese Möglichkeit, um am Vormittag ungestört schreiben und übersetzen zu können. Erzürnt rief der Professor einen ihm bekannten höheren Polizeibeamten in Kalkutta an und verlangte, mich auszuweisen. Als jener die Einzelheiten erfuhr, sagte er: »Der Mann kann bleiben; wir brauchen Menschen, die Disziplin haben.« So wurde es mir später schmunzelnd hinterbracht.

In jenen ersten Jahren, als mir bewusst wurde, dass Santiniketan ein Standort ist, an dem ich mich entfalten konnte, überlegte ich, ob ich die indische Staatsbürgerschaft annehmen sollte. Dann wäre die lästige und manchmal bedrohliche Unsicherheit, ob ich in Indien bleiben darf, ausgestanden. Denn selten verlief die umständliche Beschaffung des Ein-Jahres-Visums reibungslos. Manchmal dauerte die Bewilligung einer Verlängerung so lang, bis man wieder eine Verlängerung hätte beantragen müssen. Wenn ich nach Deutschland reisen wollte, musste ich wochenlang vor der geplanten Ausreise aktiv werden: Antrag in Suri auf Unterbrechung des Visums für zwei Monate, dann Antrag, Indien zu verlassen (NOLI = No objection to leave India), gleichzeitig Antrag auf

Wiedereinreise (NORI = No objection to return to India) und Antrag auf Einkommenssteuerbefreiung. Zuerst die Anträge in Suri stellen; von dort wurden sie an die Writers' Buildings in Kalkutta geschickt. Hoffentlich erreichte mich rechtzeitig die Nachricht, dass mein NOLI und NORI bewilligt sei und ich nach Kalkutta kommen könne, um meine Dokumente abzuholen. Nicht selten wurden sie mir am Tag vor Abflug ausgehändigt. Damals hatte ich noch die Nerven, dieses Prozedere auf mich zu nehmen.

Ich erinnere mich an einen Vorfall im Steuerbüro, in dem ich meine Befreiung von der Einkommenssteuer bescheinigen ließ. All die Jahre vorher hatte dafür ein Brief der Universität von Santiniketan genügt, auf dem stand, dass ich eingeschriebener Student, also ohne Einkommen in Indien, bin. Die zuständige Abteilung im Steuerbüro war von einer jüngeren, offenbar ehrgeizigen Frau neu besetzt. Sie griff nicht rasch zum Stempel, um meinen Fall zu erledigen, sondern sie begann Fragen zu stellen. Woher das Geld für mein Studium komme.

Von meinen Publikationen in Deutschland, antwortete ich.

Sie zahlen also Steuern in Deutschland?

Gewiss, beteuerte ich.

Wie viele Monate im Jahr wohnen Sie in Indien?

Etwa zehn Monate.

Sie blätterte in ihrem dicken Buch und schaute mich darauf streng an: Dann müssen Sie Ihr »Welteinkommen« in Indien versteuern. Sie leben hier länger als sechs Monate im Jahr!

Ich schaute sie an. In zwei Tagen war mein Abflug. Ich sagte nur: Das höre ich zum ersten Mal.

Die Beamtin blätterte weiter und weiter, offensichtlich überlegte sie. Dann sagte sie: Gut, Sie können fliegen. Beim nächsten Mal kommen Sie aber mit gültigen Papieren.

Im nächsten Jahr saß ein anderer Beamter in dem Büro.

In einem anderen Jahr flog ich ab Bombay nach Deutschland. Ich zeigte meinen Pass, der Beamte, ein baumlanger Sikh, prüfte meine Stempel und stutzte. In Suri hatte man vergessen, den NOLI-Vermerk einzutragen. Die Erlaubnis abzureisen, fehlte, nicht aber die, nach Indien zurückzukehren. Ich hatte versäumt, die Einträge zu kontrollieren. Der Beamte rollte die Augen. Schon sah ich mich nach Kalkutta und Santiniketan zurückkehren, um den ganzen Vorgang zu wiederholen. Dann wagte ich, mit meinem Gegenüber zu rechten: Wenn ich die Erlaubnis habe, zurückzukehren, dann heißt das doch, dass ich hinfliegen darf, oder? – Noch klingt in meinen Ohren die schroffe Antwort: »Your papers are not in order – go!!« Im nächsten Augenblick war ich auf dem Weg zum Abflugsteig.

Mich begann die indische Bürokratie in ihrer umständlichen, sprunghaften und oft menschenverachtenden Haltung zu erschöpfen. Ich fühlte mich niedrig und gedemütigt in der Abhängigkeit von solcher Willkür. In der Massengesellschaft Indiens sind Beziehungen noch wichtiger als in Deutschland, denn nur durch sie kann man diese schwerfällige Maschine der indischen Bürokratie in Bewegung setzen. Mehrere Male schrieb Swami Asaktananda von Narendrapur für mich einen Brief. Ein Appell des bekannten Mönchs half immer. Ich denke an die zahllosen Menschen, die keine Fürsprecher haben, die als Analphabeten nicht wissen, welche Rechte sie haben.

Indischer Staatsbürger werden?

Als ich mich um die indische Staatsbürgerschaft bewarb, war auch ein Brief von Swami Asaktananda ausschlaggebend. Innerhalb von sechs Monaten bekam ich den Bescheid von der Regierung, dass ich den deutschen Pass zurückgeben solle, dann könne ich den indischen Pass beantragen. Den deutschen Pass zurückgeben? Das würde bedeuten, dass ich in Deutschland mein Konto auflösen und jeglichen Besitz veräußern müsste. Womöglich konnte ich meine Eltern später nicht beerben. Da mein gesamtes Einkommen aus Deutschland kommt, war diese Regel untragbar. Monatelang überlegte ich, dann gab ich diesen Versuch auf. Nicht nur aus praktischen Erwägungen lehnte ich ab. Ich fragte mich auch, ob ich tatsächlich aus freier Wahl Bürger einer Gesellschaft werden wollte, in der das Kastenwesen noch so prägend, in der feudalistische und patriarchalische Strukturen dominant und die Ungerechtigkeit gegenüber Armen geradezu systemisch festgeschrieben sind. Als Deutscher von Geburt hatte ich das schwere Erbe von Krieg und Holocaust auf mich genommen. Wollte ich ein zweites, ähnlich schweres Erbe auf mich laden?

Mir blieb bewusst, dass ich als Deutscher in Indien kein Bürger mit vollen Rechten war. Ich durfte kein Land kaufen, kein Haus in meinem Namen bauen, ich durfte keine Organisation gründen und ihr vorstehen. Ich konnte mich nicht politisch betätigen, auch nicht öffentlich politische Meinungen äußern oder für eine soziale Aufgabe öffentlich werben oder kämpfen. Ich war ein Gast des Landes. Mit den Jahren wurde der Argwohn des Staates gegenüber Ausländern nicht geringer, etwa infolge der Globalisierung, sondern deutlich stärker. Schuld daran ist der Terrorismus, der auch in Indien eingezogen ist und das Sicherheitsgefühl des Landes vergiftet. Als ein Jahrzehnt nach meiner Ankunft in Santiniketan für die Entwicklungsarbeit in den Dörfern ein eingetragener Verein, später eine Stiftung entstand, war ich kein Mitglied und hatte kein Recht auf Ämter. Wie ich bald erfahren sollte, durfte ich auch nicht an der Universität unterrichten.

Der Lektor für Deutsch, ein Bengale, trat in den Ruhestand. Mein Professor drängte mich, die Bewerbung für die Nachfolge einzureichen. Das tat ich. Nicht weil mich die Begeisterung, wieder Deutschlehrer zu werden, dazu trieb, sondern weil dadurch mein Aufenthalt in Indien über mein Doktorat hinaus gesichert wäre. Ich fuhr nach Kalkutta zum Auswahlinterview. Versammelt waren fünf oder sechs Kandidaten, von denen ich als einziger die verlangte Qualifikation, ein Doktorat in Germanistik, erfüllte. Mein Interview dauerte wenige Minuten. Der Deutschlektor eines College von Kalkutta sollte die Sprachkenntnisse der Kandidaten prüfen. Verlegen fragte er mich: Sprechen Sie Deutsch? – Das sei meine Muttersprache, antwortete ich, und die Prüfung war beendet.

Ich wurde ausgewählt; doch nach einigen Wochen bekam ich von der Universität die Nachricht, dass das Ministerium in New Delhi mich abgelehnt habe, weil ein Inder den Job erhalten müsse. Wie vorher in Wien, wurde ich als Ausländer gebrandmarkt. Hatte Rabindranāth Tagore seine Universität Visva-Bhārati nicht mit der Vision gegründet, dass Mitglieder der Kulturen der Welt ihre eigenen Kulturen vorstellen und erklären würden? Zu Tagores Zeit waren zahlreiche Professoren aus Europa in Santiniketan tätig. Dieses Erbe ist nicht mehr lebendig, nicht einmal als Gedanke.

6
Der Dichter und Denker Rabindranāth Tagore
Das Ende einer Suche

Ich bin ein Dichter der Erde. Wo immer ihr Laut
sich erhebt, soll die Melodie meiner Flöte Antwort blasen.

Die Entdeckung von Rabindranāth Tagores Lyrik

Alles wurde anders, als ich Bengalisch lernte. Ich entdeckte,
wie Rāmakrishna sprach, und ebenso Rabindranāth Tagores
Sprache, ihre Melodik, ihren Rhythmus. Neben meinem Lehrer Madan besuchte ich eine Sanskrit-Studentin, *Subarna
Chatterjee*, die mir die bengalische Sprache differenzierter erklären konnte. Wie jede Studentin »aus gutem Hause« mit
Bildung und gesellschaftlichem Prestige konnte Subarna Tagores Dichtung auswendig rezitieren und seine Lieder singen. Man musste nur ein Stichwort geben, sogleich fielen ihr
Verse und Lieder ein. Sie erwähnte mit schüchternem Stolz,
dass ihre Familie weitläufig mit der Familie von Tagores Ehefrau Mrinalini verwandt sei. Mit Subarna begann ich, bengalische Texte zu lesen. Was liegt näher, als mit Rabindranāth
Tagores sprachlich einfachen Liedern und Gedichten anzu-
fangen, also etwa mit *Gitānjalī*?

Aus dieser und einigen anderen Sammlungen hatte Rabindranāth Tagore Gedichte ins Englische übersetzt und unter jenem Titel, *Gitanjali*, in London veröffentlichen lassen. Nachdem ich mit Subarna die ersten bengalischen Originale gelesen und durchgesprochen hatte, legte ich Tagores englische Übersetzung daneben und verglich. Das sorgte für das zweite folgenreiche Schock-Erlebnis meiner ersten Santiniketan-Jahre. Als Erstes war mir bewusst geworden, dass Rāmakrishnas Gespräche nachlässig und ungenau ins Englische übersetzt worden waren. Als Zweites entdeckte ich die kristalle Schönheit von Tagores Originallyrik – einfach, evokativ in ihrer Bildersprache, magisch anziehend, wenn man sie schlicht auf sich wirken lässt. Diese Lyrik hatte Rabindranāth Tagore in eine lyrische englische Prosa in preziösem Stil übersetzt. Die deutsche und zahlreiche andere Übersetzungen sind nach dieser englischen Textversion angefertigt worden.

Immer mehr lebte ich mich in die Gedichte Rabindranāths ein und spürte, wie sehr Klang und Bedeutung eins sind und wie wesentlich der Reim ist, um beides zu vereinen, und wie notwendig der Versbau, um die Gedichte in eine Form zu bändigen. Alles das leistet die englische Prosa von *Gitanjali* nicht. Wie bei Rāmakrishna wurde mir bewusst, dass eine bengalische Persönlichkeit von kulturtragender Bedeutung außerhalb ihrer Sprache aufgrund einer minderwertigen Übersetzung nicht adäquat geschätzt werden und in den Kreis der Kulturen der Welt Zutritt bekommen kann. Zwar hatte Tagore den Nobelpreis bekommen, doch die Qualität der Übersetzungen ist dafür verantwortlich, dass seine Bedeutung weniger in seiner Literatur als in seinen völkerverbindenden Friedensbemühungen gesehen wurde.

Das Ehepaar Sartory schlug eine Sammlung von Tagore-Gedichten in ihrer Reihe »Texte zum Nachdenken« beim Herder-Verlag vor. Die Entscheidung stand fest: Ich musste aus dem Bengalischen übersetzen! Die Zeit der *Direktübersetzun-*

gen besonders für Literaturwerke ist angebrochen. Fehlten bisher kompetente Übersetzer, die die Originalsprachen beherrschen, lernen jetzt an den Universitäten immer mehr Menschen Hindi, Tamil, Malayalam, Marathi, Oriya und so weiter. Nicht alle, die zwei Sprachen beherrschen, sind automatisch gute Übersetzer von Literatur, zu schweigen von Lyrik. Dafür ist ausgeprägte künstlerische Bildung, Einfühlung und Spracherfahrung notwendig. Aber in der Indologie gibt es inzwischen eine Hinwendung zum modernen Indien – seinen Literaturen in den unterschiedlichen Regionalsprachen und seinen Gesellschaften. Das muss Früchte tragen.[58] Die vom Sanskrit beherrschte »klassische« Indologie, die philosophische Texte übersetzt und interpretiert, besteht daneben weiter.

Gegenüber dem Herder-Verlag bemerkte ich etwas ratlos, es würde mich einige Jahre beanspruchen. Schon die Auswahl der Gedichte war eine Herausforderung. Den bengalischen Lyriker Alokeranjan Dasgupta, der in Heidelberg unterrichtete und den ich von Begegnungen in Kalkutta kannte, bat ich, mich bei der Auswahl zu unterstützen. Er und sein Kollege an der Heidelberger Universität, Professor Lothar Lutze, hatten einen Band mit späten Gedichten Tagores in einer Übersetzung aus dem Bengalischen herausgebracht. Tagores späte Gedichte sind existentiell fragende, oft verzweifelte Gedichte ohne Reim und Versform und sprechen insofern das Lebensgefühl von zeitgenössischen Europäern an. Meine Idee war allerdings, einen breiten Querschnitt von Tagores Schaffen vorzustellen. Die Antwort kam auf eine Postkarte gekritzelt: Er sei bereit, die Gesamtverantwortung für einen Übersetzungsband zu übernehmen, doch nur beraten? – Nein!

Monatelang las ich Gedichte und Lieder mit Subarna. Oft reizte mich etwas an englischen Übersetzungen, auch wenn sie sprachlich einfallslos waren, deren Originale ich mir dann vornahm. Oft waren Gedichte zu komplex für mich, mein bengalisches Vokabular reichte nicht; oder sie waren zu tief im bengalischen Milieu verankert – sie musste ich fallen lassen. Es gab genug andere außergewöhnliche Gedichte und Lieder, die die Magie dieses Dichters ausstrahlen. Ihre Themen sind Liebe, Natur, Kinder, dazu humorvolle Gedichte, Balladen und einige jener verzweifelten Gedichte der späten Jahre. Auch seine Gedichte wirken liedhaft. Sie haben eine klare, eindeutig benennende Sprache. Sie soll man rezitieren können und beim Hören müssen sie verständlich bleiben. Welch ein Unterschied zu vielen deutschen Nachkriegsgedichten, die wie Labyrinthe wirken, wie Rätsel, wie kodierte Botschaften.

Vier Jahre, schätze ich, brauchte ich, um diesen ersten Band fertigzustellen. Im Laufe meiner jahrzehntelangen Übersetzungsarbeit von Tagore-Gedichten – 2016 erschien der letzte von zehn Bänden – saß ich auch mit Shyamal Kumar Sarkar, mit Sutapa Bhattacharya und Rajendra Nath Sarkar zusammen, um zu übersetzen. Jeder las das Gedicht oder Lied mehrmals langsam vor, so dass ich Rhythmus, Klang und Reim verinnerlichen konnte. Dann übersetzte ich jede Zeile roh. Verstand ich ein Wort nicht, erklärte mein Tutor es mir auf Bengalisch. Das Wörterbuch benutzte ich ausgiebig, auch bei Vokabeln, die mir zur Genüge bekannt waren, um ihr gesamtes Umfeld, ihre unterschiedlichen Bedeutungen und Anwendungsmöglichkeiten zu erfassen. Auf diese Weise fiel mir die Wahl der deutschen Übersetzungsworte leichter. Mit einer Rohübersetzung des Gedichts blieb ich allein zurück und arbeitete am nächsten Morgen daran: Rhythmus, Klang, Reim sollten zusammenpassen und der deutsche Text den bengalischen Inhalt deutlich wiedergeben. Tiefer drang ich in jedes Gedicht ein, wenn ich es mir am folgenden Tag wieder vorsprechen ließ und dabei mit meiner Übersetzung verglich. Das Bengalische musste ich in seinem Ungesagten und reflexartig Gemeinten intuitiv begreifen. Der kulturelle, religiöse und biographische Kontext jedes Gedichts sollte mir verständlich sein. Es war ein Dekonstruieren des Gedichts in allen seinen Fasern und danach ein neues Aufbauen in deutscher Sprache und innerhalb des deutschen kulturellen, religiösen Verständnishorizonts.

Hier eine Strophe eines Kindergedichts, zuerst in der alten Übersetzung aus dem Englischen, danach zum Vergleich in meiner aus dem bengalischen Original:

> Denk' dir, ich würde eine Tschampablüte, nur zum Scherz, und wüchse auf einem Ast hoch oben in jenem Baum und schüttelte mich vor Lachen im Winde und tanzte auf den neu entkeimten Blättern; würdest du mich kennen, Mutter?
>
> Du würdest rufen: »Bubi, wo bist du?«, und ich würde heimlich in mich hineinlachen und ganz stille sein.[59]

> Wenn ich ungezogen bin
> und im *cāmpā*-Baum als Blüte blüh',
> morgens, Mama, in den Zweigen hin
> und her mich schwing im Laube jung und früh,
> dann hast du verloren gegen mich.
> Wirst du, Mama, dann erkennen mich?
> Rufst: »Kindlein, wo – o weh! – bist du?«
> Ich werde lächeln nur ganz still dazu.[60]

Selten habe ich eine so tiefe und lautere Freude empfunden wie bei der Übersetzung von Rabindranāth Tagores Lyrik. Im Scherz, und dennoch halb ernsthaft, habe ich vor bengalischem Publikum gern gesagt, dass ich ihren großen Dichter besser verstehe als sie selbst. Welche Frechheit! werden manche gedacht haben. Aber warum? »Ich habe Rabindranāth nicht nur gelesen, ich habe ihn übersetzt!«

Hier Tagores Bekenntnis zur kosmischen Freiheit:

Meine Freiheit lebt in allen Lichtern himmelweit,
in jedem Stäubchen, jedem Gras bin ich befreit.[61]

Seine Begeisterung für die Natur:

Licht und Schatten spielen Fang-mich
heute in den Ähren.
Durch den blauen Himmel schweben
weiße Wolkenfähren.

Heut vergessen Hummeln ihren Nektar,
gaukeln hell im Lichtgenuss.
Warum sammeln sich die Reiher
auf der Sandbank heut im Fluss?

Oree, heut kehr ich nicht heim, Freund,
geh heut nicht nach Haus!
Oree, den Himmel brech ich auf und plündre
heut das schöne Leben aus.

Hellauf lachend im Flutwasser wehen
Schaumgebirge heut im Wind.
Heute werd ich müßig Flöte pfeifen,
meine Zeit vergeht geschwind.[62]

Um der Komplexität und Differenziertheit eines solchen
Übersetzungsvorgangs gerecht zu werden, habe ich zu einem
bei Gedichtübersetzungen ungewöhnlichen Mittel gegriffen:
Ich habe Anmerkungen hinzugefügt. Darin gebe ich Zeile für
Zeile Rechenschaft, wenn ich Worte des Originals auslassen
musste oder Worte in der Übersetzung hinzugefügt habe oder
wenn aus Gründen der lyrischen Stringenz, etwa des Reims,

kleine Retuschen notwendig waren. Mein Ehrgeiz war, eine sowohl philologisch genaue als auch literarisch anspruchsvolle Übersetzung anzufertigen.

In englischer Sprache war 1985 William Radices Übersetzung von ausgewählten Gedichten Tagores erschienen.[63] Das Buch wurde eine Wasserscheide. Zum ersten Mal hatte sich ein Engländer mit hervorragenden Bengalisch-Kenntnissen, der selbst ein Lyriker war, an eine ernsthafte Übersetzung von Tagores Gedichten ins Englische gewagt. Frühere Übersetzungen von Bengalen oder Engländern hatten schon durch ihre halbfertigen Texte signalisiert, dass der große Dichter unübersetzbar sei, und was sie abliefern, sei die Übertragung der oberflächlichen Bedeutung. William Radice hatte den Ehrgeiz, kongenial zu übersetzen, und dabei, wo immer möglich, Verse und Versmaß und Reim beizubehalten. Für mich kam das Buch genau zur rechten Zeit. Auch Radice verfasste Anmerkungen, in denen er jedes Gedicht separat einführte und Übersetzungsschwierigkeiten erläuterte. Ich hatte ein Vorbild, auf das ich auch immer hingewiesen habe.

Lange überlegte ich, auf welcher lyrischen Sprachebene ich Tagore in Deutsch ansiedeln sollte. In der Sprache der Romantik, denn Tagore ist im Temperament zweifellos ein romantischer Idealist gewesen? Aber der indische Dichter war ein Moderner, ein Zeitgenosse unseres zwanzigsten Jahrhunderts! Nach Überlegungen und Experimenten entschied ich mich für die Sprache und das Ethos von Rainer Maria Rilke; er ist durchaus verwandt mit Rabindranāth Tagore. Schon Zeitgenossen haben diese beiden Dichter verglichen. Ihre Lyrik besitzt eine ähnliche Formstrenge sowie Musikalität.

Die Kunst des Aphorismus

Während meiner Lektüre entdeckte ich die Aphorismen Tagores. Häufig sind sie spontane Widmungen, die der Dichter auf seinen Reisen in seine Bücher, sei es in Bengalisch oder Englisch, notierte. Oder sie waren rasch hingeworfene Naturgedichte, Zwei- und Vierzeiler, oder symbolische Gedichte, die den großen Kosmos in phantasievoller Weise pointiert mit dem Mikrokosmos in Beziehung setzen. Es sind überraschende, emotionale Liebeserklärungen an die Natur, an die Sonne, die Sterne – dichterische Verlebendigungen der göttlichen Schöpfung. Sie kommen mit einem Minimum von sprachlichem Material aus, aber sie alle sind gereimt und in eine Versform gefasst. Einige Beispiele:

Nachts der Sonne voll Sehnsucht
nachzuweinen,
lockt sie nicht hervor –
unnütz nur die Sterne scheinen.[64]

Die Blume öffnet' die Augen
und sah die Welt:
Wie grün und zart,
wie viel Sang und Duft sie enthält!
»Du Liebste«, rief der Welt sie zu:
»Solang ich blühe, bleibe auch du.«[65]

Die Axt sagte: »Baum, ich bitt dich sehr,
gib mir einen Ast von dir, mir fehlt der Stiel.«
Kaum war sie mit Bitten und Betteln am Ziel
Und hatte den Ast zum Stiel gemacht,
kam dicht an der Wurzel der erste Schlag –
bis der Baum, der Arme, den Schlägen erlag.[66]

Für mich wurden die Aphorismen ein Trainingsfeld für die Übersetzung längerer und vieldeutiger Gedichte. Die Übersetzung der Aphorismen fiel mir leicht, obwohl aufgrund des begrenzten Sprachmaterials, mit dem man auch passende Reime finden musste, die Optionen für einen genauen Begriff eingeschränkt waren. Als Erstes konnte eine Sammlung von Aphorismen erscheinen[67], die sich als Bildband, dann als Geschenkbändchen lange hielt. Bald danach kamen die fünfzig Gedichte und Lieder heraus, mit denen ich meine Übersetzungsbemühung begonnen hatte.[68]

Die Reaktion war für mich, den Anfänger, der Zuspruch erhoffte, vernichtend: Es gab keine. Niemand verstand offensichtlich, dass mit der Übersetzung von Tagores Lyrik aus dem Original eine neue Phase der Tagore-Rezeption eingeleitet wurde. Unsere Mütter und Großmütter hatten den Orientalen erlebt, geliebt, manchmal leidenschaftlich, und seine Bücher gekauft – immer noch stehen sie in vielen alten Familienbibliotheken als Prachtbändchen aus dem Kurt Wolff Verlag. Die fünfzig Gedichte und Lieder in meiner Übersetzung umfassten vielfältige Themen und Stimmungen, die man jedoch hierzulande von Tagore nicht gewohnt war: Ironie, Humor, Nonsens, Verzweiflung und Trost, Protest gegen Krieg, Ungerechtigkeit und gegen Frömmelei. Ach, es war eine Freude, dem Publikum nobelpreiswürdige Lyrik vorzustellen! Warum nahm niemand sie an? Sie wurde angenommen, doch dauerte es zwei Jahrzehnte. Inzwischen sind viele dieser Gedichte in Sammlungen als Taschenbücher, als Geschenkbände, in Fotobänden nachgedruckt worden. In meist von mir gestalteten Sendungen wurden sie im Radio rezitiert. Und es gab Dutzende von Lesungen mit »meinen« Tagore-Gedichten.

Als diese ersten beiden Übersetzungsbücher entstanden, lagen die Rechte auf Tagore-Texte noch bei Visva-Bhārati. Die Universität hatte ein Gremium von Tagore-Experten gebildet, die Übersetzungen, meist ins Englische, überprüften und freigaben – oder auch nicht. Es war ein langgezogener Prozess ohne Professionalität und innerem Engagement. Das Ziel war vor allem, unauthentische, experimentelle Wiedergaben von Tagores Liedern in öffentlichen Sälen oder auf CDs zu untersagen. Aber wer konnte mein Manuskript beurteilen? Man suchte, fand niemanden, und nach ärgerlichem Hin und Her und zuletzt durch Beziehungen zu einem Mitglied des Gremiums wurde mir die Genehmigung erteilt. Freude, dass ihr Dichter aus dem Original ins Deutsche übersetzt worden war, zeigte sich nirgendwo. Die Genehmigung kostete die Hälfte der Summe, die mir der Herder-Verlag als Honorar auszahlte. Jahrelang hatte ich mich um »ihren« Dichter bemüht und schließlich bat mich die Universität noch zur Kasse.

Gottesliebe und Weltliebe in Einem

Mein Interesse an Rabindranāth Tagore war keine vorübergehende Phase. In meiner Suche nach einem spirituell-intellektuellen Vorbild fühlte ich mich angekommen. Mit Rāmakrishna hatte ich begonnen und von seiner franziskanischen Gottesfreude gelernt, ich war weitergezogen zu seinem Meisterschüler Swami Vivekānanda, von dem ich Entscheidendes mitgenommen habe, vor allem seinen Aufruf zu Mut und innerer Entschlossenheit und Stärke. Seitdem ich ihn gelesen hatte, habe ich gelernt, keine Aufgabe von vornherein als zu groß, kein Hindernis für unüberwindbar zu halten. Diese Haltung half mir insbesondere bei meiner Dorfarbeit. Von Vivekānanda lernte ich auch die eigentümliche hinduistische Betrachtungsweise der Welt, die ich Perspektivismus nenne, zu verstehen und ihre Vorzüge zu schätzen; später mehr davon. Doch Rabindranāth Tagore schenkte mir, vor allem in seinen Gedichten, eine umfassende Empathie für Gott *und*

Welt *und* Mitmenschen, die ich verinnerlichen und mit meiner christlichen Tradition vereinen konnte.

Während seiner lyrischen Laufbahn hat Rabindranāth auf vielfältige Weise dieses Thema der Harmonie von (spiritueller) Gottesliebe und (sinnenhafter) Weltliebe umspielt und gefeiert. Innenschau, um Gott zu erfahren, und Außenschau, um die Welt zu erleben, stellt der Dichter prägnant gegenüber:

> Wer mag, soll mit geschlossnen Augen in sich schauen,
> ob man der Wahrheit dieser Welt kann trauen.
> Um das Licht des Tags zu saugen,
> sitz ich derweilen da – mit unersättlichen Augen.[69]

Tagore war kein Asket, kein Weltverächter, kein Verächter der Sinnenfreuden. Tagore bemühte sich als kreatives Genie sein Leben lang, vor allem in seiner Lyrik, Gottes- und Weltliebe intuitiv als *Eines* zu sehen und auszuüben und dieser Liebe eine kosmische Weite zu geben. Etwa paradigmatisch in diesen zwei Zitaten:

> Mitten im Endlichen, spielst du,
> Unendlichkeit, deine Melodie.[70]

> Im Entsagen Freiheit zu finden,
> ist mir nicht vorherbestimmt.
> In zahllosen Banden verstrickt, kost ich
> der Freiheit unsäglich Entzücken.[71]

In einem philosophischen Gedicht aus der Sammlung *Balākā* (1916) schlägt der Dichter einen kühnen existentiellen Bogen von »Begehren« zu »Entsagen«, von Weltliebe zu Gottesliebe:

Wie mein tiefstes Begehren
      wahr ist und echt,
      so ist mein tiefstes Entsagen
      aufrecht und fest.
In beider Mitte jedoch herrscht eine heimliche Einheit.
      Wie könnte sonst
      das All eine so entsetzliche Spannung
so lange Zeit so heiter ertragen.[72]

»Begehren« und »Entsagen« sind nach Tagore also keine auseinanderstrebenden Kräfte, sondern sie besitzen eine »heimliche Einheit«, die sie miteinander verbindet und voneinander abhängig macht. Wäre das nicht so, müsste die Welt auseinanderbrechen, das heißt, die gegensätzlichen Kräfte Begehren und Entsagen würden die Welt in eine solche Spannung versetzen, dass sie auseinanderreißen müsste. Was für ein großer Gedanke!

Dass Menschenliebe nicht nur ein kontemplativer Strom des Wohlwollens ist, sondern sich in der Tat erfüllt, das hat Tagore in seinem Leben als Pädagoge und als ein für das Wohl der Bauernbevölkerung, für das politische Glück und den gesellschaftlichen Frieden seines Landes Engagierter bewiesen. Ihm konnte ich mich anschließen, und ich wollte ihm, seinem Leben und Denken, immer mehr auf die Spur kommen.

Tagore war in aller Munde

Bisher war keine Biographie Tagores in deutscher Sprache erschienen. Ich hatte Glück und bekam vom Rowohlt Verlag den Auftrag, in seiner Monographie-Reihe den Band über Rabindranāth Tagore zu schreiben.[73] Ich bat um vier Jahre Zeit. Zunächst las ich die Theaterstücke, die Romane und Erzählungen. Viele seiner Erzählungen besitzen Kraft und eine ge zielte sozialkritische Botschaft. Rabindranāth ist der Begründer der bengalischen Erzählung nach westlichem Vorbild. Thema ist das Los der armen und sozial benachteiligten Landbevölkerung, unter der er zehn Jahre in Ost-Bengalen gelebt hatte. Auch einige der Romane sprachen zu mir, etwa »Das Heim und die Welt« *(Ghare Bāire)* und *Gora.* Doch bedenkt man, dass im ersten Drittel des 20. Jahrhunderts auch Thomas Mann und Franz Kafka und Hermann Hesse Romane und Gerhart Hauptmann und Ödön von Horvath Dramen schrieben, dann zeigt sich im Vergleich: Tagores unübertroffene Stärke liegt in seiner Lyrik und seinen Liedern. In diesem Genre muss er als Vertreter der Weltliteratur gelten.

Zwei Dramen berührten mich: »Das Postamt« *(Dākghar)* und »Das Kartenland« *(Tāsher Desh).* Das erste ist eine ergreifende Geschichte über Amal, einen todkranken Jungen, der im Bett liegend die Menschen auf der Straße anspricht und sie auf ihr Glück hinweist, im Freien die Natur und den Umgang mit den Menschen genießen zu dürfen. Es ist das seelische Drama einer Sehnsucht nach »Welt«, nach Lebensfülle und Freiheit. Böswillig redet man dem leichtgläubigen Kind ein, der König werde ihm schreiben. Erwartungsvoll fragt er die Vorübergehenden nach dem Brief, bis tatsächlich zunächst ein Bote des Königs und der König selbst erscheint, der das Kind beim Übergang zum Tod begleitet. Die Sehnsucht nach immer mehr Welt erfüllt sich, symbolisch überhöht, in der Transzendenz. Amals Ausruf – *āmi dekhbo kebal dekhbo* (»Ich will alles sehen, was es überhaupt zu sehen gibt. Umherschweifen und *nur* sehen.«) – hat sich mir wie ein Lebensmotto eingeprägt.

Obwohl im Alter verfasst, ist die Allegorie »Das Kartenland« jugendlich frisch, wovon auch die rhythmisch kräftige, strahlende Musik zeugt. Ein Prinz und ein Kaufmannssohn erleiden auf einer Insel Schiffbruch und entdecken, dass ihre Bewohner ein Regime starrer Regeln befolgen. Darin bringen die Gestrandeten Unruhe und eine schöpferische Unordnung, bis sich das Inselvolk zu einem Leben in Freiheit und Spontaneität bekennt:

Durch das Trockenbett soll schießen
das machtvolle Glück der Lebensflut,
singt dem Sieg der Freiheit euren Tribut.
Was verbraucht und kraftlos, das muss fort,
fort, fort von hier, auf immer fort.
Vernommen haben wir dies eine Wort:
Seid furchtlos, nichts dürfen wir scheuen!
Hört auf den Ruf des Neuen![74]

Die Lektüre der bereits vorhandenen Biographien in englischer Sprache zeigte, dass Tagores drei Besuche in Deutschland und seine Beziehungen zu deutschen Persönlichkeiten kaum zusammenhängend erforscht waren. Bot mein Standort Santiniketan nicht die glücklichsten Voraussetzungen, Lücken in der Biographie des indischen Nationaldichters zu füllen? Im Archiv des Rabindra-Bhavan, dem Tagore-Forschungsinstitut der Universität, liegen deutsche Korrespondenzen, ganze Packen von deutschen Zeitungsausschnitten zu Tagores Besuchen in Deutschland und weitere deutschsprachige Dokumente, die niemand lesen und auswerten konnte. Mehr Material zu Tagores Deutschlandbesuchen würde ich im Deutschen Literaturarchiv in Marbach finden.

Der Zufall wollte, dass das Goethe-Institut in Kalkutta, mit dem ich seit Beginn meiner Zeit in Santiniketan in Verbindung stehe, des 50. Todestages von Rabindranāth Tagore mit einigen Veranstaltungen gedenken wollte. Das war im Jahr 1991. Als Teil der Feiern sollte ein Buch über Tagores Beziehungen zu Deutschland erscheinen. Rasch, allzu hastig musste ich das Manuskript zusammenstellen. Ich war selbst überrascht zu erkennen, wie viele bekannte Persönlichkeiten der indische Dichter zwischen 1921 und 1930 im deutschen Sprachraum getroffen hatte und wie viele sich zu ihm geäußert hatten. Eine bescheiden angelegte Forschungsarbeit wurde gewaltig. Ich stellte die aussagekräftigsten Texte über Tagore von Rainer Maria Rilke, Thomas Mann, Hermann Hesse, Stefan Zweig, Bertolt Brecht, Franz Kafka, Hermann Keyserling, Martin Buber, Albert Schweitzer, Heinrich Zimmer, Rudolf Otto, Albert Einstein und einigen anderen zu einer Dokumentation zusammen und kommentierte sie.[75] Das Buch ließ des Dichters Internationalität in neuem Licht erscheinen, wurde oftmals besprochen und erhielt den *Rabindra-Puraskār*, den Literaturpreis der westbengalischen Regierung.

Mit diesem Sammelband war mein Hunger nach Forschung angestachelt. So viel Material war zusammengekommen und kam jeden Monat hinzu, dass ich zu einer differenzierten Beschreibung von Tagores Beziehungen zu Deutschland ausholte. Diese Sammelleidenschaft hat mir wichtige Begegnungen und Freundschaften geschenkt. Die Forschung wurde ein Teil meines persönlichen Lebensprozesses, und genau so stelle ich mir Forschung vor. Sie dient der Erweiterung des Wissens für die Allgemeinheit, gleichzeitig erfahre ich größere Lebenserfüllung.

Rabindranāth Tagore in Deutschland – Begegnungen und Freundschaften

Helene Meyer-Franck und Heinrich Meyer-Benfey. – Im Archiv des Rabindra-Bhavan hatte ich ein Konvolut von Briefen der Übersetzerin Tagores, Helene Meyer-Franck, entdeckt. Die Lehrerin hatte, offensichtlich mit enormer Intensität, unterstützt von ihrem Mann Heinrich Meyer-Benfey, innerhalb weniger Jahre, nämlich zwischen 1918 und 1925, vierzehn

Bände übertragen.[76] Ihre Briefe zwischen 1920 und 1938 sprechen von einer geradezu religiösen Verehrung des Dichters: Ihm und seinen Idealen des Weltfriedens und der Menschenverbrüderung wollte sie durch ihre Übersetzungen dienen. Ihre Liebe, die keine selbstsüchtigen Absichten kannte, war so rein, dass selbst Tagore einmal bekannte, er sei ihrer Hingabe nicht würdig.[77] Doch mit Ausnahme einiger Durchschriften von getippten Briefen fehlten Rabindranāths Briefe an Helene im Archiv. Natürlich, sie würden in Deutschland liegen. Aber wo?

Helene Meyer-Franck und Heinrich Meyer-Benfey, ein Literaturwissenschaftler, der den Dichter auch bewunderte, waren ohne Kinder geblieben. Wo mochten die Briefe Tagores archiviert sein? Mehrere Jahre suchte ich in Bibliotheken von Hamburg, wo das Ehepaar gewohnt hatte, bis ich den Verlag anschrieb, den Deutschen Literatur-Verlag Otto Melchert, bei dem einige Bücher und Übersetzungen des Ehepaars erschienen waren. Der DLV bestand allerdings nicht mehr, sondern war vom Martin Kelter Verlag, der populäre Romanhefte vertreibt, abgelöst worden. Doch der Verleger war derselbe – *Otto Melchert*. Er antwortete, ja, er verwahre die Briefe und gern könne ich nach Hamburg kommen, um sie einzusehen. Das tat ich. Otto Melchert war schon über achtzig. In seinem Büro zeigte er mir Tagores überwiegend handgeschriebene Briefe. An der Wand hing dessen Portraitfoto. Ich bat um eine Kopie der Briefe. Nun konnte ich die Korrespondenz zusammenstellen und veröffentlichen.[78]

Ein Jahr später schlug ich Otto Melchert vor, dass er die Briefe Tagores dem Deutschen Literaturarchiv (DLA) überlasse. Als er schließlich einwilligte, fuhr Jochen Mayer vom DLA nach Hamburg, um die Korrespondenz abzuholen. Tragischerweise starben Otto Melchert und seine Frau nicht lange danach bei einem Verkehrsunfall. Das war im Jahr 2000; Otto Melchert ist 87 Jahre geworden.

Herta Haas. – Sie wohnte auch in Hamburg, schon hochbetagt, als ich sie besuchte. Ihr Mann Willy Haas, der bekannte Essayist aus dem »Prager Kreis«, war im Zweiten Weltkrieg nach Indien ausgewandert, hatte Filmskripte für die »Bombay Talkies«, die erste indische Filmgesellschaft (1934–1954), geschrieben und sich im Land umgesehen. Als er 1948 nach Europa zurückkehrte, zuerst nach England, dann nach Hamburg, schrieb er manches Feuilleton über Indien, so auch über Rabindranāth Tagore, oder genauer: über die nebulösen Umstände, wie Tagores erstes Buch *Gitanjali* in Deutschland zur Veröffentlichung gelangte. Ihr Mann war längst tot, als ich Herta Haas darum bat, dessen Indien-Texte aus ihren wohlgefüllten Schränken herauszusuchen, damit ich sie veröffentlichen könne. Willy Haas' Tagore-Feuilleton erschien in meinem zweiten Buch zum Thema »Rabindranāth Tagore und Deutschland«[79], und die restlichen über Indien wurden die Glanzstücke in einem Band der Zeitschrift »die horen«[80]. Kam ich nach Hamburg, was jeden Sommer geschah, war ein Besuch bei Herta Haas *de rigueur.* Sie kletterte sogar in den vierten Stock des Hamburger Literaturhauses, um eine meiner Lesungen anzuhören. Ihre forsche Energie war bezaubernd; ihre knappen Briefe, mit Laune und Elan hingeworfen, wurden mir kostbar.

Heinz Mode. – Im Jahr 1913 geboren, forschte der Kunsthistoriker und Indologe in Sri Lanka und Indien über buddhistische und indische Volkskunst. Lange Jahre hatte er eine Professur für Orientalische Archäologie in Halle inne. In den Jahren 1933–1935 lernte Mode Rabindranāth Tagore in Santiniketan kennen und später schrieb er ein Buch über ihn. Es war im Jahr 1988, also am Ende der DDR-Zeit, als ein Verlag in Ost-Berlin, der einen Band meiner Erzählungen nachdrucken wollte, mich einlud, damit sich Autor und Verlag kennenlernen könnten. Eine Woche lang führte ein Lektor des Verlags mich durchs Land. So viel Zeit für einen Autor? Im »kapitalistischen Westen« wäre es ein Ding der Unmöglichkeit gewesen. Ich sprach mit Vertretern des staatseigenen Verlags Volk und Welt, der dabei war, eine mehrbändige Tagore-Ausgabe herauszugeben; der wichtigste Band, einer mit Lyrik, fehlte noch, den schließlich die Wiedervereinigung verhinderte.

Professor Mode war schon schwer erkrankt und bettlägerig, als ich ihn in Halle besuchte. Er übergab mir seine kleine, doch seltene Tagore-Bibliothek, die er in guten Händen wissen wollte. Sie beinhaltete sämtliche deutsche Erstausgaben von Tagores Werken und der Bücher über ihn in deutscher Sprache. Ein großer Karton kam zusammen. Heinz Mode und seine Frau organisierten den Transport nach Boppard, denn eine staatliche Genehmigung war notwendig, um alte und seltene Bücher außer Landes zu schicken. Für meine Forschungen zum Thema »Tagore und Deutschland« war die Sammlung eine Goldgrube. Später fand der gesamte Bestand einen Platz in der Bibliothek der Udo Keller Stiftung in Neversdorf bei Hamburg. Dort durfte ich eine ganze Regalwand mit Büchern in mehreren Sprachen, einschließlich dem Bengalischen, von Tagore und über Tagore einrichten.

Heinz Modes Buch über Rabindranāth Tagore[81] ist leider wegen seines kommunistischen Jargons geradezu ungenießbar. Verdienstvoll ist indes seine Herausgabe des ersten deutschsprachigen Bandes mit Abbildungen von Tagores Gemälden.[82] Meine Mutter schickte dem Ehepaar Mode rund zwei Jahre lang Päckchen mit Material zur medizinischen Versorgung, bis das Angebot im Ostteil des vereinten Deutschland genügte.

William Radice. – Der englische Tagore-Übersetzer hat von Beginn an meine Bemühungen wohlwollend begleitet. Tagore verdanke ich diesen, einen meiner ausgezeichneten Freunde. Enorm sprachbegabt, war sein Bengalisch wesentlich gründlicher als meines, obwohl er niemals lange in Bengalen gewohnt hat. Es scheint die Sehnsucht kreativer Menschen zu sein, mit anderen, mit denen man harmoniert, etwas gemeinsam zu gestalten, denn die Freude am Schaffensprozess multipliziert sich. Er lernte in kurzer Zeit Deutsch und übersetzte meinen ersten Erzählungenband.[83] Später übersetzte ich Williams Opernlibretto »Snatched by the gods«, das der indische Komponist Param Vir zur Musik setzte. Wir drei waren bei der Aufführung in München unter der Schirmherrschaft von Hans Werner Henze anwesend.

Gemeinsam nahmen wir an zahlreichen Tagore-Seminaren teil – in Indien, England, Schottland und in Deutschland. In der Mehrzahl fanden sie rund um das Jahr 2011, das 150. Geburtsjahr des Dichters, statt, als viele Länder eine Lawine von Tagore-Festivitäten überrollte. William übersetzte auch Erzählungen von Tagore, später die Aphorismen. Seine Gedichtübersetzungen wurden mehrfach vertont, er rezitierte die Übersetzungen zu indischen Tanzvorführungen ... Ihm gelang tatsächlich, was ich auch für Deutschland angestrebt hatte, nämlich Tagores Gedichte und Lieder, mehr noch dessen Weltsicht, auf vielfältige Weise in die britische Kultur einzubringen.

Als meine Mutter 2007 starb, flog William Radice von London herbei, um der Beerdigung beizuwohnen. Das hatte er ihr und mir versprochen. Tatsächlich, da stand er und wartete auf die Trauergäste. Mit meiner Mutter hatte er nämlich eine besondere Freundschaft geschlossen, ein Gemeinsames, das ich nicht entschlüsseln konnte. William war selbstbezogen, in Gesellschaft führte er das Wort. Ich hielt mich zurück, wie es ohnehin meine (Un-)Art ist. Auf diese Weise kamen wir glänzend miteinander zurecht. Die Korrespondenz mit ihm füllt mehrere dicke Mappen.

Im Mai 2013 erlitt William in England einen schweren Verkehrsunfall. Die Knochenbrüche verheilten, doch die Gehirnverletzung blieb. Bengalisch verflüchtigte sich, ebenso die deutsche Sprache. Akademische Arbeit, Übersetzungen, Bücherlesen, Reisen wurden unmöglich. An der Seite seiner Frau Elizabeth lebt er nun ein eingeschränktes Leben in Cambridge, schreibt Briefe, spielt Klavier, pflegt Freundschaften und versucht, die Launen seines Kopfes zu bezwingen. Ich gab seine Vorträge und Essays, die er rund um den 150. Geburtstag Tagores auf drei Kontinenten gehalten hatte, heraus[84]; und jedes Jahr ist mir diese Freundschaft eine Reise nach England wert.

Alex Aronson. – William Radice gab mir die Idee und den Mut, Alex Aronson in Haifa anzuschreiben, als ich die Dokumentation »Rabindranāth Tagore and Germany« für Kalkutta vorbereitete. Alex Aronson war ein in Breslau gebürtiger deutscher Jude, der Ende 1937 über England nach Indien reiste, um auf Einladung von Rabindranāth Tagore in Santiniketan Englisch zu unterrichten. Mit Willy Haas war er einer der wenigen Juden, die vor dem Nationalsozialismus nach Indien geflüchtet sind. Alex ordnete das Archiv im Rabindra-Bhavan, insbesondere die zahlreichen Zeitungsausschnitte und Korrespondenzen. Seine wichtigste Veröffentlichung wurde das Buch »Rabindranāth Through Western Eyes«[85]. Er scheute sich nicht, auch die Vorbehalte und die Kritik Europas gegenüber Tagore zu erwähnen. Das enragierte einige aus der einflussreichen Gruppe um Tagore, die wütende Buchkritiken schrieben. Der Bote wurde wegen seiner schlechten Botschaft erdolcht.

In seiner Autobiographie[86] betont Alex Aronson jedoch seine freundliche Aufnahme in Santiniketan und seine beeindruckenden Begegnungen mit dem Dichter. Der Generalton seines Berichts ist Dankbarkeit, dass ihm, dem einsamen jungen Mann, während Krieg und Verfolgung ein Refugium in Santiniketan gewährt wurde. Gegen Ende des Weltkrieges,

Mitte 1944, nahm Aronson eine Stelle an der Dhaka Universität an. Im Jahr 1946 reiste er nach Israel, wohin seine Familie ausgewandert war. Als ich ihn kennenlernte, wohnte er in Haifa, ein emeritierter Professor der englischen Literatur.

Zwischen Alex Aronson und mir entspann sich eine rege Korrespondenz. Er interessierte sich für den Deutschen, der schon jahrelang in Santiniketan lebte. Die Korrespondenz begann in englischer Sprache. Seine Briefe waren lang und väterlich und voll Sorge für mich, der ich so viel auf mich genommen hatte, um Rabindranāths Lyrik zu übersetzen und dessen Deutschland-Beziehungen zu erforschen. Als einer der wenigen Menschen verstand er intuitiv und aus eigener Erfahrung, was es kostet, dieses Leben zu führen, und welche Risiken es aufwirft. Einsamkeit, vor allem.

Alex Aronson flog nach Stuttgart, um Freunde zu besuchen und informierte mich. Wir trafen uns im ICE-Hotel am Bahnhof und unterhielten uns lang. Da war das Eis gebrochen: Wir unterhielten uns in unserer Muttersprache Deutsch. Wie so viele hatte Alex zunächst nicht die Sprache der Nazis gebrauchen wollen.

Zweimal war ich sein Gast in Haifa. Ich lernte seinen Bruder und dessen Frau und einige seiner Studenten kennen. Mir wurde klar, wie hoch er von seinen Studenten in Tel Aviv geachtet wurde, welchen prägenden Eindruck er auf sie gemacht hatte. In Alex Aronson vereinten sich zwei kraftvolle Ströme in meinem Leben – das Interesse am jüdischen Schicksal in Deutschland und an der Philosophie und Lyrik von Rabindranāth Tagore. Gerade von einem solchen Mann so persönlichen und ernsthaften Zuspruch zu erhalten verlieh mir neue Energie und Überzeugung, dass ich, was Schreiben und Übersetzen betrifft, auf dem richtigen Weg bin. Als das Goethe-Institut in New Delhi ein großes Seminar über jüdische Flüchtlinge in Indien veranstaltete, wurde ich gebeten, einen Vortrag über Aronson zu halten, den ich zu einem langen Essay ausbaute.[87] Mit 83 Jahren, im Dezember 1995, starb Alex Aronson in Haifa.

Debajyoti Ganguly. – Unvergessen ist die Freundschaft mit Debajyoti Ganguly. Er verdient eine Statue aus Marmor in der Galerie stiller Helden in meinem Leben. Er war Klassenkamerad von Jaykrishna Kayal im College von Narendrapur, als ich ihn kennenlernte. Er bekam wie jener eine untergeordnete Stelle an der Regierung von West-Bengalen: als ein *lower division clerk* in den Writers' Buildings, in jenem dunklen Labyrinth, das mir für Höhlenmenschen, nicht aber für Menschen aufrechten Ganges geeignet erschien. Tiefer konnte man nicht anfangen. Doch kaum jemand, den die Regierung einmal in ihrer eisernen Umarmung hält, will sich aus ihr lösen. Auch Debajyoti nicht.

Er verhielt sich mir gegenüber, dem nur wenige Jahre Älteren, mit einer geradezu närrischen Verehrung. Mir war oft peinlich, wie servil er alles für mich tat. In den Anfängen meiner Tagore-Forschung, als mein Bengalisch längst nicht ausreichte, Bücher zu lesen, war er unersetzlich. Debajyoti durchkämmte die bengalische Sekundärliteratur auf Hinweise über Tagores Beziehungen zum deutschen Geistesleben. Was er fand, übersetzte er für mich, oft seitenweise. Beinahe jedes Wochenende kam er. Und fuhr ich nach Kalkutta, erwartete er mich am Bahnhof und begleitete mich zu jenen Stellen, die ich aufsuchen wollte. Wir wuchsen geradezu zusammen.

Später warf er sich mit Leidenschaft in den Unterricht der Schüler und Schülerinnen im Stammesdorf Ghosaldanga. Er wurde deren Vater und Guru. Persönlich fühlte er sich verantwortlich für ihr Weiterkommen. Immer wohnte er in einem großen Raum mit seinen Schülern zusammen. Nach einigen Monaten war er so weit: Er quittierte seine Anstellung beim Staat – ein langwieriger Vorgang, weil sich fast niemand für diesen Schritt entscheidet –, um fest in Ghosaldanga zu wohnen. Ich hatte den Vorgang unterstützt, im Rückblick gestehe ich: aus Unerfahrenheit und Leichtsinn.

Debajyoti war ein tief emotionaler Mensch. Ob er die Konsequenzen seiner Entscheidung bedacht hatte? Was würde bei Krankheit, bei Problemen in seiner Familie in Kalkutta geschehen? Er war der älteste Sohn! Noch war er, obwohl Mitte dreißig, unverheiratet; was würde geschehen, wenn er auf Druck der Familie oder auf eigenen Wunsch heiratete? Könnte seine Frau ein sehr einfaches und ungesichertes Leben in einem Adivasi-Dorf mitmachen? Wie lang würde Debajyoti ein Leben inmitten einer eng verwobenen Dorfgemeinde, deren Sprache er nicht kannte und deren Mitglied er nicht war, aushalten? Er war ein Romantiker, und ein Leben in einem Stammesdorf ist eines der romantischen Narrative der bengalischen Stadtbevölkerung. Aber romantische Sehnsüchte scheitern an den praktischen Schwierigkeiten des Alltags.

Schon bei der ersten ernsthaften Prüfung kapitulierten wir. Im Dorf erschien eine Studentin aus Santiniketan, auch um die Dorfkinder zu unterrichten. Natürlich freundete sie sich mit Debajyoti an. Er war manchmal über die Maßen streng mit seinen Schülerinnen und Schülern. Vielleicht brauchte er aus Unsicherheit und Fremdheit gegenüber den Kindern das Gefühl der Autorität? Oder war's pädagogischer Übereifer? Mir ist erzieherische Strenge, vor allem körperliche Züchtigung, zuwider, und ich sagte es Debajyoti einmal sogar vor seinen Schülern. Er war beleidigt. Schließlich folgte er den Lockungen der Studentin und verließ mit ihr das Dorf. Nach Kalkutta zurückgekehrt, heirateten sie. Debajyoti trat wieder in den ungeliebten Staatsdienst ein, denn so kompliziert es gewesen war, ihn zu verlassen, so leicht ist es, unter Anrufung irgendwelcher Paragraphen, die Entscheidung rückgängig zu machen.

Jahrelang hatten wir keinen Kontakt, bis sich eine vorsichtige Annäherung anbahnte. Ich war bereit. Die frühere Gemeinsamkeit wirkte doch weiter. Dann folgte das letzte, tragische Kapitel. Auf einer Zugreise erlitt Debajyoti eine Gehirnblutung. Im Krankenhaus sagte man der Familie, seine Schädeldecke müsse augenblicklich durchbohrt werden, eine komplizierte Operation. »Bitte fünfzigtausend Rupien Vorschuss!« ... Das ist die übliche Vorgehensweise auch bei dringenden Notfällen. Debajyotis jüngerer Bruder eilte zu mir und bat um das Geld. Er demütigte sich, weil er wusste, dass ich allein es ihm sofort geben konnte – und das tat ich. Die Operation war nicht erfolgreich, Debajyoti starb. Schon nach einem Monat schrieb ich dem Bruder wegen der Rückgabe der geliehenen Summe, die auch für mich erheblich war. War das ein pietätloser Fehler oder hatte mich der Argwohn, ob die Familie zurückzahlen würde, geleitet? Jedenfalls geriet die Mutter in einen unbeherrschten Zorn auf mich. Sie war in die Leihgabe nicht eingeweiht worden, weil der Bruder wusste, dass sie niemals eingewilligt hätte. Zu tief saß der Hass auf mich, der ich ihren Sohn aus dem Familienverband herausgeholt und in ein Dorf verpflanzt hatte. Der Bruder sammelte das Geld bei verschiedenen Freunden und brachte es mir.

Prasanta Kumar Paul. – Auch seine Geschichte ist von Tragik, doch anderer Art, umschattet. Er ist der Biograph Tagores in bengalischer Sprache. Als er starb, schrieb er an dem zehnten Band. Noch drei hätten es sein sollen. Obwohl ursprünglich Professor an einem kleinen College in der Nähe von Kalkutta, hatte er in Santiniketan ein Haus gebaut, um näher an dem Ort seiner Leidenschaft zu wohnen: jener, das Leben von Rabindranāth Tagore in seinen täglichen Tätigkeiten zu dokumentieren. Das war sein Lebenswerk. Prasanta-da hat – Tag für Tag – im Archiv des Rabindra-Bhavan gesessen und in Briefen, Notizen, Tagebüchern gelesen. Jedes Mal, wenn ich das Archiv besuchte – da saß er! Mit einer beinahe drei Jahrzehnte dauernden Zielstrebigkeit hat er sein Leben in diese eine Aufgabe geworfen.

Eine solche Unbeirrbarkeit gewinnt nicht jedermanns Anerkennung. In vielen regt sich Eifersucht, Irritation, Gegenwehr, Unverständnis. Darum hatte er an der Universität Feinde. Darum war er wohl einsam. Vielleicht hat er sich auch unklug verhalten? Davon erzählt man ... Aber mir war Prasanta-da großer Bewunderung wert. Ein Vorbild! Als einer der wenigen unter den Akademikern besuchte er mich häufig am Mittag, wenn gewöhnlich auch einige junge Männer aus den Santal-Dörfern anwesend waren. Mit ihnen unterhielt er sich ohne Scheu und bewahrte dabei deren und seine Würde. Prasanta-da genoss es, die Bauernjungen zu befragen und auf ihre Antworten einzugehen. In welchem Haus in Santiniketan hätte er sonst Menschen aus den umliegenden Dörfern begegnen können!

Als Prasanta-da das erste Mal erschien, stand er fünfzehn Minuten vor meiner festgesetzten Besuchszeit an der Tür. Ich leitete ihn auf meine Veranda, aber bat ihn, zu warten, denn ich hatte in meinem Arbeitszimmerchen einen Text abzuschließen. Ohne Zeichen der Ungehaltenheit wartete er. Später schrieb er ein Vorwort für mein erstes Buch mit einer Sammlung von Essays in bengalischer Sprache.[88] Er erwähnte diese Situation und sagte, an jenem Mittag habe er die Bedeutung von Disziplin erkannt.

Prasanta Kumar Paul erlitt einen Schlaganfall, von dem er sich nicht erholte. Sein zehnter Band blieb liegen. Er schaute Fernsehfilme und vereinsamte mehr und mehr. Ich besuchte ihn, aber hätte ich ihn, der so einsilbig geworden war, häufiger besuchen sollen? Gespräche kamen leider nicht mehr zustande; ich blieb fern. Er starb und hinterließ eine verbitterte Familie, die die Schuld an Krankheit und Tod auf das miserable Verhalten der Universität schob. Prasanta Kumar Paul lebt in meiner Dankbarkeit weiter.

Ramchandra Gandhi

Der Universität verdanke ich eine Reihe besonderer menschlicher Begegnungen. Von meinen Lehrern Kalidas Bhattacharya und Prasanta Kumar Paul habe ich erzählt. Ramchandra Gandhi war ein Lehrer im erweiterten Sinn. Er kam für ein Jahr als Gastprofessor, um Philosophie zu unterrichten. Der Enkel von Mahatma Gandhi war sofort umschwärmt. Shyamoli Tan Khastgir, die leidenschaftliche Gandhianerin, lud ihn häufig ein und einige von uns mit. Ihre Mahlzeiten waren berühmt. In einer winzigen, chaotischen Küche vollbrachte sie Wunderwerke der Kochkunst. Ramu, so nannten wir den Professor, ließ sich weder von leckeren Speisen noch von den Bücklingen mancher Kollegen beeindrucken. Er war ein einsamer Mann, der seine Familie verlassen und sich dem rigorosen Leben eines Fragenden verschrieben hatte. Er bot keine Antworten an, sondern er hinterfragte die Lauheit und die Bequemlichkeiten von routinemäßigen Verhaltens- und Denkweisen. Als sein Vorbild verehrte er den großen Ramana Maharshi, den Heiligen vom Berg Arunāchala. Dessen Versunkenheit in einem überweltlichen Frieden – man betrachte seine Augen! – hat Ramu wohl nie erreicht. Er war ein von den Ungerechtigkeiten unter den Menschen, von der Not in der Welt betroffener Mensch.[89]

Die Universität enttäuschte Ramu, einen Zirkel ernsthaft Fragender konnte er nicht versammeln. Er kehrte nach New Delhi zurück und lebte dort – nach eigenem Willen – ohne feste Anstellung wie ein Sokrates, wie ein Philosoph der Gasse. Ich fühlte mich als Verbündeter von Ramu. Ich traf ihn im India International Centre (IIC), wann immer ich Delhi besuchte; dort saß er abends gern in der Bar – ja! er, der Gandhi-Enkel und Gandhianer – allein mit einem Glas Whiskey in der Hand. Später bezog er sogar im IIC ein Zimmer, in dem er 2007 ruhig entschlief.

Rabindranāth Tagore in Deutschland –
Begegnungen mit der Vergangenheit

Der rasch zusammengestellten Dokumentation über »Tagore und Deutschland« sollte eine zweite ausführliche Studie folgen, die sich auf vier Persönlichkeiten konzentrierte, die eine besondere Beziehung zu Rabindranāth unterhielten. Und zwanzig Jahre später eine dritte Studie zu einem Ehepaar, Paul und Edith Geheeb, das Rabindranāth traf und in Deutschland und in der Schweiz zu einem Nukleus indisch-europäischer Beziehung wurde. Beide Bücher habe ich als Stipendiat des Indian Institute of Advanced Study in Shimla verfasst.

Shimla. – Die Großstadt liegt im Westen des Himalaja, in dem heutigen Bundesstaat Himachal Pradesh. Während der Kolonialzeit hatten die Engländer Shimla zur »Sommerhauptstadt« gekürt. Während der kühleren Jahreszeit regierten sie von New Delhi und im Sommer wichen sie in die Berge aus. Sie bauten einen weiträumigen Palast, die Viceregal Lodge, der den Engländern als repräsentativer Regierungssitz diente – dort wohnte der Viceroy, der Vizekönig von Indien. Als das Land unabhängig wurde, war der Prachtbau, nun Rashtrapati Niwas genannt, auf dem weitläufigen Waldgelände Summerhill herrenlos. Darum wurde er vom ersten Präsidenten der Republik Indien, Sarvepalli Radhakrishnan, in ein Institut für geisteswissenschaftliche Forschungen umgewidmet. Vier Monate durfte ich 1995/1996 und anderthalb Jahre 2016–18 dort wohnen.

Hier kam ich in hautnahen Kontakt mit der Elite der indischen akademischen Welt. Zugegeben, mir fiel es zunächst schwer, mich ihr einzuordnen. So viel von ihren Gesprächen schien von Prestigedenken bestimmt, von Karriere, von Stipendien und Auslandsreisen und bezahlten Forschungsprojekten. Zu wenig schienen sie eigene Erkenntnis und menschlichen Fortschritt anzustreben. Ich konnte mit einer schlichten, jargonfreien Sprache wenig Eindruck machen. Außerdem, wer war ich überhaupt? Ich unterrichtete an keiner Universität, leitete kein Institut, war Mitglied keines Komitees. Ich war ausgewählt worden, weil ich über Rabindranāth Tagore Bücher geschrieben hatte und plante, ein weiteres zu verfassen. Na und?

Zunächst geradezu verzweifelt, weil ich keine Gesprächspartner fand, fühlte ich mich allmählich zu mehreren Menschen mit gemeinsamen Interessen und Werten hingezogen. Zu ihnen gehörte der Schriftsteller *Bhisham Sahni*, der zur selben Zeit mit seiner Frau im Institut als »National Fellow« wohnte. In Hindi hatte er bekannte Romane über die Wirren während der Teilung des Subkontinents in Indien und Pakistan geschrieben. Ich bewunderte seine natürliche Bescheidenheit. In Shimla gibt es ein köstliches Relikt der britischen Herrschaft, das berühmte Gaiety Theatre, ein kleines Theater mit Rundumgalerie im gotischen Stil der Viktorianischen Zeit. Darin führte eine lokale Theatergruppe ein Stück von Bhisham Sahni über den von Hindus wie von Muslimen verehrten Dichter Kabir auf. Bhisham-ji[90] wurde natürlich als Ehrengast eingeladen, und ich durfte neben ihm in einer Loge sitzen. Er erklärte mir, der ich kein Hindi verstehe, den Verlauf seines Dramas. Widerstrebend ging er nach dem Schluss auf die Bühne, um sich dem Publikum vorzustellen. Bis zu seinem Tod im Jahr 2003 traf ich ihn, immer wenn ich in New Delhi zu Besuch war.

Die Aufenthalte in Shimla gehören zu den erinnerungswürdigsten in Indien. Gewiss, als Stipendiat war ich wie ein Feudalherr privilegiert, war versorgt und umsorgt, bewohnte ein grandioses Bauwerk innerhalb der imposantesten Bergwelt, die ich je erlebt habe. Shimla, die Stadt, die einige Kilometer vom Rashtrapati Niwas begann, machte mir keine

Angst wie Kalkutta, wie Bombay, wie Delhi. Die Stadtmitte, der Ridge und der Mall und die etwas tiefer liegenden Marktgassen, sind verkehrsberuhigt. Wir Fußgänger bewegten uns ungehindert. Das schuf Atmosphäre, die Straßen und Gassen bekamen Charakter und Flair. Die kleinen Geschäfte rechts und links entfalteten ihre bunte Lebendigkeit. Dazu kommt, dass die von den Bergen geprägten Einwohner allgemein milde und zurückhaltend, auf natürliche Weise freundlich sind. Diese Eigenschaften schätzte ich auch bei den Angestellten des Rashtrapati Niwas. Sie unterscheiden sich von den Bengalen, die als temperamentvoll, vergleichsweise laut und manchmal aggressiv gelten. Häufig dachte ich: Könnte ich noch einmal wählen, wo ich wohnen will ...!

Tagores engster Kreis in Deutschland. – Das Ziel meiner zweiten Tagore-Studie war, aus der Perspektive des baltischen Philosophen Hermann Keyserling, des Verlegers Kurt Wolff, der Übersetzerin Helene Meyer-Franck und ihres Ehemannes Heinrich Meyer-Benfey die Bedeutung von Tagores Deutschland-Aufenthalten und -Beziehungen für das deutsche Geistesleben zwischen den Weltkriegen herauszuarbeiten.

Hermann Keyserling war auf seiner Reise um die Welt Gast bei der Tagore-Familie in Kalkutta und besonders auf Rabindranāth aufmerksam geworden. In seinem vielgelesenen »Reisetagebuch eines Philosophen« (1918) berichtete er darüber. In Darmstadt gründete Keyserling die »Schule der Weisheit«, eine Art platonischer Akademie, und lud im Juni 1921 Tagore als ersten bedeutenden Redner ein. Ein triumphaler Auftakt, ganz auf das Geltungsbedürfnis Keyserlings zugeschnitten! Eine Woche blieb der Dichter in Darmstadt und hielt täglich Vorträge. In seinen zahlreichen Äußerungen über Tagore hat sich Keyserling stets superlativisch ausgedrückt, was im Grunde im Auge der Beobachter beide entwertete.

Aber zu weiteren Treffen im Jahr 1926 und 1930, als Tagore von neuem Deutschland besuchte, kam es nicht.

Kurt Wolff hatte erst kürzlich seinen Verlag gegründet, als ihm das Glück beschert wurde, einen Nobelpreisträger als Autor zu gewinnen: Rabindranāth Tagore. Von 1914, als die ersten beiden Bücher Tagores in deutscher Übersetzung erschienen, bis 1921, als er zum ersten Mal Deutschland besuchte, konnte der geschäftstüchtige, unermüdliche, hektisch tätige Wolff, laut Auskunft des Verlags, eine Million Exemplare Tagore-Bücher verkaufen. Schon 1921 erschien eine achtbändige Tagore-Ausgabe, herausgegeben übrigens von Heinrich Meyer-Benfey. Wolff hatte ein ambivalentes Verhältnis zu dem indischen Dichter, wie seine Briefe an andere Autoren zeigen. Literarisch hielt er ihn für minderwertig, aber er begriff, dass Tagore nach dem Ersten Weltkrieg in Deutschland ein Bedürfnis nach Trost und Messianismus befriedigte, was ihn zum Bestseller-Autor machte. Wolffs Briefe an Tagore und Begegnungen mit ihm in München waren eher geschäftsmäßig. Doch zurückblickend schrieb Kurt Wolff einmal voll rätselnder Anerkennung über den Dichter. In der deutschen Literaturgeschichte ist Kurt Wolff als erster Verleger von Franz Kafka und expressionistischer Schriftsteller, nicht jedoch als Entdecker von Rabindranāth Tagore bekannt geworden.

Von *Helene Meyer-Franck* und ihrem Mann *Heinrich Meyer-Benfey* war die Rede. Helene übersetzte nicht nur viele Prosawerke Tagores vom Englischen ins Deutsche, führte nicht nur eine ausführliche Korrespondenz, sondern sie war die Erste, die Tagores Gedichte aus dem Bengalischen ins Deutsche übersetzte. Was für eine Frau! Als der »Tagore-Rummel« in Deutschland abgeklungen war, Kurt Wolff keine neuen Tagore-Bücher verlegte, lernte Helene mit Hilfe von Studenten in Hamburg Bengalisch, um ihren geliebten »Meister« in seiner Muttersprache lesen und übersetzen zu können. Sie brachte tatsächlich ein schmales Buch mit rund vierzig

Gedichtübersetzungen heraus.[91] Zuvor hatte Helene Meyer-Franck sie dem deutschen Buddhisten Lama Anagarika Govinda, der später als Ordensgründer und spiritueller Meister berühmt werden sollte, geschickt. Brahmachari Govinda, wie er damals hieß, verbrachte mehrere Jahre bei Rabindranāth Tagore in Santiniketan und hatte Bengalisch gelernt.[92]

Deutsches Literaturarchiv in Marbach. – Dort habe ich Sommer für Sommer die Aufenthalte Rabindranāth Tagores in Deutschland, Österreich und in der Schweiz erforscht, um den kulturell-gesellschaftlichen Hintergrund zu den Besuchen Tagores greifbar zu machen. Wichtig war, dass ich nach dem Institut in Shimla einen zweiten Ort entdeckt hatte, an dem die Wertschätzung von kulturellen Inhalten, die Bewahrung der Geschichte sowie Muße und intellektuelle Kontemplation zusammenwirkten. Dort habe ich auch für andere Bücher gesammelt und geforscht. Jedes Jahr werde ich mit Namen als alter, wohlgelittener Bekannter begrüßt. Das freut das Herz eines Alleinlebenden, der kein Mönch hat werden wollen, doch auf dem Summerhill von Shimla und der Schillerhöhe von Marbach, in zwei »Musentempeln«, die angenehmste Zeit verbracht hat.

Tagores ganzheitliche Pädagogik

Mit Rabindranāth Tagore war ich, wie erwähnt, am Ende einer Suche angekommen. Dieses universale kreative Genie erfüllte, mitsamt seiner persönlichen Schwächen und zeitbedingten Fehler, meine Bedürfnisse nach einer kulturellen Lebensausrichtung, einem Vorbild für das Streben nach sozialer Gerechtigkeit, tätiger Empathie für die Armen und der Vision einer völkerübergreifenden Freundschaft. Seinen prinzipiellen Standpunkt gegen Nationalismus, gegen kulturelle Enge, gegen Gewalt und politische Demagogie schätze ich. Seine Maßstäbe können bis heute gelten.

Tagores ganzheitliche Pädagogik, Thema meiner dritten Tagore-Studie, ist Teil seiner unbedingten Offenheit zur Welt und zum Potential der Menschen. In der von Tagore gegründeten Schule in Santiniketan lernten die Kinder inmitten einer natürlichen Umgebung. Die Dörfer und ihre Felder und Haine lagen in unmittelbarer Nähe der Schule. Die Kinder sollten einerseits die harte Arbeit der Bauern kennenlernen, andererseits aber in der Freude am Spiel aufwachsen – durch Theater, Tanz und Lieder, durch Sport und durch handwerkliche Arbeit (obwohl dieser Teil vernachlässigt wurde, vermutlich weil er mit der Hierarchie des Kastenwesens kollidiert). So lernten sie neben den sachlichen Inhalten Kommunikation, gesellschaftlich rücksichtsvolles Verhalten und eine Lebensweise, die in musischer Grunderfahrung ruht.

Mein Interesse an Rabindranāth Tagores pädagogischem Grundkonzept führte mich zu einem bedeutenden Pädagogen, den er in Deutschland traf: Paul Geheeb, den Gründer der Odenwaldschule und der Ecole d'Humanité in der Schweiz. Die Beziehung zwischen dem indischen Dichter und dem deutschen Erzieher begann mit *Aurobindo Bose*, einem der ersten Schüler von Tagores Schulexperiment in Santiniketan. Später studierte Aurobindo in England und besuchte 1927 eher zufällig die Odenwaldschule in Heppenheim, die Paul Geheeb und seine Frau Edith leiteten. Dort fand er eine ähnlich freie pädagogische Atmosphäre wie in Santiniketan vor. Aurobindo blieb mit der Schule verbunden und war der Mittelsmann, als der indische Dichter 1930 die Odenwaldschule besuchte. Auch als Paul und Edith Geheeb 1934 vor den Nazis in die Schweiz auswichen, um dort die *Ecole d'Humanité* zu gründen, blieb Aurobindo Bose dem Ehepaar Geheeb treu und verbrachte schließlich seine letzten Jahrzehnte als Gast der Schule, wo er 1977 starb.

Seit Ende der 1990er-Jahre habe ich die Ecole d'Humanité im Berner Oberland mehrmals besucht, um die Beziehungen der Geheebs mit Tagore zu erforschen. Ich erlebte das alltägliche Schulleben, dessen freizügige, kreative und kindgemäße Atmosphäre mir imponierte. Der Nachfolger von Paul Geheeb als Schulleiter, Armin Lüthi, öffnete mir das Schularchiv. Auch Aurobindo Boses Hinterlassenschaft war dort integriert, doch, sagte Armin, da lägen Papiere und Briefe in bengalischer Sprache, die sie nicht brauchten. Ob man mir den Karton schicken dürfe. Nicht wenig erstaunte ich, als im Karton unter anderem ein Dutzend handgeschriebener bengalischer Briefe von Rabindranāth Tagore lagen. Sie sind nun mit meinen Übersetzungen im Deutschen Literaturarchiv in Marbach integriert.

Die Ecole pflegte zu Lebzeiten der Geheebs enge Beziehungen zu Indien und Indien-interessierten Europäern. Edith Geheeb besuchte Indien und verbrachte auch einige Tage in Santiniketan. Der Besuch Tagores war der Auslöser gewesen. Das brachte mich auf die Idee, den jungen Künstler Sanyasi Lohar aus Bishnubati, der an der Kunstschule von Santiniketan studiert hatte, an die Ecole zu vermitteln. Tatsächlich wurde er eingeladen, ein Semester als Kunstlehrer zu wirken. Danach hat Sanyasi noch zweimal an der Ecole unterrichtet. Ein lebendiger Austausch zwischen Santiniketan und der Ecole d'Humanité war wieder zustande gekommen.[93]

Die Beschäftigung mit Tagores Pädagogik machte wieder bewusst, dass das indische Volk aus dem Urimpuls des Gesangs lebt. Bevor Worte gesprochen werden, entsteht das Lied und die Verdinglichung des Lieds durch den körperlichen Ausdruck, den Tanz. In Lied und Tanz finden Inder ihre tiefste Erfüllung – nicht etwa in der Literatur oder der Kunst oder dem Theater. Ich fand die Bestätigung bei der indischen Urbevölkerung, den Stämmen. Der Santal-Stamm hat eine Urbeziehung zu Lied und Tanz, und darum sehe ich in den Santals die erfolgreichsten Partner des großen Dichters.

Ziehen wir einen größeren Kreis um das holistische Konzept der Pädagogik, so entdecken wir eine großzügige, erfüllte kosmische Verbundenheit in Tagores Erleben. Die Natur lebt in uns, die Sterne leben in uns, in jeder Faser unseres Wesens sind die großen Phänomene des Kosmos lebendig. Welche Konsequenzen besitzt diese Sichtweise? Legt sie nicht ein spirituelles Fundament für den so dringend notwendigen Umweltschutz? Begründet sie also nicht nur eine ganzheitliche Pädagogik, sondern eine ganzheitliche Ökologie?

Ein verhinderter Rauswurf

Im Jahr 1992 erkannte die westbengalische Regierung meine Bemühung um Rabindranāth Tagore mit einem Preis an; drei Jahre später wollte sie mein Visum nicht verlängern, weil ich, so die offizielle Erklärung, »Tagore auch in Deutschland übersetzen« könne. In den Writers' Buildings saß ich dem verantwortlichen Beamten eine ganze Stunde lang gegenüber, ohne dass er das Wort an mich richtete oder mich anschaute. Wer würde den stärkeren Willen haben? Schließlich wurde klar, dass er seinen Entschluss nicht ändern würde. Ich besuchte das »Foreigners Registration Office« in Suri, der Hauptstadt des Distrikt Birbhum, in dem auch Santiniketan liegt. Dort kannte man mich seit Jahrzehnten und war mir gewogen. Man könne die Entscheidung der *higher authority* in Kalkutta nicht umstoßen, sagte man. Doch sei von dort kein Termin genannt worden, an dem ich abgeschoben werden soll. Am besten nach Delhi fahren und dort versuchen, die »Order« rückgängig zu machen! Hatte ich keine hochgestellten Freunde in Delhis Bürokratie? – Also flog ich nach Delhi, sprach mit der Tochter meines Santiniketaner Vermieters,

Herrn Moulik. Sie war ganz oben in der Hierarchie. Sie klemmte sich sofort ans Telefon und beklagte sich bei der *higher authority* in Delhi indigniert über die *higher authority* in Kalkutta. Sie bat den zuständigen Herrn – befahl –, »das Notwendige« zu tun. Der Herr war ein Bihari. Er schimpfte auf »diese Bengalen«, die arrogant und hochnäsig und ... und ... seien. Innerhalb einiger Minuten hatte ich einen Brief in der Hand, der die Order null und nichtig machte. Ich solle erneut die Verlängerung des Visums beantragen.

Erleichtert kehrte ich zurück, beantragte sofort die Verlängerung meines Ein-Jahres-Visums. Nun trat die umgekehrte Situation ein: Ich konnte nicht nach Deutschland zurückkehren, weil die Genehmigung des Visums wie immer monatelang dauerte. Es war April und meine Vorträge im Mai würde ich absagen müssen, außerdem wurde es immer heißer. Ich beklagte meine Situation gegenüber den indischen Freunden in Deutschland. Einer meldete sie dem indischen Botschafter, der noch in Bonn residierte. Der ließ über einen Attaché wissen: Er soll kommen. Wir geben ihm in Bonn das Visum.

Sobald wie möglich traf ich in Deutschland ein, nahm am nächsten Morgen den Zug nach Bonn und ein Taxi zur Botschaft – und bekam am selben Tag nachmittags ein Visum – ein Fünf-Jahres-Visum!

Die Vielfalt Indiens und die Vielfalt, das Land zu beschreiben

Wie habe ich in den 1980er- und 1990er-Jahren, als ich zunächst Rāmakrishna übersetzte, dann Tagore, meinen Lebensunterhalt verdient? Mit Büchern war es aussichtslos. Von meinen Eltern habe ich nach Abschluss meines Studiums keine Hilfe mehr erbeten. Ich habe viel, sehr viel gearbeitet, spät nachts ging jeder Arbeitstag zu Ende. Ich empfand ihn jedoch niemals als Anstrengung, weil meine Begeisterung mich fort-trug, auch ein guter Schuss Ehrgeiz und Erfolgsstreben. Aber vor allem die Begeisterung, schreiben zu können, nämlich das zu tun, was mir seit meiner Schülerzeit als die ersehnte Zukunft vorgeschwebt hatte.

Essays für deutsche und englischsprachige indische Zeitungen zu verfassen empfinde ich nicht als Lohnarbeit, damit ich meinen Koch, die Miete und die Lebensversicherung bezahlen kann, sondern als Teil meiner Aufgabe, Indien interkulturell auf vielfältige Weise darzustellen und für die zukunftsträchtigen Aspekte des Landes zu werben.

Die eigentliche intellektuelle und emotionale Anstrengung war nicht so sehr, selbst Indien zu verstehen, sondern Indien für die deutschsprachigen Leser nachvollziehbar zu machen, die Brücke zu den Lesern zu schlagen, die praktisch und geistig in einem so unterschiedlichen Zusammenhang leben. *Wie* verschieden er ist, erfuhr ich konsterniert jedes Mal, wenn ich im Sommer nach Deutschland flog. Wenige Bekannte stellten Fragen, wenige beschäftigten ihre Phantasie, um meinen Lebensraum kennenzulernen. Beklommen fragte ich mich oft, ob meine Leser bereit seien, ihren geistigen Horizont zu erweitern, staunend ungewohnte Erfahrungen und Erkenntnisse anzunehmen.

Mein Fokus war nie auf dem »idealen Indien«, das durch die Romantiker, von denen keiner je Indien besucht hatte, herbeiphantasiert wurde und bis heute auf einer meist kulturell abgesunkenen Stufe von Kitsch und Magie durch Reiseberichte und Reportagen geistert. Schlangenbeschwörer, fliegende Yogis, »Sadhus«, die in Höhlen wohnen oder nackt durchs Land wandern, Elefanten und märchenhafte Maharajas sind die Versatzstücke eines solchen Indien. Noch war mein Fokus auf dem »elenden Indien«, an dem die europäischen Touristen so wortreich verzweifeln. Das ist das Indien der Slums und Bettler, Leprakranken, der mangelernährten

Kinder, das Indien der Dürren und Überflutungen und verfehlten Reformen, der Korruption und Menschenverachtung.

Beide »Indien« bestehen. Ich habe stets versucht, ein *komplexes* Indien zu zeichnen, das sich dem Verständnis nur innerhalb seiner jeweiligen Zusammenhänge öffnet. Diese unzähligen lebensvollen Zusammenhänge in ihrer Gesamtheit sind »Indien«. Mit anderen Worten, das Land kann niemals insgesamt erfasst und beurteilt werden. Darum: Vorsicht vor pauschalen Urteilen! ... Respekt vor seiner rasanten Vielfalt!

Im Grunde wollen meine Schriften noch mehr als diese »Wirklichkeit« darstellen: Die in Indien gewonnenen und entwickelten Themen – wie Meditation, kontemplatives Leben, Dialog zwischen Kulturen und Religionen, Leben im Kontext unterschiedlicher Kulturen, Sprachen und Religionen, das Leben der Armen, die Einfachheit des indischen (dörflichen) Lebens – will ich für meine Leser nachvollziehbar machen. Sie sollen mit den Realitäten Indiens konfrontiert werden, wobei ich die Frage stelle, was wir für unsere europäischen Lebenszusammenhänge davon anwenden und nutzen können. Es bedarf eines gewissen Grades der Abstraktion von den indischen Realitäten, bevor diese »Anwendbarkeit« deutlich wird und sich anbietet. Ebenso bedarf es der Überzeugung, dass gewisse Inhalte und Eigenschaften des indischen Lebens, seiner Philosophie und seiner Mentalität für uns Menschen in Europa erstrebenswert sind. Meine drei Lebenskunst-Bücher[94] aus dem letzten Jahrzehnt haben diesen Abstraktionsvorgang so weit vorangetrieben, dass Indien selten genannt wird. Dennoch vermitteln sie den Geist dieses Landes.

Bedingungsloses Vertrauen. – Es gab Förderer in der deutschen Medienlandschaft, die für geradezu alle meine Themenvorschläge offen waren und jeden Text druckten. Ihre Bereitschaft, Neues zu erfahren, feste Anschauungen aufzubrechen, war erfrischend. Sie war der Gegensatz zu der Reserviertheit und Abwehr, mit der ich im breiteren Kreis der Bekannten und in der Öffentlichkeit in Berührung kam. Wäre diese Neugier nicht gewesen, hätte ich mich ermutigt gefühlt, weiterzuschreiben?

Über zwei Jahrzehnte schrieb ich in der Wochenzeitschrift »Christ in der Gegenwart«. Ihr Chefredakteur *Manfred Plate* war ein großzügiger Anreger und Freund bis zu seinem plötzlichen Tod im März 2007. *Arnim Juhre*, der Lyriker, Lektor und Journalist, bot mir an, für das «Deutsche Allgemeine Sonntagsblatt« zu schreiben. Erlebnisberichte, sozialkritische Essays, Erfahrungen mit dem interreligiösen Dialog, sogar Kurzgeschichten nahm er mir ab. Mit ihm korrespondierte ich, bis er 2015 hochbetagt starb. Ebenso verbindet mich jahrzehntelange Freundschaft mit *Jose Punnamparambil*, dem aus Kerala stammenden Gründer und Herausgeber der Zeitschrift »Meine Welt«, an der ich von Anfang in beinahe jeder Nummer mitgearbeitet habe.

Die tatkräftige, stets hilfsbereite *Viola Schmid* führte mich beim *Hörfunk* ein. Dort bekam man nun, wie sie sich ausdrückte, »richtig Geld«, von dem ich leben konnte. Nach und nach schrieb ich für alle großen Sender der ARD Hörtexte von 30 Minuten und länger. Es waren Essays, die ich auf mehrere Sprecher/innen aufteilte und häufig mit Musik akzentuierte, die ich auswählte und per Tonband an die Redakteure schickte. Bei vielen Sendungen saß ich während meiner Deutschland-Aufenthalte mit im Studio, um den Sprechern die richtige Aussprache der indischen Worte anzugeben und um selbst den »Autor«-Part zu übernehmen.[95] Nach einigen hochinteressanten Jahren Arbeit für den Rundfunk ging das gegenseitige Interesse zur Neige. Die Redakteure wollten plötzlich kürzere Sendungen mit »O-Tönen«. Doch per Tonband Original-Töne von Naturgeräuschen, Straßenlärm oder Wortfetzen aufzunehmen lehnte ich ab. Ich war kein typischer

Hörfunk-Journalist, ich wollte anregende Texte schreiben und durch sie Interesse und Wissen vermitteln. Viola Schmid machte sich die Mühe, mich in Santiniketan zu besuchen, um für den WDR einen Dokumentarfilm über meine Arbeit als Schriftsteller und als sozial engagierter Freund der Santal-Dörfer Ghosaldanga und Bishnubati zu drehen.[96]

Meine Freundschaft mit ihr ging auf tragische Weise zu Ende. Sie hatte verschiedene Angstsyndrome, darunter auch jenes, bei einem Flugzeugabsturz zu sterben. Sie flog nie mit ihrem Ehemann, einem Professor in Marburg, im selben Flugzeug, damit ihre adoptierte Tochter Gloria nicht zum Waisenkind werde. Doch auch im Zug kann man umkommen. An jenem Tag im Jahr 1998, an dem der ICE in Eschede verunglückte, saß auch Viola im Zug, um von Marburg nach Hamburg zu fahren. Ihr Mann begleitete sie auf plötzlichen Entschluss nicht, denn er musste etwas erledigen, und kam am Abend nach. Diesem plötzlichen Entschluss ist es zu verdanken, dass Gloria der Vater erhalten blieb.

Übersetzer und Herausgeber. – Die Indologin *Bettina Bäumer*, die in Varanasi zu Hause ist, und *Susanne Schaup*, damals in München, beide Österreicherinnen, vertrauten mir, die eine als Herausgeberin, die andere als Lektorin, das erste Buch zur Übersetzung an. Der Benediktiner Henri le Saux, der Gründer von Shantivanam, hatte es über den südindischen Shivaismus geschrieben.[97] Der Benziger Verlag in Zürich gab mir bald darauf den verantwortungsvollen Auftrag, eine Buchreihe über die Religionen Indiens als *Herausgeber* zu betreuen. Es sollten nicht nur die schon eingeführten Religionen, der Hinduismus und indische Buddhismus, sein. Zum ersten Mal erschienen in deutscher Sprache Texte des Jainismus, des Sikhismus, des indischen Islam und der indischen Ureinwohnerstämme, und sie demonstrierten als Reihe die Vielfalt der indischen Religionen. Alle Übersetzungen waren aus den Originalsprachen, denen gründliche Einführungen und Kommentare beigegeben waren.[98]

Mit Bettina Bäumer, die zwei Bände herausgegeben hat, stehe ich seit meiner frühsten Zeit in Indien im Austausch. Eine akribische Sanskrit-Gelehrte und Übersetzerin heiliger Hindu-Schriften, beständig in der Meditation und in ihren religiösen Übungen, treu auch ihren Gurus verpflichtet. Als sie an ihrer neuen Übersetzung der Upanishaden arbeitete, hatte ich häufig das Privileg, in ihrem alten Haus in Varanasi unmittelbar am Assi Ghat, am Ganges-Ufer, zu wohnen. Ein Blick voll Heiterkeit über das stille Wasser! Zuletzt waren wir ein Jahr in Shimla, beide als Fellows am Indian Institute of Advanced Study, zusammen. Sie ist übrigens die einzige mir bekannte Europäerin, die in die indische Gesellschaft ideal integriert ist. Als Wissenschaftlerin wie auch als spirituelle Meisterin genießt sie einen großen Ruf.

Diese ersten Erfahrungen als Übersetzer und Herausgeber lehrten mich, wie wichtig es ist, dass man wagt, einem Neuling zu vertrauen. Das kann schiefgehen. Doch glückt es, kann sich daraus ein Lebenswerk entfalten.

Frankfurter Allgemeine Zeitung. – Kaum war mein Interesse an Hörfunk-Sendungen verebbt, bahnte sich Mitte der 1990er-Jahre die Mitarbeit bei der »Frankfurter Allgemeinen Zeitung« an. Der politische Redakteur *Klaus Natorp* war auf meine Bücher aufmerksam geworden und schickte den politischen Indien-Korrespondenten *Erhard Haubold* zu mir nach Santiniketan. Auf Anhieb verstanden wir uns. Er schrieb einen Artikel über Tagore und meine Bemühung, ihn in Deutschland bekannter zu machen. Ihm erzählte ich, wie ich mit der F.A.Z. aufgewachsen bin. Mein Vater hatte sie täglich gelesen, und ich gewöhnte mich schon als Schüler daran, zumindest das Feuilleton durchzublättern. Als Student in Wien besuchte ich jeden Nachmittag das Café Zartl, um bei einem

»Kleinen Braunen« die F.A.Z und »Die Presse« zu studieren. Einige Generationen von Redakteuren und ständigen Mitarbeitern waren mir vertraut, und ich hatte meine Lieblinge unter ihnen. Einer der Ihren zu sein, war eine Sehnsucht, die mir unerfüllbar schien.

Ich wusste, dass keine Feuilleton-Korrespondenten in Südostasien stationiert waren. Indien: ein weißer Fleck im Feuilleton! War das berechtigt? Schufen Indien und seine Nachbarländer keine anspruchsvollen kulturellen Ereignisse, die deutschsprachigen Lesern so kommuniziert werden konnten, dass man ihre Bedeutung und Eigenart einsah? War Indien nur Exotik, nur unverständlich-labyrinthischer Mythos, nur Göttergewimmel? Hat das Land eine Kultur, die für uns hermetisch verschlossen bleibt? – Nein; und ich wollte es zeigen!

Herr Natorp schrieb, er wolle mich gern ans Feuilleton empfehlen, doch er sehe geringe Chancen einer Mitarbeit. Immerhin bekam ich ein Buch über indische Philosophie zur Besprechung. Die schickte ich ein, und sie fand Anerkennung. Erhard Haubold hatte mir schon vorher den Auftrag gegeben, einen Essay über die Adivasi zu schreiben; er erschien in der Samstag-Tiefdruckbeilage. Als Nächstes schickte ich unaufgefordert einen Artikel ein, damals noch per Post (heute als »Schneckenpost« verlacht). *Hubert Spiegel*, mein Ansprechpartner, nahm auch ihn an. Nach und nach etablierte ich mich im Bewusstsein der Redaktion. Ich bekam Bücher zur Besprechung und Vorschläge. Jeden Sommer besuchte ich die Redaktion und kehrte mit neuen Themen zurück. Auf Betreiben von Herrn Spiegel setzte mich der damalige Feuilleton-Herausgeber *Frank Schirrmacher* als »Pauschalisten« ein. Selig war ich! Nicht die Aussicht, jeden Monat – zum ersten Mal! – einen festen Betrag aufs Konto zu bekommen ließ mich jubilieren, obwohl mir dies nicht gleichgültig war. Sondern das Bewusstsein, fester Teil des besten Feuilletons einer deutschsprachigen Zeitung und eines der besten der Welt zu sein. Zum ersten Mal dachte ich: Geschafft! Ich bekomme die Möglichkeit, mit meinen Worten Wirkung auszuüben ... und arbeitete mit frischem Rückenwind weiter. Bis heute ist mir das Bild vor Augen, wie Herr Schirrmacher, die Füße auf den Schreibtisch gelegt, mir »Guru-Tee« anbietet, nachdem er sein großzügiges Angebot unterbreitet hatte.

Das fröhliche Pauschalistenleben währte rund vier Jahre, dann schwanden die Werbeeinnahmen aller großen Zeitungen zugunsten von Internetreklame, und ich kehrte zum Zeilenhonorar zurück. In meinen über dreihundert Artikeln, die seit Mitte der 1990er-Jahre bis heute in der F.A.Z. erschienen sind, habe ich die schon skizzierte Methode angewandt: die kulturelle, religiöse und gesellschaftliche Wirklichkeit vorzustellen, indem ich Kontexte schaffe, um aus ihnen heraus Verständnis für das fremd erscheinende Indien zu wecken. Die geschichtlichen Entwicklungen, der mythologische Hintergrund gewisser Phänomene, die Beweggründe, durch die sich gesellschaftliche Zustände und Situationen entwickelt haben ... dies alles ist wesentlich, um die berichtenswerte Einzelheit fasslich zu machen. So habe ich ein Vierteljahrhundert beinahe Monat für Monat über Indien geschrieben. Seit einem Jahrzehnt ist *Andreas Platthaus* mein verständnisvoller Ansprechpartner in der Redaktion.

Mir war es wichtig, dass ich zu den Redakteuren, Lektoren und Herausgebern eine persönliche Beziehung aufbauen konnte. Eine geschäftsmäßige Beziehung genügte mir nie; eher blockierte sie mich, verdross mich, und bald versandete die Mitarbeit. Überblicke ich das erstaunlich dichte Netz von Journalisten, Herausgebern, Lektoren, Verlegern, mit denen ich zusammengearbeitet habe, merke ich, wie die unterschiedlichen Verbindungen ineinandergreifen, sich verknüpfen, die eine die andere ablöst, wie eines zum anderen kommt und sich aktive Kreisläufe bilden, dann wieder inaktiv werden, um sich später neu mit Leben zu füllen. Es ist dieses Schauspiel menschlicher Beziehungen, das mich stets fasziniert hat. Darüber später noch einmal.

Die Udo Keller Stiftung Forum Humanum. – Mein Schreiben entscheidend beeinflusst hat auch die Begegnung mit *Udo Keller*. Im »Deutschen Allgemeinen Sonntagsblatt« hatte ich einen Artikel über Rabindranāth Tagore veröffentlicht, worauf mich Herr Keller, ein bei Hamburg wohnender Versicherungskaufmann, anrief und fragte, ob er bei seiner Stiftung Tagore in deutscher Sprache verlegen könne. Er wolle helfen, den Dichter bekannter zu machen. Ich erwiderte, die bessere Lösung sei, dass die Stiftung einen Druckkostenzuschuss in Aussicht stellt, damit man einen anspruchsvollen Verlag für einen umfangreicheren Sammelband findet. Herr Keller lud mich im März 2004 in sein prächtiges, rietgedecktes Landhaus am Neversdorfer See ein, in dem wir ein einstündiges Gespräch führten – nein: Er fragte mich intensiv aus. Man spürte seinen konzentrierten, scharfen Geist, er war wie ein Blitz.

Er förderte nicht nur einen Sammelband mit Tagores Werken in deutscher Übersetzung[99], sondern versorgte mich, kurz nachdem die F.A.Z.-Pauschale auslief, mit einem Jahresstipendium, dank dessen ich bis 2020 ohne finanzielle Sorge ein Buch nach dem anderen schreiben und herausgeben konnte. Mir kam es vor, als verleihe seine Stiftung mir jedes Jahr einen Literaturpreis! Udo Keller hatte, wie ich später erfuhr, sein spirituelles Initialerlebnis bei der Lektüre von Rāmakrishna und Swami Vivekānanda. Gerade sie hatte ich übersetzt; dadurch kamen wir uns nahe.

Die Udo Keller Stiftung Forum Humanum hat er im Jahr 2000 gegründet und am See, unweit seines Anwesens, das Stiftungshaus gebaut. Darin verbringe ich jeden Sommer eine oder mehrere Wochen, um zu schreiben und mich an dem See und dem großen Park zu erfreuen. Das Angebot der Stiftung war nicht nur ein Zimmer und ein Ambiente, sondern die Möglichkeit, eine Lebensweise zu pflegen: in Muße, ohne Anspruch auf rasche Ergebnisse, arbeiten zu dürfen. Welches Privileg! Als Herr Keller im November 2012 starb, flog ich von Indien zum Begräbnis. Die Leitung der Stiftung übernahm der Geschäftsführer *Dr. Cai Werntgen*, ein Philosoph, der, zum Freund geworden, mich ebenso achtsam förderte wie der Gründer. Wichtig war mir zu wissen, dass ich diese Großzügigkeit nicht gefordert hatte, sondern dass sie auf mich zugekommen war – wie sämtliche wichtigen Entscheidungen und Förderungen in meinem Leben.

Die Mutter im Hintergrund

Ohne meine Mutter hätte diese rege Schreibtätigkeit zu keinen Ergebnissen geführt. Es war die Zeit vor dem Internet. Alle Manuskripte gingen per Post weg, alle Informationen und das ganze Organisatorische, alles Persönliche ... nur per Post. Die indische Post war und bleibt unberechenbar. Zu immens ist das Land, zu überlastet sind die Transportwege per Zug oder Auto. Die tägliche Koordination, ignoriert man selbst die sprichwörtliche Trägheit der Bürokratie auf ihrer unteren Ebene, muss unglaublich komplex sein. Um Geld zu sparen und auch die Möglichkeit, dass Briefe verschwinden, zu verringern, schickte ich jede Woche zwei Dutzend Briefe an verschiedene deutsche Adressen in einem großen, festen Umschlag per Einschreiben an meine Mutter, die die Briefe von Boppard weitersandte. Unsere Korrespondenz während jener Jahrzehnte drehte sich um meine Kontakte zu Zeitungen und Rundfunkanstalten, zu Schriftstellern und Herausgebern, zu Theologen und Mitarbeitern. Meine Mutter war die »Schaltstelle«; sie sorgte dafür, dass meine Fragen beantwortet wurden und meine Korrespondenten die Informatio-

nen bekamen, die sie brauchten. Die Kontakte, die ich hergestellt hatte, pflegte sie weiter. Sie scheute sich nicht, Telefonate
mit Lektoren, Herausgebern, Redakteuren zu tätigen und
selbst Briefe an sie zu schreiben. Sie war hundertprozentig
zuverlässig, vergaß nichts, hatte alles resolut »im Griff«. Einzig mit dieser Unterstützung habe ich von Indien aus meinen
Beruf ausüben können.

Anfang 1986 starb mein Vater. Nach seiner Pensionierung
hatte er sich intensiv der Heimatforschung gewidmet und einige kleine Bücher und Hefte veröffentlicht. Außerdem organisierte er Gruppenreisen nach Frankreich, pflegte also seine
alte Zuneigung zu diesem Land. Meine Manuskripte las er
anfangs kritisch durch und korrigierte sie stilistisch. Später
genügte es, dass er meine Aufsätze und Bücher wohlwollend
im Druck las. Einige Monate war er leidend, dann erlag er mit
achtzig Jahren dem Krebs. Meine Mutter pflegte ihn bis zur
Erschöpfung. Sie war eine Ehefrau, die sich nichts schenkte.

Als die Nachricht kam, dass mein Vater nicht mehr lange
leben würde, bemühte ich mich sofort um eine Erlaubnis,
auszureisen und danach wieder einzureisen – die berüchtigten NOLI- und NORI-Erlaubnisse. Einen ganzen Monat dauerte es, bis ich fliegen durfte, um meinen Vater noch einmal
zu sehen.

Danach gestand meine Mutter mir häufig, wie gut es sei,
dass sie durch mich eine Aufgabe habe, denn es half ihr über
die Trauer und Einsamkeit hinweg. Nun aber bewegte sie
eine große Sehnsucht: ihren Sohn in seinem Umfeld in Indien
erleben zu können. Mein Vater hatte sich stets geweigert zu
fliegen. Im Krieg waren, als eine Bombe in der Nähe ein-
schlug, seine Trommelfelle geplatzt. Seine Schwerhörigkeit
wurde mit den Jahren stärker, darum befürchtete er, dass sein
Gehör durch die Flüge noch mehr leiden werde. Mein Bruder
erfüllte den Wunsch meiner Mutter. Thomas, der Chemiker,
beschaffte sich einige Vorträge in Hyderabad und Madras

und nahm seine Frau Inge und ihre beiden Söhne Manuel und Nico sowie unsere Mutter mit. Ich flog nach Madras, um sie zu treffen, und Tage später reisten wir zusammen nach Kalkutta und weiter im Zug nach Santiniketan. Meine 75-jährige Mutter absolvierte ihren Indien-Aufenthalt mit der Forschheit, die man von ihr kannte. Sie ließ sich sogar im Auto nach Ghosaldanga fahren, was damals über die holprigen Wege ein Abenteuer war, weil sie unbedingt wissen wollte, an welchem Dorf das Herz ihres Sohnes hing. Ohne einen Anflug von Scheu oder Abwehr saß sie im Hof von Sona Murmu auf einem Kordelbett, umgeben von Kühen, Ziegen, Hühnern, Hunden, Ochsenkarren, umringt von einem kleinen Dutzend rotznasiger Kinder in schmuddeligen Kleidchen, umstanden von Lehmhütten mit Strohdächern. Sie fühlte sich wohl, einfach wohl, weil es die geliebte Umgebung ihres Sohnes war. Später hat Mutter häufig wiederholt, wie dankbar sie sei, diese Reise unternommen zu haben. Nun konnte sie mich in ihrer Vorstellung in einer konkreten Umgebung sehen. Sie wusste, dass mich freundliche, herzliche Menschen umgeben. Ihre Muttersorge war gedämpft.

Im selben Jahr 1987 erhielt ich während der »Convocation« in Santiniketan von dem indischen Premierminister Rajiv Gandhi die Promotionsurkunde. Mein Studium war vorbei; also wurde ich Forschungsstudent *(Research Scholar)* am Rabindra-Bhavan und bin es seitdem.

Mutter Teresa und ihre Orden

Die Mehrzahl der Professoren in Santiniketan besitzt eine Wohnung in Kalkutta. Von dort kamen sie, um in Santiniketan zu unterrichten, in der Großstadt haben sie ihre Wurzeln. Ihre Wochenenden verbringen sie in Kalkutta. Auch ich fuhr regelmäßig in die Großstadt. Oft für Visa-Angelegenheiten, oft auf Einladung zu einem Vortrag, oft um mit deutschen Gästen zu sprechen oder in der Bibliothek des Goethe-Instituts zu arbeiten.

Eine enge Beziehung bahnte sich in Kalkutta zu den *Missionaries of Charity* (MC) oder »Missionaren der Barmherzigkeit«, dem Orden von Mutter Teresa, an, und zwar hauptsächlich mit dem Brüder-Zweig. Häufig wohnte ich in dem Noviziat Nobo Jibon (»Neues Leben«) der Brüder im überbevölkerten Stadtteil Howrah, in Laufnähe zum Howrah-Bahnhof gelegen. Ich schätze die radikal einfache Lebensweise der Brüder. Weder als Gemeinschaft noch individuell besitzen sie mehr, als sie tatsächlich notwendig brauchen. Damit geben sie ein Zeichen innerhalb des indischen Christentums, dessen Klerus, dessen Nonnen- und Mönchskommunitäten weit über dem Durchschnitt des »einfachen Volkes« leben. Diese Einfachheit der MCs hat allerdings Nachteile, vor allem organisatorische und in der Kommunikation. Wer auf Telefone verzichtet, Computer ablehnt, ebenso Mobiltelefone, stellt sich gegen eine Vereinfachung des Lebens durch den technischen Fortschritt.

Das Noviziat lag im oberen Stockwerk, und im Parterre war eine Unterkunft für kranke und sterbende Obdachlose. Ich beobachtete den Dienst der Novizen, die von Anfang nicht nur unterrichtet wurden, sondern auch den Armen helfen sollten. Ich bewunderte diese Brüder, die aus Südindien oder aus nordindischen Stämmen kamen, weil sie schon in jungen Jahren ihre Berufung zu einem solchen harten Dienst empfunden hatten. Mit *Brother Prem Anand* aus Kerala verbindet mich seit dieser Zeit eine Freundschaft. Er ist gebildeter als die meisten anderen, darum auch problembewusst, geschickter im Organisatorischen, fähig, eine Führungsrolle zu übernehmen. Er öffnete mir die Augen für die zahlreichen Missstände im Orden, die Spannungen unter ihren Senioren und die Verletzungen, die unbedachtes Handeln, mangelnde

Schul- und Herzensbildung verursachen. Über die Jahrzehnte erlebte ich, wie Prem Anand, anstatt gefördert, systematisch ignoriert wurde, weil er unbequem ist; dass seine Talente unterdrückt, anstatt genutzt wurden. Währenddessen steht er unbeirrbar zu seinem Ideal klarer Einfachheit und des Dienstes an den Armen.

Viele Brüder hätten, wären sie schulisch besser gebildet, nicht den Orden der MC, sondern einen der anerkannteren Orden gewählt (die Schulen und Krankenhäuser leiten und Pfarrstellen bekleiden). Das Charisma, den »Ärmsten der Armen« zu dienen – sie von den Bürgersteigen aufzulesen, sie zu waschen und zu füttern, ihre Wunden zu verbinden –, ist deshalb selbst bei den MC-Brüdern nicht allen geschenkt. In den anderen Orden haben die Priester, Brüder oder Schwestern Bedienstete, die die »niedere« Arbeit gegen Bezahlung erledigen. Brüder in allen Orden bleiben im Allgemeinen nur jene, denen die Bildung fehlt, um für das Priesteramt zu studieren. Das Image der indischen Kirche ist bis heute überwältigend klerikal und hierarchisch. Die MC-Schwestern und -Brüder erhalten geringen Respekt in der Kirche, obwohl gerade sie jene Werke der Barmherzigkeit ausüben, von denen die Evangelien predigen.

Der Makel der MCs ist, dass sie kranke Obdachlose aufnehmen, sie pflegen, sie ernähren – doch wenn sie wieder gesund und kräftig genug sind, zurück auf die Straße schicken. So habe ich es selbst in Nobo Jibon erlebt. Die Novizen veranstalten jeden Sonntag einen Tag für die »Station Children«, die Jugendlichen, die auf dem Howrah-Bahnhof kleine Dienste verrichten, betteln, vielleicht auch stehlen, um durchzukommen, und auf den Bahnsteigen übernachten. Sie können den Tag in Nobo Jibon verbringen, essen sich satt, bekommen Medikamente, aber am Abend müssen sie zurückkehren. Ein Junge wollte bleiben; er habe Fieber, er sei krank, es gehe ihm schlecht, jammerte er. Der Bruder schaute den Jungen an, fühlte seine Stirn – und sagte schroff: »Unsinn, dir fehlt nichts, du gehst zurück!« Das durchfuhr mich, der Schock steckt bis heute in mir.

Dass sich die MC-Brüder angesichts der Enormität des Armutsproblems oft gegen das Charisma ihres Ordens entscheiden müssen, gegen die Nächstenliebe, wurde deutlich. Die MCs haben wenige Zentren für Rehabilitation, für Schulung, für nützliche Beschäftigung. Ihnen fehlt allzu oft die organisatorische Fähigkeit, geheilte, arbeitsfähige Obdachlose in Rehabilitationszentren anderer Orden einzuweisen. Ihnen bleibt nur die Straße.

Eine der Ausnahmen ist Titagarh, das große Zentrum für Leprakranke, das Prem Anand viele Jahre geleitet hat. Dort werden Leprakranke behandelt, und jene, die keine aktive Lepra mehr haben, bekommen eine Schulung und Beschäftigung als Weber. Ich sah ein mustergültiges Rehabilitationszentrum, die freundlichen, offensichtlich dankbaren Menschen rührten mich. Aber im Allgemeinen übersteigt die Führung eines solchen Zentrums die Fähigkeiten eines MC-Bruders.

Prem Anand steht am Beginn einer langen Freundschaft mit *Else Buschheuer*, Autorin frecher und kühner Texte und Fernsehpersönlichkeit aus Leipzig. Nach mehreren Wochen in den Häusern von Mutter Teresa kam sie zu Besuch in Titagarh, wo Bruder Prem Anand sie empfing. Nebenbei erwähnte er, dass er einen »berühmten Schriftsteller« aus ihrem Heimatland kenne. »Was?«, rief Else lachend. »Ist er genauso berühmt wie ich?« In ihrer Gegenwart rief mich Prem Anand an, und Else und ich machten ein Treffen in Kalkutta aus. Wir versprachen uns Freundschaft, die durch dick und dünn gehalten hat ...

Über die Jahre begegnete ich *Mutter Teresa* zu wiederholtem Mal. Eine Woche wohnte ich in Nobo Jibon, um den Novizen einen Kurs über den Hinduismus zu geben; denn

Prem Anand, damals dort Novizenmeister, und ich waren davon überzeugt, dass die Brüder einige Grundtatsachen über den Glauben ihrer Patienten wissen sollten. Gerade während Krankheit und Todesnähe bekommt der Glaube eine dringliche Bedeutung. Eines Nachmittags hieß es plötzlich, »Mutter« sei gekommen. Wir strömten zusammen, die meisten Brüder in einfachen bunten *Lungis* (Röcken) und einem weißen Unterhemd, und umringten Mutter Teresa. Sie wurde nicht mit devotem Respekt behandelt, sondern sie begegneten ihr auf die natürlichste Weise wie einer Mutter. Die Brüder wussten nicht – oder hatten es in diesem Augenblick der Freude vergessen –, welche Berühmtheit Mutter Teresa in der Welt ist. Sie sprach einige aufmunternde und anerkennende Worte, trank wohl noch einen Tee mit den Brüdern und fuhr weiter.

Ein andermal aß sie mit den Brüdern in einem Ordenshaus zu Mittag. Sie sprach wenig, sie saß zusammen mit den Brüdern am Tisch und nahm, was alle aßen – Familienatmosphäre! Jahre später begleitete ich Erhard Haubold und seine Frau Erika zum »Mutterhaus«, von dem aus Mutter Teresa den Orden leitete. Viele junge Schwestern verbringen ihr Noviziat darin. Wir drei wurden zu ihrem kleinen Zimmer im ersten Stock geleitet. Davor standen auf dem Gang zwei Bänke, eine an jeder Wand. Einige Gäste hatten schon Platz genommen, wir rückten auf. Mutter Teresa erschien aus ihrem Zimmer und setzte sich uns gegenüber. Sie begann zu erzählen, sie hatte stets zahlreiche Anekdoten und einprägsame Aussprüche parat. Wie gut sie kommunizieren konnte, wie unbemerkt wir in ihren Bann gerieten, obwohl ihre Rede einfach, leutselig, ohne Effekthascherei war. Neben mir nahm ein schlaksiger junger Amerikaner Platz. Er schubste mich an und wisperte: »Ist sie Mutter Teresa??« Er konnte nicht glauben, dass die berühmte Frau so schlicht und natürlich bei uns saß.

Welch ein Unterschied zu den Ordens- und Ashram-Leitern unter den Hindus! Würden sie sich je zu uns auf ein Bänkchen setzen?! Deren Verehrungswürdigkeit wird stets symbolisch ausgedrückt, indem sie auf einem Sessel – einem Thronsessel! – in einem gebührenden Abstand von ihren Gästen sitzen. Diese gehen auf die Knie und verneigen sich bis zum Boden vor ihnen und bleiben unten sitzen. Hier, meine ich, sollten wir das »unterscheidend Christliche« suchen und leben: in der menschlichen Gleichheit.[100]

Mutter Teresa hatte ich aus der Entfernung schon Jahre zuvor gesehen, als ich Lehrer bei der Rāmakrishna Mission in Kalkutta war. Es war 1976, ich hatte erfahren, dass *Frère Roger Schutz*, der Prior von Taizé, mit einer Gruppe seiner Brüder nach Kalkutta kommen würde, um mit den MC-Schwestern in den Slums und in den Sterbehäusern zu arbeiten. Es war der erste Auslandsaufenthalt von Frère Roger und seiner Gruppe, dem jedes Jahr andere folgen sollten. Ich bat einen meiner Deutschstudenten, Asish Ray, das Mutterhaus zu besuchen und anzufragen, wann Frère Roger ankommen werde und ob man ihn treffen könne. Asish kam mit genauen Nachrichten zurück. Wir nahmen an einer feierlichen Messe im Freien teil, zelebriert vom Kardinal der Stadt, bei der Mutter Teresa und Frère Roger mit seinen Brüdern anwesend waren. Allen, ob katholisch oder evangelisch, wurde vom Kardinal die Kommunion gereicht. Danach besuchten Asish und ich die Taizé-Gruppe mehrmals und erzählten Frère Roger aus unserem Leben. Er interessierte sich besonders für Asish und lud ihn ein, jeden Abend an ihren Diskussionen teilzunehmen. Frère Roger verabschiedete sich mit dem Versprechen, Asish, einen Hindu, nach Taizé einzuladen. Wir glaubten an eine freundschaftliche Abschiedsgeste. Doch die Einladung kam, und Asish verbrachte mehrere Monate in Taizé. [101]

Als Mutter Teresa mit 87 Jahren in Kalkutta starb, hielt ich mich in Deutschland auf. Ihre Beerdigung wurde zu einem

Großereignis, das die Mutter selbst nie gutgeheißen hätte. Nie waren so viele Berühmtheiten aus Politik, Kultur und den Religionen in Kalkutta anwesend. Der marxistische Chief Minister (Ministerpräsident) von West-Bengalen, Jyoti Basu, befand sich unter den Gästen. Fernsehanstalten in der ganzen Welt übertrugen die Feier über Stunden. Als das ZDF erfuhr, dass ich zu der Zeit in Boppard wohnte, lud es mich ein, die Direktübertragung vom Studio in Mainz gemeinsam mit anderen zu kommentieren. Das wurde mein Abschied von dieser großen Frau.

7

Arbeit unter Stammesbewohnern

Der Wunsch, mein Leben zu teilen

Dieser rotbraune Pfad am Rand des Dorfes –
wie er meine Seele befreit!
Mit Staub geschmückt, fliegt sie
aufwärts! Unendlich weit.

Mein Wirken in den benachbarten Stammesdörfern Ghosaldanga und Bishnubati ist angeklungen. Über den Baul-Sänger Gopal war ich in die Nachbarschaft von Ghosaldanga gekommen und hatte dort Bekanntschaften geschlossen. Aber erst als Sona Murmu nach Ghosaldanga zurückgekehrt war, begann ich in das Dorf hineinzuwachsen. Sona hatte die Schule bis zur zehnten Klasse in einem Schülerheim einige Kilometer entfernt durchlaufen und als Erster des Dorfes die Abschlussprüfung bestanden. Alle anderen Kinder brachten es höchstens bis zur zweiten oder dritten Klasse.

Die Unterrichtssprache in den staatlichen Schulen ist Bengalisch; die Muttersprache der Santal-Kinder Santali, eine Sprache der austroasiatischen Sprachfamilie, die keinerlei Ähnlichkeit mit Bengalisch oder den anderen vom Sanskrit abgeleiteten Sprachen besitzt. Santali wird (nach der Volkszählung von 2011) von 7,4 Millionen Menschen gesprochen, die überwiegend in den Bundesstaaten Jharkhand, West-

Bengalen, Orissa, Bihar, Assam und in den Nachbarländern Bangladesch und Nepal wohnen, meist in Dörfern. Santali ist eine der 24 offiziell vom Staat geförderten Sprachen.

Bekannt ist, dass die indische Bevölkerung sich aufteilt in Hindus, Muslime, Christen, Sikhs, sodann in Splittergruppen wie Buddhisten, Jainas, Juden, Sindhi. Unbekannt bleibt allgemein, dass die Stämme, also die »Adivasi« oder *scheduled tribes*, bei der Volkszählung von 2011 705 anerkannte Stämme mit insgesamt 104,3 Millionen Angehörigen umfassten. Das sind gemessen an der damaligen Gesamtbevölkerungszahl rund acht Prozent. Doch treten sie selten als Gruppe auf, weil sie in zahlreiche verschiedene Stämme mit ihren jeweils eigenen Sprachen und Kulturen aufgesplittert sind und im Land weit verstreut leben. Hindus weisen ihnen einen Platz unterhalb des Kastensystems zu, als Kastenlose, als »Unberührbare«. Zusammen mit den Hindus der untersten Kaste werden die Adivasi als *Dalits* zusammengefasst. Sie sind eine sowohl wirtschaftlich arme als auch hierarchisch erniedrigte Bevölkerungsgruppe.

So lebten die Santals früher, so leben sie heute

Santal-Dörfer werden ausschließlich von Santals bewohnt, sie sind hermetisch abgegrenzte Organismen mit einem Häuptling, einem Priester und anderen von der Dorfgemeinschaft gewählten Amtsträgern. Traditionell versammeln sich die Männer regelmäßig, um Probleme des Dorfes, Probleme innerhalb einer Familie, auch das Fehlverhalten einzelner Personen gemeinsam zu diskutieren. Die Versammlungen dauern so lange, bis die Männer zu einem Konsens kommen. Eine Art Basisdemokratie! Sie dürfen Strafen austeilen, die auch angenommen werden, denn niemand möchte aus der Stammesgemeinschaft herausfallen. Santals heiraten nur unter

Santals, meist aus einem anderen Dorf und immer Menschen aus einem anderen der zwölf Klans, als dem sie selbst angehören. Will eine Frau oder ein Mann einen Nicht-Santal-Partner heiraten, kann er nicht im Dorf weiterwohnen. Diese tribale Härte hat dafür gesorgt, dass die gesellschaftlichen Strukturen, mitsamt der Sprache, intakt geblieben sind.

Freunde im Nachbardorf von Ghosaldanga erzählten mir, dass die früher äußerst scheuen Einwohner in ihre Hütten flüchteten, sobald ein Fremder auf dem Weg, der am Rande des Dorfes entlangführt, zu sehen war. In den 1980er-Jahren habe ich noch erlebt, wie die Santal-Bauern, die auf den Feldern oder in Hindu-Haushalten in den Nachbardörfern arbeiteten, sich in Gegenwart ihrer Hindu-Arbeitgeber nicht setzten und ihre Teetassen selbst ausspülten. Ungefragt redeten sie kein Wort. Die *money lenders*, die Geldverleiher, aus den Hindu-Dörfern der Umgebung bestimmten die Finanzen der Santal-Dörfer, die bei ihnen ständig verschuldet waren.

Der *Sordar*, der Häuptling des Dorfes, der auf Lebenszeit gewählt wird, schlichtet Streitigkeiten innerhalb und zwischen den Familien. Der *Ojha*, der Medizinmann, wird auch heute noch bei Krankheiten gerufen, die die Bewohner stets auf den Einfluss böser Geister zurückführen. Der *Ojha* besänftigt die bösen Geister und bestärkt die guten in ihrem positiven Wirken. Früher war der Glaube an die Macht des Medizinmannes blind und ungebrochen; doch mit dem Einfluss von schulischer Bildung hat er sich abgeschwächt.

Damals verschwanden Männer wie Frauen in den Büschen rund ums Dorf, um ihre Notdurft zu verrichten; Frauen hatten ihren eigenen Bezirk. Alle tranken noch das Wasser ihrer Teiche, in dem sie ebenso, an einer anderen Stelle, ihre Hintern säuberten und sich badeten. Wasser hatte, nach ihrer Vorstellung, eine grenzenlos reinigende Potenz. Alle Hütten waren noch aus Lehm gebaut und mit Stroh gedeckt. Jede Familie arbeitete auf den Feldern, auch die Santal-Frauen gingen aufs

Feld, während die Hindu-Dorffrauen nur in ihren Haushalten arbeiteten. Handwerker – die nächste Stufe auf der sozialen Leiter – kannte man zunächst nur in den Hindu-Dörfern. Die Bewässerung der Reisfelder hing vom Monsun ab. Künstliche Bewässerung war nur mit schweren Schöpfgeräten aus Eisen nahe der Teiche möglich. Heute rattern an allen Teichen Generatoren, die auch entlegene Felder über Schläuche mit Wasser versorgen.

Die Familien schliefen im Sommer auf der Veranda ihrer Hütten. Moskitonetze waren nicht notwendig, sie kamen später, als sich die Moskitos vermehrten. Im Winter können die Temperaturen bis auf zehn Grad Celsius sinken, darum lagen die Menschen im Innern der Hütten, die meistens außer einer Lichtluke fensterlos waren. Die dicken Lehmwände und festen Strohdächer machten das Hütteninnere warm und heimelig. Oft teilten die Menschen sich eine Hütte mit den Ochsen und Kälbern. Das war ganz natürlich und sogar angenehm, weil umso wärmer. Hygienische Bedenken gab's nicht.

Heute bauen die meisten Bauern Häuser aus Ziegelsteinen. Sie haben größere Fenster und darum bessere Durchlüftung und sie lassen sich leichter erhalten. Aber im Winter ist es im Innern kalt, im Sommer macht die Sonne sie zu Brutkästen. Die Regierung hat den Bau von Toiletten vielerorts erleichtert; sie gibt Materialspenden oder stellt die Finanzen bereit. Aber noch längst nicht alle Familien benutzen eine Toilette. Der alte Brauch des Naturvolks, im Freien zu defäkieren, ist schwer zu überwinden. Die Scheu, sich »im Haus« zu entleeren und dabei zu befürchten, dass die Geräusche und Gerüche nach draußen zu den anderen dringen, sitzt tief. Innerhalb der vier Wände sollen nur zivilisatorisch saubere, geachtete Dinge geschehen; die Toilette ist darum stets ein Häuschen am Rand des Hofes.

Ein Tag im Santal-Dorf beginnt, wenn der Morgen dämmert, und er endet, wenn es dunkelt. Durchs gesamte Jahr wird es im Osten Indiens gegen sechs Uhr hell; im Sommer eine halbe Stunde früher, im Winter eine halbe Stunde später. Die Dorfbewohner können sich vom Tageslicht wecken lassen. Sie legen sich auch früh zu Bett. Ihre letzte Reismahlzeit essen sie kurz nach Einbruch der Dunkelheit, dann setzen sich die Männer meist zu einer Runde Reisbier zusammen, danach schlafen sie. Auch die Frauen trinken, aber nicht mit den Männern, eher untereinander. Erst mit der Ankunft von elektrischem Strom hat sich der Tagesrhythmus verändert. Die Schüler in der Familie erledigen ihre Hausaufgaben gewöhnlich nach Beginn der Dunkelheit. Gerade sie haben das elektrische Licht zum Studium nötig. Entsprechend später isst die Familie zu Abend und legt sich auf ihre Matten zum Schlafen.

Vor vier Jahrzehnten gab es noch keine Motorräder in Indien und nur ein Standard-Fahrrad, das »Hero«-Rad. Im Dorf besaßen drei, vier oder fünf Familien *ein* Fahrrad, das benutzte, wer's gerade brauchte. Der nächste große Markt war damals wie jetzt in der Kleinstadt Bolpur. Die Männer gingen die sieben oder acht Kilometer zu Fuß hin und, beladen, wieder zu Fuß zurück. Sie kannten es nicht anders und beklagten sich nicht.

Heute steht in jedem Haushalt ein Fahrrad, in vielen zwei. Motorräder haben Einzug gehalten. Die Straße entlang des Dorfrands ist geteert, sogar die zwei Wege innerhalb des Dorfes haben eine unnötige und hässliche Betondecke von der lokalen Regierung erhalten. Nützlich ist sie nur, wenn es im Monsun so heftig regnet, dass die Wege schlammig geworden wären.

Was haben wir früher bei jedem Besuch im Dorf in den Teichen geplanscht! Inzwischen führen sie sogar während der Regenzeit so wenig Wasser, dass sie zum Baden zu sumpfig sind. Die Ursache ist eindeutig: Der Grundwasserspiegel ist in den letzten Jahrzehnten drastisch gesunken. Die Großgrundbesitzer der Hindu-Dörfer werden dafür verantwortlich gemacht, weil sie während der trockenen Jahreszeit Wasser aus tiefen Erdschichten hinaufpumpen, um ihre Felder zu bewässern; dabei stören sie den natürlichen Wasserhaushalt der Erde. Die Santal-Bauern verfügen nicht über die Finanzen, um tiefe Bohrungen vorzunehmen und Rohre in den Boden zu verlegen.

Nur wenige bauen, wie erwähnt, ihre Hütten noch mit Lehm. So bequem sie sind, kosten sie doch Arbeit, weil sie instandgehalten werden müssen. Der Monsunregen, der gegen die Wände schlägt, wäscht den Lehm ab, der neu aufgetragen werden muss. Das Strohdach hält bestenfalls drei Jahre, dann muss es ausgebessert oder eine vollständig neue Strohschicht aufgelegt werden. Ein kleines Haus aus Ziegelsteinen und einem Blechdach ist zunächst teurer, aber es bedarf keiner besonderen Pflege. Es sieht hässlich aus, aber wohl nur in den Augen von Außenstehenden. Was billig ist, das zählt. Die Freude an Ästhetik kommt erst nach Jahren schulischer Bildung und Welterfahrung und einem gewissen Wohlstand zur Geltung. Dennoch sei angemerkt, Schönheitssinn ist eine intuitive Veranlagung der Santal-Frauen, die häufig ihre Lehmwände und Türrahmen bunt verzieren.

Fernsehen, Mobiltelefone haben unweigerlich Einzug gehalten. Lang habe ich darum gekämpft, dass das Dorf vom indischen Fernsehen verschont bleibt. Immerhin ist es gelungen, dass kein Fernsehapparat auf dem Dorfplatz oder im Vereinshaus aufgestellt wurde. Dorthin wären abends die Schülerinnen und Schüler geströmt, anstatt ihre Hausaufgaben zu erledigen.

Die Dorfjugend hat sich der Welt geöffnet. Die Mehrzahl besucht die Schule; doch die ältere Generation bleibt im Bauernleben verwurzelt. Aber auch die Alten besitzen Mobiltelefone und hören, während sie auf dem Feld arbeiten, Musik. Die Stadt Bolpur ist, gefühlt, nicht mehr weit entfernt. Fahrrad oder Motorrad erreichen sie in zwanzig bis dreißig Minuten. Man spürt, dass sich auch die Alten verändert haben. Sich unentgeltlich für das Gemeinwohl zu engagieren, wie früher noch, ist nicht mehr selbstverständlich. Aber der Unterschied zwischen jenen, die schulisch gebildet sind, und jenen, die keine Schule besucht haben, ist deutlich – erkennbar schon am Gesicht und an der Körpersprache. Die schulisch gebildeten Frauen und Männer sind konkret am Wohl der Dorfgemeinschaft interessiert, doch wenn sie sich engagieren sollen, dann eher kritisch und wählerischer als vor einigen Jahrzehnten. Inzwischen haben wir den ersten *Sordar* mit ein wenig Schulbildung. Er bemüht sich stärker um den sozialen Frieden und die Gerechtigkeit unter den Familien als frühere.

Ein Leben in der Natur

Von Beginn an hat mich bewegt, wie selbstverständlich die Menschen in allen ihren Regungen und Tätigkeiten in Kooperation mit der Natur leben. Das Alltagsleben in den Dörfern findet tags und nachts und während aller Jahreszeiten im Freien statt, auf den Wegen, im Innenhof der Familie, bei starker Sonne und bei Regen auf der Veranda. Das Innere der Hütten oder Ziegelsteinhäuser benutzen sie nur als Schlafplätze im Winter und als Vorratsräume. Darin liegen die Reissäcke und die Kartoffeln oder Zwiebeln, die Krüge mit Reisbier. Erst seit einem Jahrzehnt wird das Hausinnere allmählich auch Lebensraum, mit einem Bett und einem Schrank für die Kleider und einem Tisch für die Kinder, die daran ihre Schulaufgaben erledigen. Das elektrische Licht macht die Veränderung möglich.

Die Dorfbewohner hocken am frühen Wintermorgen vor den Mauern, auf die die Morgensonnenstrahlen fallen, um sich zu wärmen. Da sitzen sie eine Stunde oder länger und rauchen, reden und wärmen sich. Ihre Wolldecke, die sie nachts gewärmt hat, schlagen sie nun um die Schultern, bis die Sonne die Morgenkühle aufgesaugt hat. Mittags ist es auch im Winter heiß, und die Männer gehen mit bloßem Oberkörper an ihre Arbeit, die Kleinsten springen nackt durchs Dorf. Das gesamte Dorf wirkt wie *eine* Familie. Die Kinder wandern von Hof zu Hof und sind überall willkommen. Die Erwachsenen sitzen zusammen, ob schweigend oder im Gespräch, mal da und mal dort, wo's ihnen zufällig passt.

Das bäuerliche Leben ist unweigerlich an die Zyklen der Natur gebunden. Die Bauern denken vier oder fünf Monate im Voraus, so lange dauert der Zyklus von Reisaussaat bis Reisernte. Von der Willkür der Natur – von Trockenheit und Regen, Wärme und Kälte, von Sturm und Gewitter – hängen Sorge und Dankbarkeit, Verzweiflung und Hoffnung ab. Darum orientieren sich die Feste, die die Bevölkerung gemeinsam feiert, stets an den Jahreszeiten, wie Frühlingsfest und Erntedankfest, und an den großen Einschnitten im Menschenleben: Geburt, Hochzeit, Tod.

Jahrzehntelang bin ich – zweimal, dreimal die Woche – am Nachmittag nach Ghosaldanga gefahren, stets mit dem Rad, stets habe ich die Nacht im Dorf verbracht. In der ersten Zeit wohnte ich bei Sona Murmus Familie. Auf einer Veranda ist immer noch für einen weiteren Menschen Platz. Im Freien zu schlafen hat mir immer eine besondere Erquickung bedeutet. Die Laute der Natur hüllen mich ein: die Ziegen und Kühe in ihren Verschlägen, die Hühner in ihrer Ecke des Hofes. Die Vögel in den Bäumen, die das Dorf wie ein grünes Dach schützen, das Rascheln ihrer Zweige, dann die Zikaden, die Frösche, das Quieken der Mäuse … Seitdem ich diese Erfahrung gemacht habe, kann ich nicht, wo auch immer, bei geschlossenem Fenster schlafen. In klimatisierten Hotelzimmern fühle ich mich eingepfercht.

Als Sona an Tuberkulose erkrankte, musste er getrennt schlafen. Ich wechselte nachts zu einem Nachbarn, Rejjam, der schlicht sagte: »Dann komm doch zu mir.« Es war spät im Jahr und schon kalt. Die eine Decke, die der Bauernjunge besaß, breitete er über uns beide. Es war eine biblische Situation. Lalon, ein Mann mit Familie, sagte: »Wenn du immer wieder zu uns kommst, dann sollst du eine eigene Hütte haben!« Am Rand seines Grundstücks, zwanzig Schritte von seiner Hütte, baute er mit eigenen Händen ein winziges Hüttchen aus Lehm mit einem Strohdach. Ich beobachtete, wie die Hütte allmählich Lehmschicht um Lehmschicht wuchs. Unten waren die Lehmwände breit und verjüngten sich nach oben. Der Lehm wurde durchfeuchtet, auf die Fundamente geschichtet, dann blieb die Schicht eine Woche zum Trocknen, bevor die nächste darauf kam.

Sona Murmu

Bevor Sona krank wurde, hatte er sein College-Studium in Bolpur begonnen. Sein Vater, ein trockener, verhärteter Mann, sagte: »Ich habe dich zehn Jahre zur Schule geschickt, jetzt tu was für die Familie! Arbeite mit mir auf dem Feld.« Sona war dünn und sehnig – nicht geschaffen für die Feldarbeit. Hatte er die Schule besucht, um wie seine Brüder auf dem Acker zu arbeiten?! Einen Beruf, eine Anstellung wollte er! Ich kaufte ihm ein Fahrrad, versprach ihm, die College-Gebühren und ein Taschengeld zu zahlen, damit er sich in Bolpur zwischen den Unterrichtsstunden einen Imbiss kaufen konnte – und Sona fing an zu studieren. Der Vater rebellierte; tatsächlich erlaubte er ihm nicht, in der Familienhütte seine Mahlzeiten einzunehmen. Also kochte Sona selbst seinen Reis in einer Hütte, die wir damals schon für die Schüler gebaut hatten. Die Naturalien kaufte ich ihm. Eine Woche blieb der Vater hart, dann erschien die Mutter und sagte zu ihrem Sohn: »Komm nach Hause.« Der Widerstand war gebrochen.

Die Situation war typisch für den Generationenkonflikt in einer sich entwickelnden Gesellschaft. Der Sohn konnte dem Vater nicht vermitteln, dass er mit größerer schulischer Qualifikation einen höheren Verdienst erreichen würde als durch die Feldarbeit. Der gesamten Familie käme es zugute. Aber bis zur Qualifikation würden ein paar Jahre vergehen. Der Vater war zu ungeduldig, um zu warten, in längeren Zeiträumen zu denken hatte er nicht gelernt.

Der Sohn blieb standhaft; bis heute arbeitet er als ein führendes Mitglied unserer Dorfstiftung. Der Vater murrte anfangs: Was wird aus meinem Sohn? Er hat kein Gehalt, eines Tages will er eine Familie gründen. Eines Tages soll er uns Eltern beistehen, wenn wir nicht mehr arbeiten können … Ich sprach mit Swami Asaktananda in Narendrapur. Wir kamen darin überein, dass die Rāmakrishna Mission offiziell Sona anstellen und ein Gehalt auszahlen werde, nachdem ich dem Ashram eine größere Summe als Spende überreicht hatte, die für das Gehalt angelegt wurde. Den Eltern, seinen Lehrern und Älteren konnte Sona sagen: Ich bin Angestellter der angesehenen Rāmakrishna Mission. Von der Spende erfuhr niemand. Viele Jahre nahm Sona jeden Monat den Zug nach Narendrapur, um mit Stolz sein Gehalt abzuholen.

Die Abmachung mit Sona war: Ich helfe dir beim College-Studium, und du hilfst den Kindern deines Dorfes, die Schule zu besuchen. Auf dem Dorfplatz eröffnete er eine »Abendschule« – eine Hausaufgabenbetreuung. Die Kinder saßen auf dem Boden im Kreis um eine Gaslampe, vor sich Schiefertafeln und Kreide oder Hefte mit Bleistiften. Unsere Kosten waren gering. Ein Sitzkissen, meist aus Sacktuch, brachten die Kinder aus ihren Hütten mit. Wenn Sona sie zur Hausaufgabenbetreuung versammelte, war es schon dunkel. Viele Kinder fürchteten sich, und Sona musste sie einzeln in ihren

Hütten abholen und an der Hand zum Dorfplatz führen. Wie oft habe ich mitgeholfen, immer wenn ich Ghosaldanga besuchte. Diese Abendschule besteht bis heute und mehrere sind in benachbarten Dörfern hinzugekommen. Sie ist der Grundstein dafür geworden, dass die Kinder die staatliche Schule nicht nach zwei, drei Jahren erfolglos verlassen haben.

Vom ersten Schultag an werden die Santal-Kinder mit einer ihnen fremden Unterrichtssprache, dem Bengalischen, konfrontiert! Ohne intensive Begleitung können die Kinder diese sprachliche Hürde und den Kulturschock nicht überwinden. Das Elternhaus ist jedoch unfähig zu helfen, denn Vater und Mutter sind ohne formale Bildung aufgewachsen. Die meisten Kinder gaben auf, besonders wenn sie von den Lehrern bestraft, oft auch geschlagen wurden, etwa weil sie ihre Hausaufgaben nicht vorzeigen können. Aus Angst, aus Frustration, auch weil die Eltern sie für kleine Arbeiten im Haushalt oder auf den Feldern immer wieder beanspruchten, wurden die Kinder Dropouts ...

Zu Anfang besuchten Sona und ich einen Lehrer der Schule im nächsten Dorf. Ich bat ihn taktvoll, »unsere« Kinder nicht zu schlagen. Würden sie sich etwas zuschulden kommen lassen, möchte er doch bitte Sona verständigen, er werde mit jenem Kind sprechen. Nein, nein, sagte der Lehrer, man müsse Autorität bewahren, Stockschläge seien notwendig ... Doch seitdem hat er den Stock in der Ecke stehen gelassen.

Das war die allgemeine Situation in Ghosaldanga und in den Santal-Dörfern der Umgebung vor drei Jahrzehnten. Seitdem haben Dutzende wie Sona einen Schulabschluss gemacht, und viele sind zum College avanciert. Längst hat Sona andere Aufgaben übernommen und Schülern oder Schülerinnen aus dem eigenen Dorf den Lehrerposten in der Abendschule abgegeben.

Sonas Krankheit hemmte seinen eigenen Fortschritt; er brach das College ab, denn er brauchte ein ruhiges und isoliertes Leben, viel Schlaf, gute Nahrung. Die teuren Medikamente konnte ich kaufen. Ein Jahr oder länger stockte unser Versuch, in Ghosaldanga etwas Neues aufzubauen. Wir waren uns beide im Klaren, dass die Abendschule ein kleiner Anfang war, mehr nicht, aber dass wir mit Schulbildung beginnen mussten. Anfangs hatte ich die Illusion, dass nach fünf Jahren sich ein Weg aufgetan hätte, den das Dorf allein weitergehen könne. Heute weiß ich, dass es eine Generation braucht, um einen nachhaltigen Wandel anzustoßen. Vielleicht sind es nicht einmal die Gründer, sondern deren Kinder, die diesen Wandel verkörpern.[102]

Bäume pflanzen

Zwei weitere Langzeit-Programme schienen Sona und mir anfangs wesentlich zu sein: Bäumepflanzen und medizinische Versorgung. Bäume zu pflanzen entsprach meinem Wunsch, die Einheit von Natur und Menschen zu betonen. Wir Menschen sind Geschöpfe Gottes, Bäume sind Mitgeschöpfe, ebenso wie Tiere, wie Flüsse und Berge. Von einer anderen Ebene gesehen: Holz ist in den indischen Dörfern dringend notwendiges Material – zum Häuserbau, für die landwirtschaftlichen Instrumente wie Pflug und Joch, wie Karren und Eggen. Täglich sammeln die Frauen dürres Holz und Zweige rund um ihr Dorf, die sie fürs Kochfeuer brauchen. Die Versuchung, bei Nacht und Nebel einen Baum zu schlagen, um »umsonst« an Holz zu kommen, ist riesig. Die Regierung verbietet das Bäumefällen, doch wie häufig höre ich, dass die lokalen Behörden unter einer Decke mit den Holzdieben stecken. Gerade in unserem Distrikt, in Birbhum, sind Wälder rar.

Bäume zu pflanzen ist eine gesellschaftliche Pflicht, der wenige folgen, weil es eine langwierige, arbeitsintensive Angelegenheit ist, mit Ergebnissen, die lange auf sich warten lassen. Erst ein Samenkorn in die lockere und gut gedüngte Erde stecken, immer wieder gießen und achten, dass das Beet schattig bleibt. Dann den Schössling in ein vorbereitetes Loch an den Wegrändern umpflanzen. Darauf die zarte Pflanze vor den rauen Zungen der Ziegen und den gierigen Mäulern der Ochsen und Kühe bewahren. Die Tiere streunen durch Dorf und Feld, was idyllisch wirkt, doch die Blätter der jungen Bäume sind in Gefahr vor Plünderern.

Die jungen Bäume bedürfen mindestens zwei Jahre lang ständiger Bewachung. Das gesamte Dorf muss davon überzeugt sein, dass es für die Landwirtschaft, den Wasservorrat der Erde und die Umwelt wichtig ist, die jungen Bäume zu schützen. Im ersten Jahrzehnt beteiligte sich die Mehrzahl junger Bauern und Schüler an der Pflanzaktion. Sie stärkte das Gemeinschaftsgefühl und nutzte dem gesamten Dorf. Zwar war dieser Nutzen keine leicht quantifizierbare Größe, doch der Schwung des Gemeinschaftsgefühls brachte die Aktion Jahr für Jahr in Gang.

Für mich war es der Beweis, dass sich Santals für das Wohl des gesamten Dorfes engagieren können, nicht nur für ihre Familien. In allen Teilen der indischen Bevölkerung ist das Familiengefühl sehr stark. Ich habe dies immer als besonderen Vorteil gegenüber den westlichen Gesellschaften empfunden. Die Bereitschaft, für Familienmitglieder Opfer zu bringen, ist beinahe grenzenlos. Doch Stammesangehörige setzen sich über ihre Familien hinaus auch für das gesamte Dorf ein. Als Dorfgemeinschaft feiern sie die Hochzeiten der Bräute und Bräutigame aus ihrem Dorf und trauern sie über den Tod eines Bewohners. Frauen und Männer verlassen die Arbeit, verzichten auf ihren Tageslohn oder verzögern die Arbeit auf den Feldern, um sich zu freuen, zu trauern, manchmal mehrere Tage lang. Die Not mag groß sein, trotzdem, Anteilnahme ist notwendiger als ein Tageslohn. Es ist eine Mentalität jenseits der merkantilen Vernunft, was sie anziehend macht. Eben diese Bereitschaft herrscht auch bei Arbeiten zugunsten der Gemeinschaft. Die Menschen müssen nur aufgefordert, inspiriert werden.

Wo ist der Arzt?

Hätte Sona beim Ausbruch seiner Tuberkulose, als er täglich Blut spuckte, nicht sofort einen Arzt in Bolpur aufsuchen können und Medikamente eingenommen, wäre ein langes Siechtum und vielleicht sein Tod die Folge gewesen. Die Eltern planten keinen Arztbesuch in Bolpur – das war alles »zu weit weg«. Sie hätten den *Ojha* bemüht, der im Dorf wohnt. Der wäre aber erfolglos geblieben.

Später haben Sona und ich zahlreiche Kranke zum Arzt gebracht. Wir wussten, wenn wir es nicht tun und auch zumindest einen Teil der Kosten tragen, wird es nicht geschehen. Mit »Furcht und Zittern« wurde mir bewusst, dass ich gewissermaßen Herr über Leben und Tod geworden war. Half ich diesem Kranken, würde er wahrscheinlich gesund, half ich nicht, dann … Dieses Gefühl der Ermächtigung schlug flugs in Ohnmacht um, sobald mir deutlich wurde, dass die Kranken die Verantwortung für ihr Leben auf mich abwälzen wollten. Sie für so viele Menschen anzunehmen hätte unweigerlich zahlreiche Gespräche, wochenlange Begleitung, vielleicht viel Überwachung benötigt. Hat der Patient heute Morgen seine Pillen genommen, und zwar die roten, nicht die grünen? … Solche Fragen hätten mein Leben bestimmt. Wie könnte ich das bewältigen! Ein großer Aufwand an Zeit und Energie wäre gefordert … Und ich müsste Rückschläge, Enttäuschungen und viel Zwist hinnehmen. In Deutschland handeln Versicherungen, Institutionen, das soziale Netz des Staates, in Indien sind die Armen auf die Hilfe der Familie angewiesen, die aber kapituliert, wenn die Not überhandnimmt.

Krankentransporte in die Stadt waren anfangs kompliziert und langwierig nur mit Bus, Fahrradriksha oder zu Fuß durchzuführen. Wurde jemand krank, rief man den *Ojha*, der mit Magie heilen wollte, oder den Quacksalber, der Placebos oder Vitamine und aufbauende Spritzen gab. Der Quacksalber wohnte im nächsten Hindu-Dorf. Wurde er gerufen, besuchte er sogar die Kranken (was ein Stadtarzt nie tun würde). Sein Lohn betrug ein Zehntel von dem eines Stadtarztes. Seine Medizin wirkte aber allenfalls einen Tag oder zwei. Vor den Ärzten und noch heftiger vor dem staatlichen Krankenhaus in Sian, einige Kilometer außerhalb von Bolpur, haben die Dorfbewohner immer noch panische Angst. Operationen scheinen Todesurteile zu sein – die Unversehrtheit des Körpers gehört wesentlich zum Menschsein. Das Krankenhaus in Sian, das ich mit Sona besuchte, um Patienten einzuliefern, war in einem erschreckenden Zustand – überfüllt, schmutzig, lieblos –, und ist es, trotz mancher Erweiterungen und Verbesserungen, bis heute. Es demonstriert, wie unzureichend die staatliche Finanzierung des Gesundheitswesens nach wie vor ist.

Mir gelang es, einen Arzt in Kalkutta dafür zu gewinnen, einmal im Monat einen ganzen Tag in Ghosaldanga zu praktizieren. Das war ein kraftvoller Anfang. Wir holten Dr. Bhattacharya mit einer Fahrradriksha am Bahnhof in Bolpur ab und fuhren ihn ins Dorf. Wir hatten eine Riksha gekauft, um Lasten von Bolpur ins Dorf zu transportieren. Hinter dem Fahrer gab es nur eine Ladefläche, keinen Sitz. Also saß Sibu-da (wie wir ihn nannten) zum Amüsement der Dorfbevölkerung im Yogasitz auf der Lastenriksha, gefolgt von zwei, drei jungen Männern auf Rädern, die ihn begleiteten. Als Motorräder bis nach Ghosaldanga fahren konnten, haben wir hintereinander einige Ärzte aus Santiniketan und Bolpur gewonnen, gegen Honorar einmal in der Woche zu kommen. Lange hielt es niemand aus. Ihnen war die Fahrt ins Dorf zu lästig, die Kommunikation mit den Kranken zu langwierig, ihr Zögern, den Arzt aus der Stadt anzunehmen, irritierend. Dass ein junger Arzt oder eine Ärztin aus Indien einen Monat oder länger im Dorf wohnen bliebe, um das Fundament einer ärztlichen Versorgung zu legen, schien ein aussichtsloser Wunsch zu sein. Nachhaltige Versorgung stellte sich erst ein, als Mediziner und Krankenschwestern aus Deutschland anreisten und länger blieben, um Frauen und Männer aus der dörflichen Umgebung anzulernen.

Shib Shankar Chakraborty

... hatte in dem Ashram von Narendrapur den »Lokashiksa Parishad« gegründet, ein Institut, in dem Kurse für talentierte, engagierte und gebildete Männer und Frauen aus der dörflichen Bevölkerung gegeben werden. Führungskräfte sollen sich unterschiedliche Kompetenzen aneignen. Sechshundert Dörfer seien, hieß es, mit dem Institut formell verbunden. Shib Shankar Chakraborty, den wir auch respektvoll »Shibu-da« nannten, war ein mächtiger Schaffer. Den ganzen Tag empfing er im Büro einen Besucher nach dem anderen. Bis in die Nacht saß er über seinen Aktenordnern. Wann bekam ihn eigentlich seine Familie zu Gesicht? Bis ins Kleinste regelte er selbst die Angelegenheiten seines Instituts. Besucher aus den Dörfern mussten sogar die Coupons für ihre Mahlzeiten bei Shibu-da abholen. Nichts konnte er delegieren. Aber er liebte seine Arbeit, Idealist war er und wollte leidenschaftlich einen wirtschaftlichen Fortschritt in den Dörfern durchsetzen. Er verkörperte einen Typus, der sich gegen den seligen Schlendrian des indischen Alltags, die unaufhörlichen Verzögerungen von Entscheidungen (mit denen ich auch in der Dorfarbeit zu kämpfen haben würde) aufbäumte, indem er genau das andere Extrem verkörperte. Er war ein Workaholic und ein Diktator für die gute Sache.

Shibu-da erzählte ich von meinen kleinen Schritten in Ghosaldanga. Er wurde sofort praktisch: Ich solle einen staatlich registrierten Verein gründen, dann könne er uns auch finanziell unterstützen. Man müsse mit einem Kindergarten anfangen, bei den Jüngsten. Sona griff die Idee sofort auf; Shibu-da wurde sein Vorbild.

Sona organisierte einen Kindergarten in Ghosaldanga, der jeden Vormittag auf der Veranda einer Hütte stattfand. Das Problem war, eine junge Frau zu finden, die sich als Lehrerin für ein bescheidenes Gehalt zur Verfügung stellte, jemand, die regelmäßig und pünktlich erschien, die mit den Kindern zu spielen verstand – und eine Frau, die nicht, kaum eingestellt, wieder aufhören müsste, weil sie von ihren Eltern verheiratet wird. Sona und ich scherzten manchmal, dass unser Kindergarten ein prima Ort sei, um sich für eine gute Partie zu qualifizieren. Die Tatsache, eine Anstellung zu haben, gab den Mädchen einen höheren »Wert«. Allerdings besitzen die jungen Frauen, die in den Kindergärten, auch den staatlichen, arbeiten, keine Ausbildung, bis heute. Ihnen fehlt es meist an Phantasie, die Kinder kreativ zu beschäftigen, etwa sich passende Spiele auszudenken. Sie »verwahren« die Kinder, nicht mehr, leider.

Boro Baski

Bis 1985 fuhr täglich nur *ein* Zug von Bolpur zum Howrah-Bahnhof in Kalkutta, das war der Visva-Bhārati Fast Passenger. Die Sitze konnten noch nicht gebucht werden. Die Abteile waren überfüllt, und wenn ich nach Kalkutta reiste, blieb mir nichts übrig, als mich wie alle mit Gewalt in ein Abteil zu zwängen. Einmal wartete ich mit einem schweren Koffer auf den Zug nach Kalkutta, von wo ich am kommenden Tag nach Frankfurt fliegen würde. Der Zug war mit Frauen und Männern, die zur Reisernte fuhren, vollgepackt. Ein junger Mann bot mir Hilfe an, wuchtete den Koffer über seinen Kopf, während er die Brust wie einen Keil durch die Menge drückte, und ich blieb, seine Vorarbeit nutzend, dicht hinter ihm. Ich kam mit dem Jungen ins Gespräch. Er stammte aus dem Nachbardorf von Ghosaldanga, aus Bishnubati, und fuhr zu Verwandten nach Burdwan, ungefähr eine Stunde von Bolpur. Boro Baski fiel mir durch seine schüchterne Höflichkeit und seine bedächtige Artikuliertheit auf. Er hatte eine Missionsschule besucht und war kürzlich ins Dorf zurückgekehrt. Und jetzt?, fragte ich. Studieren!, sagte er. Vielleicht würde er an der Visva-Bhārati Universität aufgenommen. Als er ausstieg, bat ich ihn, mit mir Verbindung aufzunehmen, wenn ich in zwei Monaten zurückgekehrt sei.

So geschah's. Boro studierte Sozialarbeit und begann nebenbei in Bishnubati ebenfalls mit einer Abendschule und einem Kindergarten. Der Kindergarten – eine Mahlzeit für die Kinder, ein Gehalt für die Kindergärtnerin – wurde von Narendrapur bezahlt. Boro war entflammt von der Chance, sein Dorf zu unterstützen. Sein Vater, ein Tagelöhner auf den Feldern anderer, versuchte nicht, ihn abzuhalten, wie Sonas Vater. Nein, er war von Anfang an unbesorgt, was Boro unternahm. Ob er zum Abendessen kam oder nicht und aus welchem Grund er nach Santiniketan oder Bolpur radelte, der Vater fragte nicht. Was Boro trotz seiner Begeisterung zögern und zaudern ließ, war die Einsicht, dass er, hatte er einmal die Verantwortung für den Kindergarten angenommen, ihn nicht wieder schließen konnte, sobald sich Schwierigkeiten einstellen sollten. Täglich musste er darauf achten, dass Brennholz, dass frisches Gemüse vom nächsten Markt, dass genügend Reis vorhanden waren und die Angestellte kam, um zu ko-

chen. Verantwortung übernehmen heißt, sie täglich auszuüben.

Diese Entschlossenheit zur Kontinuität fehlt jungen Menschen im Allgemeinen, weil die indische Gesellschaft sie selten vorlebt und auszeichnet. Man beginnt mit Energie, nach
einiger Zeit bleibt das Projekt liegen. Gegen diese Mentalität
habe ich stets zu kämpfen gehabt – zu kämpfen auch um das
eigene Durchhaltevermögen. Immer wieder ist der Schrecken
in mich gefahren, sobald mir bewusst wurde, dass ich mich
für einen bestimmten praktischen Lebensinhalt entschieden
hatte. Zu schreiben war meine Passion; ihr würde ich mein
Leben lang folgen; das konnte ich in Indien wie in Europa.
Aber eine soziale Aufgabe wie diese?! Es gibt kein Zurück. Ich
hatte Sona und Boro – später würden andere hinzukommen
– auf Idealismus und einen Grad von Selbstlosigkeit, auf die
Unterstützung ihres eigenen Dorfes verpflichtet. Nun selbst
nicht lau werden! Das Bewusstsein, dass ich, zunächst als
Einzelner, Verantwortung für zahlreiche junge Menschen angenommen hatte, für ihre Zukunft, für ihre Familien, gab mir
schlaflose Nächte. Welche Tollkühnheit! Vertrauen in die eigenen Kräfte war nicht genug. Gottvertrauen, ja, Gottvertrauen!

Boro hatte Ideen, gepaart mit starken Emotionen und
Idealismus. Seine Herausforderung war, diese Gaben tagtäglich praktisch anzuwenden. Seinen Idealismus erkannten
zunächst wenige an, trotzdem, die langweilige Alltags-
arbeit musste bewältigt werden. Auch Boro gründete einen
eingetragenen Verein, den Bishnubati Adibasi Marshal
Sangha.

Boro ist ein Träumer, ein Ideengeber. Meine Aufgabe war,
darauf zu achten, dass er seine Träume verwirklichen konnte.
Die Grundentscheidungen, was notwendig für die Dorfbevölkerung ist, mussten von den artikulierfähigen Dorfbewohnern, also vor allem von den schulisch Gebildeten kommen – nicht von mir. Bei der Durchführung hatte ich genug

Gelegenheit, selbst ideenreich zu sein und vor allem darauf zu achten, was wir zu jedem gegebenen Zeitpunkt bereits praktisch verwirklichen konnten, anstatt Luftschlösser zu bauen.[103]

Sanyasi Lohar

Außer Boro war Sanyasi Lohar der Einzige in Bishnubati, der sich bis zum Schulabschluss, zum Ende der zehnten Klasse, durchgekämpft hatte. Er war im Dorf geblieben und lernte in der Madrasha-Schule des muslimischen Nachbardorfs Kendradangal. »Lohar« heißt »Eisen« – Sanyasis Vater war Schmied, ebenso sein älterer Bruder und viele Verwandte in den Nachbardörfern. Sanyasi durfte zur Schule gehen, weil zwei Ernährer, Vater und Bruder, genügten. Zunächst kam Sanyasi nach Ghosaldanga, um in der Abendschule zu unterrichten, danach, um sich selbst auf die Abschlussprüfungen der zwölften Klasse, die »Higher Secondary Examinations«, vorzubereiten.

Sanyasi besuchte ich oft in Bishnubati, aß mit der Familie und blieb über Nacht auf der Veranda. Ich spürte ein vertrauensvolles, friedliches Familienleben, wenn wir alle abends zusammensaßen. Die Hütte lag am Rande des Dorfes; dahinter streckten sich Felder und Palmen bis zum Horizont. Nachts roch und schmeckte ich den Frieden der Natur. Die in sich ruhenden Menschen unterstützten die Atmosphäre.

Die Schmiede war nichts als ein Verschlag mit einem Erdofen und einem Blasebalg. Vater und Bruder Nimai hielten die Eisenstäbe mit Zangen ins Feuer und hämmerten sie rotglühend auf einem kleinen Amboss in die gewünschte Form. Die Familie sind Hindus und Mitglieder der Schmiede-Kaste. Sie hatten sich vor Generationen in dem Santal-Dorf niedergelassen, um die Eisengeräte, die die Bauern in der Landwirtschaft brauchen – Hacken, Spaten, Hämmer, die Räder und Achsen der Karren, die Joche für die Ochsen – herzustellen. Gemeinsam mit Adivasi zu leben brachte für die Schmiede keinen gesellschaftlichen Absturz, denn ihre Kaste gehört zu den *scheduled castes*, den niedrigsten Kasten ... Vater und Sohn haben ihren Beruf bis zum Tod ausgeübt. Danach war die Zeit angebrochen, in der die Bauern ihre Geräte in einer Eisenhandlung in Bolpur kauften, billiger und maschinell feiner angefertigt.

Sanyasi wuchs mit den Santal-Kindern der Nachbarschaft wie einer von ihnen auf. Er spricht Santali und ebenso Bengalisch sowie den Dialekt seiner Kaste. Er zeigte mir einige Zeichnungen, die er in sein Schulheft gekritzelt hatte. Ich war erstaunt und fragte nach. Ja, er hatte mehr. Er kramte Kladden heraus, in denen sorgfältige Zeichnungen nach der Natur lagen. Was will er später tun, fragte ich weiter. Gewiss würde er kein Schmied. Aber vielleicht ein Künstler?

Rabindranāth Tagore hatte als Teil der Universität Visva-Bhārati die Musikakademie (Sangit-Bhavan) und die Kunstakademie (Kala-Bhavan) gegründet. Rabindranāth zog berühmte Künstler an, die seine Kunstakademie leiteten und in ihr unterrichteten. Bis heute gilt sie als eine führende indische Ausbildungsstätte für Künstler, in der noch der Wind der ursprünglichen Inspiration weht. Sanyasi antwortete, er würde gern Student von Kala-Bhavan werden, und er habe es versucht, doch nicht einmal geschafft, vom Büro der Kunstakademie die Formulare für die Aufnahmeprüfung zu bekommen. Sanyasi war ein Dorfjunge; Kontakte mit der Außenwelt flößten ihm Furcht ein. Mit Amtsstuben hatte er keine Erfahrung. Dort könnte er nicht einmal die passenden Fragen stellen. Das zeigte mir, wie benachteiligt sogar intelligente Menschen aus den Dörfern sind, wenn sie in die Stadt gehen – zum Markt, zum Arzt, zur Polizei, zum College. Ihre langsame, zögernde Art passt nicht in die Stadt. Prabhat Bagdi, ein Student vom Kala-Bhavan, bereitete Sanyasi auf die Prüfung vor, und ich half mit der Bürokratie. Nachdem er 1993 aufgenommen worden war, begann Sanyasi tagsüber in Santiniketan zu studieren, abends unterrichtete er in der Abendschule von Bishnubati.

Mir fiel Sanyasis Herzensreinheit auf, seine kindliche Fröhlichkeit. Ein Mensch ohne Arg und Fehl, und so ist er geblieben, nicht korrumpierbar. Er hat keine große Künstlerkarriere gemacht, dazu fehlte ihm der Ehrgeiz. Aber seine Persönlichkeit macht ihn überall willkommen. Für mich ist es stets ein Trost, ihn zu treffen und einige Worte mit ihm zu wechseln.

Boro bezweifelte, dass er von den Kindern akzeptiert werde. Er war doch kein Santal. Aber die Kinder gehorchten ihm, schlossen ihn ins Herz. Das überzeugte Boro. Ein Santal zu sein ist keine Voraussetzung, von den Santal-Kindern geliebt zu werden. Doch viele Jahre blieb Sanyasi in Gruppengesprächen scheu und zurückhaltend. Seine gesellschaftlichen Talente sollten sich später entfalten.

Gokul Hansda

Er war ein Klassenkamerad von Boro an der Universität. Sie wohnten im Studentenheim. Gemeinsam fuhren sie nach Ghosaldanga und Bishnubati, um zu unterrichten, zu schwatzen, kleine Projekte zu planen. Gokul ist ein hervorragender Tänzer und Trommelspieler, er hat Rhythmus und Schwung und Begeisterung in den Gliedern, er versteht es, unsere Jungen und Mädchen mitzureißen. Gokul kennt sämtliche Santal-Rhythmen, sämtliche Tanzformen und zahlreiche Lieder. Ein Naturtalent! Als er zu uns stieß, hatten wir schon begonnen, jedes Jahr im Februar oder März das Santal-Frühlingsfest, *Baha*, zu feiern. Ich beobachtete, wie er die Tanzgruppen organisierte und die Sportereignisse des Festes mit umsichtigen Anweisungen durchführte. Ohne Mühe strahlte er Autorität aus. Ihn brauchen wir für unsere Dorfarbeit!, dachte ich. Ich begann, ihn zusammen mit Boro zu fördern, ihm die Möglichkeit zu geben, seinen Magister an der Universität zu machen. Als sie gemeinsam die Prüfungen bestanden hatten, war die Frage: Was jetzt?

Normal wäre gewesen, sich nach einer guten Anstellung umzusehen. Santals genießen als Angehörige der *scheduled tribes* bei der Rekrutierung von Beamten eine Sonderquote *(reservation)*. Da wenige Santals einen Magister absolviert hatten, wäre es damals einfach gewesen, einen Lehrerjob zu kriegen. Oder wollten sie mit ihrer Dorfarbeit weitermachen? Ich bemühte mich, keinen moralischen Druck auszuüben. – Ihr Herzenswunsch war, für ihren Santal-Stamm zu wirken. Vor allem, sich zu bemühen, dass mehr und mehr Jungen und Mädchen aus Santal-Dörfern die Schule besuchen. Wir waren alle davon überzeugt, dass einzig Schulbildung Santals aus ihrer gegenwärtigen Lage der Armut und sozialen Vernachlässigung befreien kann. Die Bevölkerung wuchs auch in den Santal-Dörfern. Die Felder der Santal-Familien – wenn sie denn Felder besaßen und die Männer und Frauen nicht als Tagelöhner durchkommen mussten – waren klein und würden nicht mitwachsen. Viele Söhne würden sie später untereinander teilen müssen. Nur ein Ausweichen in andere Berufe – wie Handwerker, kleine Händler, Büroangestellte –, die Schulbildung voraussetzten, kann die Familien retten.

Die zweite Option, eine gehobene Anstellung als Beamte außerhalb des Dorfes, wäre jedoch für Boro und Gokul die von der Gesellschaft akzeptierte gewesen. Sie hatten es bis zum Magister gebracht, also verlangten deren Familien, deren Verwandtschaft, deren Dörfer, dass sie das Beste daraus machten – zu ihrem und dem Wohl der Familien und der weit verzweigten Verwandtschaft. Beamtete Lehrerposten wurden damals schon, im Vergleich mit Gehältern von Angestellten und den Aussichten von kleinen Geschäftsleuten, hervorragend bezahlt. Beamte sind lebenslang sicher, haben auf Pension und Krankenversicherung Anspruch. Außerdem ist allgemein bekannt, dass Lehrer auch einmal einen oder zwei Tage fehlen oder früher die Schule verlassen können, ohne dafür Rechenschaft abzulegen. Wer auch noch auf Prestige Wert legt, ist als Lehrer am richtigen Platz. Dass die Klassen überfüllt, die Kinder in Dorfschulen selten motiviert sind zu lernen, dass Lehrer, die es ernst meinen, frustriert werden, das fällt bei der Öffentlichkeit kaum ins Gewicht.

Boro und Gokul entschlossen sich, in der Dorfarbeit zu bleiben! Sie verlangten zu ihrer Sicherheit einen gehörigen Batzen Geld auf ihr Konto. Boro baute damit ein geräumiges, zweistöckiges Lehmhaus für seine Familie. Die beiden akademisch erfolgreichen Santals mussten jahrelang mit dem Unverständnis, sogar der Verachtung ihrer Gesellschaft, Santals wie Nicht-Santals, leben. Immer wieder haben sie sich rechtfertigen müssen. Das kann nicht leicht gewesen sein, obwohl sie auf meine Unterstützung bauen konnten, auch auf finanzielle Hilfe, wann immer sie notwendig wurde. Boro und Gokul hatten den Mut, aus den erstarrten Rastern ihrer Gesellschaft auszuscheren und eine eigene Furche zu pflügen.

Beide sind Jahrzehnte später doch in den Staatsdienst eingetreten. Gokul wurde Lehrer, als die Arbeit in den Santal-Dörfern in einer Krise steckte, die von der Parteipolitik im Bundesland West-Bengalen ausgelöst wurde. Boro trat Jahre später als Beamter in die lokale Verwaltung, das *Panchayat*, ein, als er für die Ausbildung seiner beiden intelligenten Töchter die finanziellen Mittel brauchte. 2019 hat Boro den Staatsdienst quittiert, ein Vorgang, der monatelang dauerte, weil kein Präzedenzfall bekannt war, und ist *full-time* zur

Dorfarbeit zurückgekehrt. Gokul arbeitet auch als Lehrer im Staatsdienst weiter in unseren Gremien, besonders im »Finance Committee« (FC) mit.

Mandaresh und Roswitha Mitra in Aachen

Zurück zur Mitte der 1980er-Jahre. Ein mir Unbekannter, Dr. Mandaresh Mitra, schrieb mich an, ein Ingenieur, der in der Forschung an der Technischen Hochschule in Aachen tätig war. Er habe von meinen Bemühungen in Ghosaldanga und Bishnubati gehört. Im Hindu-Dorf Raipur in der Nähe von Santiniketan geboren, sei er als Student nach Deutschland gekommen. Dort hatte er eine Familie gegründet und hatte sich eingebürgert. Doch blieb Mandaresh seinen Dorfbewohnern und den Verwandten verbunden. Ihn schmerzte deren Bedürftigkeit und Zerstrittenheit. Ob ich nicht auch in Raipur zum Wohl der Dorfgemeinde wirken könne? Die Finanzen dazu wolle er gern sammeln.

Von Beginn an hatte ich mir vorgenommen, mein Engagement nicht über »meine« beiden Dörfer auszuweiten. Ich durfte kein professioneller Sozialarbeiter werden. Die Menschen dieser Dörfer hatte ich kennengelernt und liebgewonnen. Die Begegnungen und Beziehungen mit ihnen waren mir wichtig geworden. Ich wollte kein »Manager« werden, der am Schreibtisch ein großes Projekt leitet, sondern konsequent, im Jargon der Sozialarbeit, ein *grassroots worker* bleiben. Meine Anstöße sollten dazu führen, dass die Entwicklung auf benachbarte Dörfer übergriff – durch die Wirkkraft meiner Mitarbeiter der ersten Stunde, nicht durch mein Einschreiten. Genau das ist passiert. Inzwischen sind ein Dutzend und mehr Dörfer unter dem Schirm von Ghosaldanga und Bishnubati versammelt, die auf unterschiedliche Weise von der Ausstrahlung jener zwei Dörfer profitieren.

Zudem war wichtig, dass die Arbeit in den Dörfern ihren Qualitätsanspruch behält. Mir stand das Beispiel von Lokashiksa Parishad vor Augen. Viele »Clubs«, die Shibu-da die Dörfer zu gründen anwies, feierten zwei-, dreimal im Jahr eine Puja, an deren Abschluss die Kinder des Dorfes eine freie Mahlzeit erhielten. Das war's.

Neben diesem Engagement für Menschen in den Dörfern wollte ich meine Tätigkeit als Schriftsteller, Übersetzer und Journalist nicht aufgeben. Damit verdiene ich nicht nur meinen Lebensunterhalt, es ist mein Beruf – meine Berufung. Ich bin ein Schriftsteller, der *auch* unter den Menschen wirkt – eine Erfahrung, über die ich wiederum schreiben kann. Ich wollte diese beiden Waagschalen in einer Balance halten.

Kurzum, ich schrieb Mandaresh Mitra eine Absage und begründete sie. Ich lud ihn ein, uns in Ghosaldanga zu besuchen und dann, wenn er vom Wert unserer Bemühungen überzeugt sei, uns zu unterstützen. Genau so geschah es. Mandaresh und seine Frau Roswitha sammelten seit Mitte der 1990er-Jahre rund anderthalb Jahrzehnte für unsere Projekte, denn die Ausgaben überstiegen inzwischen meine Möglichkeiten. Damit begann auch ein Netzwerk in Deutschland zu wachsen. Mandaresh arbeitete mit dem Kindermissionswerk in Aachen zusammen, andere – Freunde von ihm und Freunde von mir – gesellten sich zu einer informellen Gruppe. Mandaresh besuchte uns mehrmals mit Roswitha, doch später hinderte ihn ein Rückenleiden an weiteren Besuchen.

Reflexionen über die Zusammenarbeit

Um Geld habe ich mir niemals ernsthafte Sorgen gemacht. Weder um mein persönliches Einkommen noch um die Einkünfte für die Dorfarbeit. Woher dieses intuitive Vertrauen?

Vielleicht weil ich nie, auch nicht als Nachkriegskind, materielle Not gelitten habe? Gewiss auch, weil ich kaum Ansprüche an meinen Lebensstil habe und flexibel bin, was Nahrung, Kleidung und Wohnraum betrifft. Ich hatte von Swami Vivekānandas Vorträgen gelernt, dass im Leben grundsätzlich »alles möglich« ist, soweit man es *will*. In die philosophische Sprache meiner Heimat übertragen, passt der Ausspruch Kants dazu: »Ich kann, weil ich will, was ich muss.« – eine problematische Herausforderung, doch habe ich sie mir häufig vor Augen gehalten. Wäre sie nicht in meinem Kopf verankert gewesen, hätte ich diese Versuche in einer dörflichen Umgebung, die seit Generationen keine wesentlichen Veränderungen erlebt hatte, nicht unternommen.

Warum überhaupt helfen? Was gibt mir die Berechtigung dazu? Diese Frage habe ich mir beinahe täglich gestellt. Ich erkannte (wie gesagt) eine Notsituation, die zu diesem Zeitpunkt nur ich als Außenstehender mit meinen Mitteln beheben konnte; ich spürte die Willigkeit der Menschen, mitzumachen – und handelte, aber immer nur *gemeinsam* mit den Bewohnern.

Viele Tugenden, die mir von Kindheit anerzogen waren, wie Pünktlichkeit, Zuverlässigkeit, Kommunikationsgenauigkeit, Geduld und Willenskraft, spürte ich nicht in ähnlicher Weise bei meinen Freunden in den Dörfern. Dafür mochten mangelnde oder unterschiedliche Schulbildung und kulturelle Unterschiede verantwortlich sein. Die Menschen denken in anderen Zusammenhängen und zeitlichen Rahmen. Sie sind Bauern und Feldarbeiter und leben mit der Erde und mit den Pflanzen. Sie wissen Bescheid über Säen, Wachsen und Ernten, überblicken die Zyklen, in denen der Reis, die Kartoffeln und der Weizen reifen, sie kennen die Bedürfnisse und Nöte der Pflanzen. Mehr, sie *fühlen* intuitiv die natürlichen Vorgänge. Sie sind Weise der Erde. Aber dass man, um zum Beispiel eine Straße zu bauen, Phase für Phase und kontinuierlich vorgehen muss – dass man *planen* muss, ist in ihnen weniger angelegt. Dass man regelmäßig zur Schule gehen muss, um sich ein bestimmtes Wissensgebiet anzueignen, dass man, um ein Fest vorzubereiten, erst das eine, dann das andere tun soll, eine solche »eigentlich« selbstverständliche Disziplin zu befolgen, auch wenn das Umfeld anders empfindet und handelt, ist schwer einzusehen. Ein solches Verständnis auszubilden, das sollte mein Beitrag sein.

Die musischen Talente der Santals erfreuen mich von jeher, der ich zur Melancholie neige. Ihre »Leichtigkeit des Seins« ist mir jahrzehntelang als Gegenmittel zur eigenen Schwere, zu meiner Versuchung, die Willenskraft bis zur emotionalen und physischen Erschöpfung zu überspannen, lebenswichtig. Die Santals genießen ihr Leben auf einfachste Weise gerade durch ihre heitere Unbekümmertheit. Reisbier ist notwendig, gewiss – aber was sonst? Ja, die Musik und der Tanz. Die stakkatohaften Bewegungen des Körpers zur Trommel und die eintönigen Melodien der Santal-Lieder, das sind die Urformen dieses Lebensgefühls. Ich nannte Lied und Tanz jene Elemente, aus denen die indischen Völker ihr Leben verstehen und gestalten. Diese Elemente sind am wenigsten verbraucht bei den Stämmen.

Ich bin im Westerwald in der Nähe eines Bauernhofes und in Boppard, unweit der Hunsrückbauern, aufgewachsen. Kann ich mir die Bauersleute tanzend und singend vorstellen? Können wir, ob auf dem Land oder in den Städten, noch Lieder auswendig Strophe um Strophe singen? Schaffen wir's, sie spontan öffentlich vorzutragen? Diese und ähnliche Fragen offenbaren den kulturellen Reichtum der Santals und anderer Stämme.

Ich wollte die musische Begabung der Santals einerseits und ihre Bedürftigkeit im materiellen und intellektuellen Bereich andererseits zusammensehen und auf diese Weise einen angemessenen Weg zu einem würdigeren Leben finden. Ich wollte selbst von diesem Experiment lernen, nicht nur, um den Weg für die Santals immer deutlicher vor mir zu sehen, sondern auch für meine persönliche Entwicklung. Ich konnte viel lernen; ich habe viel gelernt. Toleranz und Akzeptanz vor allem. Geduld und Zuversicht, Zeithaben und Muße, Naturverbundenheit und Großzügigkeit.

Es gibt auch solche Erinnerungen: Wollte ich mit unserem Team ein Projekt vorbereiten und durchführen, sei es ein Fest, ein Seminar, die Aufnahme eines Gastes, merkte ich rasch, dass die Vorbereitung fortschreitend komplexer wurde. Das kontinuierliche Zusammenwirken mehrerer Menschen verzögerte – durch Kommunikationslücken, Missverständnisse, plötzliche private Umentscheidungen, Verwechslungen, Umstoßen der Prioritäten, eigene familiäre Schwierigkeiten – den Fortgang zu dem gemeinsamen Ziel. Mir wurde klar, wollten wir bei dem einmal festgelegten Ziel ankommen, musste ich jeden Schritt begleiten und mitgehen, Schritt für Schritt, und zwar mit Dringlichkeit. Es gibt den plastisch-drastischen englischen Begriff *on a war-footing* – etwas so diszipliniert wie »bei einer militärischen Aktion« durchführen –, an den ich mich oft erinnert habe. So war's in den ersten beiden Jahrzehnten. Ähnlich klagen inzwischen jene im Team, die den Weg mit mir gegangen sind, wenn sie ihre Junioren anleiten.

In diesen letzten Jahrzehnten hat mich manchmal die Verzweiflung gepackt, wenn ich merkte, dass jeder in eine andere Richtung zog; oder wenn um mich Gleichgültigkeit herrschte, auch gegenüber dem eigenen Schicksal; wenn ich das egoistische Beharren auf dem Vorteil für die Familie spürte und eine zögerliche Halbherzigkeit, sich für eine nützliche Sache anzustrengen; wenn ich merkte, ich bin allein, und wenn es weitergehen soll, muss ich's allein stemmen. Wenn mich der Mut verließ, fühlte ich mich den großzügigen Spendern und ihren Erwartungen verpflichtet. Was würden sie denken, wenn ich sagte: Ich kann nicht mehr, ich gebe auf! Welche Vorwürfe würde ich mir machen müssen? ...

Von Anfang an bis in die heutige Zeit liegt die Grundschwierigkeit in der *Kommunikation:* in der Unwilligkeit, sich unzweideutig auszudrücken und danach unzweideutig zu handeln; der Unfähigkeit, genau zu verstehen, was das Gegenüber sagt und meint, und darauf gezielt zu reagieren. Man bemüht die eigene Phantasie, um zu interpretieren, anstatt schlicht nur aufzunehmen, was gesagt wurde. Man vergisst, erinnert sich an etwas Falsches, verspätet sich, ohne den anderen zu informieren und so weiter ...

Snehadri Sekhar Chakraborty

Boro, Sona, Gokul sind Santals, Sanyasi ist Hindu, wohnt jedoch seit Geburt in einem Santal-Dorf. Ihre Lebenssphäre ist ihr Stammesdorf. Mit Snehadri stieß ein Brahmane und ein Großstädter zu uns und wurde rasch Mitglied unseres Teams. Er ist Ingenieur aus Kalkutta und erhielt in jungen Jahren eine Anstellung an der Universität Visva-Bhārati. Dort beaufsichtigt er die Bauarbeiten, die Wasserversorgung und diverse Wartungsarbeiten. Vom Dorfleben hatte er anfangs so wenig Ahnung wie ich. Er besuchte mich, vorgestellt von meinem Bengalischlehrer Madan Majumdar, und bot sich an, mit mir nach Ghosaldanga zu fahren. Vielleicht könne er auch etwas tun. Er war der Erste – und bisher Einzige! – von den Angestellten der Universität aus der Mittelklasse, der das Interesse aufbrachte, die Dorfbevölkerung aus der Nähe kennenzulernen, um seine eigenen Fähigkeiten einzubringen.

Die überwiegende Mehrzahl der Professoren und Angestellten der Universität wohnt seit Jahrzehnten in Santiniketan wie auf einer Insel der Glückseligen. Die meisten bewahren ihr soziales Prestige, indem sie sich strikt unter ihresgleichen bewegen. Zu ihrer nächsten (dörflichen) Umgebung besteht keinerlei persönlicher oder emotionaler Kontakt. Die Akademiker sehen Menschen aus den Dörfern nur, wenn sie in die Stadt kommen, um auf den lokalen Märkten Fisch, Gemüse und Früchte einzukaufen. Allenfalls haben sie Kontakt zu Dorffrauen, die in ihren Haushalten kochen und putzen. Begegnungen auf Augenhöhe? – Unmöglich.

Snehadri ist anders. Oh ja, stolz ist er, ein Bengale zu sein und von einer Familie, die für die Unabhängigkeit Indiens gekämpft hat, zu stammen. Ein Intellektueller ist er nicht, darum hinterfragt er gesellschaftliche Hierarchien kaum. Aber die Neigung und sein Wille zum geselligen Zusammensein haben ihn mit Santals stets freundschaftlich verkehren lassen. Er fühlt sich von ihnen anerkannt, manchmal verehren sie ihn geradezu, und das tut ihm gut. Sein enthusiastischer Hang, spontan zu helfen, wo Hilfe notwendig ist, macht ihn, der keine hohe Position an der Universität besitzt, bei allen beliebt. Viele schieben auf Snehadri ab, was sie selbst hätten tun können, aber er lässt sich ausnutzen. Vielleicht mag er deren Abhängigkeit von ihm? Wenn plötzlich, und sei's mitten in der Nacht, ein Telefonanruf kommt, dass jemand ins Krankenhaus transportiert werden müsse, sogleich ist er zur Stelle, um Auto, ärztliche Behandlung und Pflege zu organisieren. Auch während seiner Dienstzeit – er fährt davon, und seine Vorgesetzten erlauben ihm, sämtliche Regeln zu brechen, damit er helfen kann.

Ein ungewöhnlicher Mensch, dieser Snehadri! Er ist nicht künstlerisch veranlagt, lässt oft Feingefühl vermissen, ist ein notorischer Zu-spät-Ankommender (weil er ja eben noch jemanden auf seinem Krankenbett besuchen musste), zieht Spontaneität der Disziplin vor. Es fällt nicht schwer, sich hinter seinem Rücken über ihn lustig zu machen, aber sobald die Spötter selbst in Not geraten, geht der erste Anruf – an Snehadri.

Wir waren oft verschiedener Meinung. Jahrzehntelang haben wir uns aneinander gerieben. Mein Ziel ist, die Santals zu »ermächtigen« *(empower)*, damit sie ihr Leben selbst verantwortlich in die Hand nehmen können; mein radikaler Wunsch war darum von Anfang, im Hintergrund zu bleiben, auch Lob und Anerkennung an unsere Freunde aus den Dörfern weiterzuleiten. Snehadri dagegen steht gern im Vordergrund, ist bis zur Erschöpfung aktiv, verlangt dafür jedoch auf geradezu kindliche Weise Lob und Respekt. Er teilt die Anordnungen aus, er befiehlt, statt Lösungen vorzuschlagen oder Probleme zur Diskussion zu stellen. In unseren Gruppengesprächen, die bald regelmäßig einsetzten, war er zufrieden, wenn er sie launisch dominierte. Häufig habe ich ihn zurückhalten müssen, damit auch Sona, Boro, Sanyasi und andere ihre Meinung bilden und formulieren konnten. Wie oft bin ich nach diesen »Meetings« erschöpft zurückgeblieben, weil Snehadri und ich wieder einmal zusammengerasselt waren.

Hätte ich ihn schon anfangs abwehren, mich von ihm abkehren sollen? – Nein, ich muss starke Mitarbeiter, nicht Jasager, an mich ziehen und fruchtbar mit ihnen für ein gemeinsames Ziel arbeiten. Ich will den Mut haben, mich belehren zu lassen, und die Demut, Launen hinzunehmen.

Längst ist Snehadri eine tragende Kraft unserer Arbeit geworden. Seine Loyalität ist unbezweifelbar. Früher rief er im ersten Zorn: »Ich mach nicht mehr mit. Schluss! Ihr könnt auf mich verzichten!« ... um schon fünf Minuten später Pläne für dies oder das zu schmieden. Diese Ausbrüche sind vorbei.

Snehadris praktische Fähigkeiten, seine handwerklichen Kenntnisse, die Erfahrungen mit der staatlichen Bürokratie und weitreichenden Beziehungen machen ihn unersetzlich. Nach und nach übernahm er das Management unserer Finanzen. Bei derzeit rund vierzig Angestellten, einige voll-, andere teilzeitbeschäftigt, und einem beträchtlichen Stiftungskapital ist dies keine Lappalie. Er ist streng in der Überprüfung der

Ausgaben, so dass auch ich manchmal stöhne. Viel Verantwortung liegt auf ihm. Ich vertraue ihm ganz. Inzwischen, beinahe sechzig Jahre alt und Vater von Töchtern, die im Begriff sind, junge Damen zu werden, spüre ich an Snehadri die lang erhoffte »gewisse Altersmilde« und innere Gesetztheit.

Snehadri Chakrabortys erste konkrete Aufgabe als Ingenieur war, eine Brücke zu bauen. Ghosaldanga und Bishnubati konnte man anfangs nur mit dem Fahrrad erreichen. In der Monsunzeit zwischen Juni und September war selbst ein Fahrrad nutzlos. Von der Westseite des Dorfes watete man, die Hosenbeine hochgekrempelt und das Rad auf der Schulter, durch einen Bewässerungskanal. Danach war der Weg so glitschig, dass man nur gefährlich rutschend und schliddernd bis zum Dorfplatz vorankam. Von der Ostseite war der Weg zum Dorf ebenso gefährlich. Von Santiniketan führt eine geteerte Autostraße zur Distrikthauptstadt Suri. Von der Straße biegt man rechts in einen Weg ab, fährt durch das Hindu-Dorf Srichandrapur, passiert den Bewässerungskanal, um Ghosaldanga zu erreichen. Über den Kanal hatten die Bewohner eine behelfsmäßige Brücke geschlagen, die aber, wenn der Monsunregen fiel, rasch überschwemmt war. Gut drei Monate konnte keine Riksha, kein Ochsenkarren, kein Auto bis zum Dorf fahren. Wie sollte ein Schwerkranker zum Krankenhaus transportiert, wie Heu aus dem Dorf geschafft, wie ein krankes Tier zum Veterinär gebracht werden?

Ich hatte Kontakt zum deutschen Generalkonsulat in Kalkutta, *Dr. Richard Giesen*, bekommen, mit dem mich bis lange nach seiner Amtszeit eine Freundschaft verband. Dr. Giesen sah ein, dass eine starke, hoch gebaute Brücke die Lebensqualität mehrerer Dörfer verbessern würde. Er beschaffte von der deutschen Bundesregierung die Mittel, und Snehadri baute 1990 die Brücke. Sie tut noch heute ihren Dienst, die Stadt Bolpur mit ihrem Markt, ihren Geschäften, dem Krankenhaus und Gericht und den Polizeistationen mit den Dörfern zu verbinden. Seitdem hat Snehadri sämtliche Häuser errichtet, die für die Allgemeinheit in Ghosaldanga, Bishnubati und in unserer Schule, dem Rolf Schoembs Vidyashram, notwendig waren.

Die Dorfarbeit nimmt Strukturen an

Das Grüppchen der Mitarbeiter war jung und flexibel, meist enthusiastisch und auf das Abenteuer der Dorfarbeit eingestellt. Fixpunkte waren die Abendschulen in Ghosaldanga und Bishnubati, die Kindergärten und die Baumpflanzaktionen. Mir war von Anfang wichtig, so oft wie möglich im Gespräch mit Sona und Boro, Sanyasi und Gokul zu sein. Noch war keiner von ihnen verheiratet, sie waren Studenten mit viel Zeit und sehr aufnahmefähig. *Gespräche* waren mir wichtiger als Regeln aufzustellen, als Strukturen einzuführen. Bis heute ist das kontinuierliche Gespräch das wesentliche Mittel, die Energien und kreativen Kräfte wachzuhalten, also Fortschritte nicht nur im Materiellen zu erreichen. Auch die Zusammenarbeit mit den Dorfbewohnern war im ersten Jahrzehnt informell, spontan, auf gute Beziehungen gegründet und konnte auf plötzlich entstehende Notlagen reagieren.

Doch als sich Sona Murmu, Boro Baski, Sanyasi Lohar und Gokul Hansda zur Sozialarbeit als Lebensaufgabe entschieden, wollten sie Strukturen, und je mehr Menschen sich dem Verein anschlossen, desto weniger war Informalität ratsam. Eher würde ein Chaos der Lethargie entstehen als eine wirkungsvolle Tätigkeit. Ich wollte mich von Rabindranāth Tagores pädagogischen Erfahrungen leiten lassen, dem Bildung als ein Erlebnis, das aus der Inspiration entsteht, wichtiger war als Prüfungen und Klassenraumdisziplin. Ebenso wollte ich das Team nicht durch neue Kurse und zusätzliche akademische Grade auf die Verantwortung und Ernsthaftigkeit ihrer zukünftigen Aufgaben vorbereiten, sondern eher durch *Lebenserfahrung*. Sona schickte ich für einen Monat nach Titagarh. Ich erzählte von Brother Prem Anand, der dort, nördlich von Kalkutta, unter schwierigsten Umständen ein großes Lepra-Rehabilitationszentrum leitete. Boro und Gokul machten sich allein zu einer Südindien-Rundreise auf und besuchten Organisationen, die im ländlichen Bereich mit Adivasi arbeiten. Sanyasi nahm ich zu einem Besuch nach Darjeeling mit und später ihn und Sona nach Madras, Kerala (zu P. Francis Acharya) und Bangalore (zu Jyoti Sahi).

Reisen hatten mich geprägt. Ich war überzeugt, sie sind wesentlich zur Grundlage für die Art von holistischer Bildung, die ich zunächst für mich, dann auch für die Lehrer und ihre Schülerinnen und Schüler anstrebte. Boro und Gokul kamen aus Südindien zurück und sagten: »Jetzt kannst du uns überall hinschicken, wir finden uns zurecht.« Das war die Reaktion auf mein Vertrauen in ihre Findigkeit und Klugheit. Denn Reisen ist in Indien gefährlicher, unsicherer, anstrengender als in Europa mit seiner verlässlichen Infrastruktur. Junge Inder sind nicht gewohnt, allein außerhalb ihres Umkreises zu reisen. Eine Klassenfahrt, ja; eine Pilgerfahrt mit der Familie, ja. Aber eine Reise, um »Indien kennenzulernen« und Erfahrungen zu sammeln? – Nein, das ist unüblich.

Sona und ich schlossen an die in der Adivasi-Kultur üblichen Dorfversammlungen an. Er berief jeden Sonntagabend eine Versammlung in Ghosaldanga ein, an der die Männer des Dorfes teilnahmen, um die Dorfprobleme zu besprechen. Früher waren die Themen Familienstreitigkeiten, die Heiraten und Todesfälle – jetzt waren es die Fragen, warum jener Sohn und jene Tochter nicht zur Schule gehe, wann wieder Bäume gepflanzt werden, ob wir nicht den schlammigen Weg am Dorf entlang mit einer Erdschicht befestigen sollten ... Ich versuchte, Frauen zur Teilnahme zu bewegen, aber sie waren zu scheu. Die Zeit war nicht reif dazu.

Andere Strukturen folgten. Schon im Jahr 1992 erhielten wir von der indischen Regierung die Erlaubnis, ausländische Spenden, entsprechend dem Foreign Contribution Regulation Act (FCRA), anzunehmen. Zweimal besuchte ich Regierungsbüros in New Delhi, um unsere Akte voranzutreiben. Auf einem Flug hatte ich den Direktor des indischen Radio AIR, Vivekananda Ray, einen Bengalen, kennengelernt. Ihn bat ich um Hilfe; ich wohnte nicht nur bei ihm, er begleitete mich persönlich zum Büro des Ministeriums. Binnen eines halben Jahres bekamen wir die Erlaubnis – ohne eine Rupie Schmiergeld zu bezahlen.

Zum Schmiergeld: Von Anfang an habe ich unserem Team und allen, die Verantwortung übernahmen, gesagt: »Wenn ihr auf den Ämtern Schmiergelder gebt, dann muss ich die Arbeit mit euch aufgeben. Wir arbeiten miteinander auf der Basis absoluter Ehrlichkeit. Verliere ich dieses Vertrauen, müsste ich euch auf Schritt und Tritt kontrollieren und überprüfen, und das werde ich nie tun.«

Hierarchie – ja oder nein?

Kontrolle war von Anfang ein Thema. Die indische Gesellschaft ist heillos hierarchiebewusst. Es beginnt mit den Kasten, die die Gesellschaft starr hierarchisch aufteilen, ohne die Chance, dass ein Individuum in eine höhere Kaste oder Unterkaste aufsteigt. Es geht weiter mit der Familie, in der im Allgemeinen der an Jahren Älteste (nicht der Erfahrenere oder Gebildetere) »regiert«. Brüder und Schwestern, Onkel und Tanten, Neffen und Nichten sind differenziert auf einer Hierarchieleiter platziert; alle sind sich ihres Ranges gegenüber den anderen bewusst und haben ihn in ihrem Verhalten verinnerlicht. Ändern kann sich der Rang eines Menschen nur, wenn ein Älterer stirbt, eine Frau durch Heirat die Familie wechselt oder wenn ein Senior schwach oder senil wird und sich auf Meinung und Tat der Jüngeren verlässt. Deutlich wurde mir, dass Seniorität wichtiges Kriterium ist, als bei der Familie von Bishu in Santiniketan Zwillinge geboren wurden – zunächst ein Sohn und wenige Minuten später eine Tochter. Der Sohn war also der Ältere, und seine Schwester nennt ihn zeit ihres Lebens *Dada*, »älterer Bruder«.

Das *Guru-System* ist wohl die wirkmächtigste hierarchische Struktur, in die die gesamte Gesellschaft eingegliedert ist. Sie herrscht unter Hindus, färbt jedoch auf die Minderheiten ab. Der Guru, Mann oder Frau, ist nicht nur ein spiritueller Lehrer und Präzeptor, der ausgewählte Aspiranten auf ihrem religiösen Weg begleitet. Ein Guru ist jeder Mensch, der die Position eines Lehrenden oder Leitenden in der Gesellschaft annimmt. Es kann ein Handwerksmeister sein, der eine Anzahl von Gesellen und Lehrlingen beschäftigt, es kann ein Büroleiter sein oder eine Firmenleiterin, die ihre Angestellten betreut. »Guru« ist der oder die Älteste in der Familie, in der Nachbarschaft oder in einem Dorf. Man hört auf ihn oder sie aufgrund des Alters, auch wenn die Person keine fachliche Kompetenz hat, um Entscheidungen zu fällen. Ich erinnere an meinen Freund Jaykrishna aus Kalkutta, einen gebildeten Mann, der seinem älteren Bruder, einem Bauern im Dorf, nicht raten konnte, keine Kinder mehr zu zeugen, eben weil jener der Ältere war. Oder an Bablu, den Wäscher, der sich auf Wunsch der Mutter auf einen zusätzlichen Enkel einlassen musste. Auf diese Weise sind Innovation und Neuerungen durch den Generationswechsel nur beschränkt möglich.[104]

Demokratie als politisches System speist sich aus dem demokratischen Geist in der Bevölkerung. Grundbedingung ist die Anerkennung einer prinzipiellen Gleichheit unter den Menschen vor dem Gesetz und eine gleiche Achtung der Menschenwürde. Eine solche Gleichheit ist in Indien schwer durchzusetzen, weil das Ungleichheitsempfinden so tief im Bewusstsein der Menschen verankert ist.

Von der Not, die Dorfarbeit zukunftsfähig zu machen

Zusammenarbeit als Team von Gleichberechtigten ist, wie wir sehen, schwierig. Und doch versuchen wir es. In unserem *Finance Committee* (FC), in dem alle Gründungsmitglieder unseres Dorfvereins mitarbeiten, fassen wir nur einstimmige Beschlüsse. Das heißt, dass auch ich überstimmt werden kann. *De facto* habe ich die Finanzen aus der Hand gegeben. Manchmal muss ich bei den anderen Mitgliedern um Zustimmung werben, wenn ich von einer Sache überzeugt bin. Für die kollektive Verantwortung, die ich anstrebe, war diese schon früh beschlossene Regelung ein entscheidender Schritt. Gewisse Finanzposten behielt ich mir zunächst noch vor, zum Beispiel die Vergabe von Stipendien an bedürftige Schüler und Schülerinnen und Finanzhilfe bei plötzlichen Notsituationen einer Familie, etwa beim Tod eines Elternteils, bei Krankenhausaufenthalten oder teuren Behandlungen. Ich wusste, dass ich die Hilfe rasch und unkompliziert würde geben können, während das Komitee manchmal lange über Entscheidungen brütet und dann aus allerlei Gründen verzögert. Es verursachte mir manche unruhige Tage, wenn eine nach meiner Meinung unaufschiebbare Aktion nicht unmittelbar entschieden und angepackt wurde. Diese Tendenz zu Verschleppungen, die bis heute auftreten und so viel an Entwicklungspotential vergeuden, liegt nicht allein in der Mentalität unserer Dorforganisation, sondern ich beobachte sie ebenso zum Beispiel an der Visva-Bhārati Universität, an der hochgebildete Frauen und Männer mit Luxusgehältern die Verantwortung tragen.

Unsere Regel war, dass alle Ausgaben über eintausend Rupien, die nicht für die Deckung der alltäglichen Routinekosten für Schulspeisungen, Gehälter und so weiter verwendet wurden, vom FC genehmigt werden mussten. So konnten keine willkürlichen und unverantwortlichen Ausgaben entstehen. Für Feste, Veranstaltungen, Projekte verschiedener Art wurden Budgets erstellt, die das FC genehmigte. Diese Grundregeln kamen nach und nach zustande. Später haben die Mitglieder des FC ein Jahresbudget ausgearbeitet, das heftig diskutiert und anfangs immer wieder überschritten wurde. Ich nahm an den Budget-Besprechungen teil, doch in den letzten Jahren habe ich mich auch daraus zurückgezogen. Als Regel gilt nur: Bitte die von unserem Förderverein, dem »Freundeskreis Ghosaldanga und Bishnubati« in Frankfurt festgesetzte Grenze einhalten.

Zuerst konnte das kleine Team von Verantwortlichen im FC nicht akzeptieren, dass niemand »über« ihm steht und es »kontrolliert« – eine für die Freunde sogar anfangs beängstigende Situation. Die Verantwortung, die Angst, Fehler zu machen, wog schwer auf ihnen. Eine Firma würde einen Aufsichtsrat bestellen, der Firmenführung und -angestellte überwacht. Was tun? Unser Dilemma ist bis heute, dass wir keine engagierten Förderer und Freunde der Dorfarbeit unter den Bengalen der Mittelklasse, zum Beispiel unter den Professoren, gewonnen haben. Über Jahrzehnte habe ich mich bemüht, Menschen aus diesem Milieu für unsere Arbeit zu interessieren und mit Blick auf die Zukunft, das Dorfprojekt mit einem »Schutzwall« von heimischen Respektpersonen zu umgeben. Es gab welche, die unserer Einladung in die Dörfer folgten, auch nacheinander die Rektoren der Universität. Wir hörten Lob und bekamen Vorschläge zur Verbesserung der Arbeit. Doch zu einer Langzeit-Verantwortung, die wir mehr als Lob und Vorschläge brauchen, ist bisher keiner bereit.

Frau Professor K., die Boro Baski und Gokul Hansda in Sozialarbeit unterrichtet hatte und Boros Doktormutter gewesen ist, bat ich, zweimal im Jahr einen Vormittag in unseren beiden Dörfern zu verbringen, den Unterricht zu beobachten, mit unseren Angestellten zu sprechen, einzeln und gemeinsam, unsere Abendschulen zu besuchen, um dann einen Bericht zu verfassen, wo unsere Fehler und Schwächen, unsere Talente und Stärken liegen, und Vorschläge zur Verbesserung zu formulieren. Sie tat es und schrieb einen Bericht. Doch leider kam keine unmittelbare Reaktion, nicht einmal ein Dankeschön von den Verantwortlichen. Die Professorin war auf eine solche scheinbare Unhöflichkeit nicht vorbereitet – und gab auf. Es gehört einfach nicht zur Mentalität der ländlichen Bevölkerung, Gefühle der Dankbarkeit und Verbundenheit zu kommunizieren. Ein gut artikulierter Informationsfluss fehlt, wogegen ich noch kein Kraut entdeckt habe ... Bis heute gibt es keine »höhere Instanz«.

Wer also beaufsichtigt Boro und Sona, Sanyasi, Gokul und Snehadri, vor allem während ich in Europa wohne? Gewiss achten in einem gruppendynamischen Prozess die Teammitglieder aufeinander. Sie alle haben inzwischen einen bestimmten Bereich, für den sie primär Verantwortung tragen. Ihr Gewissen, ihr Verantwortungsgefühl »kontrolliert« sie, eine Entwicklung, die mir sehr wichtig ist. Aber auch die Erwartung der Außenwelt animiert und energetisiert sie. Schon früh kamen junge Mädchen und Jungen aus Europa zu uns, um in Ghosaldanga oder im *Rolf Schoembs Vidyashram* zu wohnen und mitzuarbeiten. Sie waren meist Abiturienten, die auf ihren Studienanfang warteten. Der »Freundeskreis Ghosaldanga und Bishnubati e. V.«, der sich rund um ein Frankfurter Ehepaar, Marianne und Debaprasad Pal Chowdhury, bildete[105] und das Ehepaar Mitra ablöste, sucht die Kandidaten und Kandidatinnen aus.

Über die Jahre haben wir zahlreichen hervorragenden jungen Menschen in unseren Dörfern für einige Monate Heimat gegeben. Sie machten auf unser Team, aber auch auf alle Schüler und Schülerinnen, unsere Lehrer und Lehrerinnen und einige Erwachsenen der Dörfer einen prägenden Eindruck. Im Reisegepäck brachten die Volontäre Erwartungen an die indischen Partner mit: ein gewisses Maß an Effizienz,

Enthusiasmus und Weltoffenheit, Liebe und Achtung gegenüber den Schülerinnen und Schülern – alle jene Eigenschaften, die die deutschen Gäste selbst bereit waren anzubieten. Ich beobachtete einen – weitgehend unbewussten und natürlich freundschaftlichen – Wettstreit, diese Erwartungen zu erfüllen. Unsere Volontäre, drei oder vier im Jahr, wurden Teil der Dynamik unserer Entwicklung. Mit ihnen zusammenzuarbeiten war für unsere Lehrer und Sozialarbeiter eine Herausforderung, aber ebenso fühlten sich die meisten der jungen Deutschen von der direkten Herzlichkeit, der Gastfreundschaft unserer Freunde in den Dörfern bewegt. Einige kommen immer wieder.

Rolf Schoembs Vidyashram

Es war Boro Baskis Idee, die wir nach und nach alle akzeptierten und uns zu eigen machten. Im Jahr 1996 wurde die Tagesschule Rolf Schoembs Vidyashram (RSV) eröffnet, die ihre Kinder in ihrer Muttersprache Santali unterrichtet. Sie hat eine Vorgeschichte oder eigentlich zwei. Ich wurde von der deutschen Botschaft in New Delhi eingeladen, mit einer Gruppe von Schülern und Schülerinnen im Garten der Residenz des Kulturattachés ein Santal-Fest mit Musik und Tanz auszurichten. Debajyoti Ganguly wohnte zu jener Zeit mit den Schülern in einem zweistöckigen Lehmhaus, »Prantik«, am Rand von Ghosaldanga und übte mit seiner zukünftigen Frau die Tänze ein. Die Gruppe machte die Zugreise nach New Delhi, die damals noch anderthalb Tage dauerte, und erhielt ein Gefühl von der Weite des Landes und der Größe und Bedeutung der Hauptstadt.

Ich folgte ihnen zusammen mit Sanyasi zwei Tage später per Flug, um das Fest im Diplomatenviertel mitzuerleben. Ich traf unsere Dorfjungen und -mädchen in der Jugendherberge in einem prekären Zustand an. Sie lagen mit schmerzenden Mägen auf ihren Betten. Wie sollten sie in dieser Verfassung singen und tanzen! Was war geschehen? Die Kantine hatte mittags und abends ein Buffet aufgebaut, von dem sie so viel essen durften, wie sie mochten. Dem konnten die immer hungrigen Dorfkinder nicht widerstehen. Von den schweren, öligen Panjabi-Speisen hatten sie so viel in sich hineingeschlungen, bis ihre Bäuche fast platzten. Angekommen, musste ich sofort die Losung ausgeben: Heute und morgen essen wir nur Kekse! Sanyasi und ich folgten ihr ebenso. Das half, am Abend des nächsten Tages war aller Schmerz vergessen. Beim Tanzen kennen die Jungen und Mädchen keine Scheu. Sie beeindruckten mit ihrer Freude und frischen Präsenz.

Der fröhliche Einbruch dieser so unstädtischen Wirklichkeit in das versnobte Delhi-Milieu hatte ein Nachspiel. Die Frauen der Beamten des Auswärtigen Amtes in Bonn sammelten für unser Dorfprojekt und brachten eine Summe von mehreren tausend D-Mark zusammen. Für mich war es ein Zeichen, dass wir ein Trockenland, einen Kilometer von Ghosaldanga und Bishnubati entfernt, kaufen konnten. Sona Murmu hatte es entdeckt, und sein praktischer Verstand sagte ihm, dass wir das Land eines Tages gebrauchen könnten. Er hat immer Träume gejagt und mir von ihnen erzählt.

Die zweite Geschichte beginnt mit Boros Vision, eine Schule zu gründen, in der die Kinder in Santali unterrichtet werden. Bisher mussten alle Kinder die staatlichen Schulen besuchen, deren Unterrichtssprache Bengalisch ist. Es war entmutigend für die schüchternen, weichherzigen Santal-Kinder, wenn sie aus dem geschützten Bereich ihres Dorfes hinaustreten mussten, um zusammen mit Bengalisch sprechenden Kindern aus benachbarten Dörfern die Schule zu besuchen.

Rabindranāth Tagore hatte betont, dass Kinder in ihrer Muttersprache erzogen werden sollen, durch sie lernen sie zunächst sich und die Welt kennen. Die Pädagogen in Indien stimmen im Allgemeinen zu, doch die indischen Stämme haben keine Wahl, als zum Beispiel in Bengalisch, Hindi oder Assamesisch zu lernen. Schulen mit der Unterrichtssprache Santali waren unbekannt und sind bis heute selten.

Es geht nicht nur um die Unterrichtssprache, fügte Boro hinzu. Die Lehrpläne und Schulbücher in West-Bengalen sind für bengalische Stadtkinder der Mittelklasse gestaltet. Arme, auf dem Land wohnende Stammeskinder fühlen sich darum in den bengalischen Schulen nicht zu Hause. Waren Boro und Gokul, inzwischen aus der Universität entlassen, bereit, die Herausforderung anzunehmen, eine Santali-Schule zu gründen? Ihre eigenen Lehrpläne und Schulbücher zu schreiben? Waren unsere Freunde rund um Mandaresh und Roswitha Mitra finanziell fähig, eine solche nicht-staatliche Schule zu unterstützen?

Wieder kam ein Zeichen. Unerwartet erreichte mich ein gerichtlicher Bescheid, dass ich 70.000 D-Mark für soziale Zwecke in Indien geerbt hatte. Der Erblasser war *Dr. Rolf Schoembs*, ein Astrophysiker aus München, der in der Wendelstein-Sternwarte in den Alpen gearbeitet hatte. Ich wusste, jetzt können wir die Schule bauen, die wir Rolf Schoembs Vidyashram (RSV) nannten.

Woher kannte Rolf Schoembs mich? Ich erinnere mich nicht an eine Begegnung. Jahre später besuchte ich, zusammen mit einer Gruppe aus Ghosaldanga und Bishnubati, die Witwe von Rolf Schoembs außerhalb von München. Auf ihrem Pferdehof erzählte sie, wie verzweifelt ihr Mann gewesen sei. Nein, nicht wegen persönlicher oder beruflicher Probleme. Mit der Welt kam er nicht mehr zurecht. Er sah keine Hoffnung für eine gerechte, friedliche, barmherzige Welt. Eine metaphysische Verzweiflung.

Seine Frau befürchtete, dass er sich eines Tages das Leben nehmen werde. Als er von einer Radtour, die einige Tage dauern sollte, nicht zurückkehrte, begann sie, ihn zu suchen. Einen Monat muss es gedauert haben, bis sie den schon halbverwesten Leichnam in einem Wald entdeckte. Am Gebiss musste sie ihn identifizieren. Erst 2019, als ich in Boppard meine Korrespondenzen ordnete, um sie dem Archiv Mikado in Aachen zu übergeben, fand ich zwei lange, handgeschriebene Briefe von Rolf Schoembs an mich und eine Antwort von mir. Er hatte den Dienst quittiert und suchte nach einer Aufgabe, bei der er bedürftigen Menschen helfen konnte, wohl am liebsten in einem armen Land. Ich lud ihn nach Indien ein, doch befürchtete ich, dass man in unseren Dörfern seine hohe Qualifikation nicht benützen könne.

Wir kauften das Trockenland im Jahr 1994; zwei Jahre später, am 15. August 1996, weihten wir den Rolf Schoembs Vidyashram ein. Zuerst bestand er aus einem Lehmhaus, in dem die beiden Gründer Boro Baski und Gokul Hansda wohnten und auch die ersten Jahre unterrichteten. Nach und nach kamen weitere Gebäude hinzu: zunächst vier Klassenräume, bestehend aus einem weiten Dach gegen Sonne und Regen, das von Pfeilern getragen wird, ein Versammlungsraum, davor eine erhöhte Bühne für Veranstaltungen, ein zweistöckiges Haus mit Büroräumen, einem Vorratsraum, einer Veranda für den Nachhilfeunterricht; später eine Küche mit kleinem Speisesaal für die Mittagsmahlzeiten der Schulkinder und schließlich zwei Studentenheime, eines für Mädchen und eines für Jungen. Früh kam ein ausgedehnter biologischer Garten mit Fruchtbäumen und Gemüse hinzu. Ein Fischteich neben dem Jungenheim und ein großes Reisfeld unmittelbar hinter dem Schulbereich runden dieses einzigartige Ensemble ab.

Seit über zwei Jahrzehnten ist RSV der Mittelpunkt unserer Aktivitäten. Hierhin kommen die Gäste, hier wohnen die meisten deutschen Volontäre, hier finden viele Feiern statt, die die Kinder mit ihren Lehrern vorbereiten und ausrichten.

Die Gestaltung dieser Feiern sehe ich, im Sinne von Tagores holistischer Pädagogik, bewusst als Teil unserer Bemühung an.

Die Schüler und Schülerinnen, die Lehrer und Gäste sollen sich an der natürlichen Ashram-Atmosphäre erfreuen – sich in der Natur wohlfühlen und von ihr lernen, mit der Natur arbeiten, indem sie die Beete mit Gemüse und Blumen bestellen, ja sogar für die Ernte eines Reisfeldes verantwortlich sind. Die Lehrer führen ihre Kinder zu den Schönheiten und der Strenge der Natur hin.

Allerdings musste ich sehr früh darauf achten, dass diese naturbelassene Umgebung erhalten bleibt. Zu meinem Erstaunen entdeckte ich in unserem Team einen Drang, immer mehr Gebäude zu bauen und für sie im FC als »unbedingt notwendig« zu werben. Ein Geräteschuppen, ein Unterstand für die Motorräder, ein Stall für Gänse und Enten, ein Gebäude für die Bibliothek und … und … Des Wünschens war kein Ende. Bis heute steht die Frage im Raum: Was brauchen wir wirklich? Ich wies auf ländliche Projekte hin, die durch Bausucht ihre natürliche Schönheit eingebüßt hatten. Die in Dörfern groß gewordenen jungen Menschen trieb es plötzlich, die naturhafte, dörfliche Umgebung zu verstädtern, vieles, was die Stadt zu bieten hatte, auf dem Land auch anzusiedeln. War's das leidige Gefühl, gegenüber den Städtern benachteiligt zu sein und von ihnen nicht geschätzt zu werden, war's eine Frage des Prestiges? Bis heute muss ich dagegen ankämpfen, dass unnötig gebaut wird. Wollen wir in einem Land wie Indien die Gebäude in gutem Zustand erhalten, ist das kostspielig genug, denn die Heftigkeit von Sonne und Monsunregen greifen die Substanz an.

Die Lehrer der staatlichen Schulen bieten in den überfüllten Klassenräumen allenfalls die Kernfächer an. RSV gibt außer ihnen regelmäßig Unterricht in Musik, Kunst und Sport.

Die Santali-Lieder lernen sie von ihren Eltern im Dorf, ein bengalischer Musiklehrer übt Lieder von Rabindranāth Tagore ein. Sanyasi malt und modelliert mit den Kindern und stellt ihre Kunstwerke an den Festen aus, zu denen Gäste aus den Nachbardörfern und den Städten kommen. Fußball und Volleyball haben sie immer schon auf dem kleinen Spielplatz im RSV geübt, doch seit 2018 bezahlt die Stiftung »Kick for Help« meines Schulkameraden Norbert Neuser zwei Fußballtrainer, Schuhe und Trikots, kräftige Nahrung für zwei Jungenteams und zwei Mädchenteams. Ja, auch die Mädchen spielen Fußball, und sie tun es mit Leidenschaft! Der Gemeinschaftssport hält sie fit und fördert ihr Selbstbewusstsein und ihren Teamgeist.

Von Beginn war mir daran gelegen, dass ich die Aktivitäten dezentralisiere, die Verantwortung verteile und Strukturen schaffe, die stabil sind und neue Energien freisetzen. Ich sehne mich danach, dass im RSV, jenem geradezu paradiesischen Ort mit seinen Kindern, Bäumen, Tieren, dem Teich und den Reisfeldern, eine Gemeinschaft von Menschen aufwächst und zufrieden leben kann. Boro Baski wohnt dort schon seit Jahren. Wer von der einheimischen Bevölkerung würde dort zeitlebens wohnen wollen? Nur eine Person fand ich bisher. Frau *Upoma Ghosh* aus Kalkutta hatte ihre Tochter bei einem Unfall verloren. Sie brauchte Halt in einer Gemeinschaft und bot uns ihre praktischen Fähigkeiten an. Zwei Jahre wohnte sie im RSV, überwand ihre Krise und lebte auf. Mit Monotosh Das, der für den biologischen Garten verantwortlich ist, entwickelte sie die Pilzzucht und baute Gemüse an, gab Nachhilfeunterricht und bereitete Feste vor. Sie verkörperte den guten Geist des Ortes. Auf einer Urlaubsreise mit ihrem Sohn starb sie plötzlich an Herzversagen. Immer noch warte ich darauf, dass sich eine Lebensgemeinschaft von Menschen aus dem ländlichen und städtischen Milieu zusammenfinden wird.

Sorgen und Enttäuschungen

Ich wiederhole, eine *holistische* Entwicklung wollen wir fördern, eine, die alle Bereiche des menschlichen Lebens umfasst. Das bedeutet, dass Entwicklung sich nicht auf ausschließlich wirtschaftliche und schulische Fortschritte konzentriert, sondern, damit verbunden, auf praktische Kompetenzen und Ehrlichkeit, Engagement und vor allem auf Gemeinschaftsgeist.

Dieses Bewusstsein: Ich habe etwas bekommen (was meine Eltern mir nicht haben geben können), darum werde ich etwas zurückgeben – dieses Bewusstsein zu wecken, ist besonders schwer. Unsere Schülerinnen und Schüler, die Stipendien bekamen, wurden dazu verpflichtet, nach dem Schulabschluss den Jüngeren Nachhilfeunterricht zu geben, einige Stunden pro Woche, nicht mehr. Kaum jemand hat sich an dieses Versprechen erinnert. Viele haben nach den ersten gesellschaftlichen Fortschritten, anstatt sich der nachfolgenden Jüngeren im Dorf anzunehmen, nur weitere Fortschritte für sich gesucht. Oder sie sind nach dem Schulabschluss aus Lethargie und Phantasielosigkeit in ihrer Entwicklung steckengeblieben. Sie fallen in ihren ursprünglichen Status als traditionelle Bauern oder Tagelöhner zurück.

Um eine echte, holistische Entwicklung zu leisten, mangelt es nicht in erster Linie an Finanzen, sondern an menschlichen Qualitäten, an menschlichen Ressourcen. So viel mehr könnte erreicht werden, wenn die jungen Menschen, die nach einem Lebensinhalt, nach einem Beruf suchen, sich ernsthafter, phantasievoller und zielgerichtet bemühten, ihre Talente und Fähigkeiten auszubilden, anstatt defätistisch auf Chancen zu warten. Doch dann: Wäre diese mentale Agilität schon vorhanden, brauchten sie keine Anstöße mehr von außen.

Zum Beispiel *Sunil Murmu*, ein jüngerer Bruder von Sona. In der Schule war er mittelmäßig, aber er schaffte den Abschluss der 12. Klasse. Ich schickte ihn zu einer weiterführenden technischen Schule in Narendrapur, wo sich Swami Asaktananda persönlich für ihn einsetzte. Doch Sunil kehrte nach zwei, drei Monaten zurück, weil er dem Unterricht nicht folgen konnte. Als Nächstes kaufte ich ihm – auf eigenen Wunsch – eine Autoriksha. Er war der erste Santal, der in Bolpur ein Autoriksha-Taxi fuhr. Schritt für Schritt begleitete ich ihn auf diesem Wechsel vom Dorf- zum Kleinstadtleben. Zuerst einen Führerschein machen. Ich bat einen befreundeten Rikshafahrer, Kartik, den Jungen einzuüben. Der mundfaule Sunil, dem das trubelig-laute Stadtleben fremd war, versuchte, sich als Autorikshafahrer einzuleben. Er brauchte dazu vor allem ein Quäntchen Durchsetzungswillen, um an Kunden zu kommen. Sich anbieten, den Kunden nachlaufen ... das alles schaffte der Dorfjunge nicht. Mit der Rückzahlung der Autorikshakosten haperte es. Schließlich gab er auf, weiter abzuzahlen. Letztendlich stellte er die Autoriksha neben seinem Hof ab, spannte eine dicke Plastikplane darüber und ging mit seinem jüngeren Bruder wieder aufs Feld. Als Fahrer war er pummelig geworden, nun machte ihn die harte Feldarbeit wieder schlank und kräftig.

Wie manche andere hatte Sunil den Absprung vom Bauerndasein zu einem Leben als Handwerker oder kleiner Angestellter in einem Geschäft oder als Dienstleister nicht geschafft, obwohl er jeden Abend in seinen gewohnten dörflichen Umkreis hatte zurückkehren können. Nicht die materiellen Mittel hatten gefehlt, sondern die mentale Belastbarkeit und Zähigkeit. Die Autoriksha gammelt derweil neben Sunils Hof, weil er sie nicht verkaufen will – der Junge hängt an dem nutzlosen Besitz.

Gopal Murmu, von Geburt blind, hatten Sona und ich von Kind auf umsorgt: zum Arzt gebracht, in der Blindenschule in Narendrapur untergebracht, in der er gut lernte. Als Blinder besuchte er ein angesehenes College in Kalkutta, wieder war er ein überdurchschnittlicher Schüler. Er wurde Lehrer, schließlich sogar Leiter einer neu gegründeten Schule für Adivasi-Kinder unweit von Bolpur. Mit einem Magister wurde er der am besten ausgebildete junge Mann von Ghosaldanga! Doch durfte man stolz auf ihn sein? Er ließ sich in Ghosaldanga nur zu Festen blicken. An die Jüngeren des Dorfes verschwendete er keinen Gedanken. Schließlich heiratete er ein Santal-Mädchen, doch zum Erschrecken und der Betrübnis der Familie und des Dorfes wollte Gopal nur standesamtlich heiraten, nicht nach Santal-Art im Rahmen einer rituellen Hochzeit, bei der das gesamte Dorf singt und tanzt und die Trommeln schlägt. Gopal war durch unsere Förderung erfolgreich, aber er löste sich – als Folge seiner besseren Bildung? – von der Dorfgemeinschaft ab, anstatt ihr etwas zurückzugeben.

Darf ich erwarten, dass junge Menschen mir besonderen Dank abstatten, weil ich mich, obwohl außerhalb ihrer Familien stehend, jahrelang zielstrebig für sie engagiert habe? Denke ich so, stehe ich auf verlorenem Posten. Dankbarkeit wird in Indien nicht anerzogen, sie ist allenfalls die Einsicht des reifen Alters.[106]

Lernprozesse – zum Beispiel Gesundheit

Holistische Entwicklung bedeutet, dass wir uns im Team für jeden jungen Menschen persönlich interessieren und ihn jahrelang begleiten. Darum die Beschränkung auf diese zwei Dörfer. Aber auch infrastrukturelle Entwicklung ist wichtig, auch weil damit menschliche Lernprozesse zusammenhängen. Zum Beispiel begannen wir sehr früh, nach Wasser zu bohren und Pumpen zu installieren. Sauberes Wasser zum Trinken und zum Baden wurde bereitgestellt. Danach war es möglich, auch Toiletten zu bauen. Wir bauten das kleine

Schulzentrum »Prantik« am Rand von Ghosaldanga und das »Vocational Training Centre« fünfzig Meter von Bishnubati entfernt, jeweils mit soliden – also recht teuren – Toilettenanlagen. Septische Tanks mit einer funktionierenden Sickergrube, Ziegelsteinhäuschen mit zementiertem Boden. Das Wasser zum Spülen trugen die Schulkinder in einem Eimer von der Pumpe zur Toilette. Danach gab es immer wieder sporadische Aktionen, Toiletten, oft verbunden mit Badehäusern, zu bauen. Wichtig war, dass die Pumpe nicht zu weit entfernt war, sonst wollten sich die Dorfbewohner die Mühe nicht machen, das Wasser herzuschleppen, und verschwanden lieber im Gebüsch.

Mit einem Toilettenbau war's nicht getan, es bedurfte jahrelanger Überredungskunst, die Dorfbewohner von den Vorzügen einer Toilette zu überzeugen. Hygiene! – Was das ist? – Ihr werdet krank! Schaut, die Krätze auf den Köpfen eurer Kinder an! Eure Magenkrämpfe, euer ständiger Durchfall, die häufigen Typhusfälle im Dorf. Das können wir alles vermeiden, wenn ihr eine Toilette benutzt und beim Händewaschen Seife gebraucht. Außerdem müssen die Frauen nicht beschämt warten, bis es dunkel wird, um unbeobachtet ihre Notdurft zu verrichten. – Dennoch hat bis heute nicht jede Familie eine Toilette und die eine haben: Benutzen die sie regelmäßig?

Seit 1994 hat Dr. Monika Golembiewski, eine deutsche Kinderärztin, beinahe jedes Jahr einige Wochen bei uns gewohnt, zunächst im Gästezimmer von Ghosaldanga, das wir Suryakunja (»Sonnenhaus«) nennen, dann in Santiniketan, um vor allem die Kinder medizinisch zu betreuen. Sie wollte nicht nur kurativ heilen, denn drei Wochen Anwesenheit im Jahr hätten wenig bewirkt, sondern präventiv, indem sie Arzthelfer/innen ausbildete. Vor allem legte sie den Finger auf eine Wunde: die bedenklich hohe Zahl der unterernährten Kinder. Um dem Missstand abzuhelfen, reichen wir seit

Gründung in den beiden Kindergärten jeden Mittag einen nahrhaften Imbiss; ebenso bekommen die Kinder im RSV nach dem Unterricht eine warme Mahlzeit. Aber nicht nur Reis und Dal sollen dabei sein, sondern auch grünes Gemüse, das in den Dörfern als unnötiger Luxus gilt. Eben diese Gemüsearten werden jetzt im Biogarten des RSV angepflanzt. Die Bemühungen, die Mangelernährung zu beheben, müssen in verschiedene Richtungen weitergehen. Zum Beispiel Tuberkulose, eine anfangs bei uns verbreitete Krankheit, ist durch bessere Ernährung und mehr Hygiene fast besiegt.

Das Problem bei allen Projekten ist die *Nachhaltigkeit*. Man beginnt mit Aplomb und Begeisterung, überzeugt von der Notwendigkeit und dem Nutzen eines Projekts ... und dann erlahmen die Energien, es schläft ein, und man wendet sich anderem zu. Das darf gerade bei der Ernährung und Erziehung der Kinder nicht geschehen und bei allen Projekten, die einer ständigen Pflege und Erhaltung bedürfen, um sich auszuwirken. Meine Aufgabe war nie, die Projekte selbst Tag um Tag zu betreiben, das lag in der Verantwortung unseres Teams und anderer Angestellten. Ich griff Ideen auf und brachte eigene ins Gespräch und diskutierte sie so lange, bis sie umsetzbar wurden und man sich für sie entschied. Danach Erinnern und Nachfragen, Besprechen und ein gemeinsames Neuanfangen. Eine höchst notwendige, jedoch undankbare Sache.

Elektrizität – Vor- und Nachteile

Beide Dörfer wurden konventionell elektrifiziert, zunächst Bishnubati, wo die Strommasten näher zum Dorf hin standen und der Stromanschluss darum billiger und unkompliziert war, darauf Ghosaldanga. Im Jahr 2000 feierten wir zusammen mit dem deutschen Generalkonsul, der finanziell geholfen hatte, ein Lichterfest. Er nahm mich beiseite und sagte:

7 ARBEIT UNTER STAMMESBEWOHNERN

»Jetzt ist Strom im Dorf. Es wird kein halbes Jahr dauern, und die Leute haben den ersten Fernsehapparat!« Ich versprach ihm feierlich, dass wir das möglichst verhindern würden. Die destruktive Wirkung des Fernsehens vor allem auf Kinder erlebte ich in den Haushalten der Städte. Für unsere Dorfkinder war die Anziehungskraft noch verheerender. Die Atmosphäre des Lernens in unseren Abendschulen würde zerstört. Tatsächlich erfuhr ich nach einigen Monaten, dass eine Gruppe von Männern einen Fernsehapparat als Leihgabe im Klubhaus von Ghosaldanga installiert hatte. Ich tat, was ich bisher nicht getan hatte und was danach nie mehr geschehen ist: Mit Sona rief ich eine Dorfversammlung ein, und ich sagte deutlich: »Bitte entscheidet euch, was ihr haben wollt: Entweder den Fernsehapparat oder mich? Wenn der Fernseher bleibt, gehe ich, und ihr werdet mich nicht mehr sehen.«

Eine auf meine Person zugespitzte Aktion ist die falsche Methode bei der Dorfarbeit. Immer soll Nutzen oder Schaden einer Sache selbst betont werden. Verständnis wecken, nicht befehlen ist der Weg zur Entwicklung. Doch mir war bewusst: Ist der Apparat erst einmal angeschlossen und angeschaltet, wird die Attraktion für Jung und Alt so überwältigend sein, dass sie sich nicht mehr davon trennen können. Die Bildersucht wäre ins Dorf eingedrungen. Zum Glück ging meine Rechnung auf: Der Apparat verschwand und tauchte nicht mehr auf. Jahre später konnten sich einige Familien Fernsehapparate leisten, deren Wirkung jedoch auf die jeweiligen Familien beschränkt bleibt.

Der Hauptnutzen der Elektrifizierung ist, dass die Schulkinder abends besser und länger lernen können, weil sie helleres und rauchfreies Licht bekommen. Schon früh experimentierten wir auch mit Solarlicht. Herr Zäpfel in Stuttgart gab mir jedes Jahr einen aufklappbaren »Solarkoffer« mit nach Indien. Der Deckel war außen mit Solarzellen ausgestattet, innen waren Batterie und Aufladevorrichtung untergebracht. Nach und nach kamen konventionelle Solaranlagen im RSV, in Bishnubati und Ghosaldanga hinzu. Da in den Dörfern das elektrische Licht immer noch häufig ausfällt, sind die Schüler und Schülerinnen dankbar für Solarlichter. Unser Ziel, den Rolf Schoembs Vidyashram vollständig zu solarisieren, krankt nur am Problem der Instandhaltung. Die Kinder mögen aus Mangel an Erfahrung unvorsichtig mit den Lampen umgehen, doch auch Lehrer halten nicht immer die Regeln ein, so dass Monotosh Das, ein gelernter Elektriker, dem die Anbringung und Wartung der Solaranlagen obliegt, manchmal verzweifelt ist.

Der Freundeskreis Ghosaldanga und Bishnubati

Um die Kontinuität, Nachhaltigkeit, die lang anhaltenden Gespräche und Entwicklungen zu institutionalisieren, haben wir neben den allsonntäglichen Dorftreffen in Ghosaldanga und den Meetings des Finance Committee, die jedes seiner Mitglieder einberufen kann, auch das »Village Council« gegründet. Darin versammeln sich alle vollzeitlich Angestellten unserer Dörfer, um gemeinsame Anliegen zu besprechen. Im Jahr 2002 entstand der »Ghosaldanga Bishnubati Adibasi Trust«, eine in Kalkutta registrierte Stiftung, die einen Schirm über alle anderen Organe der Dorfarbeit spannt. Das Stiftungskapital, das nach und nach aufgestockt wird, soll eines Tages genügend Zinsen abwerfen, dass daraus die Gehälter der Vollangestellten bezahlt werden können. Das wird ihnen – und mir – Sicherheit geben, denn zahlreiche Familien hängen von uns ab.

Wesentlich zu unserem Sicherheits- und Fördernetz gehört der schon erwähnte, seit 2008 bestehende Verein »Freundeskreis Ghosaldanga und Bishnubati« mit Sitz in Frankfurt. Wieder war es ein deutsch-indisches Ehepaar, *Marianne* und

Debaprasad Pal Chowdhury, das Interesse gezeigt hatte, das indische Dorfprojekt von Deutschland aus zu unterstützen, und zwar in der strukturierteren Form eines eingeschriebenen Vereins. Frau Marianne Pal Chowdhury, pensionierte Rektorin einer Grundschule, sorgt seitdem mit der Unterstützung des gewählten Vereinsvorstands für die finanzielle Ausstattung unserer Dorfarbeit. Aber es geht dem Verein um mehr als Finanzen. Insbesondere der Vorstand kümmert sich darum, für welche Inhalte die Spenden ausgegeben und angelegt werden. Das Jahresbudget präsentiert Snehadri Chakraborty dem Vorstand, der es bespricht. Außerordentliche Vorhaben sollen zunächst gemeinsam diskutiert und dann entschieden werden. Es herrscht ein lebhafter Austausch zwischen Frankfurt und Indien, wobei ich als Vermittler handele. Fast jeden Winter kommt der Vorstand mit weiteren Vereinsmitgliedern nach Santiniketan, um eine Woche die Fortschritte vor allem in der pädagogischen Arbeit zu erleben. Diese Besuche bedeuten den Angestellten Ermutigung, spüren sie doch die Bedeutung ihrer Arbeit. Von so weit her kamen die Freunde angereist, um unser Dorfleben zu beobachten! Danach entsteht erneuertes Verantwortungsbewusstsein und Engagement.

Mir ist wichtig, dass ich dem Freundeskreis keine rosigen Zustandsberichte liefere, sondern ausgewogene, auch kritische Berichte, die auf Fehler und Schwächen ebenso wie auf Fortschritte und Zukunftsperspektiven hinweisen. Aus Sorge, dass die Spender enttäuscht abspringen, melden viele Vereine nur Erfolge. Unsere Spender haben das Recht darauf, die genaue Sachlage, wie ich sie verstehe, zu erfahren. Spender, die annehmen, ihr Geld werde in einem Paradies von Engagement, Gerechtigkeit und Opferbereitschaft angelegt, müssen aus diesem Paradies herausbegleitet werden.[107]

Ein Museum in einem Dorf?

Boro Baskis Idee war's, ein Museum zu bauen. Nicht etwa Kunstgegenstände sollten gezeigt werden, nicht Dokumente oder alte Fotos, sondern – im Stil eines Heimatmuseums – die Alltagsgegenstände des traditionellen Santal-Familienlebens, die nicht mehr im Gebrauch sind. Die Adivasi, die Stammesangehörigen, sind eine Gruppe, die zwar wirtschaftlich im Vergleich zum städtischen Mainstream zurückgeblieben, jedoch kulturell bedeutsam und originell ist. Da die Adivasi-Stämme lange isoliert gelebt haben, sind sie auf einem ursprünglichen Zivilisationszustand geblieben. Erst mit der Öffnung der letzten Jahrzehnte, vorangetrieben durch Schulbildung und die neuen technischen Möglichkeiten, geht unweigerlich die ursprüngliche Lebenskultur verloren.

Sie ist gefährdet, weil die Menschen keineswegs wissen, welchen Schatz sie besitzen. Der Stolz fehlt. Sie empfinden sich als zurückgeblieben, vernachlässigt, als herabgesetzt. Ihre kulturellen Werte sind ihnen kaum bewusst, blind sind sie bereit, sie mit anderen – »modernen« – zu vertauschen. Ein Beispiel: Als ich in den 1980er-Jahren den Santal-Festen zuschaute, waren die Mädchen, jene vor allem, die mittanzten, bunt und fröhlich geschmückt: Blumen und Baumblätter und farbige Stoffbänder, Armreifen, Ohrgehänge und Haarspangen aus Silber. Und heute? Ihr Schmuck besteht aus kitschigem Plastik. Ihr ästhetisches Empfinden hat sich den Einflüssen aus der beneideten Stadt angepasst.

Das »Museum of Santal Culture«, das 2007 in Bishnubati eingeweiht wurde, zeigt Geräte zur Jagd wie Pfeile und Bögen, Fallen für Vögel und Ratten, denn Santals waren ursprünglich Jäger und Sammler, keine Bauern, und dieses Erbe pulst in ihnen weiter. Sodann Kochgeschirr aus Lehm, Hochzeitsschmuck für Braut und Bräutigam und Alltagsschmuck, Kleider mit typischen Mustern. Wie sahen die Lehmhütten ursprünglich aus? Eines ist *en miniature* nachgebaut. Sodann Musikinstrumente, die Bauernhände selbst aus Holz geschnitzt haben und denen sie magische Kräfte zuschreiben. Eines dieser uralten Instrumente, das einsaitige, gestrichene, vielfach verzierte Musikinstrument namens *Banam* war Gegenstand einer Seminarreihe. Über zwanzig Santal-Musiker und -Künstler haben je eines nach Väter Art geschnitzt und erzählt, was es ihnen bedeutet.[108] Sanyasi Lohar, der Künstler, weitete das Museum in Bishnubati aus, indem er an den Außenwänden von sechs Lehmhäusern Reliefs über die typischen Feste der Santals anbrachte.[109]

Die Bedeutung des Museums ist nicht zu unterschätzen – in einer Zeit, in der die Stämme beinahe orientierungslos nach allem Neuen greifen, ist es wichtig, an das Alte zu erinnern. Im Gegensatz zu vielem Neuen, das ohne eigenen Charakter bleibt, besitzen die alten Gebrauchsgegenstände eine Ausstrahlung, die eine gesamte Kultur und Lebensart ahnen lässt.

Leider wird das Museum noch nicht genügend genutzt. Besucher unserer Schule RSV werden zum Museum geführt. Vor allem aber sollten Schüler und Schülerinnen der umliegenden Santal-Dörfer das Museum besuchen und sich jedes Ausstellungsstück erklären lassen. Dieser Prozess bedarf einer andauernden Bemühung.

Noch einmal: Freud und Leid der Dorfarbeit

Drei Mitarbeiter stammen aus dem städtischen Bereich, Snehadri Chakraborty, Monotosh Das und Pankaj Mukherjee. Pankaj bemüht sich seit einigen Jahren darum, dass die Schulabgänger in unseren Dörfern eine weiterführende Ausbildung in einem handwerklichen Beruf und danach eine Anstellung bekommen. Viele haben davon profitiert, obwohl es allgemein schwierig ist, junge Menschen aus dem bäuerlichen

Milieu einem handwerklichen Beruf zuzuführen. Es ist ein riesiger mentaler Sprung, Feld und Pflug zu verlassen, um Hammer und Schraubenzieher in die Hand zu nehmen. Einfacher ist jedoch, Mädchen für eine Ausbildung zu Krankenschwestern und ähnlichen pflegenden Berufen zu interessieren.

Alle anderen Mitarbeiter, Santals und Hindus, entstammen der dörflichen Umgebung. Es war wichtig, gerade sie einzubinden, weil sie die Kinder, mit denen sie zusammenarbeiten, intuitiv verstehen. Das ist wichtiger als eine höhere berufliche Kompetenz. Umgekehrt, die Kinder kennen die Regeln des Zusammenlebens, sie können sich öffnen. Das Unglück mit Debajyoti war mir eine Lehre geworden. Gewiss hätten wir aus Bolpur besser ausgebildete Lehrer und Sozialarbeiter anwerben können, doch wären sie als Außenseiter vermutlich nur beschränkt integrierfähig gewesen.

Dorfpolitik. – Wer Indien kennt, weiß, wie tief die Parteienpolitik in das Leben aller Menschen hineinwirkt. Kaum jemand kann im täglichen Lebenskampf auf die Unterstützung der lokalen politischen Bosse, der *Netas*, verzichten. Mit ihnen in gutem Einvernehmen zu bleiben war notwendig, insbesondere Sona und Boro taten ihr Möglichstes. Als die Regierungspartei in Kalkutta und ebenso lokal wechselte, versuchte die neu gewählte Trinamul-Partei unseren Verein, besonders die Schule, zu infiltrieren. Nachts landeten Bomben auf dem Gelände des RSV. Die Kinder wurden eingeschüchtert, ein Trupp von Halbstarken, alle mit flatternden Trinamul-Fahnen, kamen auf Motorrädern zum Tor vom RSV und demonstrierten laut. Man wollte, dass einer von ihnen als Lehrer angestellt werde. Das FC-Team kam zusammen, immer wieder: »Was tun?« Wir entschieden uns, der Forderung nicht nachzugeben und stattdessen unsere Schule auf unbestimmte Zeit zu schließen ... Es dauerte nur zwei Wochen, da erschienen ältere Parteimitglieder und baten – »der Kinder wegen« – die Schule zu öffnen. Es tat dem Image der neuen Partei nicht gut, wenn eine Schule aus Protest geschlossen blieb. Standfestigkeit hatte sich gelohnt. Unser Prinzip bleibt bis heute, keine Parteimitglieder zu unseren Veranstaltungen einzuladen, außer jene auf der untersten lokalen Ebene, dem Panchayat.

Fische fangen oder Diebe? – Von Anfang an haben wir uns immer wieder daran erinnert, dass ein vernünftiges soziales Programm, von dessen Erfolg zahlreiche Familien abhängen, nicht einzig von Spenden existieren sollte. Von den Eltern unserer Schulkinder können wir nur einen minimalen Kostenbeitrag erwarten. Ihn einzutreiben ist zeit- und nervenraubend, aber wir bestehen darauf, weil sowohl den älteren Schülern und Schülerinnen wie auch deren Eltern bewusst werden muss, dass der Unterricht einen Wert hat, dass die Lehrer ein Gehalt bekommen, dass Schule kein Zeitvertreib ist.

Im Lauf der Jahre unternahmen wir zahlreiche Versuche, dem Ziel der Selbstversorgung näherzukommen. Wir kauften in der Nähe von Bishnubati einen großen Fischteich, schickten einen Jungen nach Narendrapur, wo er einen Kurs in Fischzucht absolvierte. Am Rande des Fischteichs bauten wir sogar eine winzige Lehmhütte für den Nachtwächter, der darauf achtgeben sollte, dass nicht Burschen aus den Nachbardörfern bei Nacht und Nebel Fische stehlen. Nach allen Regeln der Fischzucht setzten wir Jungfische aus, fütterten und behüteten sie. Der Verkauf der Fische würde eine beträchtliche Summe in die Vereinskasse bringen, so hatten uns die Experten von Santiniketan versprochen.

Ein älterer Mann von Bishnubati wurde gegen ein schmales Gehalt zum Wächter bestellt. Zur Feldarbeit war er zu gebrechlich. Einige Monate vergingen. Man wartete auf dicke Fische, aber sie wurden immer weniger. Der Wächter zuckte mit den Schultern, er wisse auch nicht, warum. Eines frühen Wintermorgens sah ein Bauer den Wächter, das Gesicht nach unten, auf dem Stoppelfeld liegen: tot. Was war geschehen? Wir erfuhren, dass er, anstatt die Fische zu bewachen, jeden Abend zur Wirtschaft des Dorfes gewandert war, um einen Krug warmes Reisbier zu leeren. Heiter kehrte er nach geraumer Weile zum Teich zurück und schlief fest bis zum Morgen. Die Diebe hatten den Rhythmus des Wächters rasch begriffen und fingen regelmäßig fette Beute aus dem Teich. Weitere Anläufe blieben ohne durchschlagenden Erfolg. Den Santal-Jungen fehlt es an der Disziplin und Beharrlichkeit, um aus dem großen Teich Profit zu schlagen.

Ähnliches widerfährt dem biologischen Garten auf dem RSV-Campus. Ursprünglich war er angelegt worden, um durch den Verkauf von Früchten und Gemüse die Lehrergehälter zu bezahlen. Wieder Versprechungen des Experten ... Nach zahllosen Diskussionen, Bemühungen, Neuanfängen gelingt es Monotosh Das, der von Beginn mit viel Mühe und Überstunden den Fruchtgarten betreut, allenfalls die Unkosten wie Saatgut, Naturdünger, sein Gehalt und das seiner Mitarbeiter zu erwirtschaften. Monotosh kämpft gegen die Entspanntheit seiner Mitarbeiter, gegen ihre fröhliche Bummelei. Beneidenswerte Eigenschaften? – Ja. Santals haben kein Profitdenken, kein kommerzielles Interesse, sie sind ihrer Mentalität nach keine Händler – belehrt uns Boro Baski schmunzelnd. Also, was tun?

Frühzeitig den Abschied vorbereiten. – Tief ist meine Genugtuung immer wenn Kinder Freude an ihrer Schule, am Leben im RSV, an den Festen, an den Spielen ausdrücken. Das Leuchten ihrer lebhaften Augen, die unmittelbare, leichtherzige Art der Jugendlichen, mit mir umzugehen, das waren Augenblicke, in denen ich wieder wusste, warum ich in Indien lebe! Manchmal habe ich gegenüber anderen die Jungen und Mädchen als

»meine Familie« bezeichnet, war mir aber im nächsten Augenblick bewusst, dass dies aus der Begeisterung gesprochene Wort nicht stimmt. Diese Menschen »gehören« nicht zu mir wie deren leiblichen Brüder und Schwestern zu ihnen gehören, auch wenn sie mich gewohnheitsmäßig mit *Dada* (»älterer Bruder«) oder *Jethu* (»Onkel«) ansprechen. Diese Grenze habe ich häufig wahrgenommen.

Oft bin ich gefragt worden, warum ich so lange in Indien bleibe. Meine Antwort fiel je nach Laune anders aus. Manchmal: »Wegen eines alten Mannes! – Rabindranāth Tagore!« Oder: »Wegen meiner Zusammenarbeit mit den Santals.« Allerdings war mir bewusst, wie zweischneidig diese Antwort ist. Ich kenne genügend Beispiele, in Indien wie in Deutschland, bei denen die Gründer eines Werks es nicht loslassen und in andere Hände übergeben können. Häufig haben sie dieses Werk ganz auf sich zugeschnitten, als wären nur sie fähig, es weiterzuführen. Darin liegt Überheblichkeit und Ichbezogenheit, der ich nicht verfallen will. Darum gebe ich die Verantwortung und damit die Gestaltungsmöglichkeiten, wie geschildert, Stück für Stück in die Hände der Dorfbewohner. Könnte ich Indien verlassen und die Dorfarbeit den Einheimischen übergeben? Wenn der Zeitpunkt kommt, sollen meine Mitarbeiter und ich emotional und praktisch dazu bereit sein.

Die Vermittlung zwischen Indien und Deutschland harmonisch und effizient zu gestalten, das bleibt meine Aufgabe, weil mir beide Gesellschaften vertraut sind. Noch bin ich da, aber nicht mehr mitten in der täglichen Arbeit. Manchmal drehe ich den Spieß um und sage: Jetzt ist es Zeit, dass ihr für *mich* sorgt! – Aber das verstehen die Freunde nicht. Bisher haben sie mich als einen Starken erlebt – leider *nur* als einen Starken.

8
Der Blick weitet sich
Die Erfahrungen und Themen werden reicher

Das Unbekannte hast du mir vertraut gemacht,
Heimat gabst du mir an vielen Orten;
das Ferne, Freund, hast du mir nahgebracht,
den Fremden Bruder werden lassen.

Mit der Jahrhundertwende ist auch eine Wende in meinen
Wirkungsmöglichkeiten eingetreten. Ich schreibe regelmäßig
für indische Tageszeitungen; Bücher in Englisch und Bengalisch, literaturwissenschaftliche wie auch essayistische, erscheinen. Die Arbeit für Tagore gewinnt allmählich Anerkennung, die zu einigen Reisen für Vorträge und Seminare in
Indien, in Europa und Amerika führt. Die Frankfurter Buchmesse mit Indien als Gastland (2006) und der 150. Geburtstag
von Tagore (2011) setzten kräftige Akzente. Anthologien über
indische Literatur und Indien in der deutschsprachigen und
in der Weltliteratur erscheinen. Ich empfinde mich erfahren
genug, um über »Lebenskunst« aus indisch-europäischer
Perspektive zu schreiben, gehe also über »Indien« als Fokus
hinaus. Zum ersten Mal unternehme ich Reisen, ohne sie mit
beruflichen Pflichten verbinden zu müssen, beginnend mit
den Wanderungen zum Kailash und in Nepal. Im Himalaja,
nämlich in Kalimpong, finde ich ein Refugium zur Erholung.

Und zuletzt: Ich schreibe ein Kinderbuch, das auch Erwachsene lesen sollen!

Aber in meinem Ein-Mann-Haushalt in Santiniketan, in dem viele Menschen ein und aus gehen, bleibt zum Glück alles beim Alten. Fange ich damit an.

Mein seltsamer Haushalt in Santiniketan

Nach elf Jahren wurde das Ein-Zimmer-Haus im Garten von Herrn Moni Moulik zu eng. Seine Haushaltshilfe zog einen ungebärdigen Sohn auf. Es war zu laut geworden. Chandranath Bhattacharya, der in Santiniketan im Ruhestand lebte, bot mir sein Outhouse an. Es liegt fünfzig Meter von seinem Haus entfernt, und fünfzig Meter von einem zweiten Outhouse, das sein Koch und Hausmeister mit seiner Familie bewohnt. Ideal also: für indische Verhältnisse einsam gelegen, von nahem Lärm unberührt. Seit drei Jahrzehnten ist dieses Outhouse mein Lebensmittelpunkt. Eine breite Veranda, den beiden Zimmern vorgebaut; ein schmales Zimmer rechts, mein Arbeitsraum; das zweite links, die Bibliothek. Dahinter Badezimmer und Küche. Die Veranda ist eingegittert; aber unverglast offen. Auf dieser Veranda sitze ich und lese, dort unterhalte ich mich mit Gästen, dort finden auch unsere vielen Dorfmeetings statt. Außer in den Wintermonaten schlafe ich dort auf einer Matratze am Boden. Als Sanyasi hier wohnte oder andere, haben wir neben meinem ein zweites Moskitonetz aufgespannt.

In meinem Zimmerchen steht ein Holzbett, das ich als Schreibtisch benutze. Der Vorteil ist, dass das Holzbett eine größere Fläche als konventionelle Schreibtische hat, so dass ich meine Mappen und Bücher, die aktuell notwendig sind, ausbreiten kann. Davor sitze ich auf einem niederen Schemel. Anfangs meine Reiseschreibmaschine, danach mein Laptop nimmt den zentralen Platz ein. Daneben steht der Drucker, später auch ein Scanner und ein »Invertor«, der auf Batterie umstellt, wenn die Elektrizität ausfällt. Später sorgte ein Minigenerator für Strom. Heute sind Stromausfälle selten geworden.

Das sind meine Arbeitsgeräte. Auf einen elektrischen Ofen, auf Kühlschrank und Mikrowelle und Durchlauferhitzer verzichtete ich. Je mehr ich an Geräten gekauft hätte, desto mehr wäre zu reparieren gewesen. Bei aller Beschränkung – irgendwas geht fast täglich kaputt. Eine Glühbirne macht patch!, eine Stromleitung brennt durch. In der feuchten Jahreszeit bin ich darauf gefasst, plötzlich schmale braune Streifen entlang der Wände zu entdecken – Termiten! Oh – rasch-rasch die ekligen weißen Tierchen herunterschaben, denn innerhalb weniger Stunden fressen sie sich an den Wänden entlang, höhlen hölzerne Fensterrahmen und Türen aus oder – schlimmer noch – dringen in die Bücherregale vor. Bevorzugt werden übrigens Bücher, deren Seiten durch Alter und Feuchtigkeit schön mürbe geworden sind. Sie machen Kauen und Verdauen leichter. Der Alltag war und bleibt, wollen wir sagen: abenteuerlich!

Kamal. – Mein Koch erscheint gegen 11 Uhr. Zunächst trinken wir gemeinsam eine Tasse Tee oder südindischen Kaffee, dann bereitet er das Mittagessen vor – seit Jahrzehnten dieses eine Menü: eine dicke Suppe aus Gemüsesorten, die frisch vom Markt kommen. Wenn nach 12 Uhr Gäste kommen, trinken wir eine Tasse Tee, und zwar alle zusammen. Menschen aus den Dörfern und aus Kalkutta, Santals und Hindus, Analphabeten und Akademiker will ich gleichermaßen aufmerksam und freundlich behandeln. Es war nicht immer leicht, doch diese Veranda sollte ein Ort des menschlichen Zusammenseins werden, an dem alle geachtet sind. Die verschiedenen menschlichen Sphären harmonisch zusammenzuführen ist eine Herausforderung. Ich denke: Hierfür bin ich in Indien!

Kamal nenne ich meinen »Mitarbeiter«, der »mit mir« arbeitet, nicht »für mich«. Auf die Unterscheidung lege ich Wert. Mich hat nämlich häufig der Anblick der Dienerschar in den Häusern von Europäern erzürnt, wenn ich sie in Kalkutta und Delhi und Bombay besuchte. Männer und Frauen, die im Heimatland glühende Sozialdemokraten waren, Gleichheit und Menschenrechte auf ihre Stirn geschrieben hatten, fühlten sich nun durchaus zufrieden, wenn sie ihre indischen Diener nicht deutlich anders behandelten als zahlreiche Inder die ihren. Da ist viel Unsicherheit dabei. Die Europäer sprechen keine indische Sprache, durchblicken nicht die soziale Erniedrigung der Angestellten und suchen vielleicht tatsächlich jenen Spalt, durch den sie Zugang zu einer Gleichbehandlung finden können. Viele Europäer geben ihren Angestellten, auf deren Verlangen, viel, oft übergroßzügig Geld für ihre Familien. Die Ansprüche der Angestellten beuten das schlechte Gewissen der Europäer aus. Ein Gleichwertgefühl erreicht aber Geld nicht.

Rajen. – Mit vollem Namen heißt er Rajendranath Sarkar, ist rund fünfzig Jahre alt und nennt sich mit Stolz meinen »Assistenten«; das ist seine Identität – gut, soll er sich so nennen. Aus einer vermögenden Bauernfamilie stammend, kam er zum Studium nach Santiniketan, verliebte sich in Swati, eine Mitstudentin, und die beiden heirateten ohne die Zustimmung beider Eltern. Swati kommt aus dem Mittelstand in Kalkutta. Ihre Eltern hatten sich als Ehemann für ihr einziges Kind einen Arzt oder Ingenieur oder Rechtsanwalt gewünscht, keinen Bauernsohn, der zudem ein durchschnittlicher Student war. Rajen blieb der Zutritt zum Haus der Schwiegereltern auf Jahre versperrt. Doch ihre Ehe blieb intakt. Swati und Rajen empfanden es nicht als Prestigeverlust, dass sie aus sehr unterschiedlichen Milieus stammen. Erst als Rishav, ihr Sohn, geboren wurde, lockerte sich die harte Haltung von Swatis Eltern. Auf ihren Enkel wollten sie nicht verzichten und luden alle drei ein. Später begann Rajen sogar an Stelle eines Sohnes zu handeln. Er fährt oft nach Kalkutta, um die Schwiegereltern bei Bankangelegenheiten, bei der Einkommenssteuer und bei Krankheiten zu unterstützen. Einen pflichtbewussteren Sohn hätten sie sich nicht wünschen können.

Rajen hatte mit seinen Magisternoten keine Chance bei den Prüfungen und Interviews, die Staat und Privatwirtschaft ausschreiben. Sich konzentriert und geduldig auf Prüfungen vorzubereiten, ist seine Sache nie gewesen. Sich wie tausend andere durchzuwurschteln, ist eher sein Stil. In der Jobsuche hat er stets den Weg des geringsten Widerstands gewählt und kam damit auf keinen grünen Zweig. Eine kleine Nudelfabrik hat er gegründet, hat mit ehemaligen Unikameraden ein Kopiergeschäft betrieben, dann sich als Makler am Baugrundstücksmarkt versucht ... aber nichts währte lange, außer eben seine Assistenz für mich.

Er ist hervorragend in der Durchführung genau definierter Aufgaben. Ein Buch in der Buchhandlung bestellen, bei der Bank diese und jene Schwierigkeit klären, meine Gäste durch Santiniketan führen, mir bei der Übersetzung von Tagores Lyrik helfen, indem er mir den bengalischen Text immer wieder vorliest und ihn mir – auf Bengalisch – erklärt, das macht er mit Interesse. Er kennt so gut wie jeden in Santiniketan, was mir oft nützlich gewesen ist. Er ist beliebt, weil er für sich keinen Ehrgeiz entwickelt und mit Hoch und Niedrig in angemessener Weise zu reden versteht. Nur darf man Rajen nicht über seine Grenzen hinaus beanspruchen, auch nicht zu tun verlangen, was nach seiner Auslegung Kamals Aufgabe ist. Sagt er: Mach ich, aber morgen! ... dann nicht insistieren. Eine seiner nicht geringsten guten Eigenschaften ist, dass er ein geschickter Geschichtenerzähler ist. Da er alle kennt, schnappt er viel Tratsch auf, den er mit Gusto – aber nie hämisch – bei mir und an seinen drei frequentierten »Stammtischen« in den Teestuben auspackt.

Nebenher hat sich Rajen ein sehr spezielles Betätigungsfeld ausgesucht. Ist jemand in der akademischen Gemeinschaft gestorben, rufen die trauernden Verwandten als Erstes Rajen an, und er rückt mit einem kleinen Team an, um den Leichnam in Tücher zu wickeln, Holz für die Verbrennung zu besorgen und eine Pritsche, um den Leichnam zum Verbrennungsort zu tragen, er benachrichtigt einen Hindu-Priester, der die Riten vornimmt – kurz, die Verwandten müssen sich um nichts kümmern. Rajen bleibt, bis die Leiche verbrannt und die Asche in einem fließenden Gewässer zerstreut ist. Oft hat Rajen mich angerufen, dass er am Mittag nicht kommen könne, weil der oder die gestorben sei. Er kehrt stets fröhlich zurück; Tod und Leichenverbrennung verstören ihn nicht, darum macht er seinen Dienst so gut. Einmal besuchte er einen kranken Freund und rief bei ihm statt Freude Schrecken hervor. Jener richtete sich auf und rief: »Es ist noch nicht so weit. Ich werde wieder gesund!« Nein, Rajen hat kein Bestattungsunternehmen. Er arbeitet ehrenamtlich, es ist ein kommunaler Freundschaftsdienst.

Nach 14 Uhr kommen keine Gäste mehr; ich esse zusammen mit Kamal seine schmackhafte Gemüsesuppe. Täglich dieselbe Mahlzeit zu essen gleicht mich den Menschen im Dorf an, die doch auch dreimal täglich Reis mit Dal und etwas Gemüse essen, basta!

Monotosh. – Jeder in meinem kleinen Haushalt hat seine spezielle Geschichte. So auch Monotosh. Kamal kehrt, nachdem er die Küche aufgeräumt, Besorgungen gemacht, die Wohnung gefegt hat, in sein Dorf zurück. Abends erscheint Monotosh, der den biologischen Garten im RSV verwaltet. Am Rand von Santiniketan wohnt er in einer verslumten Gegend. Sein Vater, ein Tagelöhner, hatte es geschafft, dort eine Hütte zu bauen, nicht mehr. Jetzt ist er fünfzig, als Schuljungen lernte ich Monotosh kennen, erkannte seine guten Eigenschaften und begleite seitdem seinen Werdegang. Über die Jahre konnte er mit meiner Hilfe ein kleines Haus bauen, einen Brunnen und eine Toilette mit Waschraum. Ein Stromanschluss kam dazu. Das war möglich, weil er absolut ehrlich und fleißig, mit Effizienz und Bescheidenheit seine Arbeit tut. Wichtig: Er bat nie um Hilfe, ohne selbst beizusteuern. Noch als Schüler machte er kleine Wege für mich, dann schickte ich ihn nach Kalkutta zur Ausbildung als Elektriker. Nachdem er einige Jahre in Bolpur dieses Handwerk ausgeübt hatte, bat ich ihn, in Ghosaldanga mitzuarbeiten, weil wir dort einen vielseitig praktisch begabten, verlässlichen Mann brauchten. Als Schüler brachte er es nur bis zur elften Klasse, aber als dienstbarer Geist, der sich für nichts zu schade ist und für alle praktischen Probleme eine Lösung kennt, verstand er es, sich überall beliebt zu machen.

Als seine Eltern ihn zur Heirat drängten und verschiedene Mädchen in Betracht zogen, fiel Monotoshs Blick auf Rina. Als deren Eltern mehr über Monotosh erfuhren, schreckten sie zurück. Würde er den Lebensunterhalt ihrer Tochter bestreiten können? Und ihre Kinder in eine gute Schule schicken? Was war das für ein Projekt, bei dem er mitarbeitete? Hatte er einen sicheren Job? Verzweifelt kam Monotosh zu mir. Spontaner Entschluss: Snehadri, Monotosh und ich fuhren noch am selben Abend zu dritt auf Snehadris Motorrad in Rinas Dorf, um die Eltern umzustimmen. Als jene uns drei ankommen sahen – Snehadri, einen Brahmanen, in seiner Leibesfülle und mich Weißhäutigen mit Monotosh –, war die Schlacht schon fast gewonnen. Wir lobten den Jungen über den grünen Klee und versprachen seiner Familie volle Unterstützung.

Monotosh hat uns nicht enttäuscht. Sein liebevolles Familienleben macht auch mir Freude. Ihr Sohn Indranil ist inzwischen Student der Landwirtschaft, ein in seinem sozialen

8 DER BLICK WEITET SICH

Aktivismus zu überschäumender Begeisterung neigender, hochintelligenter junger Mann. Sein eigener Kopf macht dem gutmütigen Vater manchmal nicht wenig Sorgen.

Rabindranāth Tagore – und noch kein Ende

Als ein großer Band mit Übersetzungen von Rabindranāth Tagores Werken in der Reihe »Winkler Weltliteratur« und die Rowohlt-Monographie zu Tagore[110] erschienen waren, außerdem zwei englische Bücher zum Thema »Tagore und Deutschland«[111], glaubte ich, meine Beschäftigung mit dem Dichter sei abgeschlossen. Mein Ziel, ihn in bekannten literarischen Verlagen des deutschen Sprachgebiets zu verankern, war auch erreicht. Er konnte als derjenige erscheinen, der er ist: ein Vertreter der Weltliteratur. Aber der Dichter ließ mich nicht los. Mehrere Geschenkbände mit Tagores Lyrik erschienen. Zahlreiche Rezitationsabende und Radiosendungen.

Um das Jahr 2000 bekam ich die Gelegenheit, für indische Zeitungen in englischer Sprache zu schreiben. Vor allem für Kalkuttas älteste englischsprachige Zeitung »The Statesman«, auch für »The Telegraph« und die populäre bengalische Zeitschrift »desh«. Viel veröffentlichte ich über das Thema Tagore und Deutschland, ein Thema, das unersättliches Interesse weckt. Beinahe alle Publikationen über den indischen Nationaldichter finden ein großes Publikum. Wieder wurde mir bewusst, wie tief die Worte dieses Dichters in die Seele der Bengalen eingedrungen sind. Stärker als je ein Dichter im deutschen Sprachraum hat Tagore an dem Selbstverständnis der Bengalen Anteil. Ich erinnere mich an eine Szene während meines ersten Indien-Aufenthalts, als mir ein junger Bauer, auf seinem Feld stehend und mit der Hacke in den Fäusten, ein Tagore-Lied vorsang, solo, spontan, mit anteilnehmender, weicher Stimme.

Die journalistische Arbeit für die indischen Zeitungen nahm ich sehr ernst, denn damit wurde mir ein Instrument in die Hand gegeben, um interkulturell in die Breite zu wirken. Für »The Statesman« habe ich zwei Jahrzehnte lang über sämtliche Themen geschrieben, die eine indisch-europäische Perspektive zulassen – nicht nur über Tagore, auch über meine Reisen in Europa, über europäische Grundhaltungen wie Dankbarkeit, Zivilcourage, Nächstenliebe; auch über das Feiernkönnen, über Mythologie, Hierarchie, über den Holocaust. Über Schriftsteller wie Goethe, Hölderlin, Martin Buber, Ernst Jünger, Henry David Thoreau und Albert Schweitzer, Hermann Keyserling und Hermann Hesse. Es waren sehr persönliche Essays, die die Erfahrung eines Deutschen in Indien nutzten, um eine deutliche humanistische Einstellung zu evozieren.[112] Die Reflexion darüber, was uns über das kulturell Eigene hinaus verbinden kann, war mir wichtig.

Im Jahr 2011 feierte Indien den 150. Geburtstag von Rabindranāth Tagore, 2013 hundert Jahre Tagores Nobelpreis. Seminare, Vorträge, Neueditionen, Sammelbände, Festschriften, Sonderausgaben von Zeitschriften in Fülle! Bis ins Jahr 2014 strahlte der Feierglanz. Bis heute ist er der einzige Nobelpreisträger für Literatur dieses volkreichen Landes Indiens, in dem, neben der Musik, Literatur der Atem sämtlicher Schichten ist. Als ausländischer Tagore-Übersetzer und -Forscher mit einem Dutzend Bücher zum Thema war ich plötzlich ein »gefragter Mann«. Selten sind Indologen, die Bengalisch beherrschen; die Mehrzahl lernt Sanskrit und von den modernen Sprachen Hindi. Noch seltener sind solche, die bengalische Literatur ins Deutsche übersetzen, unter ihnen dürften jene, die sich an Lyrik wagen, besonders rar sein.

Von einem Seminar oder Vortrag zum anderen zog ich, weil viele Universitäten und literarische Akademien den Geburtstag feierten. Zwei Dutzend Beiträge zu Büchern, Zeitschriften – oft derselbe Text mit einer anders formulierten

Überschrift ...! Die Regierung ließ für in- und ausländische Veranstaltungen reichlich Geld fließen. Nordindien, Bangladesch und Sri Lanka bereiste ich, in Deutschland, in London und Edinburgh sowie in den USA gab es Vorträge. Rückblickend bedauere ich, dass ich nicht wählerisch gewesen bin. Mich trieb der Impuls des Freischaffenden, jeden einzelnen Auftrag anzunehmen, denn wer weiß, was das nächste Jahr bringt.

Drei Tagore-Momente. – Während der Tagore-Gedenkjahre haben sich drei Momente meinem Gedächtnis eingeprägt. Zum einen das Tagore-Seminar im *Deutschen Literaturarchiv in Marbach* im März 2011. Ich konnte dieses Tagore-Seminar selbst planen und durchführen. Es war das erste Seminar über Rabindranāth Tagore in deutscher Sprache. Drei weitere Übersetzer, die Tagore aus dem Bengalischen übersetzt hatten, nahmen teil: William Radice aus England erschien, hielt einen Vortrag in Deutsch und rezitierte Tagore-Gedichte in seiner englischen Übersetzung. Rahul Peter Das, Professor aus Halle, hatte für »Das goldene Boot« eine Auswahl von Tagores Essays übertragen. Sodann der betagte bengalische Lyriker Alokeranjan Dasgupta, in Heidelberg ansässig, hatte mit Lothar Lutze einen Band später Gedichte Tagores veröffentlicht. Am ersten Tag veranstaltete die Musikhochschule Stuttgart einen Abend mit Liedern europäischer Komponisten, die auf Texten von Tagore beruhen. Das Literaturarchiv zeigte Originalmanuskripte und historische Fotos von Tagore. Das Seminar war eine Mischung von akademischem Vortrag, Diskussion, Literaturlesung, Ausstellung und Musik; das war nach meinem Sinn.[113] Ein Seminar darf keine Serie von Vorträgen sein.

Der ungarische Hindi-Professor in England. – Auf einem der ersten Tagore-Seminare, in London, traf ich den Ungarn *Imre*

Bangha wieder. Enorm sprachbegabt, hatte Imre in Budapest Hindi gelernt und daraufhin ein Stipendium für Santiniketan bekommen. Dort forschte er über einen mittelalterlichen Hindi-Dichter und schrieb seine Dissertation – in Hindi. Er schaffte den Sprung von Santiniketan direkt zur Universität von Oxford, dessen Hindi-Professor er wurde. Nebenbei hatte er Bengalisch gelernt und in Santiniketan über Tagore geforscht. In London besprach ich mit ihm einen Plan, der mir lang im Kopf gekreist war: Mit dem Nobelpreis hatte sich Tagore vom bengalischen Provinzdichter zum global anerkannten Dichter gewandelt. Welche Wirkung hatte er in den vergangenen hundert Jahren in jenen Ländern, in denen sein Werk in Übersetzungen erschienen war, entfaltet? Gerade auch in Ländern, die gegenwärtig abseits vom kulturellen Interesse Indiens und Europas liegen? Imre war spontan bereit, mitzumachen. Über die nächsten drei Jahre führten wir zahllose interkontinentale Skype-Gespräche, damit ein einheitlich konzipiertes, ausgewogenes Sammelwerk entstehen konnte. Über seine akademischen Kontakte motivierte Imre zahlreiche Spezialisten, über Tagores Rezeptionsgeschichte zu schreiben. Wir teilten uns die Welt auf, so dass jeder für etwa die Hälfte der Beiträge verantwortlich war. 35 Beiträge kamen zusammen, von Japan bis Ägypten, von Costa Rica bis Korea, meist von Akademikern jener Länder auf Englisch geschrieben. Nur für wenige Länder, die Tagore bereist hatte, konnten wir keine Beiträger interessieren. Der Band von fast 700 Seiten wurde mehrfach in Europa und Indien von Imre Bangha und mir gemeinsam vorgestellt, zuletzt in Santiniketan, wo der Nobelpreisträger Amartya Sen die Rede auf das Buch hielt.[114]

Kurt Wolff und der Familienkonzern Merck. – Als Rabindranāth Tagore den Nobelpreis für Literatur erhielt, war dies ein Signal dafür, dass die Kolonisatoren die Kulturen der kolonialisierten Länder in Asien und Afrika wahrgenommen hatten.

Eine internationale Aufwertung war gerade der uralten und hochstehenden Kultur Indiens eine willkommene Selbstbestätigung. Tagores Gedichte erschienen sofort in verschiedenen europäischen Sprachen. In Deutschland hatte gerade Kurt Wolff seinen Verlag gegründet, als ihm das Buch *Gitanjali* aus London zugeschickt wurde, mit dem Vorschlag, es ins Deutsche übersetzen zu lassen. Kurt Wolff erzählte später, dass genau in jenen Tagen die Nachricht kam, Tagore sei der Nobelpreis für *Gitanjali* zugesprochen worden. Einen Nobelpreisträger zum Autor zu haben ist der Wunschtraum jedes Verlegers. Kurt Wolff brachte in rascher Folge zwei Dutzend Einzelwerke heraus, darunter ein Theaterstück, das seine Frau Elisabeth, geb. Merck, übersetzte hatte.[115]

Ein Enkel des Ehepaars Wolff-Merck, *Jon Baumhauer*, wurde Leiter des weltumspannenden, berühmten Familienkonzerns Merck mit Hauptsitz in Darmstadt. Man erinnerte sich an die familiäre Verbindung mit dem indischen Dichter und stiftete den »Merck Tagore Preis«, zu dessen ersten Träger man mich bestimmte. Herr Baumhauer und zwei Kollegen des Merck Konzerns besuchten 2012 Kalkutta, um den Preis zu verleihen[116], doch vorher fuhren sie nach Santiniketan, sahen sich in den Tagore-Stätten um und besuchten sogar unsere Schule, den Rolf Schoembs Vidyashram (RSV). Dort wurden sie mit Tanz und Gesang und kleinen Vorträgen, einer Foto-Ausstellung und strahlenden Gesichtern empfangen: hoher Besuch! Über Frank Gotthardt, einen der Besucher in Santiniketan, bleibt mein Kontakt mit Merck bis heute lebendig.

Wieder in Shimla. – Die Tagore-Beschäftigung zieht sich bis in die jüngste Vergangenheit hin. Als ich 2016 vom Indian Institute of Advanced Study in Shimla zum »Tagore Fellow« berufen wurde, war die Zeit gekommen, meine seit zwanzig Jahren gesammelten Forschungsunterlagen über die Beziehung von *Paul und Edith Geheeb* mit Rabindranāth Tagore zu einem Buch zusammenzufügen. Während seines letzten Deutschland-Aufenthalts 1930 besuchte Tagore die Geheebs in der von ihnen gegründeten Odenwaldschule, aus der sie drei Jahre später vor den Nazis flüchten würden. Obwohl aus höchst unterschiedlichen historischen und soziokulturellen Kontexten entstanden, empfanden die Gründer der Schulen in Santiniketan und der Odenwaldschule, dass sie ähnliche Erziehungsmethoden vertreten. Dieser Anspruch wie auch die Indien-Beziehungen der Nachfolgeschule, der Ecole d'Humanité in der Schweiz, wurden Inhalt meiner Forschung.

Wie in den 1990er-Jahren verbrachte ich in Shimla eine erfüllende Zeit. Privilegiert, verwöhnt von den nimmermüde freundlichen Menschen in Himachal Pradesh, verwöhnt von dem gehobenen Status, der einem Fellow in diesem Institut zukommt. Ich geb's zu: ich genoss es, wohl wissend, dass der Zustand nicht lang anhalten würde. Ich freundete mich mit einigen anderen Stipendiaten an, aber vor allem mit Studenten aus der benachbarten Universität. Mit dem Yoga-Studenten Manish aß ich Abend für Abend in einem Straßenrestaurant, das andere Studenten, auch Arbeiter frequentierten. So lernte ich die akademische Elite Indiens, ebenso aber die lokale Bevölkerung kennen.

Jedes Wochenende wanderte ich mit mehreren neugewonnenen Freunden kilometerweit bis zu den Ausläufern der Stadt, wir entdeckten kleine Restaurants, kuriose Märkte, wunderliche alte Geschäfte. Bergstädte wie Shimla sind ein Kuriositätenkabinett, in dem sich Kulturelles aus allen Landesteilen, Altes und Modernes, Koloniales und Nationales mischt. Jeder Ausflug brachte faszinierende Entdeckungen.

Mit den Freunden in Ghosaldanga und Bishnubati war ich täglich per Telefon in Kontakt. Zum ersten Mal blieb ich länger als zwei oder drei Sommermonate abwesend. Mich erfüllte es mit Genugtuung, dass nicht nur die alltägliche Routine in den Dörfern weiterging, sondern auch innovative Gedanken aufkamen, dass Entwicklung geschah. Ich musste manchmal ein Bedauern niederkämpfen, dass ich nicht zu jeder Entscheidung befragt wurde. Mir sollte es genügen, dass ich informiert blieb. Hatte ich nicht stets auf Eigenverantwortung, auf Eigendynamik gedrungen? Jetzt entfaltete sich beides. Ich gewöhnte mir an, dass ich nur auf Anfrage Ratschläge erteilte und die vielfältigen Prozesse der Dorfentwicklung nicht abfragte.

Indische Literatur in Deutschland. Indien in der deutschen Literatur

Deutsche Übersetzungen indischer Autoren beruhen in der Mehrzahl auf englischen Originalen. Oder ihre Bücher wurden aus einer der indischen Muttersprachen zuerst ins Englische und dann ins Deutsche übertragen. Die in einer indischen Sprache schreibenden Autoren fühlen sich gegenüber den Englisch schreibenden Autoren zurückgesetzt und vernachlässigt, denn die englischen Romane und Erzählungen finden panindische Verbreitung und haben eine weitaus größere Chance, in andere europäische Sprachen übersetzt zu werden. Doch sei, so behauptet das Gegenlager unisono, Literatur in der Muttersprache die authentische, »wahre« indische Literatur. Sie sei in der Sprache des Volkes verfasst und könne dessen Leben schöpferisch abbilden. Die indisch-englische Literatur sei von den Leiden und den Freuden der »einfachen Menschen« emotional entfernt, sie könne diese nur gebrochen durch eine fremde Sprache wiedergeben.

Ich gab eine Anthologie von indischen Kurzgeschichten heraus, die sämtlich aus den Originalsprachen übersetzt waren, genau, aus acht indischen Sprachen. Übersetzungen über das Englische sind ungenau, verlieren noch einmal mehr die indische Tönung des Originals – solche Übersetzungen sind überholt. Aber meine Anthologie enthielt dennoch einen Text, der aus dem englischen Original übersetzt war.[117] Warum? Weil inzwischen viele Inder in den Metropolen Englisch als ihre Muttersprache bezeichnen. Sie leben schon seit einer oder zwei Generationen außerhalb des heimatlichen Dorfes und dessen Sprache. Mein Problem war, die richtigen Übersetzer und Übersetzerinnen für die Texte zu entdecken. Die meisten unterrichten die jeweilige Sprache an Universitäten, was sie jedoch noch nicht zu kompetenten literarischen Übersetzern macht. Bis heute fehlen Literatur-Übersetzer und -Übersetzerinnen aus zahlreichen indischen Sprachen.

Als die Frankfurter Buchmesse 2006 Indien als Gastland einlud, kam eine Flut neuer Literatur aus Indien zu uns. Doch die weitaus meisten Autoren wurden aus dem Englischen übersetzt. Wichtig schien mir, das Profil der indischen Literatur in ein gerechtes Licht zu rücken. Mit Unterstützung des Herausgebers und Literaturkritikers *Heinz Ludwig Arnold* entstand ein Überblick der modernen indischen Literatur, wobei die Schriftsteller der indischen Sprachen hervorgehoben wurden. Bis heute bleibt das Werk das einzige deutschsprachige Handbuch zur modernen indischen Literatur.[118]

Lutz Arnold und seine Frau *Christiane Freudenstein-Arnold* hatte ich in Madras am Goethe-Institut getroffen. Im Handumdrehen war ich von seiner engagierten Herzlichkeit eingenommen und wurde für seine verschiedenen Literaturlexika ein Vermittler für Indien. Unsere freundschaftliche Beziehung blieb bis zu seinem frühen Tod im Jahr 2011.

Neben dem religiösen Dialog ist der interkulturelle, insbesondere der literarische Austausch ein packendes Thema. Was können deutsche Leser über Indien erfahren? Damit kommt nicht nur die indische Literatur in deutscher Übersetzung in den Blick, sondern eben auch Indien als Thema der deutschen Literatur des 20. Jahrhunderts. Allgemein bekannt sind Hermann Hesses »indische Dichtung« »Siddhartha« und Thomas Manns Novelle »Die vertauschten Köpfe«. Was gibt es außerdem? Fragte man Literaturstudenten, würden sie stocken. Intensives Forschen mit einem Stipendium des Deutschen Literaturarchivs in Marbach brachte über sechzig deutschsprachige Schriftsteller – Erzähler, Lyriker und bedeutende Essayisten – zutage, die über Indien geschrieben haben. Nicht nur romantische Glorifizierung oder Sentimentalisierung Indiens fand ich, nicht nur manchmal bis an larmoyanten Kitsch heranreichende Armutsdarstellungen, sondern auch differenzierte Reisebeschreibungen, etwa von Stefan Zweig, Max Dauthendey, Bernhard Kellermann, Hermann Keyserling; sowie Lyrik von Bertolt Brecht, René Schickele, Arno Holz, Agnes Miegel, Rainer Maria Rilke und Stefan George; große Essays von Persönlichkeiten wie Carl Gustav Jung, Albert Schweitzer, Rudolf Kassner; Feuilletons von Josef Roth und Willy Haas; Parodien und Spottgedichte von Robert Neumann und Erich Weinert. Die DDR produzierte ihre eigene reichhaltige Indien-Literatur. Romane von Karl Gjellerup, Fritz Mauthner und Ernst Wiechert und ein Versepos Alfred Döblins suchen Inspiration bei der indischen Mythologie. Dies alles sammelte ich, erstaunt von der Vielfalt der Stimmen, die von realen Indien-Erfahrungen, von Indien-Lektüre oder von Indien-Phantasien beflügelt waren.[119]

Mit Günter Grass in Kalkutta

Ein Schriftsteller sei gesondert genannt: Günter Grass. Viermal hat er Indien besucht, häufiger und länger als jeder andere deutsche Schriftsteller. Davon dreimal Kalkutta. Im Jahr 1975 flog er auf Einladung der indischen Regierung nach New Delhi und hielt einen Vortrag, in dem er seine »Hilflosigkeit« gegenüber dem menschlichen Elend ausdrückte. Empörung über das Ausmaß der Armut und Hilflosigkeit blieb der Tenor aller Berichte über Indien bis zuletzt. Von der Hauptstadt flog er nach Kalkutta, wo er im Raj Bhavan, der Residenz des Gouverneurs, wohnte, dessen kolonialer Pomp Grass natürlich verärgerte. Er besuchte Mutter Teresas »Home for the Dying« in Kalighat und den Kali-Tempel. Er wurde auch zu dem bekannten Filmregisseur Mrinal Sen und dem Dichter und Verleger P. Lal hingeführt und zuletzt nach Narendrapur, um die Schulen der Rāmakrishna Mission kennenzulernen. Damals wohnte ich im Ashram und durfte ihn als Landsmann im Auto zu den verschiedenen Schulen begleiten. Er war höflich zu den Mönchen, hörte zu und nahm alles freundlich auf. Zum Abschluss der zwei oder drei Stunden Rundfahrt gab's eine Studentenversammlung im College. Der deutsche Schriftsteller blickte auf das feierliche Rund dunkler, glänzender, junger Gesichter. Alle in dunkelblauen Pullovern, denn es war Winterzeit. Er stand auf und hielt die kürzest mögliche Rede: Sie möchten sich alle bewusst sein, welches Privileg es sei, in diesem College zu studieren!

In dem Roman »Der Butt« persifliert Günter Grass seinen Kalkutta-Besuch auf dreiste Weise. Er sucht nach der passenden Sprache, die Hässlichkeit der Armut eloquent auszudrücken, doch entgeistert ihn gleichzeitig die »Fröhlichkeit« der Armen, ihr Charme, ihre Schönheit. Dieses Paradox wird ihn nicht loslassen.

Der zweite Kalkutta-Besuch dauerte fünf Monate (1986–1987). Eigentlich hatten Günter und Ute Grass ein Jahr bleiben wollen, doch die Großstadt, ihr Klima, erwies sich vor allem für Ute als zu anstrengend. Das Tagebuch »Zunge zeigen« war das Produkt dieses Aufenthalts. Darin beschreibt der Autor seine Streifzüge durch die dunklen Winkel der Stadt, begierig, Armut in ihrer rohsten, nackten Gestalt zu erfahren. Seine Tuschzeichnungen, die dem Tagebuch beigegeben sind, dokumentieren visionär seinen Schrecken, weniger der Text. Ich bin nicht allein mit dem Urteil, dass es eines seiner schwachen Bücher ist.

Grass hatte sich für Kalkutta erwärmt, für das Temperament seiner Bewohner, das zwischen hitziger Lautheit und warmer Freundlichkeit changiert. Doch seine lebhaften Gespräche mit vielen jungen Intellektuellen kommen im Buch nicht vor. Die vitalen, animierten Seiten Kalkuttas wollte er nicht beschreiben. Übrig bleibt sein Zorn auf die Mittelklasse, der dieses Elend gleichgültig ist und die lieber Gedichte rezitiert und selbst welche schreibt, lieber Musik hört und selbst singt, als der Familie, die seit Jahren auf dem Bürgersteig vor dem eigenen Haus kampiert, zu einem würdigen Leben zu verhelfen. Günter Grass wollte sich mit den armen Menschen solidarisieren, als Schriftsteller ihre Not beschreiben, sie als Menschenrechtler in alle Welt schreien. Als Ausländer gelang ihm das Experiment kaum. Er konnte nicht differenziert beschreiben und wurde zudem als undankbarer Gast des Landes wahrgenommen. Ich erlebte Günter und Ute Grass immer, wenn ich von Santiniketan nach Kalkutta fuhr; das geschah etwa einmal im Monat. Gesellig und neugierig war Grass fast täglich der lebhafte Mittelpunkt in der Cafeteria des Goethe-Instituts, wo er von jungen, diskutierfreudigen Menschen umringt war.

Grass' borstige Interviews für die Lokalpresse kamen in Kalkutta nicht gut an. Als »Zunge zeigen« in Englisch und Bengalisch erschien, entdeckte man nur ätzende Gesellschaftskritik. Er wollte Kalkutta den Spiegel vorhalten. Aber Kalkutta fühlte sich von einem verehrten Besucher verraten. Erst als Grass 1999 den Nobelpreis erhielt, versöhnte man sich mit ihm. Mit emotionalem Schwung wurde er ein Sohn Kalkuttas, ein Freund und älterer Bruder der Intellektuellen. Günter Grass' letzter Kalkutta-Besuch 2005 war darum ein Triumph, wie die Heimkehr des verlorenen Sohnes.

Mein Vater hatte mich vor Günter Grass gewarnt, weil einige Schriften unmoralisch seien; »Die Blechtrommel« lernte ich darum erst viel später kennen. Als Student in Wien las ich ihn oft mit Zustimmung in der »Zeit«, in Indien verlor ich seine Spur, bis er plötzlich in Narendrapur angekündigt wurde. Sein Tagebuch hatte auch mich enttäuscht. Nicht weil er als Gast über die Stadt nicht vernichtend urteilen dürfte. Doch sein Urteil war oberflächlich, unausgewogen, zu hastig; er nutzte seine Berühmtheit aus.[120]

Aber Günter Grass ließ mich nicht los; vermutlich weil ich bei aller Kritik im Tiefsten mit ihm einer Meinung war: Die Kalkuttaer Mittelschicht *ist* grausam gegenüber den Armen. Der Flair der bengalischen Kultur, deren Musik, Tanz und Poesie so zauberhaft, so sanft sein können, übersieht geschmeidig Not und Elend eines Großteils der Bevölkerung. Es gibt rühmliche Ausnahmen. Aber warum sind es Ausnahmen? Eine Kultur, mit deren Atmosphäre ich so stark verwachsen bin, beschämt mich auch.

Noch bevor Günter Grass zum dritten Mal Kalkutta besuchte, hatte ich mein englisches Buch über »Günter Grass in India and Bangladesh« herausgebracht[121] und ihn für das nachfolgende Buch in deutscher Sprache in seinem Haus im norddeutschen Behlendorf interviewt.[122] Wir hatten uns besser kennengelernt, und ich galt als eine Art »Grass in Indien«-Experte. Als er Anfang 2006 erschien, lud mich aus diesem Grund *Martin Wälde*, damals Leiter des Goethe-Instituts in Kalkutta, ein, zehn Tage im Tross um Günter Grass mitzulaufen. Alles durfte ich miterleben. Zusammen fuhren wir im Boot den Ganges aufwärts bis nach Serampur und besuchten das Theological College. Da stand der Schriftsteller, schaute auf die mächtige Treppe vor der Stirnseite des Gebäudes mit ihren wuchtigen Säulen, und er staunte mit offenem Mund

8 DER BLICK WEITET SICH

wie ein Jüngling, der zum ersten Mal das Meer erblickt. Ich war dabei, als er mit der NGO »Calcutta Social Project« (die GG jahrelang unterstützt hat) zu dessen verschiedenen *street schools* fuhr, die jede ein kleines Fest für den Gast vorbereitet hatte. Die Kinder kamen gelaufen und wollten »Mr. Günter's« E-Mail-Adresse aufschreiben und waren baff, als jener sagte: »Ich habe keine!« Es gab Gartenpartys im Generalkonsulat und drei Veranstaltungen mit Gedichten, Vorträgen und Diskussionen. Aber für Günter Grass war jene Tour zu den Straßenkindern das wichtigste Ereignis. Beim Abschied im Oberoi Grand Hotel in Kalkutta bot er mir das »Du« an. Es war ein Angebot der Freundschaft und des Vertrauens, das spontan und intuitiv war, denn nur wenig hatte sich schon zwischen uns aufgebaut. Ich war sprachlos vor Dankbarkeit, den Tränen nahe.

Vermittler zwischen Günter Grass und mir war *Jörg-Dieter Kogel* von Radio Bremen, der ihn in Kalkutta und auch in Deutschland medial betreute. Jörg und ich sind bis heute eng befreundet. Durch ihn konnte ich Günter Grass noch mehrmals in Deutschland treffen, zuletzt in Lübeck an seinem 85. Geburtstag, als er, schon von Krankheit gezeichnet, einen fröhlichen Abend mit Volksliedern, zwei gelehrten Reden und zahlreichen Gratulanten erlebte. Als er zu mir trat, begann er sogleich von Subhas Chandra Bose zu reden, den Freiheitskämpfer, der eine enge Beziehung zu Deutschland pflegte. Günter Grass musste stundenweise Sauerstoff inhalieren, um atmen zu können. »Endlich zahlt sich mein Rauchen aus,« meinte er kauzig.[123]

An den Schriftsteller Günter Grass erinnere ich mich als einen Menschen, der fähig zur Freundschaft und zur Warmherzigkeit war. Er liebte die guten Dinge im Leben – Schönheit, Reisen, Musik, Kunst, Rotwein. Ebenso bekämpfte er Ungerechtigkeit, Ungleichheit und Gewalt. Eigenwillig war er, aber auch verletzlich – er war ein ganzer Mensch.

Indien narrativ erfahren

Zum Abschluss der Betrachtungen zu meinen indisch-deutschen Literaturbemühungen eine grundsätzliche Reflexion. Indien erzählerisch vorzustellen war schon früh mein Ziel. Im Gegensatz zu Europa ist Indien eher narrativ veranlagt. Europas Traditionen des Rationalismus, der systematischen Philosophie, der Naturwissenschaften beruht, so verstehe ich es, auf der jüdisch-christlichen Kultur, die die zehn Gebote kennt, die sieben Werke der Barmherzigkeit, die acht Seligpreisungen ... verschiedene Kodexe von Verboten und Geboten. Das moralische und religiöse Gesetz ist deutlich aufgeschlüsselt und in Worte gefasst. Nicht so im Hinduismus. Dessen Verhaltensweise definiert sich – bis heute! – durch Erzählungen: die Epen, nämlich das *Mahābhārata* und das *Rāmāyana*, durch die *Purānas* und Legenden. Wer also Indien verstehen will, soll die Epen und die weiträumig-ausufernden, labyrinthischen Romane unserer Zeit – etwa von Salman Rushdie, Amitav Ghosh und Vikram Seth – lesen. Einige Europäer, ich denke an den Rumänen Mircea Eliade, haben sich von dem Erzählfluss indischer Literatur glücklich vereinnahmen lassen. Der Schweizer Jean Gebser hat ihn in seiner Essayistik traumwandlerisch nachgestaltet.

Aus dem Grund habe ich, neben Essays und Tagebüchern, stets die Erzählung gepflegt, um den Lesern Indien auf einer emotional-intuitiven Ebene nahezubringen. Dieses Stimmengewirr der Epen habe ich nicht nachahmen können; meine Erzählungen bleiben in ihrem Duktus »europäisch« strukturiert. Der oft bizarre, oft verwegen-unerwartete Gang indischer Lebensläufe allein genügt vielleicht, die Stimmung des Landes zu spiegeln. Dabei nehmen meine Erzählungen ungewollt die Patina des Mythischen an. Alle Handlungen sind einerseits realistisch und weisen andererseits auf ein Allgemein-Gültiges hin. Im Rahmen unserer deutschen Gegenwartsliteratur

gilt dies als altmodisch – sei's drum. Gerade der Distrikt Birbhum, in dessen Mitte Santiniketan liegt, sei, heißt es, ein
Land heiliger Narren und unheiliger Wegelagerer, der Nährboden für kühne, durchgeknallte Typen. In Bengalen brauche
ich keine Handlungen, keine Mythen zu erfinden – sie flattern
auf den Märkten und an den Straßenecken. Nur auffangen
muss man sie. Abwarten, was mir noch zufliegen wird ...[124]

Reisen und Aufenthalte

Neben dem Schreiben ist mir das Reisen das Wichtigste gewesen. Leider ist es – in Indien ebenso wie in Europa – hoff-
nungslos vom Tourismus verseucht, so dass wir seinen Wert
wieder herausschälen müssen. Ich empfinde Tourismus als
eine so große Bedrohung wie die Obsession für Videospiele
und soziale Medien. Das traditionelle Indien kannte keine
Reisekultur. Bildungsreisen im europäischen Sinn, Wanderungen, um zu entdecken und Abenteuer zu erleben oder fit
zu bleiben, waren unbekannt. Beliebt im alten Indien waren
die Pilgerreisen, die jährlichen Fußreisen zu einem Tempel,
zu einem heiligen Berg, an das Ufer eines heiligen Flusses –
sie haben sich gehalten.[125]
   Beim Reisen nehme ich die Haltung des Flaneurs ein. Je
langsamer es vorangeht, desto mehr sehe ich. Darum bevor-
zuge ich die Fußwanderung, das Radfahren, allenfalls die
Zugreise. Die ersten Jahrzehnte konnte ich nur reisen, um am
Ziel einen Vortrag oder ein Seminar zu halten. Gern blieb ich
einen Tag länger, um durch die Stadt zu wandern, aus der
meine Zuhörer kamen. Überall leben auch Bekannte, die ich
gern treffe. Ich war schon gut fünfzig, als ich mich mit Hilfe
einer Pauschale der F.A.Z und später eines Dauerstipendiums
der Udo Keller Stiftung finanziell stabil genug fühlte, um län-
gere Reisen der Erlebnisse willen zu unternehmen.

Berg Kailash. – Die Reise, die sich mir am tiefsten einprägte, war die zum heiligen Berg Kailash in Tibet. Schon gut zwei Jahrzehnte vorher hatten *Michael von Brück*, ein Professor der Religionswissenschaft in München, und ich uns versprochen, eines Tages zum Kailash aufzubrechen. Der blitzgescheite und belesene DDR-Pfarrer war zweimal mit einem Stipendium nach Indien geflogen und hatte wie in einer Explosion von Aktivität Indien durchreist und viele Menschen, die einen Namen hatten, getroffen. Wir begegneten uns zuerst im Kurisumala Ashram. In die grau-langweilige DDR zurückgekehrt, war's dort kein Halten mehr, Michael wechselte in die BRD über. Nach erheblichen Anfangsschwierigkeiten, die ihm seine Flucht bescherte, wurde er Professor in Regensburg, dann in München. Ich erinnere mich gern an unser Wochenende in Prag, als Michael noch in der DDR festsaß und mich nicht im Westen treffen konnte. Nach Prag ins kommunistische Bruderland durfte er reisen; und ich fuhr von Wien aus hin, denn von Deutschland war es ohne Visum verboten. Das gemeinsame k.u.k.-Erbe von Österreich und der damaligen Tschechoslowakei öffnete das Tor zur Begegnung. Das alte, dunkle, ehrwürdige Kafka-Prag war's, das wir drei Tage lang durchwanderten.

Im September 2001 war der Kailash-Plan gereift. Ein österreichischer Bergführer und Michael von Brück hatten diese Reise gemeinsam geplant; viele seiner Studenten und Studentinnen nahmen teil, insgesamt 35 Personen – bei weitem zu viele für einen solchen Trek. Er begann unter einem schlechten Stern, nämlich wenige Tage nach dem 9. September, an dem in New York die Twin Towers niederstürzten. Die Welt war in Aufruhr, in tiefer Unsicherheit – und in Kathmandu machte sich eine Gruppe Deutscher und Österreicher auf, um einen heiligen Berg zu umrunden! Passte das zusammen? – Die Devise der beiden Anführer: Gerade jetzt Ruhe bewahren und die Pilgerschaft wagen! Alles sei vorbereitet …

Über die körperlichen Strapazen hatte uns der Bergführer nicht aufgeklärt. Als die Gruppe, hintereinander in zwei Flügen, eingezwängt in einem Zwanzig-Sitzer-Flugzeug, über die Bergkämme mehr hüpfend als fliegend, auf dem Landestreifen von Simikot ankam und, kaum akklimatisiert, innerhalb von einer Stunde mit Rucksack und Stöcken die ersten Kilometer aufwärts wanderte, nein, hastete, merkte ich mit Beklemmung, dass ich diesem Abenteuer nicht gewachsen sein würde. Es war ein Wettlauf, keine Pilgerschaft. Die Jüngeren und Kräftigeren, allen voran der Bergführer, setzten sich an die Spitze, die anderen mussten sehen, wie sie Anschluss fanden. Am ersten Abend ging ich zum Zelt des Bergführers und bat, dass ich mit einem der lokalen Begleiter zurückkehren dürfe; in Simikot gab es ein paar Herbergen, dort würde ich warten. Der Bergführer überredete mich, noch einen Tag mitzuwandern. Das tat ich und spürte meine Kräfte, auch meine psychischen, wachsen.

Ich bin weitergelaufen, nahm mir jedoch vor, auf die Umrundung des Berges zu verzichten. Ich wollte den »Erfolg« nicht haben, die *Koram* »geschafft« zu haben. Es gab Unfälle und Erkrankungen – vier Teilnehmer mussten mit dem Hubschrauber nach Kathmandu ausgeflogen werden. Es gab Tratsch statt Sammlung, nepalesische Maoisten pressten uns, mit der Knarre in der Hand, Geld ab. Chinesische Polizisten bedrohten uns. Die Grenzen wurden dicht gemacht aus Furcht, im benachbarten Afghanistan könne ein Krieg ausbrechen.

Eine friedliche, gesammelte Pilgerreise wurde es nicht. Trotz der vermeidbaren Ärgernisse war es jedoch eine Erfahrung, die bis heute frisch und wach bleibt. Auch zwanzig Jahre später steuert das Gespräch, sobald ich jemanden aus der Kailash-Gruppe treffe, unweigerlich diese Reise an.[126]

Kalimpong. – Der Ort meines ersten Himalaja-Erlebnisses zog mich an, doch jahrelang blieb mir der gesamte Distrikt wegen seiner ethnischen Unruhen versperrt. Die ansässigen Stämme, die Gurkhas und Lepchas und Tamangs, fühlen sich in West-Bengalen und im Vielvölkergemisch Indiens vernachlässigt. Sie wollen nicht fremdregiert werden. Der Distrikt, mit Darjeeling als größter und prominentester Stadt, strebt seit Jahrzehnten an, ein eigener Bundesstaat zu werden, sich also von West-Bengalen abzutrennen. Es gab blutige Unruhen zwischen den Stämmen im Distrikt Darjeeling und der Regierung von West-Bengalen. Häuser der ansässigen Bengalen brannten nieder, Bomben zerstörten Geschäfte und Regierungseinrichtungen. Aus geopolitischen Gründen wurde die Forderung immer wieder ausgeschlagen. Der Distrikt liegt an der Grenze zu China, dem alten Kontrahenten Indiens, an den Grenzen zu Nepal und Bhutan und unweit von Bangladesch. Er ist eine militärische Bastion Indiens. Die Zentralregierung wird es nicht zulassen, dass diese heikle Region umfangreiche Machtbefugnisse erhält. Doch wurde der Region ein semi-autonomer Status zugestanden, was das Volk zunächst beschwichtigt.

Die Regel, dass Ausländer nur mit Spezialerlaubnis einreisen dürfen, wurde aufgehoben, um den Tourismus zu beleben. Nun konnte ich wieder den Nachtzug nach New Jalpaiguri nehmen und von dort den Bus oder ein Taxi nach Kalimpong. Das Bergstädtchen wurde ein Refugium zum ruhigen, gesammelten Schreiben, zur Muße, zum erholsamen Wandern. Rasch lernte ich dort mehr Menschen kennen als je in Santiniketan. Kalimpong ist ein herrliches Sammelsurium von Ethnien, Sprachen, kulturellen und religiösen Traditionen, wie man es häufig in den sogenannten »Hill Stations«, zum Beispiel auch in Shimla, findet. So viele gewachsene und immer noch pulsierende Traditionen! Über Jahrhunderte sind die Menschen in die Berge geströmt, um sich vor Hitze und Schwüle zu retten: die Kolonisatoren, die Handwerksleute nach sich zogen, die Missionare, die arbeitslosen Männer, die in den strukturschwachen Gebirgssiedlungen immer noch Arbeit fanden, Pensionäre, entmachtete Adelige, Künstler und jede Art von Sonderlingen.

In Kalimpong verband ich mich mit der katholischen Gemeinde von St. Theresa. Sonntagmorgens besuchte ich die überquellend volle Kirche. Auf der linken Hälfte sitzen Männer, rechts die Frauen mit züchtig bedecktem Kopf. Diese nepalesischen Kirchenlieder, die die Gemeinde lauthals und natürlich ohne Gesangbücher schmettert, sind rechte Ohrwürmer. Am Altar flitzen ein halbes Dutzend rotbekittelter Ministranten dahin und dorthin. Weihrauch, Glocken, Schellen … alles, was die Sinne reizt und die Frömmigkeit des Volkes lockt. Ich fühlte mich zu den Kirchenfeiern meiner Kindertage in Öttershagen und Wissen versetzt. Volkskirche![127]

Mehrmals wohnte ich im Noviziat der Jesuiten, dann in den winzigen Bungalows geschäftstüchtiger Familien, und vor einem Jahrzehnt bot mir Frau Indira Bose, eine in Kalimpong gebürtige Bengalin, an, auf ihrem Gelände, abseits von ihrem Haus und den Baracken der Bediensteten, ein festes Ein-Zimmer-Haus mit Veranda zu bauen. Dort wohne ich, sooft ich kann. Nachmittags gehe ich hinaus, um mit einem Buch in den Cafés zu sitzen, die meist von chic gekleideten Studentinnen und Studenten bevölkert sind. Das Vermächtnis der Missionare sind nicht nur die christlichen Gemeinden, sondern ist auch eine feine Europäisierung, die sich noch heute im Essen, in der Kleidung, im Selbstbewusstsein und der Weltoffenheit der schulisch gebildeten Bevölkerung ausdrückt. Diese mußevollen Nachmittagsbesuche in den kleinen Stuben entlang der Main Street und die Gespräche mit älteren und jüngeren Bekannten und Freunden, die ich bei jedem Besuch wiedertreffe und deren kleine Lebensgewohnheiten ich schon so gut kenne![128]

Wanderungen in Nepal – Auf der Kailash-Reise lernte ich *Paul und Christine Vogels* aus Aachen kennen. Seitdem haben wir uns immer wieder zu Reisen zusammengetan. Zu Reisen nach Ladakh, zu den Höhlen von Ajanta und Ellora, nach Arunachal Pradesh, nach Mundgod, der tibetischen Siedlung in Südindien, zu den buddhistischen Stätten in Sri Lanka, und im Jahr 2013 reisten wir noch einmal nach *Nepal,* um nordwestlich von Kathmandu einen Trek durch das Tsum-Tal zu unternehmen. Vom Veranstalter in Kathmandu wurde er uns als »einfach« beschrieben – er wedelte wegwerfend mit der Hand. Schon am zweiten Tag merkten wir, wie eng und felsig und steil der Weg war, unsere ganze Kraft war gefordert. Wir waren von der Außenwelt abgeschnitten – keine Fahrzeuge, keine Telefonate, kein Internet würden uns erreichen. Der Blick neben dem schmalen Pfad in den schäumenden, gurgelnden Bergbach tief unten war zum Fürchten. Wir erfuhren von einem Trekker, der vor einigen Tagen ausgerutscht und in die Schlucht gestürzt war. Damit ich mich sicher fühlte und meine Angst überwand, wanderte einer der beiden nepalesischen Begleiter, *Madan Thapa*, einen halben Schritt hinter mir, Tag für Tag, zwei Wochen lang. Das rettete mich, und das machte diese Reise zu einem beglückenden Erlebnis. Denn ich erfuhr, was menschliche Gemeinschaft vollbringen kann.

In den kommenden Jahren besuchte ich Madan zweimal in seinem Dorf Merangdi im Distrikt Solukhumbu im Osten des Landes. Diese Besuche waren nach meinem Herzen – ohne touristische Absichten, nur zum Austausch mit der örtlichen Bevölkerung. Ich lernte Madans Eltern, die von ihren Feldern leben, kennen, seine Brüder und seine Schwestern, wir wanderten wieder stundenlang über gefährliche Wege zu seinen Verwandten in der weiteren Umgebung. Wir wohnten bei den Familien von Holzfällern, Schafzüchtern und Tagelöhnern.

So gern wäre Madan von seinem Job als Bergführer erlöst worden, doch musste er für den Unterhalt seiner Frau und ihren kleinen Sohn in Kathmandu sorgen. Als einziges Familienmitglied mit Schulbildung erwartete man außerdem, dass er bald genug verdienen werde, um auch für seine Eltern und Geschwister zu sorgen. Ich entschloss mich, Madans Studium in Kathmandu für einige Jahre zu unterstützen. Denn studieren wollte er um alles in der Welt.[129]

Das ging anderthalb Jahre gut. Er war fleißig, er war ein begeisterter Student, er blühte auf, nahm Englischunterricht, lernte sogar tanzen, besuchte zum ersten Mal in seinem Leben ein Kino und tat so vieles, was seine menschliche Entwicklung förderte. Seine Prüfungen waren zunächst nicht erfolgreich. Die Familie im Dorf und der gesamte Klan in Kathmandu mit Tanten und Onkel, Neffen und Nichten nörgelten. Das Studium solle der Junge rasch abschließen, und außerdem: Warum lasse er sich von einem Ausländer unterstützen? Welche Demütigung!

Ohne mein Wissen wurde Madan, nachdem seine Familie beträchtliche Schulden gemacht hatte, zum Geldverdienen nach Italien geschickt. Jemand hatte ihm dort einen lukrativen Job versprochen und dafür Schmiergeld kassiert. Den Job gab es nicht. Madan reiste weiter nach Portugal, wo eine Kolonie von nepalesischen Erntearbeitern legal oder halblegal für einen Mindestlohn schuftet. Welch ein Sturz von seinem paradiesischen Dorf in der Höhe des Himalaja zu einer Arbeiterkolonie in Portugal! Madan hatte sich dem harten Zugriff der Familie nicht entziehen können, nicht einmal ein paar Jahre lang. Die Enttäuschung war groß, bei ihm ebenso wie bei mir. Ich erfuhr die Brutalität einer erzkonservativen, selbstbewussten Klan-Gesellschaft ... Diese Geschichte ist viel komplizierter, auch traumatischer, als ich sie hier referiere.

Welche Überraschung! Ein Kinderbuch entsteht. – Die Besuche in Merangdi hatten eine unerwartete Auswirkung: Ich schrieb ein englisches Kinder-Erwachsenen-Buch. Um Madan bei seinem Englischunterricht in Kathmandu zu unterstützen, schrieb ich nacheinander einige einfache Geschichten über sein dörfliches Umfeld und stellte ihm Fragen dazu. Zwei- oder dreimal schickte er mir die Antworten, dann merkten wir beide, dass sein Englisch solchen Texten noch nicht gewachsen war, und gaben auf. Ich schrieb aber weiter, Geschichte um Geschichte, und schuf einen kleinen Kosmos von Erlebnissen rund um zwei Kinder, den sechsjährigen Ramu und die vierjährige Tara, die in Merangdi ihre sehr persönliche Welt entdecken. Habe ich je ein Buch mit größerem Vergnügen geschrieben?[130]

Im April 2015 ereignete sich das schwere Erdbeben in Nepal, das viele Leben, viele Dörfer zerstörte und die wirtschaftliche Grundlage der Menschen, vor allem den Trekkingtourismus, erschütterte. Es erschütterte auch die Häuser von Merangdi, die das Erdbeben mit klaffenden Rissen zurückließ. Ich sammelte Geld, was sonst hätte ich als Einzelner tun können? Seitdem habe ich Nepal nicht besucht.

Dhaka. – Die Hauptstadt von Bangladesch liegt zwanzig Flugminuten von Kalkutta entfernt oder eine Tagesreise per Bus. Viele Jahre bin ich über Dhaka nach Frankfurt geflogen und konnte ohne Visum jeweils einen Tag in der Großstadt bleiben. Ich hatte *Lubna Marium* in Santiniketan kennengelernt, dort war sie noch im reiferen Alter Studentin geworden und hatte sich in unseren Dörfern engagiert. Sie kommt aus wohlhabendem Hause, ihr Ehemann ist Fabrikant in Dhaka, darum kann sie ihrer Leidenschaft für Rabindranāth Tagores Gesang und Tanz uneingeschränkt folgen. Sie gründete zuerst eine Tanztruppe, die auch in Santiniketan mit Aplomb gastierte, und vor einigen Jahren eine Tanzschule.

Bei ihrer Familie war ich oft zu Gast – und 2007 besuchten wir sie mit einer Dorfgruppe. Wir alle fuhren im Bus von Kalkutta nach Dhaka – ein Abenteuer für sich! – und nahmen dort an einem Santal-Fest teil, ausgerichtet vom Goethe-Institut. Lubna hatte eine Gruppe von Santals aus der Provinz Bangladeschs eingeladen, ihre Tänze und Lieder in Dhaka vorzuführen; ebenso hatten unsere Santals aus West-Bengalen ein Programm vorbereitet. Erstaunlich war es zu beobachten, wie die Santals aus diesen zwei Ländern, die sich politisch argwöhnisch und distanziert gegenüberstehen, spontan gemeinsam zu feiern begannen. Unsere Lieder waren auch deren Lieder, deren Tänze waren auch unsere Tänze. Die Entdeckung, dass die Santals grenzübergreifend eine gemeinsame Kultur besitzen, war für beide Gruppen so überraschend, so explosiv, dass des Feierns kein Ende war.

Leider hat Lubna danach keine weiteren Begegnungen organisiert. Doch später übernahm *Rathin Kisku* diese lohnende Aufgabe. Rathin, ein junger Santal aus einem Dorf, rund fünfzehn Kilometer entfernt, fühlte sich zur Baul-Musik hingezogen. Er warf die Schule hin und schloss sich verschiedenen Baul-Sängern an. In der Zeit lernte ich ihn bei Sanyasi in Bishnubati kennen: einen jungen Mann mit kräftiger, voller Stimme, explosivem Temperament, ein zerrissenes Hemd am Körper. Als mir sein erstaunliches Potential bewusst wurde, übernahm ich jahrelang für ihn und seine Familie die Verantwortung, schickte ihn zurück zur Schule, dann zur Musikakademie. Inzwischen ist er ein anerkannter, populärer, auch gut verdienender Sänger von Baul- und von Santal-Liedern. Er reist mehrmals im Jahr mit Santals aus unserer Dorfgemeinschaft in Santal-Dörfer von Bangladesch, um mit ihnen die typischen Feste der Santals zu feiern. Eine völkerverbindende Tat!

9
Indien von Mensch zu Mensch
Eine Überschau

Dass du mich vor Gefahren bewahrst,
darum bitt ich dich nicht,
doch dass ich Gefahren nicht fürchte.
*
Wo Freude ihre Feste feiert,
sitz ich zu Tisch.
Voll Wonne, voll Wonne ist das Leben.

Die Erzählung über die Erlebnisse in meinem indischen Alltag sind abgeschlossen. Nun drängt es mich, jenes wichtige,
weitgespannte und verzweigte Thema – die menschliche
Kommunikation –, das ich in verschiedenen Kontexten berührt habe, zusammenfassend darzustellen. Ich habe Inder
als kommunikationsfreudig, oft geradezu kommunikations-
süchtig erlebt. Ein wesentliches Ventil ist ihre totale Orientierung auf ihre Familien, so dass sie sich als Individuen oft
nicht entfalten. Mit einer übergeordneten Kommunikations-
ebene, die bisher nicht zusammenhängend angesprochen
wurde, beginne ich: der Politik. Welche Rolle spielte sie in den
fünfzig Jahren, die ich überblicke, und wie wirkt sie sich im
Leben der Menschen aus?

Die Politik beherrscht den Alltag

Die indische Gesellschaft, und nicht zuletzt die Politik, wehrt sich gegen die Idee von Indien als einem armen Land. Die Statistiken weisen deutlich auf Mangelernährung, erhöhte Kindersterblichkeit, soziales Unrecht, Kinderarbeit hin. Armut wird augenscheinlich vor allem in den Städten, und unser soziales Gerechtigkeitsempfinden klagt die gebildete Mittel- und Oberschicht an, die lebenslang im Anblick der Slumviertel wohnen. Indien strengt sich an, sich als ein modernes, sozial fortschrittliches Land zu präsentieren. Dafür gibt es viele Indikatoren. Bombays Skyline beginnt der Frankfurts zu ähneln. Die Regierungen der letzten Jahrzehnte sind in der wenig beneidenswerten Lage gewesen, den Fortschritt, die Modernität der Gesellschaft zu verkünden und gleichzeitig gegen die Armut und die rückschrittlichen Kräfte der Gesellschaft zu kämpfen. Die Spannungen, die diese Gesellschaft auszuhalten hat, und gerade ihre politische Klasse, aufgrund der zahlreichen unterschiedlichen gesellschaftlichen Gruppen, die ihre Rechte fordern, ist für uns kaum vorstellbar. Sie alle in einem Gleichgewicht zu halten, damit die Spannungen nicht in gewaltsamen Protest oder in Stagnation umschlagen, bedarf geradezu übermenschlich kluger Strategien.

Die nationale Politik. – In den ersten Jahrzehnten seit der Schaffung der indischen Republik war die einigende Idee, die diese Vielfalt zusammenhalten sollte, der *säkulare Sozialismus*, den Jawaharlal Nehru, der erste Premierminister, geprägt hatte. »Säkular« heißt im indischen Kontext, dass alle Religionen, ob zahlenmäßig klein oder groß, gleiche Rechte besitzen und gleich geachtet werden. Der Hinduismus, mit über 80 Prozent Anteil an der Bevölkerung, besitzt laut Verfassung dasselbe Recht, sich gesellschaftlich und religiös zu verwirklichen, wie der Islam mit über zehn und das Christentum mit weniger als drei Prozent. Dies ist für Hindus eine enorme Herausforderung zur Bescheidenheit, die manche Gruppen unter ihnen nicht meistern. Eine Idee Indiens, die heutzutage immer stärker wird, ist »Indien als Hindu-Staat«. Aus europäischer Sicht würde man begrüßen, wenn die leidenschaftliche Energie, die diese Idee befeuert, zur Beseitigung von Armut und sozialer Ungerechtigkeit eingebracht würde, ohne andere Gruppen auszugrenzen. Doch ist diese Not, Respekt und Anerkennung, ein Wertgefühl einzufordern, allzu stark in einem Staat, der aus so vielen heterogenen Teilen, die im Wettstreit miteinander liegen, zusammengesetzt ist. Dies habe ich selbst auch erst nach und nach begriffen.

Es heißt, die indische Gesellschaft sei anfällig für Aggressionen. Heißt das, dass es im Zusammenleben keine zivilisatorischen oder emotionalen Vorbehalte gegenüber Gewaltanwendung gibt? Ich habe immer meine Bewunderung darüber ausgedrückt, wie friedlich Hindus und Muslime in den indischen Dörfern nebeneinanderleben. Sie bekennen ihren Glauben, der beiden Gruppen wichtig ist, offen, aber separat, denn eine Ökumene besteht nicht. Im gesellschaftlichen und wirtschaftlichen Austausch entdecke ich keine prinzipiellen Spannungen. Sie haben ihre kritischen Meinungen, auch Pauschalurteile voneinander, aber ich sehe sie nicht lauthals ausgedrückt. Die muslimische Minderheit, die, wie immer im medialen Diskurs betont wird, gesellschaftlich und wirtschaftlich benachteiligt und zurückgeblieben sei, ist proaktiver geworden, in der Öffentlichkeit präsenter. Etwa scheut sie sich nicht, an ihren Feiertagen ganze Plätze und breite Straßen für gemeinschaftliche Gebete zu belegen. Das hängt damit zusammen, dass der Islam global eine stärkere Präsenz zeigt, die mal imposant, mal abschreckend wirkt.

Dieses empfindliche Gleichgewicht schwankt, sobald es eine gezielte Provokation gibt, mag sie zwischen den religiösen Gemeinschaften oder innerhalb der Gesellschaft geschehen. Fährt ein Auto, auch unverschuldet, einen Fußgänger an, folgt, selbst wenn jener unverletzt weitergeht, sofort ein Handgemenge. Der »Stärkere«, der Autofahrer, ist in den Augen der sich zusammenrottenden Menschen ungeprüft im Unrecht und kriegt's zu spüren. Gegen Polizisten, gegen Politiker, gegen Händler und Hausbesitzer – gegen die besitzende und meinungsmachende Klasse – richtet sich die Wut der Straße. Versuche, den Streit durch die demokratischen Institutionen zu schlichten, sind oft fruchtlos. Lynchjustiz statt Gerichte, Straßenkämpfe statt mahnende Polizeipräsenz, Plündern statt Besonnenheit, hitzig gereckte Fäuste statt Diskussionen sind dann die traurige Wirklichkeit. Ist Mahatma Gandhis noble Idee der Gewaltlosigkeit nicht in die Psyche der Menschen eingedrungen?

Ich kann von Glück sagen, dass sich ein solcher Unmut niemals gegen mich gerichtet hat, jedenfalls nicht von Angesicht zu Angesicht. Wohl hat man mir gedroht, hat man mich verleumdet, gemieden, aber nie tätlich angegriffen. Grund für die verbalen Angriffe war meist Eifersucht, weil ich bestimmte Menschen gefördert hatte.

Als ich 1973 in Indien eintraf, regierte die Congress-Partei in New Delhi und in Kalkutta. Es war noch die Zeit, als die Familie von Jawaharlal Nehru unangefochtene Macht besaß. Seine Tochter Indira Gandhi war Premierministerin. In West-Bengalen war ein Mann ihres Vertrauens Chief Minister (Ministerpräsident). In Nordindien konnte man sich nicht vorstellen, dass eines Tages diese Partei, die wesentlich dafür verantwortlich war, Indien von kolonialer Herrschaft zu befreien, jemals abgewählt würde. In Südindien, dessen Bevölkerung als Muttersprache nicht eine vom Sanskrit herrührende Sprache wie Hindi, Bengali oder Panjabi spricht, sondern eine Sprache der sogenannten dravidischen Sprachenfamilie wie Tamil oder Malayalam, dominierten andere

Parteien. Die Nehru-Familie vertrat einen gemäßigten Sozialismus, der die Privilegien der früheren Maharajas abschaffte und sich das noch längst nicht beendete Projekt der Auflösung der Kasten und die Demokratisierung der Gesellschaft vornahm. In Madras sah ich während eines Wahlkampfs Indira Gandhi auf der Santhome High Road vorbeifahren. Sie stand im offenen Wagen und grüßte mit gefalteten Händen. Auch in Santiniketan sah ich sie, sei es als Wahlkämpferin, sei es als »Kanzlerin« der Universität. In den 1990er-Jahren leistete die Congress-Partei die Umstellung von einer Planwirtschaft zur freien Marktwirtschaft.

Als ich 1980 nach Santiniketan übersiedelte, stellte in West-Bengalen schon die »Left Front«, eine Koalition von linksgerichteten Parteien, angeführt von der Communist Party of India-Marxist (CPI-M), die Regierung. Dieser Partei gehörte der Chief Minister, Jyoti Basu, an, der von 1977 bis zum Jahr 2000 im Amt blieb. Sie schaffte es, eine Landreform durchzusetzen, die den Bauern half, doch charakterisieren diese Zeit heftige soziale Unruhen vor allem in den Städten. Ein Streik folgte dem anderen. Und Streik bedeutet stets, dass der gesamte Bundesstaat erstarrt. Ein »Feiertag« für alle. Kein Rad dreht sich, weder auf den Straßen noch in den Fabriken, alle Geschäfte, alle Märkte zu. Auf den Straßen spielen die Kinder Kricket oder Fußball. Nur die Protestmärsche von Bauern oder Arbeitern oder Angestellten, die sich, über Megaphone heftige Slogans schreiend, durch die Straßen und Gassen schlängeln, bringen Leben und Farbe. Das Volk, das, beobachtet man seinen Alltag, träge und entspannt, vital, aber unfokussiert wirkt, entfaltet auf solchen Protestaktionen eine ausdauernde Energie. Ein politisches Mittel ist der *Gherau*. Man »belagert« einen Menschen oder eine Gruppe im Büro oder in ihrer Wohnung, so dass stundenlang niemand herauskommen oder hineingehen kann. Kein Essen, kein Schlaf – strapaziös und demütigend.

Politik von ihrer schmutzigen, aggressiven Seite habe ich erlebt, als eine neue, auf West-Bengalen begrenzte Partei, der Trinamul Congress, an die Macht drängte. Gegründet hat sie Mamata Banerjee, die sich in der Congress-Partei, der sie zunächst angehörte, nicht durchsetzen konnte und deshalb eine eigene Partei brauchte, um mit sämtlichen Straßenguerilla-Methoden, wie sie im Buche stehen, die Left Front auszustechen. War diese nach ihrer revolutionären Anfangsphase eher von der breiten Mittelschicht und deren bengalischem Stolz auf kulturelle Errungenschaften gestützt, blieb Trinamul eine Partei der Straße, der rauen, rücksichtslosen, kaum schulisch gebildeten Unterschicht. Der Ton in der Öffentlichkeit wurde gröber. In Scharen liefen Mitglieder der kommunistischen Parteien zu Trinamul über. Dort rochen sie größeren und schnelleren Profit, solange man *Didi*, der »älteren Schwester« Mamata, die Treue hielt.

Nach mehreren hysterischen Versuchen gelang es ihr 2011, an die Macht zu kommen, und sie begann als Chief Minister ein strenges Regiment. Streiks, ihr liebstes politisches Instrument, waren plötzlich verboten. Es ging um dieses eine Ziel: die Industrialisierung West-Bengalens. In vielen Bundesstaaten, nicht in West-Bengalen, hatten große Industriehäuser Indiens und des Auslandes Fabriken gebaut. Banerjee hatte dies, kurzsichtig und zu jeder medienwirksamen Geste bereit, verhindert, um die Bauern, deren Grundbesitz enteignet werden musste, zu schützen. Sosehr sich Mamata Banerjee bemühte, ihren Straßenguerilla-Stil abzulegen und sich in eine verantwortungsbewusste, ausgewogene staatsmännische Politikerin zu verwandeln, ganz gelang es ihr nie. Ihr hitziges, wankelmütiges Gebaren zieht bisher wenige Großindustrielle an. Im April 2021 hat sie einen großen Wahlsieg errungen. Die Bharatiya Janata Partei (BJP), eine hindu-nationalistische Partei, die seit 2014 von New Delhi die Nation regiert, hatte mit aller Macht versucht, in West-Bengalen die

Trinamul-Partei niederzuringen – und wurde weit abge-
schlagen.

Die lokale Politik. – Diese raue Atmosphäre beherrscht die Öffentlichkeit. Schon mehrmals habe ich beklagt: Die Klein-
stadt- und Dorfpolitiker bestimmen, wer ein Zertifikat bekommt, das der Person von Rechts wegen zusteht, wer einen
Job kriegt, wie jemand im Krankenhaus behandelt, wer in einer Schule zugelassen wird – nichts geht ohne Beziehungen
zu den politischen Bossen, die natürlich auf ihren Vorteil
schauen und entweder Geld kassieren oder Stimmen bei der
nächsten Wahl. Politik ist ein schmuddeliges Geschäft, das
leider selten die intelligenten, ausgebildeten und mit Visionen begabten Menschen anzieht. Verächtlich heißt es: Wer
sonst nichts wird, kann immer noch Politiker werden.

Die regionale und nationale Politik schwemmt Elemente
ins Licht der Öffentlichkeit, die es eigentlich scheuen sollten:
Vorbestrafte, Angeklagte, Kastenanführer, Angehörige von
Familienklans, Bandenführer ... Wer sich zur Wahl stellt,
muss weder lesen noch schreiben können und braucht keinerlei Qualifikation vorzuweisen. Diese gesellschaftlich-poli-
tische Atmosphäre hat mich in Santiniketan vierzig Jahre umgeben.

Nur diese eine Versuchung! – Eine Abschweifung hinüber nach
Europa. Die Politik, die sich in Deutschland entfaltete, habe
ich nur am Rande wahrnehmen können. Wichtig war mir, die
Ereignisse in Europa insgesamt zu verstehen. Doch mehrmals
kam mir die deutsche Politik hautnah, etwa als ich 1988 in die
DDR eingeladen wurde und eine Woche reisen durfte. Der
erbärmliche Lebensstandard der Menschen auf der Straße
überraschte mich, gerade weil mir das Indien-Erlebnis stets
als Folie vor Augen war. In Indien herrscht zumindest Vitalität, Farbigkeit, Temperament, doch damals auf den Straßen

von Ost-Berlin und Leipzig war öde Eintönigkeit; man zog es vor, nicht zu lachen, um nicht aufzufallen. Die Grenzkontrolle im Zug zurück in den Westen war von makabrer Strenge.

Ein Jahr später, im November 1989, musste ich plötzlich nach Deutschland fliegen, weil eine mysteriöse Krankheit mich seit Wochen fußlahm machte. Der Arzt in Santiniketan verstand nicht, warum die Gelenke der großen Zehe und der Ferse schmerzhaft angeschwollen waren. Nur mit Schmerzmitteln konnte ich mich hinkend fortbewegen. Kaum in Boppard angekommen, diagnostizierte eine Ärztin die Reiter'sche Krankheit, die chronisch wurde und mich seitdem von Zeit zu Zeit plagt. Meine Mutter und ich klebten am Fernsehapparat, als die Berliner Mauer fiel und am nächsten Tag die Wiedervereinigung ausgerufen wurde, Momente, die mir Schauer über den Rücken jagten.[131]

Die rasche Öffnung Osteuropas in den Folgejahren weckte dieses eine Mal meinen Wunsch, zurückzukehren, um an der optimistischen Aufbruchsstimmung teilzunehmen. Ich habe wie immer auf ein Signal gewartet, etwa eine Einladung, einen deutlichen Hinweis, eine Fügung. Sie blieben aus.

Feiern und Jahrmärkte in Santiniketan und im Umkreis

Noch einen letzten Blick auf Santiniketan und seine Umgebung. Kommunikation auf der allgemein-gesellschaftlichen Ebene hat in Indien immer mit Festen und Feiern zu tun, die häufig eine religiöse Wurzel haben. Gruppen verschiedenster Art kommen zusammen; beinahe alle Feste in West-Bengalen sind inklusiv, das heißt, keine Bevölkerungsgruppe ist ausgeschlossen. Kastendiskriminierung ist mir auf Festen nie aufgefallen.

Santiniketan ist durch seine bedeutende Geschichte, die mit Rabindranāth Tagores Vater begann, noch mehr als andere Orte gesättigt mit Erinnerungen, Anekdoten, auch Klatsch. Historische Verantwortung, Interesse und Neugier hat ungezählte Bücher und Artikel hervorgebracht. Besonders in den Wintermonaten erscheinen täglich ein Dutzend und mehr Busladungen von Menschen, oft aus ländlichen Gebieten, die eine Pilgerfahrt zu den Tempeln der Gegend machen und wie selbstverständlich auch Santiniketan als wichtigen Halt einplanen. Inzwischen pendeln täglich fünf oder sechs Züge zwischen Bolpur und Santiniketan, kulturbeflissene Städter steigen aus, bleiben einen Tag oder zwei und steigen wieder ein. Die Wohnviertel, so wie meines, bleiben unbehelligt.

Aber über die Jahrzehnte haben, besonders in den Wintermonaten, viele Menschen meinen wilden Garten und mich gefunden, Menschen aus Kalkutta, Studenten oft, auch viele in Deutschland wohnende Inder, die um diese Jahreszeit unterwegs sind, am liebsten mit ihren großen Familien. Wir sitzen unter den Bäumen vor dem Haus, unterhalten uns Tee trinkend und erfreuen uns an den durchdringenden Rufen der Vögel. Auch die Tierwelt ist extrovertierter als in Deutschland. Die britische Anthropologin Jeanne Openshaw verbringt in ihrer gemieteten Wohnung in Santiniketan alljährlich mehrere Wintermonate, eine Zeit, auf die ich warte, weil ich in ihr die intellektuelle Gesprächspartnerin habe, die mir gut tut.

Die meisten Volksfeste finden in der klimatisch erträglichen Winter- und Frühlingszeit statt. Ende des Jahres wird die Reisernte eingefahren; die Bauern können Neues für den Haushalt erwerben. Die Kaufkraft erzeugt Freude und Übermut, was sich bei den Dorfbewohnern immer in Liedern und Tänzen und Feiern ausdrückt. Die *Poush Mela* in Santiniketan, ein großer, von Tagore begründeter Jahrmarkt, fällt mit Weihnachten zusammen; *Holi* oder *Basanta Utsab*, das Frühlingsfest, feiert die Universität im März unter den Bäumen des

Campus laut und bunt. Die Universität übt, der Tradition Tagores folgend, Theaterstücke ein, um sie an den Festen aufzuführen. Gesang, Tanz und Theater gehören noch zur schulischen Ausbildung.

Ausschließlich jahreszeitliche Feste sind in Santiniketan erlaubt, keine religiösen. Tagore verfügte, dass im universitätseigenen Gelände keine Tempel für bestimmte Gottheiten errichtet werden. Er selbst ließ den »Glastempel« bauen, eigentlich eine Gebetshalle, klein und ernst, deren vier Wände teilweise aus buntem Glas gefertigt sind. Darin hat schon Rabindranāth Tagore gesessen und Gottesdienste gefeiert. Die Gottesdienste bestehen einzig aus Lesungen. Keine Gottesverehrung; keine religiösen Symbole oder Rituale! Der »Priester«, meist ein Professor, rezitiert aus den heiligen Schriften, den Upanishaden, und den Werken Tagores, unterbrochen von Tagores Liedern und einer Predigt. Rabindranāth Tagore fühlte sich dem *Brāhmo Samāj* verpflichtet, einer Reformbewegung des Hinduismus, die Verehrung in Tempeln, überhaupt von Göttinnen und Göttern, ablehnt und stattdessen eine abstrakte, durch kein Symbol ausgedrückte Gottheit annimmt. Unter der Leitung seines Vaters *Debendranāth Tagore* (1817–1905) entfaltete sich die Brāhmo-Samāj-Gemeinde Ende des 19. Jahrhunderts in Bengalen. Viele damals vorherrschende soziale Übel wie Witwenverbrennung und Kinderheirat bekämpfte der Brāhmo Samāj.

Doch im Umkreis von Santiniketan feiern die Dörfer eine Fülle von religiösen Festen, deren Mittelpunkt stets ein Tempel ist. Der große Festtagsbogen spannt sich von der Durga-Puja im Oktober bis zu den Feiern im Frühjahr. Die »Kenduli Mela« Mitte Januar in Joydeb und die »Konkalitola Mela« Mitte April sind überlaufen. Jede Mela (Jahrmarkt) hat ihre eigene, oft uralte Tradition. Die Kenduli-Mela braust und brandet neben einem vishnuitischen Tempel. Krishna und sein Klan sind die Gottheiten. Dutzende von Bauls treffen zusammen, die ihnen zu Ehren Lieder singen. Als ich Anfang der 1980er-Jahre zum ersten Mal per Rad hinfuhr, war's noch ein Riesenspaß, von Sänger zu Sänger zu wandern. Bald darauf begann die Ära der Mikrophone und Lautsprecher. Einer übertönt jetzt den anderen und jeder trägt zu einer unerträglichen Kakophonie bei.

Der Tempel von Konkalitola ist der Muttergottheit Kali geweiht. An ihrem Fest strömen die Bauern aus ihren kilometerweit entfernten Dörfern, eine Ziege hinter sich her zerrend, zusammen. Hunderte stehen dicht gedrängt im Tempelbereich und köpfen ihr Tier mit einem sichelförmigen Messer und lassen das Blut aus dem Tierrumpf spritzen – das Opfer für die schwarze Göttin. Gerade Santals und niedrigkastige Hindus verehren Kali auf diese Weise. Ich habe es mir oft erzählen lassen, hingegangen bin ich nie, um dem schauerlichen Spiel mit der Frömmigkeit beizuwohnen. Die Ziege minus Kopf tragen die Bauern auf dem Rücken ins Dorf zurück, um daraus ein Festmahl zu bereiten, zu Ehren der Göttin natürlich. Rabindranāth Tagore hat Tieropfer verdammt und ein Proteststück dagegen geschrieben. Die dörfliche Umgebung von Santiniketan ist sich der Humanität des Dichters kaum bewusst; Santiniketan lebt inmitten oft archaischer Bräuche. Immer sind es zwei Welten gewesen.

Aber Santals feiern auch sinnlich-frohe Feste. Blüten- und Blumenschmuck im Haar der Frauen und Männer ist ihnen genauso wichtig wie das krumme Messer. Schon vor über dreißig Jahren haben wir in Ghosaldanga das traditionelle Frühlingsfest der Santals – *Baha* – wiederbelebt. Auf dem Sportplatz finden sich Tanzgruppen aus den umliegenden Santal-Dörfern ein. Traditionelle Sportarten, wie Pfeil-und-Bogen-Schießen, verbinden sich mit Wettbewerben für die Schulkinder, die Frauen knüpfen um die Wette Teller aus getrockneten Blättern zusammen. Dazu das übliche Markttreiben – Teestuben, Imbissbuden, Ballonverkäufer, Firlefanz-

Verkäufer, bunte Bänder, Reifen, Plastikkram. Versteckt, im gebührenden Abstand, hocken Männer auf den Feldern, große, bauchige Töpfe vor sich, aus denen sie ein saures Gebräu, das warme Reisbier, Glas um Glas verkaufen. Die Familien laden ihre Verwandten ein, um am Fest teilzunehmen, das sich mit Liedervorträgen und Santal-Dramen – burleskem Bauerntheater! – bis ins Morgengrauen hinzieht. Übermüdet und sinnengesättigt wandert das Publikum in seine Dörfer heim.

Menschliche Beziehungen – Wie leben die Familien miteinander? Mehrfach erwähnte ich das starke Familiengefühl. Allgemein offenbart es sich in dem Drang, mit Menschen zusammen zu sein. Steigt ein Deutscher in einen Zug, sucht er ein leeres Abteil und setzt sich hin, froh, allein zu sitzen. In Indien sucht jeder einen Sitzplatz neben einem anderen, auch neben einem Unbekannten, um sich unterhalten zu können. Die Hemmschwelle, mit Fremden ins Gespräch zu kommen, ist niedrig. Sosehr sie Begegnungen suchen, so flüchtig sind sie aber auch. Um im Bild zu bleiben: Schon beim Verlassen des Zuges ist der Gesprächspartner vergessen. Beteuerungen, sich zu melden, mitsamt rituellem Austausch von Telefonnummern, sind dafür da, ein gutes Gefühl zu hinterlassen und werden von wenigen ernst genommen. Wichtig war, dem langweiligen Alleinsein zu entkommen.

Das Zusammensein, das Gemeinschaftsgefühl, die Hautfühlung sind auch im Leben der Familien wesentlich. Jedes Familienmitglied hat seinen Platz und kennt ihn. Es gibt ein Oben und Unten und in dem Feld dazwischen entsteht nur eine begrenzte Dynamik. Aber statisch ist die Gesellschaft nicht. Zum Beispiel die Vorstellung des »Heiligen« kann sie in Bewegung bringen. Ein junger Mensch entdeckt in sich Kräfte, die als besondere, unerklärbare, heilige gelten – sofort überspringt er die Hierarchie der Seniorität und wird der »Lehrer«

von älteren Menschen, die sich ihm anvertrauen. Oder ein junger Bursche besucht einen Tempel, um den Segen des Priesters zu empfangen. Als Segenszeichen erhält er, in ein Papierchen gewickelt, jenen roten Staub, den der Priester ihm zunächst auf die Stirn getupft hat. Rot – die Farbe des Glücks, die Farbe der Glücksgöttin Lakshmi. Der Bursche kehrt zur Familie zurück und tupft jedem Familienmitglied, auch den ältesten, von dem Staub auf die Stirn. Er erhält für diesen Augenblick den Status des Priesters.

Verbreitet ist das Konzept des *Atithi-Nārāyan*, bei dem der Gast als Gott verehrt wird. Die allgemeine Vorstellung einer Puja beruht darauf, einen Gott oder eine Göttin als Gast in das eigene Haus, und zwar in die Gottesstatue am Hausaltar, einzuladen. Ähnlich soll auch ein Gast, der eine Familie besucht, ehrenvoll aufgenommen und behandelt werden. Dieses Angebot überschwänglicher Gastfreundschaft habe ich oft erfahren. Zum Beispiel isst ein Gast, vor allem wenn er zum ersten Mal gekommen ist, allein, wie ein Gott im Tempel, während die Familienmitglieder um den Tisch sitzen und beobachten und bedienen. Für den Gast ist für die Zeit des Gastseins die Hierarchie aufgehoben. In Indien ist nichts in Stein gemeißelt, Flexibilität und Dynamik sind stets wie mitschwingende Saiten.

Familiengefühl und Geborgenheit. – Familienleben grenzt mich einerseits aus, andererseits aber integriert es mich in die Gesellschaft. Einerseits wird einem Menschen, wie sehr ich mich für ihn einsetzen mag, seine Familie jeden Augenblick das Wichtigste sein. Andererseits wird man von ursprünglich fremden Menschen »Bruder« oder »Schwester«, »Onkel« oder »Tante« genannt und in diesem Sinne auch familiär behandelt. Über solche Festlegungen der Verwandtschaftsbeziehung finden Inder intuitiv Kontakt zueinander. Die Verwandtschaftsbezeichnung ist nicht willkürlich gewählt, sondern hat ihre Logik. Es kommt auf jene Person an, die ich als Erste kennengelernt habe; entsprechend ordnen sich die anderen als »älterer Bruder« oder »jüngere Schwester«, als Kusine oder Neffe oder Onkel oder Tante ein, wobei die Verwandtschaftsgrade differenzierter benannt werden, als es in der deutschen Sprache möglich ist.

Familiengefühl wird schon im Babyalter gepflegt. Kleinkinder in Indien sind fürwahr die Prinzessinnen und Prinzen einer jeden Familie. Sie werden gehätschelt und verwöhnt, niemals allein gelassen, ihren Willen bekommen sie immer, sie dürfen launisch, auch aggressiv sein, sie dürfen weinen und schreien, immer hört man auf sie, weist sie nicht zurecht, sondern tröstet sie lieber mit unerfüllbaren Versprechungen. Kinder werden nicht in unserem Sinn »erzogen«, also zu Disziplin und Selbständigkeit herausgefordert. Bis zur Pubertät dürfen die Kinder mit den Eltern im Bett schlafen, also die Körpernähe und »Nestwärme« der Eltern, der Brüder und Schwestern spüren. Dieses Gemeinschaftsgefühl ist übrigens klassenüberschreitend. Unter den Armen in den Dörfern ist es ebenso zu finden wie in der Mittelklasse der Städte. In der Kinderliebe findet die Gesellschaft zusammen.

Folge davon ist, dass die Kinder sich langsamer entwickeln, sich später, wenn überhaupt, von der Familie emanzipieren und manchmal ein Leben lang unselbständig in Meinung und Urteil bleiben. In einem Alter, in dem europäische Kinder nicht schnell genug »erwachsen« werden können, schon als Teens allein in die Welt hinausstreben, Jungen und Mädchen die Nächte in Bars und Klubs verbringen dürfen, unbegleitet weite Reisen unternehmen, sehnen sich Jugendliche in Indien noch nach der Geborgenheit in der Familie. Wie hart muss es sein, wenn sie daraus vertrieben werden: ins Studium fahren, auswärts einen Job annehmen, wenn Frauen nach der Heirat zur Familie des Ehemannes ziehen oder wenn ein Elternteil stirbt. Die Braut weint, denn ihr Elternhaus zu verlassen ist ein Trauma. Der Bräutigam, der jene Frau heiratet, die die Familie für ihn ausgesucht hat, gerät in ein lebenslanges Dilemma, wem er loyal(er) sein soll – den Eltern oder der Ehefrau. Das Eheleben beginnt mit Leid und Konflikt.

Unmittelbare Auswirkungen dieser kindlichen Geborgenheit sind auch manche Schwächen im gesellschaftlichen Kontext. Allgemein: Das »Draußen«, das Nicht-zur-Familie-Gehörige wird nicht mit denselben Maßstäben betrachtet und behandelt wie die Familie. Draußen vor dem Haus, auf dem Bürgersteig, auf der Straße, außerhalb des Dorfes mag es schmutzig, verschlammt sein, mag Unrat und Papier liegen – solange es im Haus, in der Wohnung, im eigenen Zimmer sauber, geordnet und angenehm ist, ist »alles in Ordnung«. Oft beobachte ich mit Ekel, wie Familien Abfälle unbesorgt aus dem Fenster werfen, wo es verfault, stinkt, Ungeziefer anzieht. Die Vorstellung des »Draußen« weitet sich auf die Büroräume, alle öffentlichen Gebäude und Flächen wie Parks und Flüsse aus. Sie bleiben meist ohne die notwendige Pflege. Man identifiziert sich nicht mit ihnen.

Doch diese Urgeborgenheit der Inder lässt sie, so ahne ich, viel Unbill, viel Kränkung und alltägliche Schwierigkeiten leichter ertragen, als es uns möglich ist. Sie verstehen es tatsächlich, ihr Leben ausgeglichener, mit größerer Ausdauer und mehr emotionalen Reserven zu bestehen. Sie können sich gleichsam in ihr Kinderland zurückziehen und aus dessen Wärme Kraft ziehen.

Zu diesem Geborgenheitsgefühl gehört ein allgemeiner Lebensoptimismus, der selbst Notlagen und Enttäuschungen übersteht und der uns Europäern in Indien immer ins Auge springt. Auch das erstaunlich geringe Risikobewusstsein der Bevölkerung liegt in diesem Optimismus begründet. Wie Menschen, ohne nach rechts oder links zu schauen, durch den dichten Straßenverkehr schlendern, erinnert mich an Traumwandler. Auch in der gegenwärtigen Corona-Pandemie erlebt man ein leichtsinniges Vertrauen darauf, dass »alles gut geht«.

Zeitgefühl. – Dazu eine Abschweifung: Ähnlich traumwandlerisch ist das Zeitgefühl! Als ich Sona Murmu kennenlernte, besaß er keine Uhr; niemand in Ghosaldanga besaß eine. Sona richtete sich nach dem Sonnenstand und konnte die Zeit, sagte er mir, auf die Viertelstunde genau einschätzen. Eine Uhrzeit brauchte er damals nur, um den College-Unterricht in Bolpur pünktlich zu erreichen. Als ich ihm später eine Armbanduhr gab, verlor er sein Zeitgefühl. Sein Tagesablauf wurde mit den immer umfangreicheren Aufgaben in der Dorfarbeit strukturierter, und Sona wurde ein gewohnheitsmäßiger Zu-spät-Kommender. Er war nicht von klein auf gewohnt, sich den Tag in Stunden und Minuten aufzuteilen. Er kann sich nicht darauf einstellen, dass Pünktlichkeit eine gegenseitig verbindliche Abmachung ist. Sona achtet mich, gewiss will er mich nicht enttäuschen. Doch das Bewusstsein, dass er durch große Verspätung mir *meine* Zeit »wegnimmt«, setzt sich in ihm nicht durch. Zeit ist ein Meer, in dem man schwimmt, ein Traum, in dem man segelt. Mathematisch feste Bestimmungen sind unbekannt. Sona ist nur *ein* Beispiel.

Individualität und Privatsphäre. – Die Geborgenheit im Familiennest ist nicht dazu angetan, die eigene Individualität auszubilden und zu stärken. Man sucht sie nicht, auch die Medien stellen sie nicht als Ideal dar. Die Bollywood-Helden sind auf so übertriebene Weise heldenhaft-individuell, dass sie in die göttliche Sphäre entrücken. Nur Gesten und Posen, Frisur und Kleider bleiben zur Nachahmung übrig. Die Identifizierung mit der eigenen Familie wird tendenziös so ausschließlich, dass man unbewusst auf die eigene Individualisierung verzichtet, sprich: auf die Förderung seiner Talente und Neigungen. Frage ich einen Jungen oder ein Mädchen vor dem Schulabschluss, welchen Beruf sie anstreben, bleiben sie meist stumm. Sie wollen Geld verdienen, sie müssen es – das ist die einzige »Präferenz«.

In dieses gesellschaftliche Beziehungsfeld passt es, dass indische Familien selten Privatsphäre beanspruchen. Sie können den ganzen Tag mit mehreren Menschen auf engem Raum zusammenleben, ohne sich zurückziehen zu müssen. Sie schlafen, wie gesagt, lieber zusammen in einem Raum, auf einem Bett, statt allein. Sie brauchen immer wieder Körperkontakt, Sichtkontakt, eine familiäre Geräuschkulisse – alles, was den Mitteleuropäer eher stören würde. Sind Inder mit größerer Konzentrationsfähigkeit begabt, weil sie auch inmitten dieser Zerstreuungen ihrer persönlichen Aufgabe nachgehen? Ich habe oft erstaunt zugeschaut, wie in einem Raum die verschiedenen Familienmitglieder in unterschiedliche Beschäftigungen vertieft sind, ohne sich zu stören, auch ohne die anderen Personen bewusst wahrzunehmen. In einem deutschen Haushalt würde ein eintretender Gast von allen begrüßt. Bringt der Sohn eines indischen Haushalts zum Beispiel einen Spielkameraden mit, unterhalten sie sich lebhaft, schauen Fernsehen, doch alle anderen ignorieren ihre Anwesenheit und gehen ihrer Tätigkeit nach.[132]

Wie Indien verstehen?

Abschließend versuche ich noch einmal, diesem Land – in drei Ansätzen – konzeptionell näherzukommen. Genau genommen versuche ich es seit fünfzig Jahren. Ist ein Grund, weshalb ich diese vielen Jahre geblieben bin, einerseits meine Faszination für Indien und andererseits das Unvermögen, das Land schlüssig zu beschreiben?

Als Europäer kann mir dieses Land *etwas Zusätzliches* geben, das mir Europa nicht angeboten hat. Dieses Etwas versuche ich, diskursiv und intuitiv zu erfassen. Es hat sich gelohnt, in diesem Land zu leben, weil ich meinen Intellekt, meine Gefühlswelt und meine Seele von beiden Kulturen nähren durfte. Frage ich, wie ich diese »indische Denkweise«, die mir so wichtig wurde, in Worte fassen kann, fallen mir folgende drei Zugänge ein.

Unity in Diversity. – In Indien höre ich immer wieder den Ausdruck »Unity in Diversity«. Er soll die indische Kultur und Spiritualität in einem einzigen Begriff charakterisieren. »Einheit in der Vielfalt« versucht, zwei Extreme – die Einheit und die Vielfalt – in Einem zu sehen. Man kann dagegenhalten, dass es sich um zwei sich ausschließende Konzepte handelt. Inder empfinden jedoch anders: Emotional und spirituell können sie durchaus das Mannigfaltige innerhalb des Einen und, umgekehrt, das Eine im Mannigfaltigen enthalten sehen. Sie rationalisieren dieses Paradox, das Unvereinbare von Eins und Vieles, nicht, sie lösen es nicht auf. Inder vollführen, unabhängig von ihrer Bildungsebene, ihrem Alter, auch ihrer Religion, diesen »Sprung ins Irrationale«, einen »Sprung ins Erstaunliche«, einen gedanklichen, emotionalen und existentiellen Sprung.

Philosophisch gesehen ist damit gemeint, dass das Viele von dem Einen zusammengefasst, zusammengehalten wird. Die Philosophie des Advaita Vedanta stellt fest, dass Welt, Menschen und Gott »eins« sind, zu einer Einheit verschmelzen. Dabei bestehen zwei Schichten der Wirklichkeitswahrnehmung: die eine entdeckt das Viele, die zweite das Eine »hinter« dem Vielen.

Diese philosophische Setzung, dass es das Viele im Einen gibt, ist für uns schwer nachvollziehbar. Doch in Indien ist diese Wahrnehmung der Wirklichkeit zu einem alltäglichen Reflex geworden. *We are all one!* – so heißt es im indischen Alltag immer und immer wieder. Ich höre es häufig, wenn man mir das Gefühl geben will, dazuzugehören. Ich höre es von Hindus in Bezug auf die muslimische Bevölkerung oder in Bezug auf die Stammesbevölkerung. In der schulisch ungebildeten, aber auch in der gebildeten, in der dörflichen wie städtischen Bevölkerung ist dieser Reflex *We are all one!* im Umlauf. Der Satz mag gedankenlos gebraucht werden, ohne sich seiner Komplikationen und Konsequenzen bewusst zu sein. Doch steht dahinter ein unbewusstes Wünschen und Wollen, zumindest gedanklich und spirituell »eins« zu sein.

Die indische Bevölkerung ist, was ihre Gedankenwelt betrifft, idealistisch und sozialromantisch gestimmt. Gewiss, diese Stimmung ist dann häufig im Alltag nicht tragfähig. Vom Temperament her können die Menschen in Indien, wie erwähnt, auch rasch aggressiv, also alles andere als integrativ und inklusiv sein. Und doch trägt dieser Reflex *We are all one!* deutlich zum sozialen Frieden bei.

Perspektivismus. – Das geistige Selbstverständnis der Hindus beruht (wie erwähnt) weniger auf einem Lehrgebäude, auf Geboten und Tugenden, auch nicht auf einem geschichtlichen Bewusstsein, wie in den Monotheismen, sondern eher auf einem nicht-rationalen, keinem philosophischen System unterworfenen Korpus von Geschichten, den Mythen. Sie sind in der mehrtausendjährigen Geschichte des Hinduismus immer wieder nacherzählt, übersetzt, interpretiert und neuen Gegebenheiten angepasst worden – entsprechend dem Verständnis neuer Volksschichten und neuen gesellschaftlichen und ethischen Vorstellungen. Während den Monotheismen ein im Wortlaut fester Kanon heiliger Schriften zugrunde liegt, verfügt der Hinduismus über ein Konvolut von narrativem Material, das ungeordnet, »ungezähmt« – vielschichtig und in sich nicht selten widersprüchlich – stets dynamisch in Bewegung ist.

Darum wird niemals eine bestimmte Aussage, eine Situation, eine bestimmte »Wahrheit« oder ein Gesetz festgeschrieben – sondern eine bestimmte »Wahrheit« sieht aus verschiedenen Perspektiven immer anders und neu aus. Dieser Perspektivismus bestimmt das Hindu-Denken und -Fühlen.

Während in unserem diskursiven Denken das Eine stets das Eine bleibt, also ein *Entweder-oder*-Denken vorherrscht, kann im Hinduismus das Eine ebenso, je nach Situation, etwas differenziertes Anderes werden. Ich nenne es das *Sowohl-als-auch*-Denken. Im westlichen Verständnis herrschen sich ausschließende *Gegensätze* vor, im indischen Verständnis *Polaritäten*, bei denen der eine Pol bis zu seinem Gegenpol heranreichen kann.

Dieses Denken ist intuitiv, situationsgebunden, vom Fühlen mehr als vom deduktiven Denken bestimmt, vom assoziativen mehr als vom logisch-diskursiven Fortschreiten, von der Evokation mehr als von der Analyse. Diese Mentalität nun mit unserer cartesianisch-theologischen Methode zu erfassen ist aussichtslos. Sie wird sich uns immer wieder mit ihrer unendlichen Folge des Perspektivenwechsels entziehen.

In diesem perspektivischen Denken und Fühlen, diesem Begreifen durch Geschichten anstatt Gesetzmäßigkeiten, diesem Verstehen in Polaritäten anstatt Gegensätzen sehe ich den Urstoff des Hinduismus und den eigentlichen Unterschied zu den Monotheismen.

Ich begreife den Perspektivismus etwa beim Anblick einer weit geschwungenen Treppe vor einem Schloss oder einer Kathedrale. Bewege ich mich einen Schritt nach rechts oder links, erscheint vor meinen Augen die Treppe jeweils verschieden. Jeder Schritt »verändert« die Treppe, sie bleibt aber stets diese eine Treppe.

Für uns Europäer mag diese intuitiv-flexible Methode, Probleme zu bewältigen, ärgerlich sein, weil sie nicht die Konstanz, Widerspruchsfreiheit und Direktheit hat, die wir gewohnt sind und die uns viel wert ist. Doch könnte diese Art des Begreifens nicht auch realistischer oder wahrhaftiger als die unsere sein?

Religion als Spiel. – Die dritte Möglichkeit, sich dem indischen Denken zu nähern, nenne ich »Religion als Spiel«. Die überwiegende Mehrzahl der Hindus sind Theisten, das heißt, sie beten einen persönlichen Gott oder eine persönliche Göttin an, die sie auch visuell als Figur oder als Bild verehren. Die Muttergottheit ist beliebt und hat unterschiedliche Namen – Durga, Saraswati, Kali, Radha, Pārvati ... Jede dieser Göttinnen und jeder der Götter ist von einem eigenen Kranz mythischer Geschichten umgeben, die im Lauf der Jahrhunderte entstanden sind und im Volksgedächtnis weiterleben. Ihnen werden Ehepartner oder Liebhaberinnen und Liebhaber, Söhne und Töchter zugeordnet.

Die meistverehrten Gottheiten sind *Krishna und Rāma*. Mit Krishna werden, je nach der Phase seines Lebens, andere Mythen assoziiert. Als Jüngling ist er ein Hirte, der eine Herde Kühe betreut. Er spielt zum Zeitvertreib auf einer Bambusflöte. Sein Flötenspiel zieht die Mädchen der umliegenden Dörfer an. Eigentlich kommen sie, um die Kühe zu melken, doch die anmutige Gestalt Krishnas und sein liebliches Spiel lassen sie von Liebe erbrennen. Ihre Anführerin ist Radha. Sie alle führen, Krishna in der Mitte, einen Rundtanz auf. Der Mythos schmückt diese Kernhandlung vielfältig aus. Grundthema bleibt die Liebe der Milchmädchen zu dem Hirten Krishna. Seine Schönheit, seine Verführungskunst durch die Musik, sein Spiel und sein Tanz geben dieser Liebe ihren besonderen Reiz und ihre besondere Stimmung. Hunderte Millionen von Hindus beten, singen und meditieren, während sich ihre Gedanken und ihre Phantasie mit jenem Geschehen rund um Krishna und die Milchmädchen füllen.

Gott Rāma, der Held des *Rāmāyana*, ist verschieden. Ein Königssohn ist er, ein treuer Ehemann, der um seine Ehefrau

Sita kämpft, als sie von einem Dämon entführt wird. Ebenso verlangt er von Sita absolute Treue.

Zwei Seiten der Hindu-Spiritualität zeigen sich hier auf markante Weise: Das Spielerische, Leichte, Erotische, Künstlerisch-Tändelnde des Krishna-Radha-Mythos wetteifert mit dem ernsteren, der »weltlichen« Ehre und der Familientradition verpflichteten Rāma-Sita-Mythos. Alle Hindus sind berührt von diesem Kosmos von Mythen und Legenden. Diese beleben ihre Phantasie und ihre Frömmigkeit.

The too-muchness of India. – Abschließend nenne ich einen Ausdruck des in Bombay gebürtigen Schriftstellers Salman Rushdie, der in seinen umfangreichen, opulenten Romanen die indische Wirklichkeit, insbesondere seine Heimatstadt, porträtiert. Er schreibt mit hochgereckten, zur Kapitulation bereiten Armen: In Indien regiert die/der/das *too-muchness*, die Überfülle – angefangen von der Masse der Menschen, dem Gewimmel von Gassen und Geschäften, der erdrückenden – nein: berauschenden! – Vielfalt der Farben, dem überwältigenden – nein: beglückenden! – Zusammenspiel von Lauten und Augeneindrücken. Alles im Übermaß! Das Vielzuviele! Man schaue sich Bollywood-Blockbuster an, um eine Vorstellung zu bekommen. Wer wollte dieses Indien angemessen darstellen oder beurteilen?! Ich habe es von vielen Seiten aus versucht. Was habe ich erreicht?

Dazu zwei Kommentare. In Indien kursiert diese Anekdote. Als ein ausländischer Journalist eine Woche Indien bereiste, schrieb er, überschäumend vor Begeisterung, ein Buch. Ein zweiter reiste zwei Monate und rang sich eine zehnseitige Reportage ab. Ein dritter blieb ein Jahr und klappte danach seinen Laptop zu, denn er brachte keinen passenden Satz über Indien zustande. Je mehr man von diesem Land erlebt, desto komplexer, widersprüchlicher wird es. Jede stimmige Aussage ist, ins Gegenteil gekehrt, ebenso richtig.

Und ein Wahrwort, von einem Indienkenner kopfschüttelnd – oder kopfnickend? – ausgestoßen: »Amerika ist das Land der unbegrenzten Möglichkeiten. Indien aber ist das Land der unbegrenzten Unmöglichkeiten!«

10

Brücken zur fremden Heimat Europa

Zwischen den Kulturen zu Hause

Der turbulente Tag bewegt sich
hin zur Nacht.
Die sprudelnde Quelle rinnt und
sucht das Meer.
Im Frühling wartet die Blume ängstlich
auf die Frucht.
So eilen alle rastlosen Dinge
zur ruhigen Fülle.

Die Brücken zu Europa habe ich nie abgebrochen. Zwar konnte ich im ersten Jahrzehnt nicht jeden Sommer nach Deutschland zurückkehren – die Finanzen hätten nicht gereicht. Doch als mein Vater starb, versprach ich meiner Mutter, jeden Sommer in Deutschland zu verbringen. Nach und nach erhielt ich auch mehr Anfragen für Vorträge und Seminare. Zu Beginn der Regenzeit, wenn die täglichen Schauer die Hitze drückten, war ich wieder in Santiniketan. Über welche Themen sprach ich in Deutschland? – Natürlich über Indien. Obwohl in Deutschland, wohnte ein Teil meines Kopfes mit seinen Überlegungen und Plänen in Indien. Ich blickte auf das Leben in Deutschland mit Indien als Vergleichshintergrund. Die ersten Jahre trug ich hartnäckig ein langes

Panjabi-Hemd und Sandalen ohne Socken. Später wollte ich meine Umgebung nicht mit bizarrem Auftreten vor den Kopf stoßen. Angleichung im Äußeren hilft, mit den Menschen ins Gespräch zu kommen.

In zwei Kulturen wohnte ich insbesondere, wenn ich Gäste aus Indien durch Deutschland begleitete. Es waren keine Touristen oder solche, die aus eigenen Kräften Europa hätten kennenlernen können. Freunde aus den Dörfern sollten auf behutsame Weise mit Menschen in Deutschland zusammenkommen und ihr Treffen ein beiderseitiges Erlebnis werden. Von jenen Reisen durch Deutschland und Österreich, zuerst mit zwei Baul-Sängern, dann mit unterschiedlichen Gruppen junger Männer und Frauen aus Ghosaldanga und Bishnubati, möchte ich als Erstes berichten. Für mich war es ein Experimentierfeld, auf dem sich zwei kulturelle Lebensweisen, die nichts voneinander wissen, zum Gewinn beider Seiten mitteilen sollten.

»Ein indisches Dorf stellt sich vor« – Reisen junger Dorfbewohner in Deutschland und Österreich

Zwei Bauls reisen durch Deutschland. – Schon früh, nämlich bevor Ghosaldanga in den Blick kam, hatte ich damit begonnen, zusammen mit jungen indischen Sängern und Künstlern Deutschland zu bereisen. Gopal Das Baul hatte ich kennengelernt und ihm geholfen, seine Hütte am Rand von Ghosaldanga zu bauen. Ihn und seinen Sängerkollegen Basudeb bereitete ich monatelang auf einen Deutschlandbesuch vor. Ich hatte eine »Baul-Phase«, war hingerissen von den ekstatischen Melodien, den mystisch-rätselhaften Metaphern und der traditionellen Lebensweise der Baul-Wandersänger. Franz von Assisi sah ich im Geiste barfuß durch die bengalischen Dörfer wandern. Ich übersetzte ein Dutzend Lieder aus dem

Bengalischen, schrieb einige Essays und warb in deutschen Klöstern, Akademien und Pfarreien darum, dass die beiden Bauls ihre Lieder zu Gehör bringen dürfen. Wichtig war mir, dass ich zwei Menschen begleitete, die nicht schon das folkloristisch-exotische Interesse ausländischer Kreise bedient hatten. Beide wanderten – wie von alters her üblich – durch die Dörfer und spielten bei Feiern und auf Jahrmärkten.

Doch wie würden sie den Kulturschock ertragen? Würde es ihnen gelingen, sich auf ihr Publikum einzustellen und auf die Menschen zuzugehen? In der ersten Hälfte des fünfwöchigen Aufenthalts waren sie fröhlich und bereit, ihre Umwelt aufzunehmen – ein Abenteuer war das für sie! Doch gegen Ende verkrochen sie sich mehr und mehr in sich selbst und konnten – außer bei ihren Auftritten – nicht länger kommunizieren. Ich glaube, was sie daran hinderte, war das freie Verhalten der Frauen in unserer Gesellschaft und der auf Gleichheit bedachte Umgang der Geschlechter miteinander. In ihren Dörfern war es nicht erlaubt, eine Frau, außer die eigene Ehefrau, auch nur zufällig und flüchtig anzurühren. Zu Hause haben sie nie fremde Frauen angesprochen und nie neben ihnen gesessen. In Deutschland war alles anders. Dem Publikum aber machte ihr unverfälscht emotionaler Gesang einen unvergesslichen Eindruck.[133]

Boro Baski bei den Quäkern in England. – Mit meinen Freunden aus Ghosaldanga und Bishnubati setzte ich diese interkulturellen Experimente mit größerem Erfolg fort. Als Ersten schickte ich Boro Baski 1996 für drei Monate nach England zu Kursen im Woodbrooke College der Quäker. Das College bei Birmingham hatte Rabindranāth Tagore besucht, die Friedens-Philosophie und die kontemplativen und gleichzeitig evokativen Gottesdienste der Quäker zogen mich an, seitdem ich in Santiniketan *Marjorie Sykes* kennengelernt hatte. Oft habe ich überlegt: Hätte ich nicht im Katholizismus meine Heimat, ich wäre gern Quäker gewesen.

Marjorie, eine Engländerin, die ihr Leben in Indien, teilweise im Ashram Mahatma Gandhis in Wardha, verbracht hatte, war eine leuchtende Persönlichkeit. Sie arbeitete im Sinne Gandhis mit der ländlichen Bevölkerung, lange Jahre war sie Lehrerin und verbreitete als Schriftstellerin den Quäker-Gedanken vom Frieden unter den Religionen und Kulturen. Sie wohnte zu Tagores Lebenszeit auch in Santiniketan und nutzte ihre Kenntnis der bengalischen Sprache zu Übersetzungen ins Englische. Ähnlich wie Charles F. Andrews war sie ein Bindeglied zwischen Tagore und Gandhi.

Die Balance, die Marjorie Sykes offenbar zwischen den praktischen und geistigen Lebensbereichen erreicht hatte, war mein Ideal. Wir tauschten viele Briefe aus, die ihre unermüdliche Neugier, weitere Lebensbereiche ihrem Verständnis zu erschließen, und ihre warm brennende Leidenschaft für den Frieden erkennen ließen. Ein Besuch bei ihr im Woodbrooke College hat sich eingeprägt. Dort verbrachte Marjorie Sykes ihre letzten Jahre und dort starb sie. So war es natürlich für mich, dass Boro an diesem Ort seine ersten Europa-Erfahrungen sammeln sollte. Sie wurden das Fundament für seine Laufbahn: Als Erster in meinem Kreis wuchs er weit über seine Anfänge in einer Lehmhütte von Bishnubati hinaus, er schaffte ein Doktorat und ist inzwischen eine gewichtige Stimme in dem Diskurs, den gebildete Santals über Bedeutung und Erhalt ihrer Kultur führen.

Santal-Gruppenreisen. – Ein Jahr nach diesem gelungenen Experiment begannen die Gruppenreisen junger Männer und Frauen aus Ghosaldanga und Bishnubati. Sanyasi und ich nutzten die Gelegenheit einer Einladung zu einem Seminar in Eichstätt für eine Rundreise zu Förderern in Deutschland, Snehadri Chakraborty begleitete uns. Im Jahr 1998 machte unser Führungsteam – Sona Murmu, Boro Baski, Sanyasi Lohar und Gokul Hansda – eingeladen vom Kindermissionswerk in Aachen – eine Rundreise zu Schulen, Kindergärten und Erwachsenengruppen, um die Kultur indischer Dörfer, in diesem Fall die Santal-Kultur, vorzustellen. Zweimal lud auch die Udo Keller Stiftung in Neversdorf ein. Dort gestalteten wir einen Tag der Offenen Tür mit und reisten dann weiter zu anderen Veranstaltungen. Auf mehreren Reisen fuhr uns Peter Adams im Auto durch Deutschland, eine große Erleichterung! Er war es, der mich mit dem Kindermissionswerk, bei dem er angestellt war, bekannt gemacht hatte.

Ich wollte dagegen wirken, dass in der Phantasie der Bevölkerung, gewiss auch der Jugendlichen, indische Dörfer nur mit Armut, Krankheit und primitiven Lebensverhältnissen in Zusammenhang gebracht werden. Unbestritten sind Armut und Krankheit ein Teil der dörflichen Lebenssituation, doch gibt es, gerade unter den Kindern, auch Tanz, Gesang und Fröhlichkeit, Naturverbundenheit und kreative Einfachheit! Wir wollten auf beide Seiten aufmerksam machen. Unter dem Thema »Ein indisches Dorf stellt sich vor« haben zwischen 1998 und 2018 sieben Gruppenreisen in Deutschland und Österreich stattgefunden, von denen ich jede zusammen mit dem Freundeskreis in Frankfurt vorbereitet und dann begleitet habe.

Die Elemente unserer Programme waren festgelegt und einstudiert, doch je nach der Art des Publikums und dessen Reaktion variierten wir die Abfolge, kürzten einige Elemente, erweiterten andere, ließen dieses oder jenes aus. Dies entschied ich jeweils spontan mit Blick auf die Zusammensetzung und Stimmung des Publikums und die geplante Länge der Veranstaltung. Als Moderator fiel mir die Aufgabe zu, diese fremdartigen kulturellen Inhalte zu erschließen. Wir begannen damit, die Musikinstrumente, die unsere Freunde mitgebracht hatten, vorzuführen. Ein Mitglied unserer

Gruppe schlug einen typischen Santal-Rhythmus auf der Trommel – denn Trommeln sind auch hierzulande fast allen Kindern vertraut – und lud dann zur Nachahmung ein. Die Grundschulkinder waren sämtlich begeistert, mitzumachen und drängten vor. Als sie die Trommel umgehängt bekamen, erstaunten sie jedoch, wie schwer der Rhythmus nachzuahmen war, so flüssig er auch klang. Sie bekamen einen Eindruck davon, dass die Kultur dieser der Natur und dem Bauernberuf verbundenen Menschen keineswegs »einfach« ist.

Theatersketche erklärten die Heiratssitten oder den Reisanbau von der Aussaat bis zur Ernte. Höhepunkt waren die Tänze. Die Santals kennen eine Handvoll verschiedener Stile, die jeweils zu bestimmten Jahreszeiten und Gelegenheiten zur Aufführung gelangen. Da gibt es Frühlingstänze, Hochzeitstänze, Erntetänze und dazu passende Lieder. An einigen Tänzen nehmen nur Frauen teil, die eng in einer Reihe mit leichten, wunderbar femininen Schwingbewegungen den Rhythmus markieren. Zwei oder mehrere Männer stehen vor dieser Reihe und schlagen ihre Trommeln. Ein anderer, stampfender Tanzschritt, der an die Zeit erinnert, als die Santals ihr Land mit Pfeil und Bogen verteidigen mussten, ist den Männern vorbehalten. Zweimal kamen auch junge Frauen mit nach Europa, aber dies verlangte noch umfangreichere Vorbereitungen sowohl in Indien wie in Deutschland und zudem fanden wir wenige Frauen, die bereit und fähig waren, sich in die Gruppe zu integrieren und mit dem Publikum zu kommunizieren. Was geschah? Die Männer übernahmen die Tanzschritte der Frauen – *no problem*!

Wir zeigten Dias und kleine Filme, um den physischen Zustand eines Santal-Dorfes zumindest evokativ nahezubringen, wobei es besonders erhellend war, dieselben Menschen, die vor dem Publikum standen, medial in ihrer Dorfumwelt zu erleben. Meine Aufgabe war es, die Dynamik der Aufführungen zu entfachen, aber auch die Gruppe rund um die Uhr zu betreuen, damit ihre gute Stimmung und ihre Wachheit für die Außenwelt erhalten blieben, sowie die Aufenthalte und die Weiterreise zu organisieren. Für mich war's erschöpfend. Niemand konnte dies recht nachfühlen. Unmittelbar nach der letzten Reise im Jahr 2018 wurde ich krank und verstand, dass ich einen Schlussstrich ziehen muss.

Zahlreiche intensive Augenblicke leben in meiner Erinnerung. Kurz nach der Wiedervereinigung Deutschlands lernte ich in Kalkutta *Dr. Rainer Jork* aus Radebeul kennen, ein Mitglied des Bundestages, der zusammen mit Kollegen eine Informationsreise durch Indien unternahm. Der Gruppe hielt ich auf Wunsch des deutschen Generalkonsuls einen Vortrag über Indien. Rainer Jork stellte Fragen, wir tauschten die Adressen aus und eine Verbindung bis zu seinem Tod im Jahr 2020 entfaltete sich. Er zeigte unserer Gruppe das Parlament in Bonn und Jahre später in Berlin. Einmal nahm er uns zu einer Wahlveranstaltung in der Nähe von Dresden mit, bei der Rainer Jork, der Kandidat, neben dem Innenminister von Sachsen auf einem Marktplatz an einem Tisch saß – und wir durften uns dazusetzen! Keine Absperrungen und Sicherheitsvorkehrungen, keine Polizisten – vielleicht stand einer gelangweilt irgendwo? –, kein Slogan-Geschrei, sondern leutselige Menschen, die dem Kandidaten zuhörten. Der Minister unterhielt sich höflich mit den Indern, als seien sie Nachbarn. Niemand schien sich wichtig zu nehmen. Später fuhr der Minister in einem einzigen Auto – nicht in einer Kavalkade – davon. Vielleicht saß er selbst am Steuer? Verblüfft verglichen die Freunde die politische Kultur. Die großprotzige imperiale Zeit wirkt in Indien nach.

Zweimal war *Rathin Kisku* dabei. Auf der ersten Reise 2005 gelang es ihm, allein auf der Bühne stehend, das Publikum mit Stimmgewalt und Präsenz in Erstaunen zu versetzen. Ich führte ein, übersetzte und erklärte die Baul-Lieder. Ein zweites Mal war er Mitglied einer Gruppe und tanzte und sang auf Santal-Weise mit. Die Baul-Lieder mit ihren mystischen Schreien und die sanft-monotonen, träumerischen Santal-Lieder – Rathin verstand, beides überzeugend auszudrücken, und er tut es bis heute erfolgreich. Man nennt ihn den »Santal Baul«.

Fuhr Sanyasi Lohar mit, brachte er ein neues Element ein: seine Kunst. Wir hängten an jedem Veranstaltungsort die während Sanyasis Unterricht entstandenen Bilder der Dorfkinder auf, die einen naiven Zauber verbreiten, ähnlich wie »primitive Kunst«. Sanyasis eigene Zeichnungen charakterisieren mit starken Strichen die Vitalität des Dorflebens. Mehrmals brachte er seine mit Santal-Symbolen übersäten Batiken mit.

Wie ungerecht, viele Menschen, die diese Reisen mitgestaltet haben, nicht zu erwähnen![134] Doch *ein* Erlebnis erzähle ich, weil es mit großer Emotion verbunden war. Mit *Rupert Neudeck*, dem Friedensaktivisten und Begründer von »Cap Anamur« und der »Grünhelme«, stand ich sieben Jahre bis zu seinem Tod im Jahr 2016 in regem Briefaustausch. Er war ein unerreichtes Vorbild. Als ich zwei Jahre später zum letzten Mal eine Gruppe begleitete, trafen wir *Christel Neudeck*, seine Frau, in Troisdorf. Gemeinsam besuchten wir Ruperts Grab und ein Denkmal, das ihm zu Ehren in einem Park errichtet worden ist. Vor dem Denkmal tanzte die Gruppe, sie führte dem Friedensmann ein Tänzchen auf; Christel und ich waren selig. Eine Trauerfeier besonderer Art![135]

Vorträge und Seminare

Wenn keine Gruppe aus den indischen Dörfern eingeladen worden war, ging ich allein auf Vortrags- und Lesereise. Ich bin einer, dem das Herz aufgeht, wenn er ein leeres Blatt vor sich sieht, das er füllen darf, nicht jemand, der einen gefüllten

Saal vor sich braucht, um sein Herz ausschütten zu können. Zu Vorträgen musste ich mich häufig aufraffen. Ich bin von der Stimmung im Publikum abhängig. Ist es ruhig, gesammelt, willens, mich anzuhören, überwinde ich meine angeborene Scheu und mein aus vielen kleinen imaginierten oder tatsächlichen Zurückweisungen erhärtetes Minderwertigkeitsgefühl. Dann öffne ich mich, löst sich meine Zunge und der Vortrag wird eher ein Gespräch, das uns allen gut tut. Das sind kleine Sternstunden. Doch war die Kommunikation nicht herzlich und vertrauensvoll, lastet die Enttäuschung tagelang auf mir. In den ersten Jahrzehnten war ich auf die Honorare von Vorträgen und Seminaren angewiesen, später habe ich zugesagt, wenn es galt, ein neues Buch zu fördern. Bücher lagen am Eingang zum Verkauf bereit, aber wenn dann das Publikum doch nur eine Handvoll erwarb, empfand ich es als persönliche Geringschätzung.

Auch Meditationskurse hielt ich jeden Sommer, wobei ich mich nie anbot, sondern auf Anfragen reagierte. Ich zeigte, wie ich selbst seit Anfang meditiere, mehr sollte es nicht sein. Ein »Lehrer«, »Meister«, »Guru« wollte ich nie werden, denn die Verführung zum Hochmut, die sich mit der Rolle verbindet, ist allzu mächtig. Muss ich nicht selbst um Halt im geistigen Leben ringen? Ich habe immer eine gegenständliche Form der Meditation angeboten und selbst geübt. Ich sammle mich auf die Flamme einer Kerze, auf eine Blume, ein Bild, verinnerliche sie so intensiv, dass dieses Abbild in mir mich einigt und ich es sogar mit geschlossenen Augen bewahre. Danach beginnt, sacht und sanft, diese Sammlung zu wirken. Die Methode der »Entleerung« in einer Zen-Meditation, die man gegen eine Wand gerichtet übt, ist mir nicht geheuer. Ich will ins Weite schauen und mich mit ihr und der Schönheit verbinden. Darum gehörten zu den Meditationskursen immer Meditationsspaziergänge, immer Naturbetrachtung, immer auch Kosmosliebe.

Magische Reiseziele in Europa

Vom Berg Kailash, von Kalimpong und Shimla habe ich erzählt, von Nepal und Bangladesch. Auch in Europa liegen besondere Orte, die ich während der Sommermonate immer wieder besucht habe, Kraft- und Inspirationsquellen ebenso wie jene Stätten in Südostasien. Auf die rechte Weise zu reisen – langsam, alles in mir aufnehmend, nachdenklich, im Austausch mit den Menschen – das war mir wesentlich. Früh war ich davon überzeugt, dass Reisen mein Weltverständnis vertiefen und meine Akzeptanz der Menschen weiten würden, darum habe ich indische Freunde immer zu Reisen angeregt und sie ermöglicht. Die Früchte des Reisens reifen, wenn wir dieselben Orte immer wieder aufsuchen und dort lange verweilen, um die Atmosphäre einzuatmen und uns mit ihnen zu verbinden. Reisen haben meinen Erinnerungsschatz so ungemein reich und lebendig gemacht, dass sie in der letzten Lebensphase meine täglichen Begleiter geworden sind.

Wien, eine lange Erinnerung. – Auch nach Wien kehre ich wieder und wieder zurück, möglichst jedes Jahr, hatte ich doch dort erfüllte vier Jahre als Student verbracht. Nicht der Universität fühle ich mich nahe, sondern Wien als Kulturstadt, als Stadt ihrer Menschen. Eher der Schwere und Grübelei zuneigend, empfinde ich die Leichtigkeit der Wiener Mentalität als befreiend. Das Tänzerische, Heiter-Musikalische, die Küss-die-Hand-Eleganz mag zu einer oberflächlichen Seligkeit verführen, aber, das beeindruckt mich, sie verwebt sich mit dem Wiener »Schmäh«, jener unnachahmlichen kecken Selbstironie und dazu mit einer selbstgefälligen Larmoyanz und empfundenen Todesnähe. Diese Melange befeuert meine Energien. Ganz zu schweigen von der noch immer übermächtig präsenten Geschichte: der Vielvölkerstaat, Glanz und

Elend der Kaiserzeit, das Schicksal der jüdischen Bevölkerung der Stadt, die Musik- und Theatervergangenheit mit ihren Paukenschlägen, die nachhallen. Ich wohne in den Außenbezirken, früher bei den Pallottinern, heutzutage bei den Jesuiten, fahre Tag für Tag in die Innenstadt – und wandere von Platz zu Platz, durch Gassen und Straßen, entdecke versteckte Restaurants wieder, winzige Museen, alte Schilder, putzige Worte aus der Kaiserzeit.

Fast jeden Tag schreite ich innerlich bebend zum Judenplatz. Verkehrsberuhigt und darum einsam und stumm, wird er von Touristen beinahe übergangen. Die Synagoge, das jüdische Museum, die riesige, schwerfällige Statue von Gotthold Ephraim Lessing, das Holocaust-Mahnmal, die hohen Patrizierhäuser ringsum verbinden sich zu einer Kulisse, die, steht man allein in der Mitte, erschaudern lässt, so viele Schwingungen sind zu spüren. An einer Schmalseite des Judenplatzes hatte sich Thomas Frankl mit seiner »Kunst gegen das Vergessen« angesiedelt. Sein Vater, Adolf Frankl (1903–1983), überlebte das KZ Auschwitz und wurde des Traumas Herr durch Malen und Zeichnen. Der Sohn, inzwischen auch Mitte achtzig, lebt für des Vaters Werk, damit die Erinnerung lebendig bleibe. Kein Wien-Besuch, ohne bei ihm vorbeizuschauen. 2021 war die Galerie, zu meinem Erschrecken, verschwunden. Nichts konnte ich darüber in Erfahrung bringen.

Natürlich besuche ich beinahe täglich Theater, Oper oder Konzert, wie dazumal. Stehplatzkarten kann ich nicht mehr ergattern, aber die billigsten Plätze sind mir recht. Das Josefstädter Theater wurde über die Jahrzehnte meine liebste Bühne. Nie habe ich enttäuscht dieses anmutige, im Plüsch schwelgende Theaterrund verlassen. Die Aufführungen der klassischen Moderne sind stilsicher und hochprofessionell. Die Parks der Schlösser Schönbrunn und Belvedere verraten mir Winkel, die keinen Touristen geläufig sind. Bin ich einmal in Wien, kommt *Georgine Hauptmann* aus Salzburg oft hinzu, um die Parks und einige Theaterbesuche mit mir zu teilen. Sie lernte ich auf einem meiner Kurse kennen und bin seitdem mit ihr und ihrer Familie in Freundschaft verbunden. Vier Töchter zog sie groß, scharte einen Kreis von kulturell interessierten Freunden und Freundinnen um sich und empfing so gern meine Gäste aus Indien, mit denen wir dann Konzerte auf der Salzburger Festung anhörten. Das geliebte, an den Fels geklebte Örtchen Hallstatt mit seinem träumerischen See zu besuchen war wie ein Ritus, den wir alljährlich zelebriert haben.

Mein Glück war's, dass ich zufällig in Wien wohnte, als Otto von Habsburg, Sohn des letzten Kaisers von Österreich, zu Grabe getragen wurde. Ich beobachtete den langen Trauerzug zur Kapuzinergruft, der eine Lehrstunde in Geschichte wurde. Gruppenweise marschierten alte Herren in unterschiedlichen Reichsuniformen und angehefteten Dekorationen vorbei, ernsthaft-feierlich, auch ein wenig grotesk muteten sie an, die große alte Zeit des Imperiums in ihrer Phantasie aufweckend.

Natürlich besuchte ich, wenn in Wien, die geliebte ukrainisch-katholische Kirche St. Barbara im ersten Bezirk und lauschte wieder den bewegenden altslawischen Gesängen, die eine Seelensaite zum Schwingen bringen. Einmal aß ich nach der Sonntagsmesse in einem der umliegenden Restaurants zu Mittag. Am Tisch neben mir saß ein vornehmer älterer Herr mit einer Dame und speiste unter ruhigen Gesprächen. Als auch ich ins Gespräch mit ihm kam, erzählte ich von meiner Studentenzeit in Wien und von Indien. Zum Abschied tauschten wir Visitenkarten. Was stand auf seiner? – »Fürst Wolfgang Liechtenstein« … Das kleine Ereignis bildet den Gegenpol zum Pomp des Begräbnisses. Oder eigentlich doch nicht? Darf der freundliche Gentleman seinen Titel in Österreich öffentlich führen? ... Aber er tut es, und alle nicken freundlich zustimmend, mich eingeschlossen.[136]

Schottland als Seelenkur. – Die Liebe zu Schottland, die viel später entstand, hat mich überrascht. Was hatte ich da oben im Norden zu suchen!? Windig, kalt, nass, nebelig, leer, das ist Schottland. Italien, Wien, ja – aber Schottland? Der Zufall belehrte mich. Das Hawthornden Castle am Rand von Edinburgh hatte Residenzstipendien für Schriftsteller ausgeschrieben, eines wurde mir im Jahr 2000 zugesprochen. In dem geschichtsträchtigen alten Schloss neben einer tiefen, engen Schlucht, einem *glen*, wohnte ich einen Monat, schrieb und erkundete die Umgebung. Mit *Jeanne Openshaw*, die damals in Edinburgh lehrte, schlenderte ich durch die Großstadt, die wie keine andere mir bekannte ein Gefühl der Weite und Freiheit gibt. Da ist der Berg Arthur's Seat auf einer Seite, auf der anderen das Meer. Breite Alleen, etwa die Princes Street oder die Golden Mile, fließen aufwärts und abwärts durchs Stadtbild. Die Bürgersteige sind breit, darum entfaltet sich Straßenleben – Cafés, Straßenverkäufer und -künstler. Zu viele Gebäude sind schmutzig-schwarz, bombastisch, massiv. Locken sie die dunklen Künste von der Potter'schen Variante an? Sie verursachen eher wohliges Gruseln, wie jenem Burschen im Märchen, dem ein Bottich Wasser mit vielen Fischlein übergeschüttet wurde.

Mit der Schmalspur-Eisenbahn dann gen Norden und ostwärts oder westwärts zu den Küsten, und dann mit einer Fähre hinüber zu den Hebriden-Inseln. Auf den gemächlichen Zugreisen beginnt das große Staunen. Rechts die hügelige Weite der Highlands, links die hügelige Weite der Highlands! Nichts als Weite ... Saftig grüne Wiesen und Moore, eine Stunde lang Moore und Wiesen auf Hügeln, die sich gelegentlich zu Bergkuppen erheben. Scharen von Schafen vielleicht und Wanderwege, vereinzelt Gehöfte aus dunklem Stein, Glens und Bäche und Weite und Leere und Leere. Ist das noch Europa? Sind wir noch unter der Beobachtung der Zivilisation? Oder kehren wir wie bei Harry Potter gerade im Zeitzug in eine andere Ära, etwa zu den Wikingern oder Kelten, zurück?

Die grandiose, geschwungene Einfachheit der Highlands imponierte mir, und ich stellte fest, dass ich sie brauche, um danach wieder in der Fülle, im drangvollen Vielzuviel Indiens Fuß zu fassen und mich darin wohlzufühlen. Jeden Sommer reise ich seitdem mit Jeanne eine gute Woche in Schottland. Das Rannoch-Moor ist mein magischer Ort, dazu gehört die lang gedehnte, langsame Reise dorthin, die Insel Iona ein anderer, den wir bei Wind und Wetter mehrmals in alle Richtungen durchwandert haben. Die Highlands sind meine Therapie, meine Kur, mein Exerzitium.[137]

Habe ich zwei »Heimaten«?

Man will mich manchmal davon überzeugen, dass ich »zwei Heimaten« habe. Stimmt das? Oder eher, dass ich keine habe? Heimat sollte nicht nur Wohlfühl-Stimmung erzeugen – was ich für den Mittelrhein und West-Bengalen bestätigen kann –, sondern auch staatsbürgerliche Rechte und Pflichten für das Gemeinwesen einfordern. So gesehen, bin ich in Indien ein Gast geblieben. Das Visum verbietet politische Tätigkeit und die Annahme von Ämtern und den Besitz von Grund und Boden. Auch jahrzehntelanger Aufenthalt ändert daran nichts. In beiden »Heimaten« lebe ich allein, ohne Familie. Gehört Familie nicht zur Vorstellung von Heimat? Länger bedacht, stimmt's; tatsächlich besitze ich keine Heimat, weil ich weder in Indien noch in Deutschland gesellschaftlich integriert lebe. Das eröffnet mir Freiheiten, verurteilt mich aber auch zur Einsamkeit. Beides birgt Möglichkeiten zur Entfaltung der Kreativität. Doch, wie anfangs genannt, das Gefühl von Sicherheit fehlt an beiden Orten.

Ist mein Leben anachronistisch? – Nicht selten frage ich mich, ob es nicht anachronistisch ist, wie ich lebe. Mit diesem Zweifel quäle ich mich schon fast ein Leben lang. Vor hundert Jahren haben jene Menschen gewirkt, die, aus England kommend, sich für die Menschen in Indien eingesetzt haben und Fortschritte erzielten. Mit dieser Aufgabe haben sie ihr Leben erfüllt. Da waren William Jones, Charles Freer Andrews, Schwester Nivedita (Margaret Elizabeth Noble), Mirabehn (Madeleine Slade), Verrier Elwin, die erwähnte Marjorie Sykes und viele weniger bekannte. Deren Leben erhielt Sinn, weil, was sie taten, Einheimische zu jener Zeit nicht hatten tun können. Das ist heute vorbei. Zivilisatorische, wissenschaftliche, soziale Fortschritte gelingen einheimischen Pionieren selbst, und sie ziehen das Land mit sich. Würde ich nicht effektiver im eigenen Land wirken? Heutzutage leben Ausländer in Indien überwiegend, weil sie, dort verheiratet, ihren Familien zuliebe blieben. Aus welchem Grund also habe ich fünfzig Jahre allein ausgehalten? Ist es ein bombastischer Lebensverlust?

Ich möchte es so sehen: Jedes Menschenleben besitzt eine eigene, komplexe Identität, die jeder bewahren möchte und die andere achten sollen. Menschen leben außerdem in einer erweiterten Sprach- und Kulturidentität, deren Integrität sie für sich und andere beschützen. Doch wer anderen Menschen ihre Identität »raubt«, macht sich schuldig. So habe ich zum Beispiel kein Recht, »für« Santals zu sprechen, solange Santals anwesend sind, die fähig sind, für sich selbst zu sprechen. Hier berühre ich die neu aufgekommene Diskussion über Identitätsrechte der Minderheiten, die so heftig geführt wird, als bestünden die Probleme erst jetzt. Wer bewusst unter Minderheiten lebt, hat sie schon immer gekannt und sensibel darauf reagiert.

Meine Rolle habe ich in Indien immer als eine ermöglichende, ermächtigende – niemals als eine bestimmende, dominierende – gesehen. Meine Aufgabe ist jahrzehntelang gewesen, Menschen mit Intelligenz und Persönlichkeit zu entdecken und zu versuchen, sie so vorzubereiten, dass sie eine Rolle in ihrer eigenen Gesellschaft spielen können. Wenn Boro Baski, Sona Murmu, Sanyasi Lohar, Gokul Hansda oder andere zugegen sind, reiche ich Fragen an sie weiter oder, etwa in Deutschland und Österreich, übersetze ich ihre Antworten. Allenfalls bleibt mir, die »richtigen« Fragen zu stellen, Ideen in die Luft zu werfen, gedankliche und inhaltliche Verbindungen herzustellen, weil ich einen besseren Überblick habe. Danach muss ich zurücktreten und ihnen das soziale Aktionsfeld überlassen.

Als jemand, der in der Gesellschaft lebt, jedoch kein ursprünglicher Teil von ihr ist, habe ich größeren Spielraum, neue Wege des Handelns auszuprobieren und anderen vorzuschlagen oder vorzuleben. Ich kann kreativ sein, habe die Freiheit, bis zu einem gewissen Grad die Normen der Gesellschaft in Frage zu stellen, sogar zu unterwandern; doch muss ich sehen, wie weit ich dabei verstanden werde und man mir zu folgen bereit ist. Über vieles kann ich mich hinwegsetzen und zeigen: Schaut, es ist auch so möglich! Darin sehe ich die fortgesetzte Bedeutung einer Präsenz von Außenstehenden in Indien.

Wozu sind Literatur und Kunst berechtigt? – Habe ich das »Recht«, eine Erzählung, einen Roman mit einer Handlung in einem Santal-Dorf zu schreiben? – Gewiss! Solange ich genügend informiert bin und die Lebensweise der Menschen authentisch und empathisch darzustellen weiß. Es gibt Hunderte von literarischen Beispielen, in denen dies geschehen ist: Europäer stellen das Leben von Indern dar, indische Autoren schreiben über die englische und amerikanische Gesellschaft. Der »fremde Blick« auf eine Familie, ein Dorf oder eine gesamte Gesellschaft fügt Aspekte hinzu, derer sich die im beschriebenen Milieu Integrierten nicht gewahr sind. Vielleicht klagen die so Beschriebenen über unberechtigte Inbesitznahme, vielleicht beschweren sich außenstehende Leser. Fest steht aber, dass Literatur und die anderen Künste Identitäten-verbindend kreativ sind – und es weiter sein müssen. Es ist gerade die große Freiheit der schöpferischen Tätigkeit, dass sie sich durch Vorstellung und Einfühlung in die unterschiedlichen, scheinbar fremden, scheinbar unerreichbaren Lebensgebiete hineinversetzt. Hier sehe ich die Möglichkeit jener Menschen, die Identitäten- und Kulturen- und Religionen-übergreifend schöpferisch aktiv sind, sich miteinander zu verbinden.

Mein Fazit ist: Ich kann gesellschaftlich aktiv wie auch kreativ in Indien wirken, solange ich mir meiner Rolle klar bewusst bleibe und der Versuchung widerstehe, sie zu überzubewerten. Dann gibt es große Freiräume zu handeln. Zwei Heimaten? Ja, es kommt letztlich darauf an, wie tief ich mich mit den Menschen verbinde.

Das Hermann-Hesse-Netz

Ein Phänomen, das mich immer neu erstaunt, ist, wie sich alles in meinem Leben zusammenfügt, wie alles ineinandergreift. In der indischen Philosophie, aber auch etwa bei Schopenhauer, heißt es, alles hänge mit allem zusammen. C. G. Jung spricht von »Synchronizität«. Weil in Kalifornien ein Hahn kräht, bewegt sich in Australien ein Grashalm im Wind. Derartige große Zusammenhänge intuitiv nachzuvollziehen geht über unser aller Kraft. Aber ich bemerke in meinem begrenzten Leben eine immer dichtere Synergie am Werk, die mich zuversichtlich stimmt und mir stärkeres Vertrauen gibt. Die Begegnungen mit Menschen und das wie auch immer geartete Zusammenleben mit ihnen schafft unterschiedliche Beziehungsnetze – verschlungen manche, andere klar und einsichtig. Lebenslinien verbinden sich, Antworten erscheinen, Menschen kommen zusammen ... Ich muss nur intuitiv *und* im Verstand wach sein, um die Netze zu erkennen und deren neue Möglichkeiten und Herausforderungen. Exemplarisch zeichne ich hier ein Beziehungsnetz nach, in dessen Mitte Hermann Hesse steht. Das gibt mir die Gelegenheit, mehrere Menschen zu nennen, die mir wichtig geworden sind.

An der Universität habe ich, wie viele meiner Generation, »Siddhartha« gelesen; doch dann verlor ich den Dichter aus meinem Gesichtsfeld. Mehr beschäftigten mich in Wien der hintergründige Adalbert Stifter, der einfühlsame Hugo von Hofmannsthal mit seiner genialen Frühlyrik und den Theaterstücken, insbesondere »Der Schwierige«, und mit seiner traumwandlerischen Prosa, sodann Rainer Maria Rilke und immer wieder Rilke. Hesse las ich ernsthaft und ausführlich erst in Santiniketan.

Anfang der 1990er-Jahre kam mir ein Zeitungsfeuilleton des Lyrikers und Übersetzers P. Lal in die Hände, in dem er beiläufig erzählt, dass in den von seinem Schwiegervater Kalidas Nag vererbten Kästen so manche Korrespondenzen vergilbten, unter anderen von Hermann Hesse. Briefe von Hermann Hesse? Ich nahm zu P. Lal Kontakt auf. Der bekannte Historiker Kalidas Nag, der zu beweisen suchte, dass Asien eine organisch durchgehende – eine panasiatische – Kulturgeschichte besitzt, ein Freund Rabindranāth Tagores und dessen Begleiter auf Reisen nach Fernost, war als junger Gelehrter in Frankreich unterwegs gewesen und begegnete 1922 mehrmals Hermann Hesse in Lugano. Es war eine gegenseitige Zuneigung auf den ersten Blick. Wieder getrennt, korrespondierte Hesse mit seinem »lieben Freund aus dem

Osten«. Einige Briefe und Postkarten hin und einige lange Antworten zurück, nicht mehr, aber es wurde Hesses einzige Korrespondenz mit einem Gelehrten aus jenem Land, das ihm so sehr am Herzen lag.

P. Lal (1929–2010), hochgewachsen, schlank, ein *Rishi*, nämlich ein Weiser nach dem Zuschnitt der upanishadischen Gurus, fielen bei jedem Stichwort kreative Erkenntnisse zu, die alltägliche Situationen in neuartig glänzende verwandelten. Sein Lebensprojekt war die englische Übersetzung des Epos *Mahābhārata*, das zehnmal so lang wie die »Odyssee« und die »Ilias« zusammengenommen ist. Jeden Sonntagmorgen präsentierte er die in der vergangenen Woche übersetzten Verse in einem Vortragssaal. In früheren Jahren drängten sich die Intellektuellen Kalkuttas in seinem mit Bücherstapeln schon vollgestellten Wohnzimmer; nach einer schweren Krankheit zog er Einzelbesuche vor. P. Lal zeigte mir die Briefe von Hermann Hesse an Kalidas Nag und fotokopierte sie für mich. Seine Frau *Shrimati*, die Tochter des großen Historikers, war eine warmherzige, mütterliche Frau. Ich sprach sie mit »Mutter« an, die Einzige außer der eigenen.

Kalidas Nag mochte mit seiner Geschichtstheorie mehr Idealismus als Realitätssinn demonstriert haben, doch seiner Familie gab er ein ungewöhnliches, panindisches Gepräge: P. Lal stammte aus dem nordindischen Punjab, Kalidas Nags zweiter Schwiegersohn aus Südindien. Die Familie war den Künsten und Wissenschaften zugetan, nicht weniger die nächste Generation. Ananda Lal ist ein Theaterwissenschaftler und Theaterregisseur, Ashoke Viswanathan ein Filmregisseur und Schauspieler. P. Lal bemäkelte meine »teutonische Genauigkeit«, womit er seine Hochachtung dokumentierte.

Um die Briefe deutlicher in ihren Kontext einzuordnen, schrieb ich an Hermann Hesses Herausgeber, *Volker Michels*, in Offenbach. Mein nächster Deutschland-Besuch führte mich zu ihm. Als ich ihm gegenüberstand, verhungert sah ich wirklich nicht aus, war eine seiner ersten Fragen, wovon ich denn lebe. »Von meinem Schreiben«, antwortete ich. »Ach, Sie armes Schwein!«, fuhr's aus ihm heraus. Später haben wir uns oft über diese Replik amüsiert. Ich gab die Korrespondenz in Deutsch und in englischer Übersetzung heraus[138] und präsentierte sie auf Seminaren in Kalkutta und Calw.

Ende 1997 vom Goethe-Institut zu einem Hesse-Seminar eingeladen, flogen Volker Michels und seine Frau *Ursula* nach Kalkutta; danach schloss ich mich ihrer Reise durch Kerala an, auf der wir jene Schulen aufsuchten, die Hermann Hesses Großvater, Hermann Gundert, gegründet hatte. Hermann Gundert, mehr als ein christlicher Missionar, war der Erforscher des Malayalam, der Sprache Keralas, als der er bis auf diesen Tag verehrt wird. Damals verbreitete Keralas Atmosphäre noch den Charme und die Luftigkeit seiner Kokospalmhaine und Gummibaumplantagen, seiner breiten Flüsse und gewellten Landschaften. Als ich 2010 zum letzten Mal von Nord- nach Südkerala reiste – diesmal zusammen mit Jose und Sosamma Punnamparambil und Heinz Ludwig Arnold, dem Literaturkritiker, und seiner Frau Christiane Freudenstein – war ich erschrocken über den qualmenden Autoverkehr, der sich bis in die engen Nebenstraßen drückte und Menschen und Natur aller Lieblichkeit beraubte.

Volker und Ursula Michels besuchte ich allsommerlich in ihrer großen, als Hesse-Editionsarchiv fungierenden rauchgeschwängerten Wohnung, in die ich eintrat wie in eine überirdische Katakombe, so weihevoll und verloren fühlte ich mich. Dort traf ich auch *Heiner Hesse* (1909–2003), einen Sohn des Dichters und jenem wie aus dem Gesicht geschnitten. Wir fanden spontan zueinander. Heiner kannte Indien und erzählte gern über seine Aufenthalte. Zweimal besuchte ich ihn, von Tagen im Stronatal zurückkehrend, in Arcegno, unweit von Ascona, wo Heiner, versteckt in einem Wäldchen, das über dem Lago Maggiore schwebt, in seiner wunderlichen

Einsiedelei residierte. Meine Mutter konnte den ersten Besuch bei Heiner Hesse miterleben, und ihre Herzen flogen einander zu.

Über Hermann Hesse lernte ich *Karl-Josef Kuschel* kennen, den weitbekannten Professor aus Tübingen, der just in jenem Themenspektrum zwischen Religions- und Literaturwissenschaft zu Hause ist, in dem auch ich mich bewege. Volker Michels hatte mich zum Seminar in Calw eingeladen, an dem mir ein Referat über »Siddhartha« zugeteilt war,[139] während Karl-Josef Kuschel den Eröffnungsvortrag hielt. Wie erstaunte ich, dass er darin die Hesse-Nag-Korrespondenz erwähnt. Als ich hinging, mich vorzustellen, entstand daraus eine Freundschaft mit der gesamten Familie. Karl-Josef Kuschel wurde mein Mentor und Unterstützer, der an mich glaubt und auf dessen Rat und gespanntes Interesse für meine Themen ich bis heute vertraue.

In Indien also las ich Hermann Hesses wichtige Werke, fand mich wieder in seiner jugendlichen Opposition gegen die bürgerlichen Ordnungen, stimmte lebhaft seiner Auflehnung gegen den Krieg zu und seiner Zusammenarbeit mit Europas Kriegsgegnern und Humanisten, sympathisierte mit Hesses Mittellosigkeit und Lebensunsicherheit während vieler Schweizer Jahre und seinem hartnäckigen Einzelgängertum bis zum Tod. Welch ein Leben! Was für ein Ziehvater war mir plötzlich geboren! An ihm fand ich gerade in Zeiten der Verlassenheit in Indien einen Mutmacher.

Hesses aufregendstes Werk wurde »Klingsors letzter Sommer« in seinem Zusammenspiel von Todesnähe und Lebensgier, von sinnlich-ekstatischer Liebe und Melancholie, von der Sehnsucht nach künstlerischer Gestaltung und dem rauschhaften Vergeuden des Lebens. Ein Augenöffner wurde »Die Morgenlandfahrt«, jene Parabel von der immerwährenden abendländischen Sehnsucht nach dem Morgenland, dem Osten, der Philosophie Indiens. Die Art, wie der Dichter die

Parabel in ständigen Kreisbewegungen und neuen Ansätzen schildert und mythifiziert, scheint mir das Denken Indiens, das nicht fortschreitend oder dialektisch ist, sondern immerzu die Perspektive auf den Gegenstand wechselt und neu ansetzt, genauer nachzuempfinden als jeder europäische Autor, der mir bekannt ist.[140]

Freundschaft und Dankbarkeit

Freunde sind mir immer wichtig gewesen. Ich habe sie gesucht, um sie geworben, oft genug auch unter ihrer Ablehnung, Oberflächlichkeit oder Illoyalität gelitten. Meine Bemühung, selbst ein guter Freund zu sein, war mir viel Zeit und viel Energie wert. Ein Leben lang habe ich Freundschaften auch unter meinen Berufskontakten gewollt. Mir schienen die Bücher und Aufsätze besser zu geraten, wenn sie im Dialog mit freundschaftlich verbundenen Menschen geformt werden. Mein Glück ist, dass mein Beruf mich mit vielen zusammengebracht hat. Fast jedem habe ich gern zugehört; dem Leben zahlreicher Menschen habe ich nachgespürt, ob uns Gemeinsamkeiten verbindet.

Freundschaften, in Indien oder in Europa, sind, solange sie echt und dauerhaft sind, ein Stück der Ewigkeit, ein Göttliches, geradezu ein Beweis, dass Gott existiert. Solche Freundschaften werden stets selten sein.[141]

Blicke ich heute zurück, erfüllt mich *ein* Grundgefühl: *Dankbarkeit*.[142] Ich konnte an vielerlei Lebenskreisen teilnehmen, in Indien und Europa, mit »einfachen« Menschen und mit hochgebildeten, mit Armen und Wohlhabenden verkehren. Ich bin recht gesund geblieben, nur zweimal erkrankte ich in Indien und lag in Madras mit Gelbsucht und in Kalkutta mit Typhus im Krankenhaus. Vieles hat sich nicht erfüllt, auch mancher Fehler bezichtige ich mich. Doch der Mut hat mich nicht verlassen, meine allgemeine Lebensrichtung einzuhalten und an mir und meinen Schwächen zu arbeiten. Ich meditiere wie vor fünfzig Jahren.

Mut zu haben bedeutet nicht, einen hohen Berg zu besteigen, einen tiefen See zu durchschwimmen, nicht einmal unter Gefahr ein Menschenleben zu retten. Eine spontane Einzelaktion zeigt Mut nur in *einer* Situation – doch sein Leben auf ein Ziel auszurichten, auf ein ideales, moralisches, spirituelles Ziel, und es Tag für Tag und Jahr für Jahr allen Hindernissen zum Trotz zu verfolgen, das ist der Mut, den ich suchte. Dankbar bin ich, dass dieser Mut nicht versiegte.

Nicht maßgebend für ein erfülltes Leben ist, wie lange man gelebt, wie viel man erlebt hat und wie groß der Erfolg war, sondern wie intensiv man gelebt hat. Selbst die Irrläufe und Irrtümer brauchen eine Ernsthaftigkeit, ein inneres Feuer – bis man sie erkannt hat und sie korrigiert. Das Feuer soll uns nicht verbrennen, sondern vor uns her leuchten.

Der Paukenschlag der Pandemie

Die Niederschrift dieses Buches begann in Santiniketan im September 2019; ich schrieb kontinuierlich bis Ende März 2020 weiter. Am 31. jenes Monats evakuierte mich die deutsche Bundesregierung mit vielen anderen. Die Pandemie, die sich anfangs auf China zu beschränken schien, hatte nach Indien übergegriffen und steckte das Land in Flammen wie ein Zündholz, das an ein Ölfass gehalten wurde. Flammen der Aufregung und Hysterie und Abwehr. Jeanne Openshaw berichtete, dass ihr der Zutritt in ein Dorf nahe bei Santiniketan verwehrt worden sei. Wir sind keine Chinesen, aber Ausländer, Nicht-Inder; das genügte, um uns irrational zu stigmatisieren. Sie floh nach England, als es noch Linienflüge gab. Der ich ungern meine Pläne ändere, wollte zunächst den schon gebuchten Flug Ende April, meine alljährliche Rückflugzeit, beibehalten. Als sich alles überstürzte, buchte ich einen früheren Termin, dann einen noch früheren. Doch zu schnell breitete sich der Brand aus. Um den 20. März war's von einem Tag auf den anderen aus mit den Emirates-Flügen nach und von Kalkutta. Zwei oder drei Tage darauf machte Indien alles dicht – *total lockdown!*

Ich habe von politischen Parteien ausgerufene Generalstreiks erlebt. Da gab es immer noch Ritzen und Spalten, durch die man schlüpfen konnte, will sagen, die Geschäfte hatten die Hintertürchen offen, einige Büros arbeiteten bei zugezogenen Vorhängen, Bauarbeiten begannen am späteren Nachmittag, als der revolutionäre Eifer aufgebraucht war. Doch diesmal war die Angst vor dem unsichtbaren Virus so groß, dass die Regierung sämtliche Räder, große und kleine, zum Stillstand brachte. Keine Züge, keine Autobusse, keine Personenautos und Motorräder, nicht einmal Fahrräder! Kamal konnte von seinem Dorf nicht zu mir stoßen, um unser Mittagessen zu kochen. Die Polizisten auf den Straßen schwangen ihre Schlagstöcke.

Was sollte ich tun? Bleiben und warten? Diese Krise würde nicht rasch vorüber sein. Wie konnte ich zurückfliegen? Ich steckte in einer Falle. Vier weitere Deutsche in Santiniketan, alle Kurzzeitbesucher, wollten zurück, für die ich als der Erfahrene Verantwortung spürte.

Schließlich kam vom deutschen Generalkonsulat in Kalkutta, bei dem ich als Auslandsdeutscher registriert war, die Ankündigung eines Evakuierungsflugs. Man solle sich an diesem bestimmten Datum in jenem Hotel in der Nähe des Flughafens einfinden. Doch wie hinkommen? Nur Soumitra, der Taxifahrer, der mich seit einem Jahrzehnt zwischen Flughafen und Santiniketan hin und her gefahren hatte, war bereit, das Risiko auf sich zu laden. Er hatte Grund, nervös zu sein, denn am Vortag hatten Polizisten auf derselben Strecke ein Taxi konfisziert. Das Unternehmen, bei dem er angestellt war, entschied: Soumitra fährt auf eigene Verantwortung! Bei Nacht und Nebel sind wir zu sechs Personen in einem Auto für vier eingekeilt, plus Gepäck, nach Kalkutta gepprescht. Zwar hatte die Botschaft mir ein Schreiben geschickt, das in wohlgesetzten Worten den Grund der Reise beschrieb.

»Aber seit wann verstehen Polizisten Englisch?«, murmelte Soumitra. »Außerdem nehmen sie sich nicht die Zeit, so 'nen Schrieb zu lesen.«

Wir hefteten das Papier dennoch an die Windschutzscheibe. Ich saß neben dem Fahrer, damit ich, würden wir aufgehalten, herausspringen konnte, um auf Bengalisch loszureden. Vor Erstaunen würden sie innehalten ... Wir kamen durch, zum Glück schliefen die Ordnungshüter um vier Uhr morgens noch.

Der plötzliche Wechsel und sein unsicherer Fortgang in Deutschland waren traumatisch. Ich war ein Flüchtling im eigenen Land. Mir versagten die Knie; ohne Schmerztabletten konnte ich vier Monate lang keinen Schritt tun. Meinen jämmerlichen Zustand begreifend, nahm mich das Ehepaar *Petrus* und *Henni Rick* zu sich nach Aachen. Sie sind Freunde der allerersten Stunde. Als es noch kein Internet gab, organisierte Henni meine Vorträge in Deutschland. Als meine Mutter aufgrund ihres Alters kein »Büro« mehr für mich unterhalten konnte, übernahm Henni viele ihrer Aufgaben. Petrus machte mich computerkundig. Was hätte ich ohne deren jahrzehntelanges hilfsbereites Interesse an mir und meinem Beruf ausrichten können! Die Osterzeit verbrachte ich bei ihnen. Zurück in Boppard, halfen Physiotherapie und die aufbauend muntere Art des Physiotherapeuten, so dass ich nach und nach wieder auf die Beine kam. Währenddessen wuchs diese Autobiographie; der tagtägliche Schreibvorgang wurde ein Trost, er half mir, den Schock der jähen Veränderung meiner Lebenssituation zu mildern.

Die Sommerzeit kam, während der ich in Deutschland Vorträge hätte halten sollen. Ein einziger fand statt. Die Pandemie mähte überall eine schreckliche Ernte. Ich stand Tag für Tag per E-Mail, Skype-Telefon und »WhatsApp« mit meinen Freunden und Mitarbeitern in Indien in Verbindung und war erleichtert, dass sie weiterarbeiteten, dass sie die Schüler und Schülerinnen betreuten und die von der Pandemie Betroffenen unterstützten. Die über lange Zeit aufgebauten Strukturen der Dorfarbeit bleiben stark. Ich bin streng mit mir: Nur wenn Fragen und Wünsche auf mich zukommen, kümmere ich mich darum. Soll ich mitentscheiden, tue ich es. Ich bitte darum, dass man mich über alles informiere, nur darum.

Doch seit April 2020 kein regulärer Schulunterricht! In den Städten findet für die Schüler und Schülerinnen der Mittelklasse Online-Unterricht statt, ebenso an den Universitäten. Wer unter den Studenten kein Laptop besitzt, behilft sich mit einem Smartphone. Aber in den Dörfern haben die Jüngsten keine Telefone. Sie und ihre Familien kennen die virtuelle Welt noch nicht. Wenn Unterricht in den staatlichen Schulen und im RSV wieder stattfinden kann, wie viele Kinder werden dann in die Schulen zurückkehren? Die Pandemie schafft eine Generation von Dropouts!

Unsere älteren Studenten, schon modern mit Internet ausgestattet, rufen mich gern auf ihren Smartphones an, halten ihre lachenden Gesichter hinein und fragen, wie viel Uhr es jetzt bei mir sei; sie bitten, ich solle ihnen »Deutschland zeigen«. Also halte ich das Mobiltelefon zum Rhein hin, der von meinem Fenster aus sichtbar ist, und zu den Hängen mit den Reben. Oooh! machen sie, oooh! oooh! Alles, was ich zeige, gefällt ihnen. Einer ruft mich an und sagt: »Schau mal! Der Vollmond – ganz klar und groß!« Ich berichte, dass ich gerade auch den Vollmond sehen kann, und zeige ihn.

»Oooh, du hast auch einen Mond?«

»Ja, denselben Mond! ... Ich glaube, es gibt nur den einen.«

»Aber hier ist er größer!«

In Boppard lerne ich meine Heimat kennen. Seit der Schülerzeit habe ich nicht mehr so lange in meiner Geburtsstadt gelebt. Ein soziales Umfeld aufzubauen ist während der Pandemie nicht leicht. Zur Hilfe kommt das seit einem Jahrzehnt mit mir befreundete Ehepaar Steinforth, Angelika und Thomas, beide pensionierte Lehrer, die beinahe jede Woche mit mir bei Kaffee und Kuchen oder einer Abendmahlzeit lange Gespräche über Literatur und Musik führen.

Eines Tages stand ein Mann vor meinem offenen Fenster und rief hinein, wir hätten zusammen Abitur gemacht, er sei mein Nachbar.

»Ist nicht möglich! Wie heißen Sie ... ähh, heißt du denn?«

Er zeigte mir unser Abiturientenfoto: »Da stehst du, und der bin ich, Rainer Schmidt!«

Seitdem besuchen wir uns oder wandern im Bopparder Stadtwald, den ich als Junge kreuz und quer durchlaufen hatte. Damals war ich stolz, wenn mich Förster Liesenfeld in den Wald mitnahm und mir viele Arten von Bäumen und einige Male sogar Rehe zeigte. Heute lädt mich sein Sohn Rainer gern zu seiner Familie zum Abendessen ein. – Familienatmosphäre, wieder einmal nach langer Zeit.

Ich schritt nachdenklich über den jüdischen Friedhof – verwildert, elegisch, ehrwürdig wie er ist – von dem ich nicht einmal wusste, dass er existiert. Und: ich erhielt das erste offizielle Amt meines Lebens. Ich wurde Kuratoriumsmitglied der Stiftung »Kick for Help« des Europa-Abgeordneten Norbert Neuser, der Fußballspielen als die Chance, Menschen in der ganzen Welt zusammenzubringen, einsetzt. Dank der Stiftung bezahlen wir in unseren indischen Dörfern zwei Trainer, die zwei Mädchen- und zwei Jungen-Mannschaften aufbauen, die auch während der Pandemie mit Selbstbewusstsein und Freude weiterspielen. So beginnt in Boppard meine späte »bürgerliche Karriere«!

Mich erquickt die Freundschaft mit Barbara Ludewig, die nahe Boppard im Hunsrück Quartier aufgeschlagen hat. Sie traf ich fast jede Woche zu Spaziergängen, zum Kirchgang, zu Brot und Wein an langen Abenden in schlichten Bopparder Gassenlokalen – solange man eben noch auf der Gasse sitzen konnte. Wie soll ich sie beschreiben? Sagen wir's so: Sie ist die fröhlichste Trauerrednerin, die sich meine Phantasie ausmalen könnte. Achtsam, aufmerksam im Zuhören, präzise in den Antworten und eben ansteckend mit ihrem Frohsinn. Den muss sie sich vermutlich manchmal auch abringen, denn ihr Amt in den Palliativstationen, Altersheimen und auf Bestattungen nimmt das Elend unseres Menschseins in den Blick.

Zum ersten Mal seit meiner Studentenzeit feierte ich Weihnachten wieder im Rheintal. Ich erstaunte über die vielen Lichter in den Straßen, trotz des Lockdown, und über die vielen unerwarteten Geschenke. Dunkle Schokolade, Aachener Printen, Lebkuchen, Spekulatius, Glühwein, ostfriesische Tees … alles war (wie) neu! Der Postjunge brachte ein Päckchen nach dem anderen, jedes mit Dingen, die ich nicht wirklich brauche – und ich warf die Hände in die Luft und freute mich! Eigentümlich, just in dieser Winterzeit in Boppard fielen mir wieder die Sprüche meiner Mutter ein, die ich so oft zu hören bekam. Einer stieg oft hoch: Wenn der kleine Martin wieder seinen Willen durchsetzen wollte, sagte sie schließlich mit Gebärden amüsierter Resignation: »Mach was du willst – tust ja doch, was du willst!«

Doch die Dunkelheit am Wintermorgen drückte schwer. Ich bin gewohnt, mit dem Tageslicht aufzustehen und sehr früh mit dem Schreiben zu beginnen. In Boppard war's unmöglich, schon zu »nächtlicher« Stunde meinen Computer aufzuklappen. Der Kopf begann erst bei Helligkeit zu arbeiten. Das machte mir zu schaffen.

Ja, ich vermisse die unkomplizierte Fröhlichkeit der dörflichen Bevölkerung, die während der Pandemie ihren begna-
deten Optimismus nicht verliert; vermisse die Ungebunden-
heit und die Möglichkeiten, ohne massive Hilfsmittel Akzente
im Leben so vieler, besonders armer Menschen setzen zu
können. Jeden Morgen wache ich in Boppard mit Träumen
über Indien auf, *jeden* Morgen – bekannte Gesichter tauchen
auf und unbekannte, bekannte Landschaften und neue,
Bäume und Wolken, Licht und Luft ... immer wird mir bewusst, wenn ich aufwache: Ich war in Indien.

Ich lerne Deutschland in einer überraschend neuen Situation kennen, in der Pandemie. Diese gespaltene, zerstrittene
Welt wächst mit der einen Frage zusammen: Was wird aus
uns? Wie geht es weiter? Auch nach den Impfungen bleibt
ihre Dringlichkeit unvermindert. Ich höre die Diskussionen
im Radio, lese und beobachte und versuche zu verstehen:
Werden die Menschen hinzulernen? Wird sich Entscheidendes verbessern, etwa das Verhalten gegenüber der Umwelt?
Diese Zeit darf nicht nur ein Abwarten sein, bis alles wieder
»normal« ist, sie muss das Bewusstsein der Menschheit prägen, und zwar sehr viel stärker in Europa als in dem krisen-
geschüttelten und krisengewohnten Indien.

Mein Dank

Viele Personen zu nennen, die meine Leser nicht kennen, wird sie langweilen. Aber mich betrübt es, nicht alle jene zumindest zu erwähnen, die an meinem Leben Anteil genommen haben und denen ich nahekam. Das möchte ich auf diesen Seiten nachholen (und doch bleiben noch viele ungenannt). Die Namen von Menschen, die früher schon erwähnt sind, wiederhole ich nicht.

In Boppard danke ich
   Karlheinz Hanß und Christa Krier für gemeinsame Unternehmungen;
   Elvira Höster Minning für jahrzehntelange Hilfe im Haushalt;
   Waltraud und Peter Bersch, meinen freundlichen Mitbewohnern;
   Georg Holzmeister für unsere Kino-, Theater- und Opernbesuche;
   Karlheinz Kloth für seine Betreuung meiner Mutter;
   Dagmar Reitz vom Bopparder Buchladen, die immer bereit ist, mich zu fördern;
   Winfried Born, dem Physiotherapeuten, der mich wieder auf die Beine gestellt hat;
   Patrick Wagler, der immer da ist, wenn Hilfe notwendig ist.

Im Rheinland danke ich

der Hunsrücker Künstlerin Katharina Virnich, deren mär-
chenhaft-feine Textilarbeiten mich faszinieren. Eine jahr-
zehntelange, engagierte Korrespondenz, ihr Besuch in
Santiniketan und Ghosaldanga, viele Gespräche in ihrem
Garten bleiben;
Rüdiger Standhardt für seine Treue und Dynamik;
Peter Bersch in der Eifel, dem Besitzer meines Elternhau-
ses, dass ich wie bisher darin wohnen darf.

In Frankfurt danke ich

den Mitgliedern des »Freundeskreis Ghosaldanga und
Bishnubati e. V.« für ihre Mitarbeit und Mitsorge, vor al-
lem den erwähnten Marianne und Debaprasad Pal Chow-
dhury sowie Manfred Watzke und Hedwig und Ulrich
Oser und Mechtild Jahn;
Meinolf Fritzen in Mainz für gemeinsame Fernseharbeit,
die in eine lange Freundschaft mündete;
Michael Albus für unsere gute Zusammenarbeit und seine
Leidenschaft;
Torsten Andreas Hoffmann, dem Fotografen, für unsere
lange Zusammenarbeit und seine gute Meinung von mir.

In Darmstadt mein Dank an

Klaus Jork, den ich über seinen Bruder Rainer kennenlernte, einem Professor der Medizin in Frankfurt, dessen
Hausgast in Langen ich so häufig sein durfte. Auch er besuchte Santiniketan und unsere Santal-Dörfer, er förderte
meine Forschungen und Bücher, immerzu wohlwollend
meine Wege begleitend;
Sylvia Kuch, die mit Eifer und Genauigkeit meine Website
betreut;
Ute Gahlings, der Philosophin, für gemeinsame Veranstaltungen und Gespräche;

Joachim Schmerbeck, dem Forstwissenschaftler, mit dem ich seit Jahrzehnten in Deutschland und Indien verbunden bin.

In Saarbrücken dem unvergessenen Künstler Ernst Alt (der meine Mutter mit »Madonna« anredete).

In Köln
meinem Uraltfreund Arnd Kumerloeve, der fast immer bereit zu einem vertrauten Gespräch ist;
Ruth Fritz für achtsame Begleitung meines Weges;
Elke und Josef Hummes, den Lehrern, für ihre wichtige Vermittlung zum Stronatal;
Ruth Heap für freundliche berufliche Förderung.

In Münster den Klarissen am Dom, die mir seit Jahrzehnten ihre wunderbaren Rundbriefe schicken.

In Soest Wolf Kalipp, dem Musikologen mit weiten Kenntnissen und viel Lebenslust.

In Marbach Dank an Dietmar Jaegle vom Deutschen Literaturarchiv und seine Frau, weil sie mich ernst nehmen.

In Stuttgart Tim Weinert für seine kritische, kompromisslose Freundschaft.

In Freiburg
Christoph Michel, dem Goethe-Forscher, für freigiebige Kritik an meinen Texten;
Christoph Bode, meinem Cousin, für ernste Familiengespräche;
Wolfram Mehring, den idealistischen Theatermann, mit dem mich viel verbindet;

Ronald Nachbauer für sein Interesse an unserer Dorfarbeit in Indien.

In Nürnberg Peter Bernhard, weil er nicht an Konkurrenz-kampf und Karriere glaubt.

In München
Cornelia Keutner und Gisela Pichler für lange Freund-schaft;
Christian Hackbarth-Johnson für seinen Glauben an meine Fähigkeiten.

In Berlin danke ich Christian und Dorothea Zeiske dafür, dass sie nie den Glauben an das Gute im Menschen verloren haben und dadurch so viele, mich eingeschlossen, an sich gezogen haben.

In Österreich
Georgine Hauptmann für ihre Gastfreundschaft und Be-geisterungsfähigkeit und ihre Zuwendung zu ihren jun-gen indischen Gästen;
Christian Metz für seine Betreuung während meiner Wien-Besuche;
Helmut Birkhan, meinem spät wiederentdeckten Wiener Gotisch-Lehrer.

In der Schweiz Jürg Jucker von der Ecole d'Humanité, der zwei Jahrzehnte Verbindung hielt und half.

In Frankreich danke ich
Franz Dietrich und seiner Familie in Paris, einschließlich dem Tantchen Caroline, für ihre achtsame Lebensbeglei-tung;

Julien Bardou in Toulouse, weil er immer wieder schreibt und anruft.

In Italien
Erzabt Notker Wolf OSB in Rom für umgehende freundliche Briefantworten und Unterstützung meiner Schriften; Gianni Chiolini in Forno, dem freundlich-liebevollen Gastgeber und Koch im Albergo.

In Portugal
Uwe Heitkamp, dem »Bäumeflüsterer«, für seine streitbare Freundschaft, unterfüttert von langen Briefen; Rajele Jain für ihre Gastfreundschaft in Lissabon.

In Santiniketan danke ich
Kumkum und Ranjit Bhattacharya für ihre konstante Begleitung und ihr Engagement für die Dorfarbeit; Amita Sen für ihre offene Tür und ihr offenes Ohr; Samiran Nandy, dem akribischen Fotografen, der vierzig Jahre Leben in Santiniketan und den Santal-Dörfern dokumentiert hat; Raj Mallick, dem Universitätsbeamten, jetzt in Shillong, der abends blieb und blieb, obwohl keine Zeit war; Madhabi Bhattacharya, meiner freundlichen Vermieterin, dafür dass ich bleiben darf; Sahanaj, der »verlorenen Seele«, den ich brauche, weil er mich braucht; Wasim, weil er sein Leben den Straßenkindern widmet, anstatt Karriere zu machen; Rajdeep Konar für unsere Gespräche über Tagore.

In Kalkutta danke ich
Raju Raman vom Goethe-Institut für »alles«; Nikolas Cohen, dem britisch-jüdischen Arzt, der mir in

Kalkutta begegnete und den ich darauf »überall« wieder-
traf;
Mary Ann Dasgupta für ihre Friedenswünsche und ihr En-
gagement in der guten Sache;
Christel Das, die mich in den ersten Jahren mit ihren Einla-
dungen unterstützt hat;
Jyotish Banerjee, denn seine Hilfe in Sachen Tagore war
wesentlich;
Sabooj K. Bhowal, meinem besten Deutschschüler, den ich
an seinem Lebensende vernachlässigt habe;
Sankha Ghosh, dem Dichter, für seine ständige, verschwie-
gene Unterstützung;
Chinmoy Guha, dem frankophilen Anglisten, für seine
hochgestimmte Zuneigung;
Samar Bagchi, der noch im hohen Alter unsere Schule im
Dorf besucht;
Swapan Mukherjee, dem Arzt, der für alle Nöte ein Ohr
hat;
Aloka und Joy Chatterjee, meinen langjährigen Vermie-
tern, und ihrem Sohn Arup;
Hirak Ghosh für seine Mithilfe bei der Dorfarbeit;
Debasish Sahoo, dem Verleger, für sein begeistertes Inter-
esse an meinen Themen;
Nandini Bhattacharya, die Trost und Zustimmung bei der
Musik findet;
Mohan Bhowmik, dem »reinen Tor«;
Ankan Basu Das für Beredsamkeit und seine Koch- und
Malkünste.

In Kalimpong danke ich
Prasenjit Biswas, dem engagierten Arzt;
Monila De, der Erzählerin über die große Zeit von Kalim-
pong;

Indira Bhattacharya, der Ärztin und unentwegten Leserin, für lange Nachmittage;
Jayprakash Yadav, dem fröhlichen abendlichen Begleiter, den sein Beruf nach Bombay vertrieben hat;
Rishikesh Thapa, den milden nepalesischen Studenten aus Mirik, der heute in Berlin studiert.

In New Delhi mein Dank
an Esha Béteille und ihrer Familie für ihre besorgte Gastfreundschaft und das Interesse an meinem schriftstellerischen Werk;
Anil Bhatti, dem Doyen der indischen Germanisten, für seine Unterstützung;
Ananda Singh Bawa für seine jahrzehntelange beschützende und ermutigende Hand;
Ronen Sen für sein ausdauerndes Interesse an meiner deutsch-indischen Kulturarbeit.

In Shimla danke ich Mrinal Miri und Chetan Singh, zwei Direktoren des Indian Institute of Advanced Study, meinen Mit-Stipendiaten Sumanyu Satpathy, Aditya Pratap Deo und Ashutosh Bhardwaj.

In Madras (Chennai)
meinem Freund Arulraj, der mit mir in Aikiya Alayam gewohnt hat;
Dieter und Helen Stollwerck, die mich während meiner Gelbsucht in ihr Haus aufnahmen;
Mini Krishnan, die unermüdliche Kämpferin für die indische Literatur, damit sie sich in vielen guten Übersetzungen durch die Welt ausbreitet.

In Goa danke ich Sudhir Kakar, dem Schriftsteller, und Katharina Kakar, der Künstlerin, für ihre aufmerksame Freundschaft.

Mein Dank auch an Karl Josef Kuschel, den Anreger dieses Buches, für viele Vorschläge und für sein berührendes Geleitwort. Angelika Steinforth, der ersten Leserin des Manuskripts, meinen Dank für viele Korrekturen. Dank ebenso an meinen Lektor im Verlag, Ulrich Sander, und an die Institutionen, die dieses Buch mit einem Druckkostenzuschuss unterstützen.

Zu den Abbildungen

Ausführlichere Beschreibung

1:   Mein Onkel mütterlicherseits, Hans, und seine Frau Béatrice rahmen das Foto ein. Deren Tochter steht neben meiner Großmutter. Meine Eltern sind in der Mitte. Neben Tante Béatrice ihre Schwester.

2:   Der Rhein macht eine große Schleife bei Boppard. Auf den Hängen, dem Bopparder Hamm, wächst ein guter Riesling.

3 und 4: Das Stronatal, die italienische Heimat meiner Großmutter, war Sehnsuchtsort unserer Kindheit und ist es geblieben.

7 und 8: Zwei sehr unterschiedliche Wohnorte im Himalaja: Das Rashtrapati Niwas in Shimla, der majestätische Kolonialpalast, der heute das Indian Institute of Advanced Study beherbergt. Hier forschte und wohnte ich in den Jahren 1995, 1996 und 2016 bis 2018. Die Ein-Zimmer-Wohnung in Kalimpong, in ein Bambusgebüsch geduckt, ist dagegen äußerst schlicht und einsam.

13 und 14: P. Francis Acharya unterrichtet die Novizen seines Ashram und Gäste. P. Bede Griffiths sitzt am Ufer des Cauvery.

16: Das Foto von Bruder Prem Anand stammt aus den letzten Jahren.

17: Bablu Razak, seine beiden Brüder und ihr Vater vor ihrem Haus in Bolpur. Neben der Straße werden die Wäschestücke sortiert.

18: Das »Outhouse«, das ich seit fast 30 Jahren bewohne. Anfangs war das Gelände kahl. Ich habe alles wachsen lassen, was wachsen wollte, und schuf so einen herrlichen »Dschungel«.

19: Kamal Biswas, mein Koch und Caretaker seit 30 Jahren. Er sitzt in meinem Zimmer.

20: Monotosh Das, Elektriker, Gärtner und Allrounder. Auch ihn kenne ich seit rund 30 Jahren. Er ist von unserer Dorforganisation angestellt, um den großen biologischen Garten zu versorgen.

21: Ram Chandra Gandhi, den Enkel von Mahatma Gandhi, besuchte ich, nachdem ich ihn in Santiniketan kennengelernt hatte, jedes Jahr in New Delhi. Hier sitzen wir in einer Teestube am Straßenrand und unterhalten uns prächtig.

22: Der Dichter, Philosoph, Übersetzer und Verleger P. Lal war einer der führenden Intellektuellen von Kalkutta. Er gründete einen literarischen Salon, den auch viele ausländische Schriftsteller besuchten, unter anderen Günter Grass.

23: Die Journalistin Viola Schmid besuchte uns in Indien und schrieb über unser Dorfexperiment. Für den WDR drehte sie einen Film. Wie viele meiner Mitarbeiter fühlte sie sich auch meiner Mutter verbunden.

24: Im Jahr 2001 war meine Mutter schon 88 Jahre und Bewohnerin des Seniorenheims in Boppard. Hier besuchte sie meine Zwei-Zimmer-Einliegerwohnung im Elternhaus mit Hilfe meines Bruders.

25: Mit Volker und Ursula Michels verbindet mich eine jahrzehntelange Freundschaft. Ich bewunderte das gemeinsame Wirken der Eheleute zur Förderung von Hermann Hesses Werk. Nach Ursulas frühen Tod arbeitet Volker Michels unverdrossen weiter. Ein Höhepunkt unserer Freundschaft war die gemeinsame Reise durch Kerala.

26: Über Volker Michels traf ich Heiner Hesse, den Sohn des Dichters, zuerst in Offenbach nach einer Hesse-Veranstaltung und dann zweimal im Schweizer Ort Arcegno oberhalb des Lago Maggiore. Seine halb einsiedlerische, halb gastfreundliche Lebensweise beeindruckte mich.

27: William Radice war Vorbild und Begleiter in meiner Bemühung um eine authentische Übersetzung von Rabindranath Tagores Lyrik. Dieses Foto zeigt ihn mit seiner Frau Elizabeth einige Jahre nach seiner schweren Gehirnverletzung, nach der er seine akademische und poetische Arbeit aufgeben musste.

28: Mit dem deutschen Akademiker Alex Aronson, der während des Zweiten Weltkriegs in Santiniketan ein Refugium fand, verband mich eine lange Korrespondenz und Freundschaft. Die Universität Visva-Bhārati in Santiniketan verlieh ihm den Ehrendoktor; dessen Insignien durfte ich ihm in Haifa überreichen.

29: Günter Grass traf ich während jedes seiner drei Aufenthalte in Kalkutta. Bei seinem letzten veranstaltete das Goethe-Institut, der Gastgeber, eine Bootsfahrt auf dem Ganges, auf dem dieses Foto entstand. Die ruhige Fahrt gab mir Gelegenheit zu einem ausführlichen Gespräch.

30: Dem Unternehmer Udo Keller verdanke ich sehr viel. Ohne seine verständnisvolle Unterstützung hätte ich die Bücher der letzten 15 Jahre nicht schreiben können.

31: Die pastorale Atmosphäre rund um Ghosaldanga besteht noch, ist aber immer mehr in Gefahr, vom städtischen Leben verschluckt zu werden

32: Tanz ist das Lebenselexier der Santals.

33: Jeden Winter kommen Vertreter des »Freundeskreis Ghosaldanga und Bishnubati« nach Indien, um sich über die Fortschritte der Entwicklungsarbeit zu informieren und die verschiedenen Gruppen anzuspornen. Vorn berichtet Boro Baski (Mitte) von der Dorfarbeit. Von links sitzen neben einem Freiwilligen aus Deutschland Sona Murmu, Stefan Kastner, Ulrich Oser, Hedwig Oser, Marianne Pal Chowdhury; rechts Sanyasi Lohar, Rathin Kisku, und neben mir Snehadri Chakraborty. – Obwohl die Arbeit in den Santal-Dörfern zentrales Anliegen in meinem Leben ist, zeige ich hier nur wenige Fotos, weil die Website www.dorfentwicklung-indien.de umfangreiches Bildmaterial anbietet, das jeden Monat ergänzt wird.

Copyrights der Fotografien

ZU DEN ABBILDUNGEN

Anmerkungen

1 Zuerst erschienen 1918. Viele Ausgaben. Zuletzt: Graf Hermann Keyserling: Das Reisetagebuch eines Philosophen. Reichl Verlag, St. Goar 2009.

2 Jean Gebser: Asienfibel. Zum Verständnis östlicher Wesensart. Verlag Ullstein, Frankfurt a. M., Berlin 1962 (Ullstein Taschenbuch 650).

3 Octavio Paz: Im Lichte Indiens. Ein Essay. Aus dem Spanischen von Rudolf Wittkopf. Suhrkamp Verlag, Frankfurt a. M. 1997.

4 Die Korrespondenz liegt inzwischen im Archiv des Instituts für Geschichte und Biographie, Fernuniversität Hagen.

5 Josef Spieker: Mein Kampf gegen Unrecht in Staat und Gesellschaft. Erinnerungen eines Kölner Jesuiten. Verlag J. P. Bachem, Köln 1971. – Meine Besprechung heißt »Der harte Pater. Josef Spieker, der erste Priester im Konzentrationslager«. In: Rheinischer Merkur, 23. April 1971.

6 Siehe mein Buch: Lebens-Reisen. 9 Versuche, der Ferne näher zu kommen. Vier-Türme-Verlag, Münsterschwarzach 2017, S. 233–259. [hiernach »Lebens-Reisen«]

7 »Zum zweijährigen Bestehen des Goethe-Instituts Boppard«. In: Rund um Boppard, 3. Dezember 1966.

8 Meine Beobachtungen zum amerikanischen Gesellschaftsleben habe ich, nach Deutschland zurückgekehrt, beschrieben in: »Wie gefällt Ihnen eigentlich Amerika? Begegnung mit dem Sympathiebedürfnis der Amerikaner«. In: Echo der Zeit, 4. Februar 1968.

9 Siehe Heinrich Kunstmann: Die Rückkehr des Witold Gombrowicz nach Europa. Aus den Anfängen seiner deutschen Rezeption. In: Gombrowicz in Europa. Deutsch-polnische Versuche einer kulturellen Verortung. Hrsg. von Andreas Lawaty und Marek Zybura. Harrassowitz Verlag, Wiesbaden 2006, S. 81–115.

10 Das Benehmen von uns Stehplätzlern habe ich (unter dem Psydonym Marcinek Trebor) kolportiert: »Student unter Opernnarren.

Ein Morgen und ein Abend in Wien«. In: Rhein-Zeitung, 3./4. Mai 1969.

11 Ich nenne die Stadt durchgehend »Bombay«.

12 »Armut«. In: Frankfurter Hefte. Januar 1972, S. 7 und 8 – sprachlich leicht überarbeitet.

13 Ich nenne die Stadt durchgehend »Madras«, weil alles, worüber ich in diesem Buch berichte, vor dem Namenswechsel geschehen ist.

14 Diss. Universität Wien 1973 [masch.]

15 Ernst Jüngers Einfluss ist bis zu meinen beiden letzten Tagebuchbänden spürbar: Am Abend notiert (2015) und: Was das Leben leuchten lässt (2019).

16 Für den Rheinischen Merkur.

17 Siehe Martin Kämpchen: Was das Leben leuchten lässt. Vier-Türme-Verlag, Münsterschwarzach 2019, S. 23–26.

18 Siehe Martin Kämpchen »Die Sekundärgebildeten. Bemerkungen zum literaturwissenschaftlichen Studium«. In: Neue Deutsche Hefte. Hrsg. von Joachim Günther. Nr. 146/Jg. 22 (1975), Heft 2, S. 330–339.

19 Siehe George Steiner: Warum Denken traurig macht. Aus dem Englischen von Nicolaus Bornholm. Suhrkamp Verlag, Frankfurt a. M. 2006.

20 Johann Wolfgang von Goethe: Faust I, Nacht (Fausts Monolog).

21 Siehe Martin Kämpchen: »Ashrams als Stätten religiöser Gemeinschaft. Der Ashram in der indischen Geschichte«. In: Martin Kämpchen: Dialog der Kulturen. Eine interreligiöse Perspektive. Hrsg. von Hamid Reza Yousefi und Ina Braun. Verlag Traugott Bautz, Nordhausen 2006, S. 63–84. [hiernach »Dialog der Kulturen«]

22 In deutscher Übersetzung: Srī Rāmakrishna: Gespräche mit seinen Schülern. Aus dem Bengalischen übersetzt und hrsg. von Martin Kämpchen. Verlag der Weltreligionen im Insel Verlag, Frankfurt a. M. und Leipzig 2008.

23 Siehe die Auswahl seiner Vorträge, die auch jene enthält, die er in Chicago gehalten hat: Svāmī Vivekānanda: Wege des Yoga. Reden und Schriften. Aus dem Englischen übersetzt und hrsg. von Martin Kämpchen. Verlag der Weltreligionen im Insel Verlag, Frankfurt a. M. und Leipzig 2009.

24 Nach der Volkszählung von 2011. In Zahlen 27,8 Mill.

25 Siehe das Kalimpong-Kapitel in: Lebens-Reisen. S. 31–92.

26 Später kam ein neunter Band hinzu.

27 Shrī Rāmakrishna: Gespräche mit seinen Schülern. Aus dem Bengalischen übersetzt und hrsg. von Martin Kämpchen. Verlag der Weltreligionen, Frankfurt a. M. und Leipzig 2008.

28 Deutsche Ausgabe: Paul Sabatier: Leben des Heiligen Franz von Assisi. Max Rascher Verlag, Zürich 1920.

29 Eine der sechs klassischen Schulen der indischen Philosophie.

30 »Sri Ramakrishna and Francis of Assisi as Lovers of God«. In: Prabuddha Bharata (Mayavati/Kalkutta) März und Mai 1986.

31 Die Verbindung zu ihm kam durch Missio in Aachen zustande. Der Leiter des Missionswissenschaftlichen Instituts von Missio war P. Ludwig Wiedemann SJ, für dessen Zeitschrift »Die Katholischen Missionen« ich später mehrere Essays schrieb.

32 Siehe dazu meine Aufsätze: »Indisches Christentum zwischen Ideal und Wirklichkeit« und »Das indische Christentum im Dialog mit den Religionen«. In: Dialog der Kulturen. S. 201–208 und S. 235–239.

33 Siehe »Katholische Ashrams in Indien«. In: Dialog der Kulturen. S. 209–222.

34 Doch schrieb er, nach Bombay zurückgekehrt, einen schönen Erlebnisbericht über seine Wanderung durch Indien: Brahmachari Ram Chaitanya: »Padayatra«. In: Im Lebenskreis der Armen. Indisch-christliche Spiegelungen der Hoffnung. Von Martin Kämpchen. Verlag Herder, Freiburg i. Br. 1981 (Herderbücherei 892), S. 98–103. [hiernach »Lebenskreis«]

35 Auch Hildegard Sina schrieb eine in Verse gefügte Darstellung ihrer Arbeit unter den armen Menschen, die ihr Krankenhaus besuchen: »Kinder Hoffnung«. In: Lebenskreis. S. 112–119.

36 Francis Acharya »Eine Wallfahrt auf den Berg des Kreuzes«. In: Lebenskreis. S. 36–41; Zitat S. 39.

37 Passagen aus dem Kursmaterial für Österreich und aus den Stundengebeten vom Kurisumala Ashram habe ich gesammelt in: Francis Acharya: Yoga. Ein Weg zu Gott. Hrsg. von Martin Kämpchen, Kösel Verlag 1992.

38 Bede Griffiths: Marriage of East and West. A Sequel to The Golden String, Templegate Publishers, 1982. – Die Hochzeit von Ost und West: Hoffnung für die Menschheit. Müller Verlag, Salzburg 2003.

39 Siehe Bede Griffiths: »Der indische Ashram als Ort des Dialogs und der Inkulturation. (Ein Gespräch mit Martin Kämpchen)«. In: Liebe auch den Gott deines Nächsten. Lebenserfahrungen beim Dialog

der Religionen. Hrsg. von Martin Kämpchen, Verlag Herder, Freiburg 1989 (Herder Taschenbuch 1624). S. 139–155.

40 Jyoti Sahis wichtiges Buch, das demonstriert, wie er Symbole und ikonographische Momente aus verschiedenen Religionen kombiniert, ist: The Child and the Serpent: Reflections on popular Indian symbols. Routledge and Kegan Paul, New Delhi 1980.

41 Die heiligen Wasser. Psalmenmeditationen aus Indien. Mit Holzschnitten von Jyoti Sahi und Texten von Martin Kämpchen. Herderbücherei 814; und: Lebenskreis.

42 Bhu = Erde; dān = Geschenk.

43 Siehe »Lanza del Vasto – Diener des Friedens«. In: Dialog der Kulturen. S. 355–358.

44 Lanza del Vasto: Definitionen der Gewaltlosigkeit. Übers. von Manfred de Voss nach der 1963 erschienenen Schrift: Definitions de la Non-Violence. Verlag Weber & Zucht, Kassel-Bettenhausen 1985.

45 Lanza del Vasto: Le Pèlerinage aux Sources (1943); in deutscher Sprache: Pilgerfahrt zu den Quellen. Ein Indienbuch. Schwann Verlag, Düsseldorf 1951.

46 Eines seiner Bücher erschien in deutscher Übersetzung: Lanza del Vasto: Die Macht der Friedfertigen. Radikale Alternativen zu Elend, Knechtschaft, Krieg und Revolte. Aus dem Französischen von Manfred de Voss. Vorwort von Martin Kämpchen. Kerle Verlag, Freiburg i. Br. 1982. – Gern hätte ich seinen Aphorismenband: Weisheit der Landstraße oder Vom Sinn des unsteten Lebens. Sanssouci Verlag, Zürich 1975 neu herausgebracht.

47 Ausführlich siehe »Gebetsweisen der Hindus«. In: Dialog der Kulturen. S. 101–130.

48 Ausführlich siehe »Das Heilige im Alltag einfacher Menschen in Indien.« In: Dialog der Kulturen. S. 279–290.

49 »-da« hinter einem männlichen Vornamen bedeutet im Bengalischen »älterer Bruder; »-di« bedeutet »ältere Schwester«.

50 Siehe »Krishna und Kali. Schönheit und Schrecklichkeit des Göttlichen im Hinduismus«. In: Dialog der Kulturen. S. 131–150.

51 Über die Erlebnisse der ersten anderthalb Jahre in Santiniketan habe ich ein Tagebuch verfasst: Leben ohne Überfluss. Indische Erfahrungen. Bernward Verlag, Hildesheim 1984.

52 Über diese »Kunst« reflektiere ich in dem Buch: Leben ohne Armut. Wie Hilfe wirklich helfen kann – meine Erfahrungen in Indien. Verlag Herder, Freiburg i. Br. 2011.

53 Eine fiktionalisierte Darstellung von Bacchus Schicksal gibt meine Erzählung »Briefe an Fatima«. In: Pfefferkörnchen. Ein Erzählzyklus aus Indien. Kitab-Verlag, Klagenfurt und Wien 2015, S. 59–66.

54 Concept of Holiness in World Religions. Concept of Holiness in Hinduism and Christianity Exemplified by the Lives of Sri Ramakrishna and Francis of Assisi. Thesis submitted to the Visva-Bharati University Santiniketan 731235 for the Degree of Doctor of Philosophy 1985, by Martin Kämpchen, M. A. [masch.]

55 Um das Gemeinsame der Heiligen zu demonstrieren, gab ich zusammen mit Gertrude Sartory das Buch Nahe der Nabe des Rades. Die Heiligen in den Weltreligionen. Verlag Herder, Freiburg i. Br. 1985 (Herderbücherei 1182) heraus. Albert H. Friedländer (Judentum), Gertrude Sartory (Christentum), Annemarie Schimmel (Islam), Martin Kämpchen (Hinduismus) und Michael von Brück (Buddhismus) stellten je drei Heilige vor. Diesen innovativen Zugang zum Dialog der Religionen hat bisher niemand weiterentwickelt.

56 Den »franziskanischen Archetyp« in den Religionen habe ich in dem Buch: Franziskus lebt überall. Seine Spuren in den Weltreligionen. Echter Verlag, Würzburg 2002 beschrieben. Auch diese Idee wurde bisher nicht aufgegriffen.

57 Schon 1984 kam die Übersetzung des ersten Bandes heraus; 1988 war die Übersetzung der Bände zwei und drei fertig. Dann schob sich meine Beschäftigung mit Rabindranāth Tagore dazwischen. Der letzte Übersetzungsband erschien 2008, der umfangreiche Auszüge aus allen fünf Originalbänden präsentiert: Srī Rāmakrishna: Gespräche mit seinen Schülern. Aus dem Bengalischen übersetzt und hrsg. von Martin Kämpchen. Verlag der Weltreligionen im Insel Verlag, Frankfurt a. M. 2008.

58 Immerhin konnte ich ein Jahrzehnt später eine Sammlung von Erzählungen in Direktübersetzungen aus acht indischen Sprachen veröffentlichen: »Fünf Rupien Bakschisch für Iwan Denissowitsch«. Gegenwartsliteratur aus dem indischen Subkontinent. die horen 188, Bremerhaven 1997, 2. Aufl. 1999.

59 Rabindranāth Tagore: »Der zunehmende Mond«. In: Gesammelte Werke. Zweiter Band: Lyrik. Kurt Wolff Verlag, München 1921. »Die Tschampablüte«. S. 133.

60 Rabindranāth Tagore: Das goldene Boot. Lyrik, Prosa, Dramen. Hrsg. von Martin Kämpchen. Aus dem Bengalischen übersetzt von Rahul Peter Das, Alokeranjan Dasgupta, Hans Harder, Lothar Lutze

und Martin Kämpchen; aus dem Englischen von Andor Orand Carius und Axel Monte. Verlag Artemis & Winkler im Patmos Verlag, Düsseldorf und Zürich 2005. »Versteckspiel«. S. 39. [hiernach »Das goldene Boot«]

61 Rabindranāth Tagore: Das goldene Boot. Puja 339. S. 118.

62 Rabindranāth Tagore: Das goldene Boot. Prakriti 143. S. 128

63 Rabindranāth Tagore: Selected Poems. Ausgewählt, übersetzt und eingeleitet von William Radice. Penguin UK, London 1985.

64 Rabindranāth Tagore: Das goldene Boot. Kanikā. S. 22.

65 Rabindranāth Tagore: Das goldene Boot. Kanikā. S. 23.

66 Rabindranāth Tagore: Gedichte und Lieder. Ausgewählt und aus dem Bengalischen übertragen von Martin Kämpchen. Insel Verlag, Berlin 2011; 2021. Kanikā. S. 17 [hiernach »Gedichte und Lieder«] – Der Aphorismus hat den bezeichnenden Namen »Politik«.

67 Rabindranāth Tagore: Auf des Funkens Spitzen. [Aphorismen]. Ausgewählt, aus dem Bengalischen übersetzt und eingeleitet von Martin Kämpchen. Kösel Verlag, München 1989, 3.erweiterte Neuausgabe 1997; Neuausgabe unter dem Titel: Perlen der Lebensweisheit. Verlag Herder, Freiburg 2011.

68 Rabindranāth Tagore: Wo Freude ihre Feste feiert. Gedichte und Lieder. Ausgewählt, aus dem Bengalischen übersetzt und eingeleitet von Martin Kämpchen. Verlag Herder (Herder Taschenbuch 1684), Freiburg 1990.

69 Rabindranāth Tagore: Gedichte und Lieder. S. 16.

70 Rabindranāth Tagore: Gitānjali 120. (Zitiert in: Martin Kämpchen: Rabindranāth Tagore. Bildmonographie. Rowohlt Verlag, Reinbek 1992, S. 32.)

71 Rabindranāth Tagore: Das goldene Boot. Naibedya 30. S. 36.

72 Rabindranāth Tagore: Gedichte und Lieder. Balākā 19. S. 64.

73 Martin Kämpchen: Rabindranāth Tagore. Bildmonographie. Rowohlt Verlag, Reinbek 1992; 4. Aufl. 2011.

74 Die beiden Theaterstücke siehe in: Rabindranāth Tagore: Das goldene Boot. S. 249–322. – Zitat S. 322.

75 Rabindranāth Tagore and Germany: A Documentation. Von Martin Kämpchen. Max Mueller Bhavan/Goethe-Institut, Calcutta 1991.

76 Siehe Rabindranāth Tagore and Germany. A Bibliography. Hrsg. von Martin Kämpchen. Rabindra-Bhavana, Visva-Bharati, Santiniketan 1997.

77 Siehe Brief von Rabindranāth Tagore an C. F. Andrews vom 16. Mai 1921 aus Hamburg. (Rabindra-Bhavan Archiv, Santiniketan).

78 My dear Master. Correspondence of Helene Meyer-Franck and Heinrich Meyer-Benfey with Rabindranāth Tagore. Hrsg. von Martin Kämpchen and Prasanta Kumar Paul. Visva-Bharati, Kolkata 1999; 2. revidierte Aufl. 2010. Deutsche Ausgabe: Rabindranāth Tagore, Helene Meyer-Franck und Heinrich Meyer-Benfey. Mein lieber Meister. Briefwechsel 1920–1938. Hrsg. von Martin Kämpchen und Prasanta Kumar Paul. Aus dem Englischen übersetzt von Ingrid von Heiseler. Draupadi Verlag, Heidelberg 2011.

79 Martin Kämpchen: Rabindranāth Tagore in Germany. Four Responses to a Cultural Icon. Indian Institute of Advanced Study, Shimla 1999.

80 Von der Freiheit der Phantasie … Indien in der deutschsprachigen Literatur. Hrsg. von Martin Kämpchen. die horen 196, 44. Jg. 4/1999.

81 Heinz Mode: Rabindranāth Tagore: Auf den Spuren des Dichters und Denkers in Indien und Bangladesh. Union Verlag, Berlin 1976.

82 Rabindranāth Tagore: Aquarelle Gouachen Zeichnungen. Hrsg. von Heinz Mode. Insel-Verlag, Leipzig 1985.

83 Der Honigverkäufer. Erzählungen aus Indien. Verlag Himmerod-Drucke, Himmerod 1986; 2. Aufl. 1987. Englische Ausgabe: The Honey-seller and Other Stories. Übersetzt von William Radice. Rupa & Co., New Delhi 1995.

84 Gitanjali Reborn. William Radice's Writings on Rabindranāth Tagore. Hrsg. von Martin Kämpchen. Social Science Press, New Delhi 2017.

85 Alex Aronson: Rabindranāth Through Western Eyes. Kitabistan, Allahabad 1943; Nachdruck: Riddhi-India, Calcutta 1978.

86 Alex Aronson: Brief Chronicles of the Time. Writers Workshop, Calcutta 1994.

87 Martin Kämpchen: »Alex Aronson: Refugee from Nazi Germany in Santiniketan«. In: Jewish Exile in India. Hrsg. von Anil Bhatti und Johannes H. Voigt. Manohar und Max Mueller Bhavan, New Delhi 1999, S. 127–149. – Unsere Korrespondenz von sieben Jahren ist im Deutschen Literaturarchiv Marbach aufbewahrt.

88 Martin Kämpchen: Jarmanite Rabindra-Biksha. Aus dem Englischen übersetzt und hrsg. von Jaykrishna Kayal. Mitra & Ghosh, Calcutta 1999.

89 Ram Chandra Gandhi schrieb das Nachwort einer Anthologie von Mahatma Gandhis Schriften: Mahatma Gandhi: Aus der Stille steigt die Kraft zum Kampf. Von der Macht des Gebetes. Auswahl und Übersetzung von Henrike Rick, Einführung von Martin Kämpchen.

Verlag Herder, Freiburg i. Br. 1987 (Herderbücherei 1385). Nachwort
S. 111–125.

90 »-ji« wird in Hindi sprechenden Regionen hinter den Vornamen als
Ausdruck von Respekt und Achtung angehängt.

91 Rabindranāth Tagore: Mit meinen Liedern hab ich dich gesucht. Gedichte. Aus dem Bengalischen übertragen von Helene Meyer-
Franck. Deutscher Literatur-Verlag, Hamburg 1946.

92 Martin Kämpchen: Rabindranāth Tagore in Germany: Four Responses to a Cultural Icon. Indian Institute of Advanced Study, Shimla
1999. – Zur Beziehung von Tagore zu Keyserling erschien in deutscher Sprache: Martin Kämpchen: »Hermann Keyserlings ›Tagore
Woche‹«. In: Nicht allein mit dem Kopf. Perspektiven auf Hermann
Keyserling. Hrsg. von Ute Gahlings. Verlag 23, Weiterstadt 2021,
S. 131–145.

93 Ein Vergleich der Pädagogik von Tagore und Geheeb siehe in: Martin Kämpchen: Indo-German Exchanges in Education. Rabindranāth Tagore Meets Paul and Edith Geheeb. Oxford University
Press, New Delhi 2020.

94 Einfach tun. 44 Schritte zur Lebenskunst. Verlag Rowohlt, Reinbek
2009; Vom rechten Maß. 21 Schritte zur Lebenskunst. Vier-Türme-Verlag, Münsterschwarzach 2014; wahrhaftig sein. 7 Schritte
zur Lebenskunst. Patmos Verlag, Ostfildern 2016.

95 Zwischen 1982 und Ende der 1990er-Jahre schrieb ich rund 60 Sendungen, hinzu kamen Interviews und einige Serien von Kurzsen-
dungen.

96 Mit Ramakrishna und Franziskus. Martin Kämpchen, Schriftsteller
unter Ureinwohnern und Hindus. Von Viola Schmid und Bert Herfen. WDR3 1991 – Jetzt von Rheintal TV auf YouTube.

97 Abhishiktananda / Henri le Saux: Das Feuer der Weisheit. Aus dem
Französischen von Martin Kämpchen. Hrsg. von Bettina Bäumer.
O. W. Barth Verlag, 1979; Neuausgabe: Edition Adyar, Aquarius
Verlag, Grafing 2009.

98 Klassiker der östlichen Meditation. Spiritualität Indiens. Hrsg. von
Martin Kämpchen. Verlag Benziger, Zürich 1986–92 (neun Bände).

99 Es war der 670 Seiten umfassende Band Rabindranāth Tagore: Das
goldene Boot.

100 Über Mutter Teresa und ihren Orden habe ich immer wieder geschrieben. Zum Beispiel »Mutter Teresa – Ein Leben für die Armen«. In: Dialog der Kulturen. S. 359–367.

101 Siehe »Frère Roger besucht Kalkutta«. In: Dialog der Kulturen. S. 379–382.

102 Sona Murmu ist die Hauptperson in dem Roman Das Geheimnis des Flötenspielers. Peter Hammer Verlag, Wuppertal 1999, 2. Aufl. 2000.

103 Siehe den Film in englischer Sprache über Boro Baski im Internet: https://ronald-kurt.jimdo.com/filme/.

104 Siehe »Wer ist ein ›Guru‹? Eine Notiz zum westlichen Guru-Kult«. In: Dialog der Kulturen. S. 43–48.

105 Nach dreizehnjähriger bemühter Arbeit und zahlreichen Besuchen in Ghosaldanga und Bishnubati hat Marianne Pal Chowdhury den Vorsitz des Freundeskreises niedergelegt. Im September 2021 hat Stefan Kastner übernommen.
Die Website des Vereins ist www.dorfentwicklung-indien.de.

106 Siehe meine Reflexionen im Kapitel »Dankbarkeit« in: wahrhaftig sein. 7 Schritte zur Lebenskunst. Patmos Verlag, Ostfildern 2016, S. 99–119.

107 Immer wieder habe ich über meine Erfahrungen in den Santal-Dörfern geschrieben: Schlangenbiss. Erzählungen aus dem indischen Stammesdorf Ghosaldanga. Himmerod Drucke, Himmerod 1998. Darin siehe auch den Essay »Leben in Ghosaldanga«. S. 158–206 – Das Geheimnis des Flötenspielers. Roman. Peter Hammer Verlag. 2. Aufl. 2000. – Ghosaldanga. Wallstein Verlag, Göttingen 2006 – Leben ohne Armut. Wie Hilfe wirklich helfen kann. Meine Erfahrungen in Indien. Verlag Herder, Freiburg 2011 – »Leben wie die Armen oder mit den Armen?« In: Gott kommt aus der Dritten Welt. Erfahrungen und Zeugnisse. Hrsg. von Johannes Röser. Verlag Herder, Freiburg 1988, S. 19–34. – Der Film »Mit Ramakrishna und Franziskus. Martin Kämpchen, Schriftsteller unter Ureinwohnern und Hindus. Von Viola Schmid und Bert Herfen. WDR3 1991; jetzt von Rheintal TV auf YouTube. – Siehe auch die Webseiten www.dorfentwicklung-indien.de und www.martin-kaempchen.com. Beide enthalten zahlreiche Texte über die Dorfarbeit, sowie Informationen und Fotos.

108 Boro Baski: Banam. One of the ancient musical instruments of the Santals. Catalogue. The Banam Making Workshop at Bishnubati, September to November 2018. Ghosaldanga Bishnubati Adivasi Trust, 2019.

109 Boro Baski: Santals Celebrate the Seasons. Six Murals by Sanyasi Lohar und his team. Ghosaldanga Bishnubati Adibasi Trust, 2015.

110 Rabindranāth Tagore: Das goldene Boot. 2005. – Rabindranāth Tagore. Bildmonographie. Rowohlt Verlag, Reinbek, 4. Aufl. 2011.

111 Rabindranāth Tagore and Germany: A Documentation. Max Mueller Bhavan/Goethe-Institut, Calcutta 1991 und: Rabindranāth Tagore in Germany: Four Responses to a Cultural Icon. Indian Institute of Advanced Study, Shimla 1999.

112 Eine Auswahl dieser Essays siehe: The Hidden Side of the Moon. Musings of a life between India and Europe. Niyogi Books, New Delhi 2014. (hiernach »The Hidden Side«)

113 Außerdem erschien das schmale Buch Martin Kämpchen: Rabindranāth Tagore und Deutschland. Deutsche Schillergesellschaft, Marbach 2011 (Marbacher Magazin 134).

114 Rabindranāth Tagore: One Hundred Years of Global Reception. Hrsg. von Martin Kämpchen und Imre Bangha. Orient BlackSwan, New Delhi 2014; 2. Aufl. 2017.

115 Dazu siehe das Kapitel »Kurt Wolff: the Publisher«. In: Rabindranāth Tagore in Germany. Four Responses to a Cultural Icon. Indian Institute of Advanced Study, Shimla 1999, S. 58–84.

116 Siehe das schmale Buch: Merck and Rabindranāth Tagore. A chapter of Indo-German cultural exchange. Hrsg. von Anjum Katyal. Goethe-Institut, Kolkata 2012.

117 »Fünf Rupien Bakschisch für Iwan Denissowitsch«. Gegenwartsliteratur aus dem indischen Subkontinent. Zusammengestellt von Martin Kämpchen. die horen 188, Bremerhaven 1997; 2. Aufl. 1999.

118 Indische Literatur der Gegenwart. Hrsg. von Martin Kämpchen. Redaktion Axel Ruckaberle und Jürgen Wehnert. Edition Text + Kritik, München 2006.

119 »Von der Freiheit der Phantasie …« Indien in der deutschsprachigen Literatur 1900–1999. Zusammengestellt von Martin Kämpchen. die horen 196, Bremerhaven 1999. – Indien. Ein Reisebegleiter. Hrsg. von Martin Kämpchen. Insel Verlag (insel taschenbuch 2996), Frankfurt a. M. 2004, 2. Aufl. 2006 mischt bewusst indische und europäische Autoren und stellt ihre Erfahrungen gegenüber.

120 Diese Kritik habe ich mehrfach ausgedrückt. Siehe: F.A.Z. vom 6. September 1999; siehe: »Günter Grass in Kalkutta. Ein Bericht von Augenzeugen«. In: die horen 196 [4/1999], S. 187–195.

121 Das Goethe-Institut veranlasste diesen Sammelband über Günter Grass' Beziehungen zu Indien: My Broken Love. Günter Grass in India and Bangladesh. Hrsg. von Martin Kämpchen. Penguin India, New Delhi 2001.

ANMERKUNGEN

122 Die deutsche, aktualisierte, Ausgabe des englischen Bandes erschien nach Grass' letztem Indien-Besuch: »Ich will in das Herz Kalkuttas eindringen.« Günter Grass in Indien und Bangladesch. Hrsg. von Martin Kämpchen. Edition Isele, Eggingen 2005. Das Interview »Warum Indien? Warum Kalkutta?« von 2003 steht auf S. 181–195.

123 Siehe auch meinen Seminarbeitrag: »Günter Grass – Thirty Years of Engagement with India. My Reminiscences«. In: Revisiting Günter Grass. Voices from India and Germany. Edited by Vibha Surana / Meher Bhoot. Mumbai University Press, Mumbai 2017, S. 16–30.

124 Siehe meine Bände mit Erzählungen: Der Honigverkäufer. Erzählungen aus Indien. Verlag Himmerod-Drucke, Himmerod 1986; 2. Aufl. 1987; Pfefferkörnchen. Ein Erzählzyklus aus Indien. Kitab Verlag, Klagenfurt 2015. – Die Erzählungen über das Leben in Ghosaldanga und Bishnubati erwähne ich in Anmerkung 107.

125 Dazu »Kleine Philosophie des nachdenklichen Reisens«. In: Lebens-Reisen. S. 13–30.

126 Dazu »Kailash – Reise zum heiligen Berg Tibets«. In: Lebens-Reisen. S. 93–117.

127 Das Schicksal eines jungen Mannes in Kalimpong beschreibe ich fiktionalisiert in »Ich kenne dich nicht«. In: Pfefferkörnchen. Ein Erzählzyklus aus Indien. Kitab Verlag, Klagenfurt und Wien 2015, S. 107–122.

128 Dazu »Kalimpong – Refugium im Himalaja«. In: Lebens-Reisen. S. 31–92.

129 Dazu »Nepal – Wandern gegen die Angst«. In: Lebens-Reisen. S. 179–201.

130 Martin Kämpchen: Together We are Strong! Ramu and Tara Grow Up in the Himalayas. Ponytale Books, New Delhi 2017. – Übersetzungen in Bengalisch und Hindi sind 2019 erschienen. Die deutsche Übersetzung ist: Zusammen sind wir stark! Ramu und Tara wachsen im Himalaya auf. Verlag 23, Weiterstadt 2021.

131 Darüber berichtete ich in Indien: »When the Berlin Wall Fell«. In: The Hidden Side. S. 207–214.

132 Ausführlich beschreiben der indische Psychoanalytiker Sudhir Kakar und seine deutsche Frau Katharina Kakar die emotional-psychische Situation der Inder in: Die Inder. Porträt einer Gesellschaft. Verlag C. H. Beck, München 2006.

133 Siehe »Zwei indische Dorfsänger unterwegs in Indien«. In: Dialog der Kulturen. S. 383–389.

134 Siehe »Vom Dorf in die Welt hinaus. Wenn Santals reisen«. In: Süd-asien 3/2008; »Meine Reise mit Santal-Künstlern durch Deutsch-land«. In: Meine Welt 3 (Herbst) 2018.

135 Meine Beziehungen zu Rupert Neudeck schildere ich in: »Leiden-schaftlich den Menschen zugekehrt«. In: Rupert Neudeck. Gefährli-che Erinnerungen an ein Leben wie Feuer. Hrsg. von Michael Al-bus. Patmos Verlag, Ostfildern 2018, S. 193–204.

136 Meine Wien-Erfahrungen erzählte ich auf Englisch in: »Vienna's Marriage with Tradition«. In: The Hidden Side. S. 183–191.

137 Siehe Lebens-Reisen. S. 119–152; »Scotland's Mystery of Open Spa-ces«. In: The Hidden Side. S. 192–201.

138 Martin Kämpchen »Ein Inder zu Gast bei Hermann Hesse. Her-mann Hesses Freundschaft mit Kalidas Nag – ein Briefwechsel«. In: Hermann Hesse in seinen Briefen »Die Antwort bist Du selbst«. 8. Internationales Hermann-Hesse-Kolloquium in Calw 1994. Hrsg. von Michael Limberg. Verlag Bernhard Gengenbach, Bad Lieben-zell/Calw 1994, S. 94–115. – Martin Kämpchen: Hermann Hesse and Kalidas Nag: A Friendship. Max Mueller Bhavan/Goethe-Insti-tut, Calcutta 1994.

139 Martin Kämpchen »Zwischen Upanishaden und Kamasutra«. In: Hermann Hesses ›Siddhartha‹. 11. Internationales Hermann-Hes-se-Kolloquium in Calw 2002. Hrsg. von Michael Limberg. Staatsan-zeiger Verlag, Stuttgart 2002, S. 75–89.

140 Siehe Martin Kämpchen »Der Hinduismus als Denkweise. Her-mann Hesses Beziehung zu Indien«. In: Hermann-Hesse-Jahrbuch Band 7. Hrsg. von Mauro Ponzi. Verlag Königshausen & Neumann, Würzburg 2015, S. 29–39.

141 Siehe meine Reflexion über »Freundschaft« in: wahrhaftig sein. 7 Schritte zur Lebenskunst. Patmos Verlag, Ostfildern 2016, S. 85–98.

142 Siehe meine Reflexionen über »Dankbarkeit« in: wahrhaftig sein. 7 Schritte zur Lebenskunst. Patmos Verlag, Ostfildern 2016, S. 99–119.

Dr. Martin Kämpchen lebt seit 1973 in Indien. Am Mittelrhein im Jahr 1948 geboren, studierte er je ein Jahr in den USA und in Paris und verbrachte besonders glückliche Studienjahre in Wien, wo er Deutsche Literatur und Theaterwissenschaft studierte und mit einer Promotion abschloss. Vier Jahre unterrichtete er Deutsch in Kalkutta und kehrte danach an die Universität zurück, und zwar in Madras (heute Chennai). Dort erwarb er den Magisterabschluss in Vergleichender Religionswissenschaft und in Santiniketan, nördlich von Kalkutta, das Doktorat der Visva-Bharati Universität. Kämpchen ist seit seiner Zeit in Madras freiberuflich als Schriftsteller, Übersetzer und Journalist tätig. Als er 1980 nach West-Bengalen zurückkehrte, wählte er die kleine Universitätsstadt Santiniketan, die von Rabindranath Tagore in dörflicher Atmosphäre gegründet worden war, als seinen Wohnort. Er schrieb seine Doktorarbeit über den Hindu-Heiligen Sri Ramakrishna, den er mit Franziskus verglich. Er übersetzte Ramakrishna und Rabindranath Tagore ins Deutsche. Martin Kämpchen setzt sich für den interreligiösen und interkulturellen Dialog ein und arbeitet in indischen Dörfern.

Im Internet:
www.martin-kaempchen.de
www.dorfentwicklung-indien.de

Foto © Fany Fazii

Dr. Karl-Josef Kuschel, Professor i. R. der Fakultät für Katholische Theologie der Universität Tübingen, lehrte dort von 1995 bis 2013 Theologie der Kultur und des interreligiösen Dialogs. Seit 2012 ist er Kuratoriumsmitglied der »Stiftung Weltethos«. 2015 wurde er in den Stiftungsrat des Börsenvereins zur Vergabe des jährlichen Friedenspreises des Deutschen Buchhandels berufen. Er ist Präsident der Internationalen Hermann-Hesse-Gesellschaft und Autor zahlreicher Veröffentlichungen zum interreligiösen Dialog und zu Religion und Literatur. Im Patmos Verlag erschienen von Karl-Josef Kuschel u. a.: »Als ob er horchte …« Rainer Maria Rilkes Dialog mit Buddha (2020, Erstausgabe unter dem Titel »Rilke und der Buddha«, Gütersloh 2010); Im Fluss der Dinge. Hermann Hesse und Bertolt Brecht im Dialog mit Buddha, Laotse und Zen (2018); »Dass wir alle Kinder Abrahams sind …« Helmut Schmidt begegnet Anwar as-Sadat. Ein Religionsgespräch auf dem Nil (2018); Goethe und der Koran. Mit Kalligrafien von Shahid Alam (2021).

Im Internet:
www.karl-josef-kuschel.de

Rabindranath Tagore

Rabindranath Tagore
Am Ufer der Stille
Übersetzt und herausgegeben
von Martin Kämpchen

128 Seiten
Gebunden mit Leseband
Zweifarbig mit Abbildungen
ISBN 978-3-8436-0823-7

Martin Kämpchen, der in Indien lebt und arbeitet, hat das Werk Rabindranath Tagore (1861–1941) aus dem Bengalischen ins Deutsche übersetzt. Spricht man in Bengalen von »dem Dichter«, so ist damit Tagore gemeint. Ihm wurde 1913 als erstem Nicht-Europäer der Literaturnobelpreises für »die einfühlsamen, lebendigen und schönen Verse, mit denen er in vollendeter Weise seine dichterischen Gedanken zu einer Komponente der abendländischen Literatur gemacht hat«, verliehen. »Am Ufer der Stille« bildet eine Auswahl von Tagores religiöser und schöpfungsbezogener Poesie. Das Erbe indischer Spiritualität findet sich in seinen Texten ebenso wie seine seit Kindertagen wache Sehnsucht nach Freiheit. Mit einem Essay Martin Kämpchens zu Leben und Wirken von Rabindranath Tagore.

PATMOS

www.patmos.de

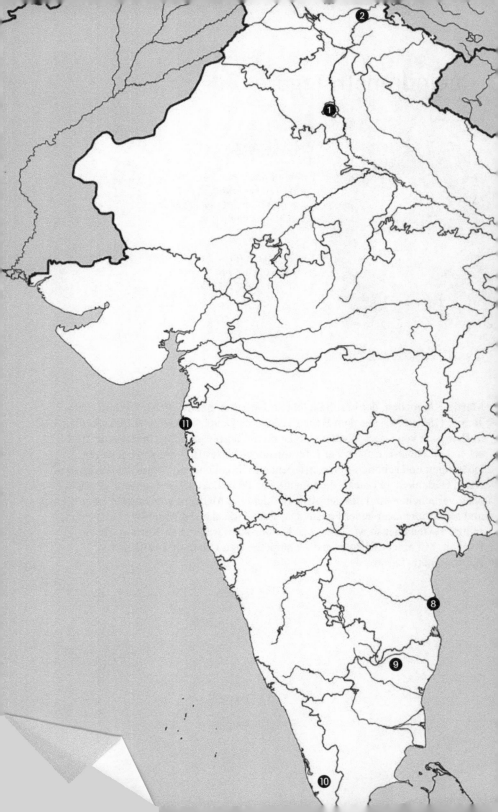